ကျေးဇူးတင်လွှာ

ဤစာအုပ်ထုတ်ဝေရန် အလွန်ကြိုးစား အားထုတ်ခဲ့သူများ သာ မက သူတို့၏အစေခံခြင်း၊ ဆက်ကပ်ခြင်း၊ ချစ်ကြည်ရင်းနှီးမှု ပြုခြင်းနှင့် အဖဘုရားသခင်၏ ဘုန်းတော်အတွက် အသက်ရှင်ကြသော အမြဲတမ်း လှုံ့ဆော်အားပေးသူများအပေါ် ဤကဲ့သို့ ကျေးဇူးတင်ခွင့်အတွက် ကျေး ဇူးတော် ချီးမွမ်းပါသည်။ ဤရွှေ့ကား သူတို့သည် စစ်မှန်သော "ထူးခြား မှုများကို ပြုသူများ" ဖြစ်ကြပြီး၊ တစ်မိနစ်အတွင်းမှာ ဤဝေါဟာရကို ကျွန်ုပ်တို့ မည်သို့ဖေါ်ပြသည်ကို သင့်အားပြောပြမည်။

ပထမဦးစွာ ကျွန်ုပ်တို့အသက်တာကို ပိုင်သအုပ်စိုးတော်မူသော ခမည်းတော်ဘုရား၊ သားတော် ယေရှုခရစ်နှင့် သန့်ရှင်းသောဝိညာဉ် တော်ထံ ချဉ်းကပ်ပါ၏။ဤလောကကို မဖန်ဆင်းမီကတည်းက တည်ရှိခဲ့ သော ကိုယ်တော်၏အစီအစဉ်များအတွက် ကျေးဇူးတင်ပါသည်။ ကိုယ် တော်၏ ကရုဏာ တော်အားဖြင့် အကျွန်ုပ်တို့ကို ကိုယ်တော်၏ သား သမီးများနှင့် ကျေးဇူးတော်အားဖြင့် သတို့သမီးများ ဖြစ်စေခဲ့ပြီ ဖြစ်သော ကြောင့် ကျေးဇူးတင်ပါသည်။

ဤစာအုပ်ကို ဖတ်ရန်အချိန်ယူသောသူ၊ ဤစာအုပ်အတွက် ကြိုး စားအားထုတ်သော သူတို့အတွက် တန်ဖိုးရှိသော ရင်းမြစ်ဖြစ်လိမ့်မည် ဟု ကျွန်ုပ်တို့ ဆုတောင်းပေးပါသည်။

ကျွန်တော်တို့ အစေခံခွင့်ရခဲ့သောသူများ၊ တစ်ဦးချင်းစီမှ သည် အသင်းတော်များနှင့် သာသနာများသို့သော်လည်းကောင်း၊ အစေခံခြင်း အားဖြင့် အသက်ရှင်ခြင်းဖြင့် ဘုရားသခင်ကို ကိုးကွယ်ခွင့်ပြု ကြသူများ

ကိုသော်လည်းကောင်း၊ ကျေးဇူးတင်ရှိပါသည် (ဖိလိပ္ပိ၊ ၂ း ၂-၄ နှင့် ရောမ၊ ၁၂ း ၁၀)။

ဤစာအုပ်အတွက် အချက်အလက်များကို ပြုစုစုဆောင်းပေး သော World Prayr ကို တည်ထောင်သူ Pat Badstibner ကို ကျေးဇူး တင်ပါသည်။ သူသည် သူ့ရှေ့က များစွာသောသူတို့နည်းတူ ဘုရား သခင့်နိုင်ငံတော်ကို စိတ်ဝိညာဉ်မြောက်များစွာ လက်ခံရန်အတွက် စိတ်အားထက် သန်သူ ဖြစ်သည်။

Energion Publications မှ Henry နှင့် Jody Neufeld တို့အား သာသနာတော်၌ ကျွန်ုပ်တို့၏ လုပ်ဖော်ဆောင်ဖက်များဖြစ်ခြင်း၊ ကျွန်ုပ် တို့၏ မိတ်ဆွေများနှင့် အလွန်တန်ဖိုးရှိသော ထောက်ပံ့မှုများအတွက် ကျေးဇူးတင်ရှိပါသည်။ ထိုမျှမကကျွန်ုပ်တို့ မျှော်လင့်သောအရာကို ထုတ် ဝေရန်အတွက် အထောက်အပံ့နှင့် ကြိုးစားအားထုတ်မှုများအတွက် လည်း ကျေးဇူးတင်ရှိပါသည်။

ကျွန်ုပ်တို့၏ ဘုတ်အဖွဲ့နှင့် အကြီးတန်းအဖွဲ့များအနေဖြင့် မဆုပ် မနစ် မပြတ်မစဲ လုပ်ဆောင်ခဲ့သော ကြိုးပမ်းမှုများ၊ ပံ့ပိုးမှုများ၊ လမ်းညွှန် မှုများ၊ ဝိညာဉ်ရေးရာလမ်းညွှန်မှုများ၊ ခင်မင်ရင်းနှီးမှုများအတွက် အထူး ကျေးဇူးတင်ရှိပါသည်။

ကျွန်ုပ်တို့ကို အကြောင်းအရာများပေး၍ ဘုရားသခင့်နှုတ်ကပတ် တော်၌ သင်တို့၏ အကြံအစည်များကို မျှဝေရန်ခွင့်ပြုသော ဘဏ္ဍော့ဂါ များနှင့် အသိံလွင့်သူများအား၊ သင်တို့ထိတွေ့နေကြသော ဘဝအသက် တာများအားဖြင့် ကျွန်ုပ်တို့ ကောင်းချီးခံစားရသည်။

သာမာန်အားဖြင့် ကျွန်တော်တို့၏အဖွဲ့သည် သူတစ်ပါးအား အစေခံခြင်းအားဖြင့် ဘုရားသခင်၏ အစေကိုခံကာ ဘုရားသခင်၏နိုင်ငံ တော် စိတ်ဝါတ်ရှိသူများ ဖြစ်ကြသည်။ ထိုသို့ဆက်ကပ်ခြင်းအတွက် ကျေးဇူးတင်ပါသည်။

ကျွန်ုပ်သာသနာကို ဆောင်ရွက်နေသောသူတို့၏ မဆုတ်မနစ်သော ကြိုးပမ်းအားထုတ်မှုများကြောင့် အမှုတော်ထမ်းဆောင်ခြင်း၊ နှလုံးသား ဖြင့် ကြိုးစားလုပ်ဆောင်ခြင်း၊ ဆက်ကပ်အပ်နှံခြင်းနှင့် လုံ့လဝီရိယရှိခြင်း၊ စသည့်စစ်မှန်သော "အမြင့်ဆုံးသော ဘုရားသခင်၏ကျွန်" ဖြစ်ရခြင်း၏ အမိပ္ပါယ် ကို သင်ခန်းစာ ပေးခဲ့ကြသည်။

သူတို့သည် ကမ္ဘာတစ်ခွင်သို့ ပျံ့နှံ့သွားကြပေမဲ့ ကျွန်တော် တို့သည်အတူတကွ အမှုတော် ထမ်းဆောင်ခွင့် ရခဲ့ကြသည်။ ထို့ကြောင့် အလန်၊ အဲလစ်၊ အန်ဒရီယာ၊ ဘက်ကီ၊ ဘားနာဒ်၊ ဘော့ဗ်၊ ဘရင်ဒါ၊ ကယ်လ်ဗင်၊ ကက်သရင်း၊ ခရစ်စတီး၊ ဒါးရဲန်၊ ဒေးဗစ်၊ အယ်လ်စီ၊ အဲရီစ်၊ ဖဲနီ၊ ဂေဘီ၊ ဂီလ်ဘဒ်၊ ဟင်နရီ၊ ဟောင်းဝါးဒ်၊ ဂျိမ်းစ်၊ ဂျေနီးစ်၊ ဂျေဆန်၊ ဂျေဗီရှ၊ ဂျေစီကာ၊ ဂျောနီ၊ ဂျွန်၊ ဂျွန်၊ ကက်သရင်း၊ လီနင်၊ လီရှိုင်း၊ လီဗီ၊ လင်ဒီ၊ လင်ဒါ၊ မှဒ်၊ မာလင်၊ မက်စ်ဝဲလ်၊ မိုက်ပီတီ၊ ပေါ်တီယာ၊ ရီဆီ၊ ရောဘတ်၊ ရှွင်ယာအဲလ်တီ၊ ရုဒ်၊ ဆန်တီ၊ စတီဗ်၊ တာတီနာ၊ သီယိုဒေါရ၊ တွမ်၊ ဝါဟီးဒ်၊ ဂီနီ။ ယောဟာနနှင့် ထိုသူတို့၏ ပုံပိုးမှုနှင့် စွန့်လွှတ် အနစ်နာခံမှုဖြင့် ဆောင်ရွက်သောသူတို့၏ မိသားစုများ၊ သူတို့ ကို ကျွန်ုပ်တို့က ထူးခြားသောသူများဟု ခေါ်ကြသည်။

ကွဲပြားခြားနားသောအရာကို ပြုလုပ်သူက အရာရာကို ကွဲပြား ခြားနားစွာ တွေ့မြင်သည်။ သူတို့သည် ယေရှုခရစ်က သူတို့အား လွတ် လပ်စွာ လုပ်ပိုင်ခွင့်ပေးထားသည်ကို သိကြသောကြောင့် ထိုသို့ ပြုကြ သည်။ သူတို့က ခွဲခြားစေသောအရာများကို အာရုံစိုက်ရန် မရွေးချယ်ခဲ့ ကြပါ။ သို့သော်လည်း မည်သည့်အရာက သူတို့ကို ပူးပေါင်းစေသနည်း။ ကျွန်ုပ်အရာက သူတို့ကွဲပြားခြားနားသည်ထက် ပိုမိုတူညီကြောင်း ယုံကြည် မှုအတွက် သာမန်နှင့်ဆိုင်သောအရာ ဖြစ်လာသည်။ ကျွန်ုပ်ကဲ့သို့ သဘ္ဘာဝန တူ ခြင်းသည် သူတို့အား တစ်ချိန်က ခွဲထားခဲ့သည့်အရာများကို ယခု အခါ ရင်းတို့အား အတူတကွပေါင်း စပ်ကြောင်း နားလည်လာစေသည် သို့မဟုတ် လုပ်သင့်သော၊ လုပ်၍ရသော၊ လုပ်ရမည့်အရာ ဖြစ်သည်။

ပိုမိုကောင်းမွန်သော အကျိုးအတွက် အတူတကွစုရုံးကြသောအခါ သူတို့
၏ ကွဲပြားခြားနားမှု များသည် အခြားသူတို့ထံမှ အဓိပ္ပာယ်ဖွင့်ဆိုချက်
တွေ့ရသည်ကို သူတို့သဘောပေါက်လာသည်။ ထိုခြားနားချက်ကို
အသိအမှတ်ပြုခြင်းသည် နက်ရှိုင်းသော ကျေးဇူးတင်မှုသာမက နက်ရှိုင်း
သော ဖမ်းနည်းကြေကွဲမှုကိုလည်း ဖြစ်ပေါ်စေသည်။ ပိုမိုမြင့်မားမှုများ၊
နက်ရှိုင်းသောစိန်ခေါ်မှုများ၊ ကြီးမားသော စွန့်စားမှုများနှင့် အာရုံစူးစိုက်
သောအမြင်သို့ သူတို့ကို ကျေးဇူးတင်ခြင်းနှင့် ဖမ်းနည်းခြင်းများက
တွန်းအားပေးသည်။ ထူးခြားစွာ ပြုသောသူတစ်ဦး၏ ရှုပါရှုံသည် ကွဲပြား
သောအရာများ ပြုလုပ်လိုသည့်ဆန္ဒကို ဖြစ်ပေါ်စေနိုင်သည့် တူညီမှုကို
တွေ့မြင်နိုင်သည်။ သူပုန်ဖြစ်လာဖို့၊ အစွန်းရောက်ဖြစ်ဖို့၊ ရှိုင်းစိုင်းဖို့ ဖြစ်
လာနိုင်သည်။ အမှန်တကယ်မှာ သူတို့သည် ထိုကဲ့သို့သော အမှတ်တံ
ဆိပ်များကို ကြိုဆိုကြသူများ ဖြစ်ကြသည်။

မာတိကာ

နိဒါန်း

သင်သည် ခရစ်တော်ကို သင်၏ ကယ်တင်ရှင်အဖြစ် လက်ခံပြီး သို့မဟုတ် ခဏတစ်ဖြုတ် ကယ်တင်ခြင်းခံရပြီး မေးခွန်းအချို့ သို့မဟုတ် မေးခွန်းအချို့အတွက် အဖြေများကို ရှာဖွေနေခြင်း ဖြစ်နိုင်သည်။ သင်၏ မေးခွန်းများအားလုံး၏ အဖြေအားလုံးကို ကျွန်ုပ်တို့၏ စာအုပ်ထဲတွင် ဖော်ပြထား ခြင်းမရှိပါ။ သင်၏ခရီး၌ သင်ပိုမိုတိုးတက်ရန် ကူညီရုံသက်သက် ကျွန်ုပ်တို့ ရည်ရွယ်ပါသည်။

၁၉၆၄ ခုနှစ်တွင် တိရစ္ဆာန်(The Animals)အမည်ရသော ရော့ခ်ဂီတတီးဝိုင်းသည် နံပါတ်တစ် အရောင်းရဆုံးဖြစ်ခဲ့ပြီး အစွန်းရောက်ဂန္ထဝင်ဖြစ်လာမည့် နေထွက်ရာအိမ် (The House of the Rising Sun) အဖြစ် မှတ်တမ်းတင်ထားသောသီချင်းကို မှတ်တမ်းတင်ခဲ့သည်။ သီချင်းထဲမှာ၊ တစ်ကိုယ်တော် ဘဝအပြစ်တရားနှင့် စိတ်ဆင်းရဲခြင်းဖြင့် ဘဝကိုဖြုန်းခဲ့ကြောင်းပြောသည်။ သူက မိခင်များအား သူတို့၏ ကလေးများကို နေထွက်ရာအိမ်သို့ မသွားစေရန် တောင်းပန်သောအခါ သူက "ဆင်းရဲသော ကောင်လေးတစ်ယောက်"သည် ထိုအိမ်တွင် သူ၏အသက်ကို ဆုံးရှုံးခဲ့ပြီး၊ ဝမ်းနည်းစွာဖြင့်" ငါက ထိုကလေးတစ်ယောက်ပါ" ဟုဝန်ခံသည်။

၁၈၉၅ တွင် မိုးဒီ ဓမ္မတက္ကသိုလ် (Moody Bible Institute)မှ ကျမ်းစာဆရာဝီလျံနယူးဂဲလ်သည် စိတ်သောက ရောက်နေသည့် လူငယ်တစ်ဦး အကြောင်းကိုလည်း ပြန်ပြောပြခဲ့သည်။ နယူးဂဲလ်သည် စကားပြောဆိုခြင်းအတွက် သူ၏ သက်သေခံချက်ကို ရေးသားခဲ့ပြီး ထိုသက်သေခံချက်သည် ကရာနီကုန်း၌ (At Calvary)ဟု အမည်တွင်သော ယနေ့ ကျွန်ုပ်တို့သိသော လှပသော ဓမ္မသီချင်း ဖြစ်လာသည်။ ကျေးဇူးတော်အကြောင်း ရှုထောင့်နှစ်ခုကို ဖော်ပြသည့် သီချင်းနှစ်ပုဒ်ဖြစ်ခဲ့သည်။ ပထမဆုံးသီချင်းကို နားမလည်ခြင်းနှင့် လက်ခံခြင်းမရှိဘဲ

ကျွန်ုပ်တို့သည် "အပြစ်နှင့် ဒုက္ခဆင်းရဲ ရောက်ခြင်း၌ အချည်းနှီး" ဖြစ် သွားကြသည်။ ဒုတိယ သီချင်းမှာ အလွန်လှပသော မျှော်လင့်ခြင်း ကို ကျွန်ုပ်တို့ တန်ဖိုးမထားနိုင်ပါ။

ရှုပ်ထွေးမှုများ၊ အကျယ်တဝင့်ရေးသားချက်များ၊ အမှားယွင်းစွာ ဖြစ်ပေါ်ခြင်းများနှင့် မတည်မငြိမ်အသက်ရှင်ခြင်းများ ရှိသည့်နေရာမှ ကျွန်ုပ်တို့သည် ဘုရားသခင်၏ အပြစ်လွတ်ကျေးဇူးတော်မပါဘဲ ကျွန်ုပ် တို့၏ အခြေအနေမှန်ကို ဖော်ပြရန် ဝေါဟာရမရှိပါ။ ရလဒ်အနေနှင့် ကျွန်ုပ်တို့သည် ဝံဝေလိတရားကို ကောင်းကျိုးအဖြစ် မမြင်နိုင်ပါ။

ကျွန်တော်တို့သည် ကျိုးပွဲနေခြင်း မဟုတ်ပါ။ ဘုရင်၏ "မြင်းများ နှင့်ရှင်ဘုရင်၏ လူပေါင်းတို့သည်" ကျွန်တော်တို့ကို ကြည့်ရှုပြီး ပထမ ဦးဆုံး စွန့်ပစ်ခံရသူများ (Humpty Dumpty) ကယ်ဆယ်ဖို့ ဆုံးဖြတ်ခဲ့ ကြသည်။ အကယ်၍ ကျွန်ုပ်တို့သည် ကျွန်ုပ်တို့၏ ကောင်းသော အပြု အမူများကို ကြည့်ပါက ထိုအရာများသည် ကျွန်ုပ်တို့ ဘုရားသခင် ရှေ့ မှောက်တွင် ကောင်းမွန်စွာပြုသည်ဟု ကျွန်ုပ်တို့ ထင်မြင်ကြသည် (နောက်ဆုံးတွင် သူ၏ထင်မြင်ချက်သည် အရေးကြီးသည်၊ မှန်ပါသ လား?) ကျွန်ုပ်တို့သည် ဆုံးရှုံးခြင်းတစ်ခုကိုသာ ကိုင်တွယ်လိမ့်မည်မှာ သေချာသည်။

ကျွန်ုပ်တို့က အဆင်မပြေဘူး။ အမှန်အားဖြင့် ကျွန်ုပ်တို့သည် အပူတပြင်း နှလုံးအစားထိုး ကုသမှုလိုအပ်နေသည်။ တစ်ခုတည်းသော ပြဿနာမှာ ရရှိနိုင်မည့်နှလုံးများသည် ကျွန်ုပ်တို့ကဲ့သို့ အပြစ်၌သေနေ ကြခြင်း ဖြစ်သည်။ ကျွန်ုပ်တို့သည် ကျွန်ုပ်တို့၏ ကိုယ်ပိုင်ဆုံးကျိုးများ၊ အတွေးများ၊ စိတ်ဝင်စားမှုများ၊ အာရုံနှင့်စစ်ဆေးခြင်းများကြောင့် ထာဝရ ကာလ၌ အစဉ်နေဖို့ရန် အပြစ်စီရင်ခြင်း ခံရဖို့ရှိသည်။ စီအက်စ်လူးဝစ် (Great S. Divorce)၏ စာအုပ်ကြီး၌ "မှားယွင်းသောလမ်းကို ရွေးချယ် သူ အားလုံးသေကြလိမ့်မည်ဟု ကျွန်ုပ်မထင်ပါ။ သို့သော်လည်း သူတို့

သည်ကယ်ဆယ်ရေး လမ်းကြောင်းမှန်ပေါ် ပြန်ထားခံရခြင်း၌ သူတို့ပါဝင် သည်"ဟု ပြောပါသည်။

ထိုအရာက ကျွန်ုပ်တို့၏ ကံကြမ္မာသာဖြစ်သည်။ အကြောင်းမှာ ကျွန်ုပ်တို့ထဲက တစ်ယောက်က အလန့်တကြား ဖြစ်နေပြီး၊ ကျန်သော သူများသည် စက္ကန့်ပိုင်းမှာပင် ထာဝရရထားလမ်းနှင့်အတူ ချည်နှောင် ခြင်းခံရပြီး အပြစ်ဒဏ်ပေးမည့် မီးရထားပေါ်မှာ ထိုလမ်းကြောင်းနှင့် အတူ အမြဲတမ်း ဆက်စပ်နေကြသည်။ ကျွန်ုပ်တို့သည် မိမိကိုယ်ကို ကယ်တင်ရန် မည်သည့်အရာကိုမဆိုလုပ်ရန် မျှော်လင့်ခြင်းမရှိ၊ တန်ခိုး လုံးဝမရှိသူများဖြစ်ကြပြီး ကယ်တင်ရှင်တစ်ဦးကို ကျွန်ုပ်တို့ အမှန်တ ကယ် အလွန်လိုအပ်နေသူများ ဖြစ်ကြသည်။

ငရဲပြည်သည် အမှန်ပင် ရှိသည်။ ၎င်းသည် ညှဉ်းဆဲခြင်းရှိသော၊ ဖန်ဆင်းရှင်နှင့်ခွဲခွါရသော နေရာတစ်ခု ဖြစ်သည်။ ကျွန်ုပ်တို့သည် ရေမ ရှိ၊ ရေငတ်ခြင်းနှင့်အတူ လှည့်လည်သွားလာပြီး ကျွန်ုပ်တို့၏ ကိုယ်ပိုင် အကြံအစည်များတွင် လုံးဝပျောက်ကွယ်လျက်ရှိကြသည်။ သနားခြင်း ကရုဏာတော်ကို ပေးအပ်ခြင်း၊ ချွင့်လွတ်ခြင်းချမ်းသာ တိုးများလာခြင်း နှင့် အခမဲ့ကျေးဇူးတော်ကို မပေးမီတိုင်အောင် ကျွန်ုပ်တို့သည် ထာဝရ ပျက်စီးခြင်း ခံရလိမ့်မည်။

ဒန်တေးသည် ငရဲကို ဖော်ပြရန်အောက်ပါ
ကိုးကားချက်များကို ရေးသားခဲ့သည်။
"ငါ့အားဖြင့် ၆ိကြွေးမြည်တမ်းခြင်းမြို့့ ထဲသို့
ရောက်ရလိမ့်မည်။
ငါ့အားဖြင့် ထာဝရနာကျင်ခြင်း သို့ရောက်ရ၏။
ငါ့အားဖြင့် သင်သည်ပျောက်ဆုံးသော လူစုထဲကို
ဝင်သွားလိမ့်မည်။

" ဝင်သောသူတို့၊ မျှော်လင့်ခြင်းရှိသမျှကို
စွန့်ပစ်ကြလော့" ဟူ၍ ဖြစ်သည်။

စုံလင်သော ဘုရားသခင်ဖြစ်၊ လူသားလည်းဖြစ်သော ယေရှု
သည် ဂေသရှေမန်ဥယျာဉ်၌ ဆုတောင်းစဉ် ရှုပါရုံတစ်ခုရခဲ့သည်။ ကျွန်ုပ်
တို့ လူသားများ ရင်ဆိုင်ကြုံတွေ့ရသည့်အရာများကို သူမြင်ခဲ့သည်။
သခင်ယေရှု၏ စုံလင်သော ယဇ်ပူဇော်ခြင်းမရှိလျှင် ကျွန်ုပ်တို့၏ ကိုယ်
တိုင်ကိုယ်ကျ ဖန်တီးထားသောကံ့ကြမ္မာသည် ဘုရားသခင်၏ အမျက်
တော်သို့ ချက်ချင်းဦးတည်စေသည်။ ထိုမြင်ကွင်းသည် သူ့အားလှုပ်ခါ
စေခဲ့သည်။ ကြောက်ရွံ့ခြင်းကို ပထမဆုံးအကြိမ် သူသိရှိခဲ့ပြီး သူ၏ချွေး
သည် သွေးစက်ကဲ့သို့ ဖြစ်ခဲ့သည်။ ကျွန်ုပ်တို့အားလုံး၌ ရှိသောအပြစ်
သည် ဘုရားသခင်၏ တရားမျှတမှုကြောင့် ငရဲကို ခံစားစေသည်။ ကျွန်ုပ်
တို့ခံထိုက်သည်အတိုင်း ခရစ်တော်သည် လက်ဝါးကပ်တိုင်မှာ အသေခံ
တော်မူသည် ဖြစ်၍ သူက ခံထိုက်သည်မဟုတ်။ သို့သော် ကျွန်ုပ်တို့၏
အပြစ်ကြောင့် ခံတော်မူသည်။

ထိုကြောင့် လက်ဝါးကပ်တိုင်သည်တည်ရှိခြင်း ဖြစ်ပြီး၊ သူ၏ဖန်
ဆင်းခြင်းဆီသို့ ဦးတည်သော ဘုရားသခင်၏ အကြီးမြတ်ဆုံးသော
ချစ်ခြင်းမေတ္တာသင်္ကေတ ဖြစ်ခဲ့သည်။ လက်ဝါးကပ်တိုင်မရှိလျှင်၊ ကျွန်ုပ်
တို့၌ မည်သည့်တန်ဖိုးမျှ မရှိနိုင်။ ရှိခဲ့လျှင် - ပူဇော်စရာတစ်စုံတစ်ခု အမြဲ
ရှိနေမည် ဖြစ်သည်။

ကျွန်ုပ်တို့သည် ၍လက်ဆောင်ကိုမရ၊ မထိန်းသိမ်း၊ မသိမ်း
ဆည်းရပါ။ အဘယ်ကြောင့်ဆိုသော ကျွန်ုပ်တို့သည် ကျွန်ုပ်တို့၏ အပြစ်
အလုံးစုံတို့ကို ဝန်ခံပြီး တစ်နည်းနည်းဖြင့် ၍ဆုကျေးဇူးနှင့် ထိုက်တန်
သောကြောင့် ဖြစ်သည်။ ကျွန်ုပ်တို့သည် မည်သည့်အခါ၌မျှ လုပ်ဆောင်
နိုင်မည် မဟုတ်။ ဆာလံ ၁၃၀ း ၃ တွင် ဆာလံဆရာက "အိုထာဝရ
ဘုရား၊ ကိုယ်တော်သည် ဒုစရိုက်အပြစ်များကို မှတ်တော်မူလျှင် အဘယ်သူ

သည် ခံရပ်နိုင်ပါမည်နည်း" ဟုဆိုထားပါသည်။ သူ၏ အပြစ်များကို မည် သည့်အခါ၌မျှ လွတ်နိုင်မည်မဟုတ်ကြောင်း ဆာလံဆရာက သိသည်။ ဘုရားသခင်၏ ကြီးမြတ်သော ချစ်ခြင်း မေတ္တာနှင့် ကျွန်ုပ်တို့အပေါ်ထား ရှိသော သူ၏ချစ်ခြင်းမေတ္တာသည် သခင်ယေရှုထံ ပို့ဆောင်ပေးပြီး ထိုက်တန်သော အပြစ်ဒဏ်မှ ရွေးနုတ်ခြင်း ဖြစ်သည်။

ဤအရာသည် ပုံပြင်လေးတစ်ပုဒ် ဖြစ်ခဲ့မည်ဆိုပါက ကျွန်ုပ်တို့ သည် Sleeping Beauty, Cinderella (သို့) Belle တို့လို သူရဲ့ကောင်း များ ဖြစ်ကြမည် မဟုတ်။ ကျွန်ုပ်တို့သည် စက်ဆုပ်ဖွယ်ကောင်းသော နတ်မိမယ် (သို့) နတ်ဘုရားမထက် ပိုဆိုးမည် ဖြစ်သည်။

မဟုတ်ပါ။ ကျွန်ုပ်တို့သည် အမှန်ပင်သားရဲများ ဖြစ်ကြသည်။ ကျွန်ုပ်တို့၏ တစ်ခုတည်းသော တန်ဖိုးမှာ ဖန်ဆင်းရှင်၏ အသက်သွင်း ခြင်းသာ ဖြစ်သည်။ သို့သော် ဖန်ဆင်းရှင်သည် ကျွန်ုပ်တို့ကို တန်ဖိုးထား ရှုံမျှသာ မဟုတ်ပါ။ သူသည် ကျွန်ုပ်တို့ကို လိုလားသည်၊ ကျွန်ုပ်တို့ရှေ့သို့ ပြေးပြီး၊ ကျွန်ုပ်တို့ ကို ရွေးချယ်ခဲ့သည်၊ ကျွန်ုပ်တို့သည် ရွေးဂယ်ခံရသော သတို့သမီးများဖြစ်နိုင်ဖို့ သူကိုယ်တိုင် ရွေးယူခဲ့ခြင်း ဖြစ်သည်။ သူသည် ကျွန်ုပ်တို့အတွက် နောက်ဆုံးသော၊ တန်ဖိုးအရှိဆုံးသော မင်္ဂလာပွဲကို ပြင်ဆင်ပေးနေချိန်မှာ ကျွန်ုပ်တို့သည် ဂက်တဲ့၌လူးလွတ်လျက် ရှိနေကြ သည်။ ယခုတွင် သူသည် ကျွန်ုပ်တို့ကို ခေါ်တော်မူပြီး ကြွယ်ဝပြည့်စုံ သော ထာဝရကျေးဇူးတော်ကို ခံစားရရန်၊ သူအားပြန်၍ ချစ်ရန်နှင့် လွတ်လပ်မှုပေးရန် စောင့်ဆိုင်းနေသည်။

သူက ကျွန်တော်တို့ကို သူ၏ကျေးဇူးတော် ကမ်းလှမ်းပြီး "မည် သို့လုပ်..." သို့မဟုတ် "မည်သို့ လှမ်း..." မဟုတ်ဘဲ၊ "အမှုပြီးပြီ" ကြွေး ကြော်သည်။ သို့သော် ကျွန်ုပ်တို့သည် ကိုယ့်မာနထောင်လွှားခြင်းနှင့် ဂါကြွားခြင်းအားဖြင့် ဘုရားသခင်က ကျွန်တော်တို့ကို တစ်ခုခုလုပ်ခွင့် ပြုရမည်ဟု ယုံကြည် မျှော်လင့်နေကြဆဲ ဖြစ်သည်။

ဤသည် ကျွန်ုပ်တို့၏ ဇာတ်လမ်းမဟုတ်ပါ။ သို့သော် ဘုရား
သခင်အကြောင်းပင် ဖြစ်သည်။ အချစ်ဇာတ်လမ်းနှင့် ရွေးနုတ်ခြင်းပုံပြင်
ဖြစ်သည်။ ဘုရားသခင်သည် မိမိချစ်မြတ်နိုးသော အမေရိကန် (USA)
အား မိမိအတို့ ရွေးနုတ်တော်မူခဲ့သည်။ ကျွန်ုပ်တို့ လုပ်သောကြောင့်၊
လုပ်နိုင်သောကြောင့်၊ လုပ်မည်ဖြစ်သောကြောင့် မဟုတ်ပါ။ သို့သော်
သူက လုပ်ခဲ့ပြီးသောကြောင့် ဖြစ်သည်။

"အမှုပြီးပြီ"ဟု ခရစ်တော်ပြောသောကြောင့် မှတ်တမ်းတင်
စာအုပ်များကို ပိတ်ထားရသည်။ ခရစ်တော်သည် ကျွန်ုပ်တို့ဘက်က
ဘယ်သောအခါမျှ ပေး၍မရနိုင်သောအမှုကို အကောင်းဆုံး ဆောင်ရွက်
ပေးခဲ့သည်။ ထို့အပြင် သူသည် ကျွန်ုပ်တို့၏ဘဝ တစ်လျှောက်လုံးအ
တွက် လုပ်ဆောင်ပေးခဲ့ပြီဖြစ်သောကြောင့် ကျွန်ုပ်တို့ဘက်က ထပ်မံ
လုပ်ဆောင်စရာ မလိုပါ။ ဘုရားသခင်သည် ကမ္ဘာမတည်မရှိမီ သူ၌
အစီအစဉ်ရှိသည်ဟု ကတိပေးခဲ့သည်။ ခရစ်တော်သည် ထိုအစီအစဉ်၏
ပြည့်စုံခြင်း ဖြစ်သည်။ ဖြောင့်မတ်သောသူသည် ကျွန်ုပ်တို့အတွက်
ကြောင့် အပြစ်ရှိသူ ဖြစ်ခဲ့သည်။ အဘယ်ကြောင့်ဆိုသော် သူသာလျှင်
စုံလင်သောယဇ်ကို ပူဇော်နိုင်ပြီး သူ့ကိုယုံကြည်သောသူများအတွက်
ထာဝရအသက်ကိုပေးရန် ဘုရားသခင် ကတိပေးခဲ့သည်။

ယခုတွင် ဘုရားသခင်သည် ကျွန်ုပ်တို့အား စွမ်းဆောင်ရည်
ပိုမိုကောင်းသော အသက်တာသို့ ခေါ်ဆောင်ခြင်းမဟုတ်၊ မိမိကိုယ်ကို
မိမိရွေးဖို့ ကျွန်ုပ်တို့ပိုမိုလုပ်ဆောင်ရန်၊ ပိုမိုပြီးမြှောက်စေရန် အတွက်
ခေါ် ဆောင်ခြင်း မဟုတ်။ ပြီးမြှောက်အောင်လုပ်ဆောင်ရန် လိုအပ်သော
အရာ အားလုံးကိုပြီး မြှောက်အောင် လုပ်ဆောင်ပြီးပြီ ဖြစ်သည်။ သူ
သည် မိမိအတို့ ခေါ်တော်မူသောသူများကို သူတို့၏ မူလဖန်ဆင်းခြင်း
ပုံသဏ္ဌာန်အတိုင်း ဖြစ်လာရန်နှင့် လွတ်ခြင်းအခွင့်ပေးရန် ဖြစ်သည်။

စဉ်းစားဆင်ခြင်ရန်နှင့်ပြန်ဖြေရန်အတွက်

သင့်လျော်သောမေးခွန်းတစ်ခုမှာ၊ "သင်၏ လွတ်လပ် မှု အသစ်အတွက်

၁၄

သင်ဘာလုပ်မလဲ?" အကျည်းတန်သောလက်ဝါးကပ်တိုင်ကို ကျွန်ုပ်တို့ အလွန်လို အပ်ကြသည်။ ကျွန်ုပ်တို့အပေါ်ထားရှိသော ဘုရားသခင်၏ ကြီးမားသော ချစ်ခြင်းမေတ္တာကို သိခြင်းသည် ဘုရားသခင်ကို ဝတ်ပြု ကိုးကွယ်ရန်နှင့် သူတစ်ပါး၏ အစေကိုခံရန် လှုံ့ဆော်ပေးသည်။ ရောမ မြို့သားများထံရေးသော သူ၏အသနားခံစာ နောက်ကွယ်မှာ ရှင်ပေါလု ၏ ကျိုးကြောင်းဆင်ခြင်မှု သည် -

> ဤနေရာ၌ သင့်ကို လုပ်စေလိုသည်မှာ- ဘုရားသခင်က သင့်ကိုကူညီပါစေ။ သင်၏နေ့စဉ်၊ သာမန်အသက်ရှင် ခြင်း ဖြစ်သည့် သင်၏အိပ်စက်ခြင်း၊ အလုပ်သွားခြင်း၊ စားခြင်း နှင့် လမ်းလျှောက်ခြင်းစသည့် အသက်ရှင်ခြင်း များကို ယူပြီး ဘုရားသခင်ရှေ့တွင် ပူဇော်ရာ ယဇ်အဖြစ် ထားပါ။ သင့်အတွက် ဘုရားသခင် လုပ်ပေးသည်ကို လက်ခံခြင်း သည် သူ့အတွက် သင်လုပ်ပေးသောအကောင်းဆုံးသော အရာ ဖြစ်တယ်။ သင်၏ယဉ်ကျေးမှုကို ကောင်းစွာ ချိန်ညှိ မထားပါနှင့်၊ သင်တွေးတောစရာမလိုဘဲ သင်နှင့်အံဝင်ခွင် ကျဖြစ်အောင် ပြုလုပ်ပါ။ ထိုသို့ ပြုမည့်အစား ဘုရားသခင် ၏ အာရုံစိုက်မှုကို ခံယူပါ။ သင်သည် အတွင်း ပိုင်းကနေ အပြင်ပိုင်းအထိ ပြောင်းလဲသွားပါ လိမ့်မည်။ သူသည် သင့် ထံမှ အလိုတော်ရှိရာကို အလွယ်တကူသိမှတ်ပြီး ချက် ချင်း တုံ့ပြန်လိုက်ပါ။ သင့်ပတ်ဝန်းကျင်ရှိ ယဉ်ကျေးမှုနှင့် မတူဘဲ ဘုရားသခင်သည် သင့်ကိုမရင့်ကျက်သောအဆင့် အထိ အမြဲဆွဲငင်နေလျှင် ဘုရားသခင်သည် သင့်ကို အ ကောင်းဆုံး ယူဆောင်လာပြီး သင့်အား ကောင်းမွန်စွာ ဖွဲ့စည်းထားသည့် ရင့်ကျက်မှုကို ဖြစ်ပေါ်စေသည် (ရောမ ၁၂: ၁-၂)။

ကျွန်ုပ်တို့၏နာခံမှုအားဖြင့် "ကျေးဇူးပြု၍ ငါ့ကိုလက်ခံပါ"ဟု မပြောရပါ။ သို့သော် ကျွန်ုပ်တို့ကို ချစ်မြတ်နိုးတော်မူသော၊ ကျွန်ုပ်တို့ကို

ခေါ်တော်မူသောသူအား "ကျွန်ုပ်သည် ကိုယ်တော့်ကိုချစ်ပါ ၏"ဟု ပြော
ရမည်။

ကိုယ်တော်၏ ကျေးဇူးတော်ကို အလွဲသုံးစား*ပြု*ခြင်း၊ စွန့်ပစ်ခြင်း
နှင့် မနာခံမှုများတို့ဖြင့် ထိုးနက်သောအခါ သူက "သင်တို့လူသား ဖြစ်
*ကြောင်း*ကို ငါနားလည်သည်။ သို့သော် ငါမူကား ငါဖြစ်၏။ ငါ၏ ချစ်ခြင်း
မေတ္တာကို သင်သတိရပါ" ဟု တုန့်ပြန်တော်မူမည်။ ၎င်းသည် ကျေးဇူး
တော်ဟု ခေါ်သည့် ဘုရားသခင် ချစ်ခြင်းမေတ္တာ၏ သတင်းစကားဖြစ်
သည်။ ၤဤစာအုပ်၏ မေးခွန်းများနှင့် အဖြေများအားဖြင့် "ထိုကျေးဇူး
တော်၌ မည်သို့လျှောက်လှမ်းရမည်"ကို သင်ယူသောအခါ ကျွန်ုပ်တို့၏
ခရီးစတင်သည်။

ကျွန်ုပ်တို့၏ ရည်ရွယ်ချက်မှာ သီဪလော်ဂျီနှင့်ပတ်သက်သော
အချက်ပေးရန် မဟုတ်ဘဲ လက်တွေ့ကျသော ကျမ်းစာအဖြေများပေး
ရန် ဖြစ်သည်။ ကိုယ့်သူငယ်ချင်းနှင့် ကော်ဖီတစ်ခွက် သို့မဟုတ် လက်
ဖက်ရည်တစ်ခွက်သောက်ပြီး စားပွဲတစ်ခုတွင် "ကျေးဇူးတော်၌ အသက်
ရှင်ပါ" ဟူသော အမိပ္ပါယ်နှင့်ပတ်သက်၍ စကားပြောနေကြသည်ဆိုပါစို့။
ငါတို့သည် ကိုယ်ကိုကိုယ် ထပ်ခါတစ်လဲပြန်ပြောမည်အကြောင်း၊ ကျွန်ုပ်
တို့၏ အဖြေအချို့၌ ကောင်းကင်ကို တားမြစ်နေသည်။ မေးခွန်းတစ်ခုစီ
ကို ကျန်မေးခွန်းများမှလွဲ၍ သီးခြားမေးခွန်းတစ်ခုအဖြစ် ယူမှတ်ခဲ့သည်။
သို့မှသာ တစ်စုံတစ်ဦးက မေးခွန်းတစ်ခုမေးလျှင် ၎င်းတို့သည် အပြည့်
အဝ အဖြေရရှိ နိုင်ပါသည်။ သူ၏မျှော်လင့်ချက်မှာ သူသည်အဖိုးတန်
သော အရင်းအမြစ်တစ်ခုဖြစ်ပြီး ခက်ခဲသောမေးခွန်းအချို့အတွက် အ
ဖြေပေးသည်။

အဖြေများသည် မပြည့်စုံပုံရသည်၊ အကြောင်းပြချက်များ အ
တွက် ကျွန်တော်ပြုမိခြင်း ဖြစ်ကောင်းဖြစ်နိုင်ပါသည်။ ၤဤအရာသည်
ဖယားကွက်ထိပ်ဆုံး အဖြေများဖြစ်ကြောင်း သတိရပါ။ မကြာခဏ

ဇယားကွက်ထိပ်တွင် စကားပြောဆိုမှု တစ်ခုမှတစ်ခု လျှင်မြန်စွာ အဖြေပေးရန် အချိန်အလုံ အလောက်ရှိသည်။

ပါဝင်သင့်သည့် မေးခွန်းများရှိနိုင်သဖြင့် အချို့ကခံစားရလိမ့်မည်။ ဤမေးခွန်း အများစုတွင် စာစောင်တွဲဖြင့် ရေးသားထားသည်။ ကျွန်ုပ်တို့သည် မျက်နှာပြင်ကို မှတ်မိရုံမျှသာဖြစ်ပြီး ကျွန်ုပ်တို့သည် "မိုက်မဲသော နှလုံးသားရှိသော သတ္တဝါများ၊ ရွှံ့များနှင့်ကစားခြင်းကို များစွာရောင့်ရဲသော သတ္တဝါများ" ဖြစ်ကြသည်ဟု (စီအက်စ်လူးဝစ်မှ The Weight of Glory တွင် ဖော်ပြသည်)။

လုံလောက်သော ဝေဖန်မှု၊ လုံလောက်နက်ရှိုင်းမှု၊ လုံလောက်သော စဉ်းစားတွေးခေါ်မှု၊ မှန်ကန်မှုရှိခြင်း (သို့) နှုတ်ကပတ်တော် အလုံအလောက်မရှိခြင်းတို့ကြောင့် ကျွန်ုပ်တို့၏ အဖြေများသည် ကျွန်ုပ်တို့၏ စိတ်ထက် ပို၍ကြီးစွာဖြင့် တိုက်ခိုက်ခြင်း ခံရနိုင်သည်။ သို့တိုင်အောင် ဤမေးခွန်းများအတွက် ကျွန်ုပ်တို့မကြာခဏ ပေးသောအဖြေများ ဖြစ်ကြသည်။ စာအုပ်ငယ်အဆုံးတွင်၊ ကျွန်ုပ်တို့ အကြံပြုသော စာအုပ်များ၊ ဘလော့များ၊ ပေါ်ဒ်ကပ်စ်များနှင့် စာရေးသူများပါဝင်သည့် ထေက်ခံချက် အရင်းအမြစ်ကဏ္ဍများ ထည့်သွင်းထားသည်။ သင်၏ခရီးစဉ်တွင် ပိုမိုတိုးတက်ရန် ဤအရင်းအမြစ်များကို ပို၍နက်ရှိုင်းစွာ လေ့လာရန် သင့်အားကျွန်ုပ်တို့ တိုက်တွန်းအပ်ပါသည်။

ဤအရာသည် အလုံးစုံဖြစ်ခြင်းနှင့် အလုံးစုံအဆုံးသတ်ခြင်း မဖြစ်ရန် ဆုတောင်းပါ။ သို့သော် လည်း ဤခရီးကို လျှောက်လှမ်းရာ၌ ပိုမိုနက်ရှိုင်း၊ ပိုမိုကောင်းမွန်သော၊ အရည်အချင်းပြည့်မီသော အဖြေများကို ရှာဖွေရန် ဟောပြောချက်ကို အစပြုပါ။ သင်ကိုယ်တိုင်၏ ယုံကြည်ခြင်းကို တိုးမြှင့်စေ ရုံသာမက ခရစ်တော်၌ရှိသော သင်၏မျှော်လင့်ခြင်း အကြောင်း သင့်အားမေးမြန်းသူတိုင်းအတွက် အဖြေပေးရန် ပြင်ဆင်ထားဖို့ ဘုရားသခင် အလိုတော်ရှိသည် (၁ ပေ ၃ း ၁၅)။

ကျွန်ုပ်တို့၏ အဖြေများသည် လုံလောက်မှုမရှိကြောင်း တွေ့ရှိ
ရမည်ကိုမအံ့သြပါနှင့်၊ သို့မဟုတ် ကျမ်းစာ၌ သင်တွေ့ရသောအရာကို
ဆန့်ကျင်မည်မဟုတ်။ ကျွန်ုပ်တို့က ဤအရာနှင့်အဆင်ပြေပါသည်။ စာ
ရေးဆရာ ဘရေနန် မန်းနင်း (Brennan Manning)က "ကျွန်ုပ်တို့သည်
အဖြေပေးရန် သို့မဟုတ် အဖြေမပေးနိုင်သော ဘုရားဖူးများသာ ဖြစ်ကြ
ပြီး၊ ရှေ့သို့မသွားနိုင်သည့် သင်တို့ကဲ့သို့သော ဘုရားဖူးများသာ ဖြစ်
သည်"ဟု ပြောပါသည်။

ကျွန်ုပ်တို့သည် ဝီလျံ နေဂဲလ် ၏ လုပသော ဓမ္မသီချင်းမှ chorus
(ထပ်ဆိုရန်အပိုဒ်)နှင့်အတူ ဤနိဒါန်းကို အဆုံးသတ်ချင်ပါသည်။ ထပ်မံ
၍ မေးခွန်းများရှိပါက info@worldprayr.org တွင် ကျွန်ုပ်တို့အား အခမဲ့
ဆက်သွယ်ပါ။

ကရုဏာတော်သည် အလွန်ကြီးမြတ်၊
ကျေးဇူးတော်သည် အခမဲ့ဖြစ်၊
ငါ့ကို ခွင့်လွှတ်ခြင်း တိုးမြှင့်
ကရာနီမှာ ငါ့ဂိုဏာ၌ ၊န်ထုပ်မှ လွတ်ခြင်းခွင့်ရ။

မေးခွန်းများနှင့် ဖြေကြားချက်များ
ကျေးဇူးတော်ဟူသည် အဘယ်နည်း?

ဘုရားသခင်၌ အရည်အသွေးများစွာနှင့် ဆုကျေးဇူးများစွာရှိ သော်လည်း သူ၏ဂုဏ်တော်များအားလုံးသည် သူ၏ပင်ကိုယ်လက္ခဏာ ကို ဖော်ပြနိုင်ခြင်းမရှိကြပါ။ သူ၏ကျေးဇူးတော်ထက် သာလွန်သောဆု ကျေးဇူးတစ်ခု ရှိသည်။ ကျေးဇူးတော်အားလုံးသည် ဘုရားသခင်ထံမှ ဖြစ်သည်။ ကျေးဇူးတော်ကို အဓိကအမျိုးအစား နှစ်မျိုးဖြင့် ခွဲခြားနိုင် သည်။ ဤအမျိုးအစားများကို လူသားအားလုံးနှင့်ဆိုင်သော ဘုံကျေးဇူး တော်နှင့် အထူးကျေးဇူးတော် စသည်တို့ဖြင့် ခွဲခြားထားပါသည်။ အထူး ကျေးဇူးတော်သည် ပြုပြင်ပြောင်းလဲစေသော ကယ်တင်သောကျေးဇူး တော်ဟု ကျွန်ုပ်တို့ ညွှန်းဆိုသောအရာ ဖြစ်သည်။ ဘုံကျေးဇူးတော်သည် သူတို့ယုံကြည်သည်ဖြစ်စေ၊ မယုံကြည်သည်ဖြစ်စေ လူတိုင်းက လက် တွေ့ခံစားနိုင်သောအရာ ဖြစ်သည်။ ဘုံကျေးဇူးတော်သည် ထိုကျေးဇူး တော်အပေါ် ယုံကြည်ခြင်းနှင့် သက်ဆိုင်ခြင်းမရှိသလို၊ ဘုရားသခင်ကို ယုံကြည်ခြင်းနှင့်လည်း မသက်ဆိုင်ပါ။ ဘုရားသခင်က ကမ္ဘာကြီးတစ်ခု လုံးမှာ ရှိကြကုန်သော ကျွန်ုပ်တို့အားလုံးအပေါ် နေ့ရက်စဉ်တိုင်း ပေး ထားသောအရာ ဖြစ်သည်။ ဤအရာသည် ဘုရားသခင့်က သဘော သဘာဝ၏လှုပ်ခြင်း၊ သူ၏အမှုတော်နှင့် သက်ရှိအားလုံးတို့၏ တည်ရှိ ခြင်းတို့ကို ဖော်ပြသည်။ သို့သော် သက်ရှိအားလုံးတို့သာလျှင် မဟုတ်ပါ။ နေရောင်ခြည်ထွန်းထောက်ခြင်း၊ မိုးသက်မုန်တိုင်းတိုက်ခြင်း၊ ရယ်မော သံများကို ကြားရခြင်း၊ ကျန်းမာ၍ ပျော်ရွှင်ခြင်း၊ အစားအစာ စားသောက် ခြင်း၊မိတ်ဆွေသင်္ဟများနှင့် မိသားစုရှိခြင်းတို့အားဖြင့်လည်း ဘုရား သခင် တည်ရှိခြင်းကို ဖော်ပြနေသည်။ ကျွန်ုပ်တို့၏ လိုအပ်ချက်ကို ပြည့် စေခြင်း၊ ဆုတောင်းချက်ကို အဖြေပေးခြင်း၊ အခွင့်အရေးတံခါးကို ဖွင့်ပေးခြင်းနှင့် အလုပ်လုပ်ရခြင်း၊ တူညီသောတံခါးများကို ပိတ်ပေးခြင်း တို့သည်လည်း ဘုံကျေးဇူးတော်ကြောင့် ဖြစ်သည် (ယေရမိ ၁၄း ၂၂။

မသဲ၊ ၅း ၄၄-၄၅)။ တမန်၊ ၁၄း ၁၆-၁၇)။ ဘုံကျေးဇူးတော်အားဖြင့်
ဘုရားသခင်သည် မော်လီကျူး(ဒြပ်မှုန်မွှားအဖွဲ့အစည်း) အားလုံးကို
ထိန်းချုပ်ပေးသည်ကို ကျွန်ုပ်တို့ တွေ့ရသည်။ ဤမော်လီကျူးများကို
ထိန်းချုပ်မပေးနိုင်သော နတ်ဘုရားသည် ကိုးကွယ်ရလောက်သည်အထိ
ကြီးမြတ်ခြင်းမရှိပါ (၁ရာဇဝင်၊ ၂း ၆။ ၁ရာချုပ်၊ ၂၉း ၁၁-၁၂။ ယောဘ
၁၂း ၂၃။ ၄၂း ၂။ ဆာလံ ၁၁၅း ၃။ ဟေရှာ၊ ၄၆း ၉-၁၀။ ဒေသနာ ၇း
၁၃-၁၄။ ဟေရှာ၊ ၄၅း၇။ ဒံယေလ ၂း၂၁။ တမန်၊ ၁၇း ၂၄-၂၈)။ သူသည်
မော်လီကျူးများကို ထိန်းချုပ်နိုင်စွမ်းမရှိလျှင် ပြုပြင်ပြောင်းလဲစေသော၊
ကယ်တင်သော ကျေးဇူးတော်ကိုလည်း ပေးနိုင်မည်မဟုတ်ပါ။ သမ္မာ
ကျမ်းစာသည် ဘုံကျေးဇူးတော်နှင့် ပြည့်နက်နေသကဲ့သို့ ဘုရားသခင်
က လူသားအားလုံးကို အခမဲ့ဖြင့် အမြဲတမ်းပေးထားသော ကယ်တင်
သော ကျေးဇူးတော်နှင့်လည်း ပြည့်နက်နေပါသည်။ ဤကျေးဇူးတော်က
ဘုရားသခင်၏ အမျက်တော်မှ ကယ်တင်ခြင်းနှင့် ကိုယ်တော်အလို
တော်ရှိသော တရားမျှတခြင်းကို ပေးသည်။ ထိုကယ်တင်ခြင်းနှင့် ကျွန်ုပ်
တို့သည် ထိုက်တန်ခြင်းမရှိပါ။ သို့သော် ကယ်တင်ခြင်းကို အခမဲ့ပေးခြင်း
အားဖြင့် လူတိုင်းသည် သူနှင့်ဆက်နွယ်မှုရှိလာမည်ဖြစ်ပြီး သူ့ကို သိရှိ
လာမည်ဖြစ်သည် (နေဟမိ၊ ၉း ၁၇။ ဆာလံ၊ ၇၅း ၃၈။ ယောန ၄း ၁-၂။
၁ပေ၊ ၁း ၁၀-၁၂)။ ဘုရားသခင်သည် မည်သည့်အခါ၌မှ ပြောင်းလဲခြင်း
မရှိပါ။ ကောင်းမြတ် စုံလင်သော ဆုကျေးဇူးရှိသမျှတို့သည် အလင်းတို့၏
အဘထံတော်က သက်ရောက်ခြင်း ဖြစ်သည် (ယာ၊ ၁း ၁၇)။

ပထမလူကို ဖန်ဆင်းခြင်းမပြုမီ ဘုရားသခင်သည် ဖြစ်တည်
ခြင်းအကြံအစည်များ ရှိခဲ့ပြီး ဖြစ်သည် (တမန်၊ ၂း ၂၃။ ဖေက် ၁း ၄)။
သူ၏အကြံအစည်တော်ကို ပထမဖော်ပြလိုသည်မှာ သူသဘော သဘာဝ
နှင့် ဘုန်းတန်ခိုးတော် ဖြစ်သည်။ ဒုတိယမှာ သူဖန်ဆင်းထားသောအရာ
များနှင့် ကျွန်ုပ်တို့ကို ချစ်ကြောင်း ပြသရန် ဖြစ်သည်။ ဘုရားသခင်သည်
မည်သူဖြစ်ကြောင်း၊ ဘုရားသခင်နှင့် ကျွန်ုပ်တို့ မည်သို့ဆက်နွယ်မှုရှိ

ကြောင်း ပြောကြားခြင်းသည် သမ္မာကျမ်းစာ၏ အဓိကရည်ရွယ်ချက် ဖြစ်
သည်။ ဘုရားသခင်၏ အကြံအစည်တော်နှင့် ထိုအကြံအစည်တော်ကို
မည်သူက ပြည့်စုံအောင် လုပ်ဆောင်မည် ဟူသောအချက်များ ကြားသိ
စေခြင်းသည်လည်း သမ္မာကျမ်းစာ၏ အဓိကရည်ရွယ် ချက် ဖြစ်သည်။
ထိုသမ္မာကျမ်းစာ၌ ပြောပြသော ပုံဝတ္ထုများသည် ကျွန်ုပ်တို့အကြောင်း
မဟုတ်ပါ (ကျွန်ုပ်တို့အကြောင်း ပါဝင်သည်) သို့သော် ဘုရားသခင် အ
ကြောင်းကို ရေးသားထားခြင်း ဖြစ်သည်။ ထို့ကြောင့် သမ္မာဟောင်းကျမ်း
ထဲက ဘုရားသခင်သည် ဓမ္မသစ်ထဲက ဘုရားသခင်ထက် ပို၍ တစ်သီး
တစ်ခြား ဖြစ်သည်ဟု မှားယွင်းစွာ ပြောကြခြင်းများရှိလာသည်။ သို့မ
ဟုတ် ထိုကျေးဇူးတော်သည် သမ္မာဟောင်းကျမ်းတစ်စိတ်တစ်ပိုင်း တွင်မျှ
မပါဝင်ပါဟု ပြောလာကြသည်။ ကျမ်းစာ တစ်လျှောက်လုံး၌ လူသည်
ဘုရားသခင်နှင့် ကင်းကွာခြင်းအမှုကို ရွေးချယ်ခဲ့ပြီး ဘုရားသခင်၏
ရန်သူအဖြစ် အဆုံးသတ်ခဲ့ရကြောင်း တွေ့ရသည် (ကောလော၊ ၁း ၂၁)။
ဤအကြောင်းကို အာဒံနှင့်ဧဝတို့ (ကမ္ဘာ၊ ၂း ၄-၃း ၂၄)က ဘုရား
သခင်၏ စကားကို ငြင်းပယ်ရန် ရွေးချယ်ခဲ့ပြီး၊ ဘုရားသခင်၏ ရန်သူကို
အကောင်းဆုံးမိတ်ဆွေဖွဲ့ရန်နှင့် မိမိကိုယ်ကို အားကိုးဖို့ရွေးချယ်ခဲ့
ကြောင်းတို့ကို တွေ့နိုင်ပါသည်။ သို့ပင်ဖြစ်သော်ငြားလည်း ဘုရား
သခင်သည် သူ၏ဘုန်းတန်ခိုး၊ ဂရုဏာတော်နှင့် မေတ္တာတော်တို့ကို
ပြသရန် အလိုတော်ရှိသည်။ အထူးသဖြင့် သူ၏ကျေးဇူးတော်သည်
သန့်ရှင်းသူနှင့် ထူးဆန်းသောသူတို့၌ ပြသလေ့ရှိသည်ကို သမ္မာကျမ်းစာ
၌ တွေ့ရသည် (ဆာလံ ၁၆း ၃)။ ထို့ပြင် ဤကျမ်းစာ၌ သူသည် သူတို့
ကို ဆုံးမတော်မူခြင်း၊ ရွေးနုတ်တော်မူခြင်းအားဖြင့် ကျေးဇူးတော်
ကြောင့် သူနှင့်ပြန်လည် သင့်မြတ်စေတော်မူပြီ (ကော လောသဲ ၁း ၂၃)။

ယေရှုခရစ်တော်အားဖြင့် အစဦးစွာ ပေးသနားတော်မူသော
ကယ်တင်ခြင်းကျေးဇူးတော်ဖြစ်သော ပြုပြင်ပြောင်းလဲခြင်း ဆုကျေးဇူး
သည် ဘုရားသခင်၏ အကြီးမြတ်ဆုံးသော ဆုကျေးဇူးဖြစ်ကြောင်း

သမ္မာကျမ်းစာ၌ တွေ့ရသည်။ ရှင်ပေါလုက ရောမမြို့ရှိ ယုံကြည်သူများ
ကို ဤသို့ရေးသားထားသည်ကို တွေ့နိုင်ပါသည်။

"ငါတို့သည် အကျိုးနည်းရှိစဉ်တွင် အချိန်
တန်မှ ခရစ်တော်သည် မတရားသော သူတို့
အတွက်ကြောင့် အသေခံတော်မူ၏။ ဖြောင့်
မတ်သောသူ အတွက်ကြောင့် အသေခံမည့်သူ
ရှိခဲ၏။ သူတော်ကောင်းအတွက်ကြောင့်အသေ
ခံပံ့သောသူရှိ ကောင်းရှိလိမ့်မည်မှန်စေတော့။
ငါတို့သည် အပြစ်ရှိစဉ်ပင် ခရစ်တော်သည်
ငါတို့ အတွက်ကြောင့် အသေခံတော်မူသည်
ဖြစ်၍ ဘုရားသခင်သည် ငါတို့ကို အဘယ်မျှ
လောက်ချစ်တော်မူသည်ကို ငါတို့အား ထင်ရှား
စွာ ပြတော်မူ၏။ သို့ဖြစ်၍ ယခုတွင် အသွေး
တော်အားဖြင့် ဖြောင့်မတ်ရာသို့ ရောက်ပြီးမှ၊
ထိုသခင်အားဖြင့် အပြစ်ငရဲမှ ကယ်ချွတ်တော်
မူခြင်းသို့ ရောက်မည်ဟုသာ၍ မြော်လင့်စရာရှိ
၏။ အကြောင်းမူကားရန်သူဖြစ် လျက်ပင်
ဘုရားသခင်၏ သားတော်အသေခံတော်မူခြင်း
အားဖြင့် ငါတို့သည် ဘုရားသခင်နှင့် မိတ်သ
ဟာယဖွဲ့ပြီးမှ အသက်တော်အားဖြင့် ကယ်တင်
တော်မူခြင်းသို့ ရောက်မည်ဟုသာ၍ မြော်လင့်
စရာရှိ၏။ ထိုမျှမက ငါတို့သခင် ယေရှုခရစ်
အားဖြင့် မိတ်သဟာယဖွဲ့ ရာကျေးဇူးကို ယခု
ခံပြီးလျှင် ထိုသခင်အားဖြင့် ဘုရားသခင်၌ ဝါ
ကြားဝမ်းမြောက်ခြင်းရှိကြ၏။ (ရောမ ၅း ၆-

၁၁). ရှင်ပေါလုက တိတုအား "ဘုရားသခင်၏
ကျေးဇူးတော်သည် ပေါ်ထွန်း၍ လူအပေါင်းတို့
အတွက် ကယ်တင်ခြင်းကို ယူဆောင်ပေး
သည်"ဟုပြောပါသည် (တိတု၊ ၂း ၁၁)။

ဘုရားသခင်သည် သူယူဆောင်ပေးသော ကယ်တင်ခြင်း ကျေး
ဇူးတော်နှင့် ပြုပြင်ပြောင်းလဲခြင်း ကျေးဇူးတော်တို့ကို သူနှင့်ပြန်လည်
မိတ်သဟာယဖွဲ့စေရန် ကျွန်ုပ်တို့အတွက် ရပ်တန့်မသွားပါ။ မည်သည့်
အခါ၌မှ ရပ်တန့်မည်မဟုတ်။ သူ၏ပြုပြင်ပြောင်းလဲသော ကျေးဇူးတော်
(အချို့က လုံခြုံစေသော ကျေးဇူးတော်ဟုခေါ်သည်)ကို ဆက်လက်၍
ပေးသနားဆဲ ဖြစ်သည်။ သူက စတင်ခဲ့သော သူနှင့်ဆက်နွယ်မှုကို
၍ကျေးဇူးတော်အားဖြင့် စောင့်ထိန်းပေးသည် (ဖိလိ၊ ၁း ၆)။ ကျေးဇူး
တော်ကြောင့် သူထံသို့ရောက်ခြင်းသက်သက်မဟုတ်ဘဲ ထို ကျေးဇူး
တော်က ဆက်လက်ထိန်းသိမ်းပေးသည် (ဂလာ၊ ၃း ၂-၃)။ ထိုသို့
သောအားဖြင့် သံသယအရိပ်လွှမ်းမိုးခြင်းမရှိဘဲ ထာဝရအသက် ရရှိ
ကြောင်းကို လုံခြုံစေသော ကျေးဇူးတော်အားဖြင့် သိရှိနိုင်သည် (၁ယော၊
၅း၁၃)။ သူ၏ သန့်ရှင်းစင်ကြယ်စေခြင်း ကျေးဇူးတော်အားဖြင့် သူသည်
ကျွန်ုပ်တို့ကို လူသစ်ဖြစ်စေသည် (၂ကော၊ ၅း ၁၇)။ မူလဖန်ဆင်းခြင်း
ပုံစံသို့ ရောက်အောင်ပြန်လည်ပို့ဆောင်ခြင်းသာ မဟုတ်ဘဲ ခရစ်
တော်နှင့်တူမျှုခြင်းသင်္ကာန်ကို ရရှိအောင် ပြန်လည်ဖန်ဆင်းပေးခြင်း
ဖြစ်သည် (၁ပေ၊ ၂း ၉-၁၀။ ၂ကော၊ ၅း ၁၇)။ ကျွန်ုပ်တို့သည် သူ၏
လုံခြုံစေသော ကျေးဇူးတော်နှင့် သန့်ရှင်းစင်ကြယ်စေသော ကျေးဇူး
တော်တို့ကို ကယ်တင်သော ကျေးဇူးတော်နှင့် ပြုပြင်ပြောင်းလဲသော
ကျေးဇူးတော်၌ တွေ့ရသည်။ သူ၏ ပြုပြင်ပြောင်းလဲစေသော ကျေးဇူး
တော်နှင့် ကယ်တင်ခြင်းကျေးဇူးတော်အားဖြင့် သူ၏ခွန်အားမြှင့်တင်
ပေးခြင်း ကျေးဇူးတော်ကိုလည်းတွေ့ရှိနိုင်ပါသည်။ (ဆိုလိုသည်မှာ

ဘုရားသခင်သည် ကျွန်ုပ်တို့ကို ကယ်တင်ရုံသာမက သူ၏ကယ်တင်ခြင်းအတွက် ကျေးဇူးတင်တုန့်ပြန်တတ်သော နလုံးသားဖြင့် ရွေးချယ်နိုင်ခြင်း အစွမ်းခွန်အားကို ကျွန်ုပ်တို့အား အခမဲ့ပေးသည်)။

ခွန်အားမြှင့်တင်စေသော ကျေးဇူးတော်သည် အရင်လိုအသက်တာကဲ့သို့ အသက်မရှင်အောင် သို့မဟုတ် အသက်တာဟောင်းအတိုင်း အသက်မရှင်အောင် ခွန်အားပေးသနားတော်မူသော ကျေးဇူးတော် ဖြစ်သည်။ သို့သော် သန့်ရှင်းသော ဝိညာဉ်တော်ပြည့်ဝခြင်းဖြင့် အစားထိုးအသက်ရှင်ခြင်းကို ရွေးချယ်ရန် ဖြစ်သည် (ဖေက် ၁း ၁၃၊ ၁၄။ ၄း ၃ဝ)။ သန့်ရှင်းသော ဝိညာဉ်တော်သည် သမ္မာတရားကို ပြဋ္ဌန်း၍ ဘုရားသခင်ဖော်ပြသွန်သင်ပြီးသော သမ္မာတရားများကို မှတ်သားစေမည် ဖြစ်သည် (ယော၊ ၁၄း ၂၆)။ ဤကဲ့သို့ ဖော်ပြထားသည့်အတိုင်း ဘုရားသခင် စိတ်သဘောတော်ကို ဖော်ဆောင်သော အသက်ရှင်ခြင်းတည်းဟူသော ဝိညာဉ်တော်အသီးများကို သီးနိုင်မည် ဖြစ်သည် (ဖေက် ၄း ၂၅-၃၂)။ ခွန်အားကို မြှင့်တင်စေသော ကျေးဇူးတော်က ကျွန်ုပ်တို့သည် ခရစ်တော်၌ရှိကြသူများဖြစ်ကြောင်း ထင်ရှားသောလက္ခဏာကို ဖော်ထုတ်နိုင်ခွင့်ကို မ,စပေးသည် (ဂလာ၊ ၅း ၁၆-၂၅)။ ဤကဲ့သို့ အသက်ရှင်နိုင်ရန်မှာ ကျွန်ုပ်တို့၌ ခွန်အားမရှိပါ။ ဘုရားသခင် ပေးသနားတော်မူသော ခွန်အားမြှင်တင်ပေးသော ကျေးဇူးတော်အားဖြင့် သန့်ရှင်းသော ဝိညာဉ်တော်က အလုပ်လုပ်ခြင်းဖြစ်သည် (ကော၊ ၁း၁၁။ ၂တိ၊ ၂း ၁)။ ဤအရာသည် ထာဝရအသက်အတွက် ခရစ်တော်ကို ယုံကြည်သောသူများ အားလုံး မထိုက်တန်ဘဲရရှိသော ဘုရားသခင်၏ အလွန်လှပသော ကယ်တင်ခြင်း ကျေးဇူးတော်နှင့် ပြုပြင်ပြောင်းလဲစေသော ကျေးဇူးတော် ဖြစ်သည်။

ဘုံကျေးဇူးတော်နှင့် ပြုပြင်ပြောင်းလဲစေသော၊ ကယ်တင်ခြင်းကျေးဇူးတော်နှစ်ခုစလုံးတွင် လူ၌မတွေ့ရသော ဘုရားသခင်၏ သဘောသဘာဝကို တွေ့နိုင်ပါသည်။ အဘယ်ကြောင့်ဆိုသော် ဘုရားသခင်

သည် သန့်ရှင်းတော်မူပြီး လူတို့အားကျေးဇူးပြုတော်မူရန် မရှိမဖြစ်
လိုအပ်လာပါသည်။ ထို့ကြောင့် ကျေးဇူးတော်၏ ၁၀၀% ရာခိုင်နှုန်းသည်
ဘုရားသခင် လုပ်ဆောင်ခြင်းသာ ဖြစ်သည်။ ကျေးဇူးတော်ကို တုန့်ပြန်
မည့်သူတစ်ယောက်ယောက်အတွက် အချိန်နာရီကန့်သတ်ထားခြင်း မရှိ
ပါ။ သို့မဟုတ်လျှင် ကျေးဇူးတော်သည် သန့်ရှင်းဖြူစင်ခြင်းရှိမည် မဟုတ်
ပါ။ ကျွန်ုပ်တို့သည် ပထမဦးစွာ သေမင်း၏လမ်းကို လျှောက်နေသော
အချိန်၌သော်လည်းကောင်း၊ နေ့ရက်တိုင်း၌ ကျွန်ုပ်တို့ ပျော်ရွှင် ရမည်ဟု
စဉ်းစားသည့် အချိန်၌သော်လည်းကောင်း၊ ကျွန်ုပ်တို့သည် ကိုယ်တိုင်
ကျန်ရစ်ခံရဖို့ ပို၍လျော့နည်းခြင်းကို အလိုရှိသော အချိန်၌သော်လည်း
ကောင်း၊ ကျွန်ုပ်တို့ကို ငရဲမှ ကယ်တင်ဖို့အတွက် ဘုရားသခင်၏ ကျေးဇူး
တော်သည် ကျွန်ုပ်တို့အတွက် တိုးချဲ့ပေးလျက်ရှိသည်။ အကယ်၍
ကျွန်ုပ်တို့သည် ကျေးဇူးတော်ကို ဦးတည်ကူညီပေးနိုင်မည်ဆိုပါက၊
ကျွန်ုပ်တို့သည် တစ်စုံတစ်ခုကို ထိုက်တန်စွာ လုပ်ဆောင်နိုင်ပေလိမ့်
မည်၊ ထိုအရာအတွက် အမြဲတမ်းဂါကြွားပေလိမ့်မည်၊ ကျွန်ုပ်တို့ ဘက်က
သာ အရေးပါသည်ဟု ခံစားစေပေလိမ့်မည်။ ငါးကြီးကြီးဖမ်းသော
တံငါသည်သည် ပတ်ချာလည်နေသလိုမျိုး ကျွန်ုပ်တို့လည်း ထူးမခြား
နားဖြစ်ပေလိမ့်မည်။ ကျွန်ုပ်တို့သည်အခြားသောသူတို့အား "ကျွန်ုပ်၏
ကျေးဇူးဖြင့် ဘုရားသခင်ကို ဘယ်လိုကူညီခဲ့သည်ကို ကြည့်ပါ"ဟု ပြော
ပေလိမ့်မည်။ ထို့ကြောင့် ရှင်ပေါလုက ဖေက ၂း ၉ မှာ "ကိုယ့်
ကုသိုလ်ကြောင့် ကယ်တင်တော်မူခြင်းသို့ ရောက်သည်မဟုတ်၊ သို့ဖြစ်၍
အဘယ်သူမျှ ဂါကြွားစရာအခွင့်မရှိ"ဟု ပြောပါသည်။ လူသည် မသန့်
ရှင်းသော လက်ရှိလျက် သန့်ရှင်းသောအရာကို အဘယ်သို့ ပြုနိုင်မည်
နည်း (ယောဘ၊ ၂၅း ၄)။ ဘုရားသခင်သည် သန့်ရှင်းတော်မူသော
ကြောင့် ကျေးဇူးပြုနိုင်ပါလိမ့်မည်။

ကျေးဇူးတရားသည် ခရစ်တော်အားဖြင့် ဘုရားသခင်က အခမဲ့
ပေးခြင်းသည် (ဟေရှာ၊ ၅၃) ဘုရားသခင်၏ အခြားသော ဂုဏ်အင်္ဂါများ

ဖြစ်ကြသော တရားမျှတခြင်းနှင့် သန့်ရှင်းတော်မူခြင်းသည် သွေဖည်၍ မသွားပါ(ရောမ ၅း ၁၈-၂၁)။ ယခုထိတိုင်အောင် ပညတ်တရားက ထိုဂုဏ်အင်္ဂါများကို မဖြည့်ဆည်းပေးနိုင်သေးပေ။သို့မဟုတ် ထိုဂုဏ်အင်္ဂါ များပြည့်စုံစေဖို့ မကူညီနိုင်သေးပါ။ ကျေးဇူးတော်ကသာလျှင် ထိုဂုဏ် အင်္ဂါများကို ပြည့်စုံစေဖို့ ယူဆောင်ပေးသည်(ဂလာ၊ ၂း၂၁)။ ဘုရား သခင်၏ ပညတ်တော်သည် ကျွန်ုပ်တို့ကို ကျမ်းစာက ပြောထားသော အရာများကို လုပ်ဆောင်ရန် ဖြစ်သည်။ ထိုပညတ်ချက်များသည် ပညတ် တော် (၁၀)ပါးကို ကျော်လွန်သေးသည် (ပညတ်တော် (၁၀)ပါးအပြင် ရှိသေးသည်)။ ဘုရားသခင်၏ တရားမျှတခြင်းက ဘုရားသခင် စိတ် တော်နှင့်တွေ့အောင်အသက်ရှင်ခြင်းမှ ပေးခဲ့သော လူတစ်စုံတစ် ယောက်အား ပြစ်ဒါဏ်ပေးခြင်းကို တောင်းဆိုသည်။ ထိုအရာကို ကျွန်ုပ် တို့က အပြစ်ဟု ခေါ်ခြင်းဖြစ်ပြီး ထိုနေရာ၌ ခရစ်တော်အားဖြင့် ပြုပြင် ပြောင်းလဲစေသော ကယ်တင်ခြင်းအကြောင်း အစပြုခြင်း ဖြစ်သည်။ ခရစ်တော် ကားတိုင်ပေါ်၌ ပြုခဲ့သောအသေခံခြင်းအားဖြင့်သာ ဘုရား သခင်၏ တရားမျှတခြင်းက တောင်းဆိုနေသော ကျွန်ုပ်တို့၏ သေခြင်း ပြစ်ဒါဏ်ကို ဆပ်ပေးနိုင်ပါသည်။ ဘုရားသခင် တောင်းဆိုသော ကျွန်ုပ် တို့ ပေးဆပ်ရမည့်အရာကို ခရစ်တော်၏ နာခံခြင်း ကျေးဇူးတော်အားဖြင့် ဘုရားသခင်က လက်ခံပေးသည် (၂ကော၊ ၅း ၁၈-၂၁)။ ဤသို့ဖြင့် ဘုရားသခင်၏ သန့်ရှင်းခြင်းက တောင်းဆိုနေသောအရာကို ဒကျေးဇူး တရားက ပြည့်စုံစေခြင်း ဖြစ်သည်။

ကျေးဇူးတရားကို ပို၍ဆင်ခြင်ကြည့်ရှုလေလေ ဘုရားသခင် ပေးသနားတော်မူသော အကြီးမားဆုံးသော လက်ဆောင်အဖြစ် တွေ့ရှိ လေလေ ဖြစ်ရုံမျှက ဘုရားသခင်သည် လူတို့၏အသက်ရှင်မှုကို ထိန်း ချုပ်ထားခြင်းဟူသော အရည်အချင်းများကိုလည်း တွေ့ရှိရပါသည်။ ကျွန်ုပ်တို့၏ ဘဝအသက်တာ၌ ဖြစ်ပေါ်လာသောအရာရှိသမျှသည် ဤအံ့ဖွယ်သော ကျေးဇူးတော်အားဖြင့်သာ ဖြစ်ပေါ်လာခြင်း ဖြစ်သည်။

ကျွန်ုပ်တို့၏ ဆုတောင်းခြင်း အဖြေရသည်ဖြစ်စေ၊ ငြင်းပယ်သည်ဖြစ်စေ အရေးမကြီးပါ။ နှစ်ခုစလုံးသည် ကျွန်ုပ်တို့အတွက် ဘုရားသခင်က အ ကောင်းဆုံးပုံစံဖြင့် ပြင်ဆင်ထားသော တန်ဖိုးကြီးသော ကျေးဇူးတော်ပင် ဖြစ်သည်။ ကျေးဇူးတော်သည် ရှင်ပေါလု၏ စာစောင်အစပိုင်းနှင့် နောက် ဆုံးပိုင်းများတွင်လည်းကောင်း၊ ကျမ်းစာ၏အဆုံး၌ ရှင်ယောဟန်က သူ ၏စာဖတ်ပရိတ်သတ်များအား ဆန္ဒပြုဆုတောင်းပေးရာတွင် အင်မတန် တန်ခိုးပြည့်ဝသော အဓိကအကြောင်းရင်းပင် ဖြစ်ခဲ့သည်။ ထိုသို့ဖြစ် သော်ငြားလည်း ကျွန်ုပ်တို့အတွက် အကြီးမြတ်ဆုံးသော ကျေးဇူးတရား လက်ဆောင်ကို ငြင်းပယ်ခြင်း၊ အလွဲနားလည်ခြင်းများ ရှိလာသည်။ အဘယ်ကြောင့်ဆိုသော် ကျေးဇူးတရား၏ အယူအဆနှင့်လုံးလုံးဆန့် ကျင်ပြီး အသက်ရှင်ခြင်း၊ စဉ်းစားဆင်ခြင်ခြင်းတို့ကြောင့် ဖြစ်သည်။ ကျေးဇူးတရားသည် အဘယ်အရာဖြစ်သည်ဟု ကျွန်ုပ်တို့နားလည်သည့် တိုင်အောင် ဘုရားသခင်က ကျွန်ုပ်တို့အား ကျေးဇူးတော်ကို ဆန့်ကျင် သောလူအဖြစ် သတ်မှတ်ရုံမက လူအထဲ၌သန့်ရှင်းစင်ကြယ်ခြင်းကို မတွေ့ပါ။ အမှန်အားဖြင့် လူတို့၏အကြံအစည်နှင့် ဘုရားသခင်၏ အကြံ အစည်တော်သည် ကွဲပြားရုံမျှသာမဟုတ်ဘဲ သာ၍ကောင်းသည် (ဟေ ရှာ၊ ၅၅း ၉)။ ထိုအကြံအစည်တော်များသည် ကျေးဇူးတော်ဖြင့် အစပြု ခြင်း ဖြစ်သည်။

.

ကျေးဇူးတော်၏ အဓိပ္ပါယ်ကို ဖော်ထုတ်နိုင်ပါသလား?

　　သင်သည်မနက်ဖြန်နားပင်းသွားလိမ့်မည်ဟူသော　 သတင်းကို လက်ခံရရှိခဲ့ရမည်ဆိုပါက စဉ်းစားကြည့်ပါ။ သင်ကြားရသော အသက်ရှင် ခြင်း၏အသံ၊ အံ့သြဖွယ်အော်ဟစ်သံများနှင့် သင့်အား ကြီးမားသော ခံစားချက်ကို ခေါ်ဖိတ်နေသောအရာများသည် မကြာမီထွက်ပြေးသွားပါ လိမ့်မည်။ သင်သည် ရောဂါရင်းမြစ်၏ အဖြေကိုရှာတွေ့ဖို့ ဆရာဝန်တစ် ယောက်ပြီး တစ်ယောက် အစစ်ဆေးခံပြီး ကြိုးစားရှာဖွေနေပေလိမ့်မည်။

သင်သည် ကမ္ဘာပေါ်၌ရှိရှိသမျှ ဆရာဝန်များထဲမှ အကောင်းဆုံးသော ဆရာဝန်ကို တွေ့ကောင်းတွေ့နိုင်ပါသည်။ ထိုသို့တိုင် အချိန်နာရီ နေ့ ရက်များသည် ပြေးလွှဲနေဆဲ။ မကြာမီ အုံ့သြဖွယ်ရာ သင်ကြားရသော တေးသွားသံများသည် သေးသေးမွှားမွှားအဓိပ္ပါယ်မဟုတ်၊ သို့သော် သင် နှစ်သက်သော ထိုအသံများအားလုံး ကြားနိုင်စွမ်းသည်လည်း ပျောက် ကွယ်သွားလိမ့်မည်။

ယခု သင်သည် ဆရာဝန်အားလုံးက တတ်စွမ်းနိုင်သော အဖြေ များနှင့် သူတို့အားလုံးက တစ်သံတည်းပြောသွားသည်မှာ "မျှော်လင့် ခြင်းမရှိ"ဟူသော စကားဖြစ်ကြောင်း သင်သိရှိပြီ ဖြစ်သည်။ ထိုအခါ သင် က ဤအရာသည် ဘုရားသခင်အလိုတော်၊ အကြံအစည်တော်သာ ဖြစ် သည်ဟု လက္ခံပြီး အရှုံးပေးရတော့မည်။ နာကျင်ခြင်းနှင့် ပူပင်သောက များ ခံစားရပြီး နေ့ရက်များသည် နှစ်လောက်မကြာသော်လည်း၊ လလောက်ကြာသည်ဟု ထင်မှတ်ရသည်။ တိတ်ဆိတ် ငြိမ်သက်ခြင်း တည်းဟူသော အသံဗလာသည် ဘဝ၏တစ်စိတ်တစ်ပိုင်း ဖြစ်လာသည်။ သို့သော် တိုးတိတ်ခြင်းများသည် သိုလှောင်ထား၍မရပါ။ သူတို့သည် သင့်ဘဝ၏ အလွန်နာကျင်သော လမ်းစဖြစ်လာပြီး ဘဝ၌မခံမရပ်နိုင် အောင် ဖြစ်စေသည်။ ထို့နောက်တစ်နေ့တွင် အုံ့ဖွယ်လုပ်နိုင်စွမ်းသော အခြားသော ဆရာဝန်က သင့်ကို ပြောလိမ့်မည်။ သင်ဂရုစိုက်နေသော ချစ်လှစွာသောသူသည် လပေါင်းများစွာကြာပြီးနောက် ပြန်လည်စစ် ဆေးမှုခံယူကာ ခွဲစိတ်ကုသမှု အောင်မြင်ကြောင်းသတင်းကို ကြားရ သောအခွင့် ပြန်ရပြီ။ တစ်နေ့တစ်ချိန်က မျှော်လင့်ချက်မရှိသော နာကြင် ခြင်း ဝေဒနာသည် ယခု အသစ်သောရလဒ်များနှင့်အတူ မျှော်လင့်ချက် ကို ပြန်ပေးကာ နာကြင်မှုများ ကွယ်ပျောက်ပြီး ဘဝသစ်ပြန်လာပြီ ဖြစ် သည်။

ကျွန်ုပ်တို့အားလုံးသည် ထာဝရပြေးဆွဲနေသော အပြစ်စီရင်ရာ ရထားသံလမ်းပေါ် ချည်နှောင်ထားသော ကျွန်ုပ်တို့ပြုလုပ်သော ကြိုးမျှင်

ကိုမီလျက် ရထားဖြင့် ခရကတာခရီးသွားနေသောသူများ ဖြစ်ကြပါသည်။ (ကျွန်ုပ်တို့သည် ဘုရားသခင်နှင့်ကွာလျက် ထာဝရအပြစ်စီရင်ခြင်းကို ခံမည့်သူများ ဖြစ်ကြသည်။ အဘယ်ကြောင့်ဆိုသော် ကျွန်ုပ်တို့သည် ဘုရားသခင်၏ စုံလင်သောသဘောသဘာဝရှေ့၌ အသရေပျက်လျက် ရှိကြပြီ)။ ဤကြိုးမျှင်များသည် ဘုရားသခင်အလိုတော်နှင့် ဆန့်ကျင် ဘက်ဖြစ်သော ကျွန်ုပ်တို့ ရွေးချယ်မှုအားဖြင့် ပြုလုပ်သော ကြိုးမျှင်သာ ဖြစ်သည်။ ကျွန်ုပ်တို့က ဤကြိုးမျှင်ကို ကိုယ့်အလိုကျ စိတ်ကြိုက်လုပ် ဆောင်ခဲ့ခြင်းဖြစ်ပြီး ကိုယ်လိုချင်ခဲ့သော အသာတာဖြင့် အသက်မရှင် စေနိုင်သော ကြိုးမျှင်တစ်ချောင်း ဖြစ်လာခဲ့သည်။ ဤသို့သော ရွေးချယ် မှုများသည် ဘုရားသခင်၏ စံချိန်ကို မမီသောအပြစ် သို့မဟုတ် လူတို့၏ ရှုံးနိမ့်ခြင်း ဖြစ်သည်။

ကျွန်ုပ်တို့၏ အပြစ်များက ကျွန်ုပ်တို့ကို မျှော်လင့်ချက်မဲ့စေခဲ့ပြီး ကျွန်ုပ်တို့ကို နက်ရှိုင်းစွာ ချစ်ခဲ့သောသူနှင့် ထာဝရဝေးကွာမည့်နေရာ၌ ကျင်လည်စေခဲ့သည်။ အပြစ်သည် အပြစ်ဒဏ်နှင့် မျှော်လင့်ခြင်း ကင်းမဲ့ ခြင်းသို့ ဦးတည်စေ၍ ထိုနေရာ၌ ချန်ထားခဲ့သည်။

ဖန်ဆင်းရှင် ဘုရားသခင်က ကျွန်ုပ်တို့ မပေးဆပ်နိုင်သော အပြစ် ကြွေးမှ ရွေးနုတ်ခြင်း မရှိမိတိုင်အောင် ကျွန်ုပ်တို့သည် ကောင်းသောအ သက်တာနှင့် အသက်ရှိသည့်တိုင် အပြစ်၏ ပြန်ပေးဆွဲ ဖမ်းချုပ်ခြင်း၌ မျှော်လင့်ခြင်းမဲ့ အကူအညီမဲ့ဖြင့် အသက်ရှင်နေကြရသည်။ ဘုရား သခင် တောင်းဆိုနေသော တရားမျှတခြင်းသည် သူ့ကို ကျေနပ်စေရန် ဖြစ်သည်။ အဘယ်ကြောင့်ဆိုသော် ကျွန်ုပ်တို့သည် ဘုရားသခင်ရှေ့ တော်၌ အသရေပျက်၍ သူ၏ဖြောင့်မတ်ခြင်းစံကို မမီနိုင်သောကြောင့် ဖြစ်သည်။ ယင်းသို့ဖြစ်သည့်တိုင် ဖန်ဆင်းရှင်၏ ကြီးမြတ်တော်မူသော ကရုဏာတော်နှင့် အားကြီးသော ချစ်ခြင်းမေတ္တာတော်ကြောင့် သူသည် အပြစ်ကြွေးကို ဆပ်ပေးကာ ရွေးနုတ်ခဲ့ပြီ။ (နှုတ်ကပတ်တော်)ဟု ခေါ် သော သမ္မာကျမ်းစာက ကျွန်ုပ်တို့ကို ပြောသည်မှာ သူသည် ငါတို့၏

အပြစ်ကြွေးကို ဆပ်ပေးပြီ။ အဘယ်ကြောင့်ဆိုသော် သူသည် ကျွန်ုပ်တို့
အား သူ၏ကြီးမြတ်တော်မူခြင်း၊ ကောင်းမြတ်တော်မူခြင်း၊ ရက်ရော
တော်မူခြင်းနှင့် တုနှိုင်း၍မရသော မေတ္တာတော်တို့ကို ပြသရန် ဖြစ်သည်။
အပြစ်ကြွေးကို ဆပ်ပေးပြီး ရွေးနုတ်တော်မူခြင်းသည် သားတော်ယေရှု
၏ အသက်တာ၌ အကြီးမားဆုံးသော ပေးဆပ်ခြင်း ဖြစ်သည်။ ကားတိုင်
၌အသက်ပေးရွေးနုတ်ခြင်းသည် စုံလင်သည်ဖြစ်၍ထပ်မံ အသေခံရန်
မလိုတော့ပါ။ ထို့ကြောင့် ကျွန်ုပ်တို့အားပေးခဲ့သော အသစ်သောမျှော်
လင့်ခြင်းနှင့် ကယ်တင်ခြင်းသည် အခမဲ့ဖြစ်သည်။

ထိုနေရာ၌ ကျေးဇူးတော်၏ အမိပ့ဲယ်ကို တွေ့ရပါသည်။ ဘုရား
သခင်၏ ချစ်ခြင်းမေတ္တာသည် မျှော်လင့်ခြင်းကိုပေးခြင်းဖြစ်ပြီး၊ ဘုရား
သခင်နှင့် ထာဝရကင်းကွာခဲ့ခြင်းမှ ရွေးနုတ်ကယ်တင်ခြင်း ဖြစ်သည်။
ထိုကျေးဇူးတော်သည် ကျွန်ုပ်တို့၏ ကုသိုလ်ကြောင့် မဟုတ်ဘဲ၊ အသေခံ
တော်မူခြင်းကြောင့်သော်လည်းကောင်း၊ ကျွန်ုပ်တို့၏ အသေခံခြင်း
ကြောင့် မဟုတ်ဘဲ၊ ခရစ်တော်၏ အသေခံတော်မူခြင်းကြောင့်သော်
လည်းကောင်း ဖြစ်ပေါ်လာသော လွတ်လပ်ခြင်း ဖြစ်သည်။ မျှော်လင့်
ခြင်းနှင့် လွတ်လပ်ခြင်းသည် ကျွန်ခံခြင်းပြစ်ဒါဏ်ကို ပေးချေခြင်း ဖြစ်
သည်။ ကျွန်ုပ်တို့သည် အပြစ်ကျွန်၌ စီရင်ခြင်းခံသောသူများဖြစ်ကြ
သည်။ ဘုရားသခင်၏ စံကိုမမီခြင်းသာ မဟုတ်ဘဲ၊ ကျွန်ုပ်တို့ မှားယွင်း
စွာ ရွေးချယ်ခဲ့သော ရှက်ကြောက်ခြင်း သံကြိုး၏ချည်နှောင်ခြင်းကြောင့်
စီရင်ခြင်းကို ခံရကြခြင်း ဖြစ်သည်။ ကျွန်ုပ်တို့သည် ကျွန်ုပ်တို့ကိုယ်တိုင်
နှင့်စာတန်ကို အစေခံပြီး ချည်နှောင်ခြင်းနှင့် ကျွန်ပြုခြင်းကိုလည်း ခံရ
ကြသည်။

ဓမ္မသီချင်းဟောင်းတစ်ပုဒ်၏ စာပိုဒ်၌ ဘုရားသခင်၏ ကျွန်ုပ်တို့
အပေါ် ချစ်သနားတော်မူခြင်း တန်ခိုးနှင့် ရိုးရှင်းခြင်းကို တွေ့ရသည်။

အို၊ သင်နှင့်ကျွန်ုပ်ကို မည်မျှလောက် ချစ်တော်မူ

အို၊ သင်နှင့်ကျွန်ုပ်ကို မည်မျှလောက်ချစ်တော်မူ
အသက်ပေးတော်မူ၊ ဘယ်အရာကို ပိုပေးနိုင်နည်း
အို၊ မည်မျှလောက် ချစ်တော်မူ၊ အို၊ မည်မျှလောက် ကျွန်ုပ်ကိုချစ်
အို၊ သင်နှင့်ကျွန်ုပ်ကို မည်မျှလောက် ချစ်တော်မူ။

ယေရှု ကရာနီကုန်းသို့ ကြွချီ
သူ့မေတ္တာ လူတို့ပြဖို့
ထိုရုပ်၌ စိတ်ပျက်ခြင်းမှ မျှော်လင့်ခြင်းကို ဆောင်ယူ
အို၊ မည်မျှလောက် ချစ်တော်မူ၊ အို၊ မည်မျှလောက် ကျွန်ုပ်ကိုချစ်
အို၊ သင်နှင့်ကျွန်ုပ်ကို မည်မျှလောက် ချစ်တော်မူ။
        (ရေးစပ်သူ။ ကပ်တ် ကိုင်စာရ်၊ ၁၉၇၆)

ကျေးဇူးတော်၏ အချုပ်အချာကား ကုသိုလ်မဟုတ်၊ ကရုဏာ
တော်ဖြစ်သည်။ ကျေးဇူးတော်သည် သင်မထိုက်တန်သောအရာကို ရရှိ
ခြင်းဖြစ်ပြီး၊ သင်ထိုက်တန်သောအရာကို မရရှိခြင်းဖြစ်သည်။ ကမ္မ(က်)
ဟူသည် သင်ထိုက်တန်သော (လုပ်ဆောင်သော)အရာကို ရရှိခြင်း
ဖြစ်သည်။ ခရစ်ယာန် ဘာသာက သင်ထိုက်တန်သောအရာသည် ရှင်
ပြန်ထမြောက်ခြင်းအတွက် မျှော်လင့်ခြင်းကင်းမဲ့သော သေခြင်းသာ ဖြစ်
သည်ဟု သွန်သင်ထားသည်။ ကျေးဇူးတော်သည် ကမ္မတည်းဟူသော
ကံတရားနှင့် ဆန့်ကျင်ဘက်ဖြစ်သည်။ ကံတရားကို ကျွန်ုပ်တို့အားလုံးက
လိုအပ်နေချိန်မှာ ကျေးဇူးတရားသည် ကျွန်ုပ်တို့ကြောင့် မဟုတ်ခဲ့ပါ။
ကျေးဇူးတရားသည် ဘုရားသခင်ထံမှ လာသောစကားလုံး ဖြစ်သည်။
ထိုအရာသည် ကျွန်ုပ်တို့လုပ်ဆောင်၍ရသောအရာမဟုတ်၊ အကန့်အ
သတ်မဲ့ ချစ်မေတ္တာဖြစ်၍ ဘုရားသခင်၏သားတော် ယေရှုခရစ်တော်ကို
ယုံကြည်သောသူ အားလုံးအခမဲ့ပေးသောအရာပင် ဖြစ်သည်။

ကယ်တင်ခြင်းသို့ ရောက်သည်ဟူသော စကားသည် မည်
သည့်အရာကိုဆိုလိုသနည်း? ကယ်တင်ခြင်းဟူသော စကား
လုံး၏ အဓိပ္ပါယ်က မည်သို့နည်း?

ကယ်တင်ခြင်းဟူသော စကားလုံးသည် ဂရိဘာသာမှဆင်း
သက်လာခြင်းဖြစ်ပြီး အဓိပ္ပါယ်မှာ "လွတ်မြောက်စေခြင်း၊ ထိန်းသိမ်း
စောင့်ရှောက်ခြင်း၊ လုံခြုံစိတ်ချရခြင်း" ဖြစ်သည်။ ကျွန်ုပ်တို့သည် ကယ်
တင်ခြင်းခံရပြီးသောအခါ မည်သည့်အရာက နေရာယူသနည်းဟူသော
အချက်ကို သိရှိနားလည်နိုင်ဖို့ (ပမ်းနည်းစရာကောင်းသော ကျဉ်းမြောင်း
သော စကားလုံးများ သုံးနှုန်းနေသည်ကို မဖြစ်မနေ သိရှိရန် လိုအပ်
သောအရာ ဖြစ်သည်။ ထိုစကားလုံးများနှင့်ဆန့်ကျင်စွာ ယုံကြည်ခြင်း၏
ကြီးကျယ်သော စကားလုံးများသည် အမှန်တကယ်အရေးကြီးနေသည်။
ကျွန်ုပ်တို့၏ ယုံကြည်ခြင်း၊ နှုတ်ကပတ်တော်နှင့် ကျေးဇူးတော် အ
ကြောင်းများကို သွန်သင်သည့်အခါ ထိုစကားလုံးများမပါလျှင် အပြည့်
အ၀ ရှင်းပြနိုင်ဖို့ မလွယ်ကူလှပေ။

ထိုစကားလုံးများမှာ "ဖြောင့်မတ်စေခြင်း" "သန့်ရှင်းစေခြင်း" နှင့်
"ဂုဏ်တော်ချီးမွမ်းခြင်း" စသည့် စကားလုံးတို့သည် လူတစ်ယောက်
ကယ်တင်တော်မူခြင်းကို ခံရသောအခါ မည်သို့ဖြစ်သည်ကို သိရှိရန်
အရေးကြီးသော စကားလုံးများ ဖြစ်သည်။ ဟုတ်ပါသည်၊ အသံထွက်များ
သော၊ မရင်းနှီးသော ထိုစကားလုံးများကို မနှစ်သက်ဘဲ နေနိုင်သည်။
သို့သော် ထိုစကားလုံးများသည် အမှန်တကယ် အရေးကြီးပါသည်။ ထို့
ကြောင့် ဤကြီးကျယ်ခမ်းနားသော စကားလုံးသုံးလုံးကို ကြည့်ကြရ
အောင်။ ထိုစကားလုံးများက မည်သည့်အရာကို ဆိုလိုသည်ဟူသော
အချက်သာမက ကျွန်ုပ်တို့၏ ကယ်တင်ခြင်းနှင့် ပတ်သက်၍ ထိုစကား

လုံးများက မည်သို့လုပ်ဆောင်ပေးသည်ဟူသောအချက်များကို ကြည့်ရန် ဖြစ်သည်။

ထိုစကားလုံးများသည် အောက်ပါအတိုင်းဖြစ်သည်။

၁)။ (အတိတ်ကို) ဖြောင့်မတ်စေခြင်း။ သင်သည် အပြစ်စီရင်ခြင်းမှ ကယ်တင်ခြင်းခံရခြင်း ဖြစ်သည်။ ကျွန်ုပ်တို့သည် ဘုရားသခင်၏ ကျေးဇူးတော်ကို စတင်ယုံကြည်သည့်အချိန်မှာ ကျွန်ုပ်တို့သည် အပြစ်မပါဘဲ အသစ်စက်စက်အသက်တာသို့ ဦးတည်သွားနိုင်ပြီ ဖြစ်သည်။ ကျွန်ုပ်တို့၏ အပြစ်များသည် လုံးဝဥဿုံနှင့် အပြည့်အဝခွင့်လွှတ်ခြင်းခံရပြီ ဖြစ်သည်။ ကျွန်ုပ်တို့သည် အပြစ်စီရင်ခြင်းမှ ကယ်တင်ခြင်းခံရသည်။ ရွေးချယ်မှုတစ်ခုကို ရိုးရိုးလေးပြုလိုက်ခြင်းအားဖြင့် ဘုရားသခင်၏ တစ်ခုတည်းသော လုပ်ဆောင်ပေးမှုကြောင့် ခရစ်တော်၏ဖြောင့်မတ်ခြင်းနှင့် ဆက်ဆံခွင့် ရရှိသည်။

ခရစ်တော်၏ နားထောင်နာခံခြင်းကြောင့် ဘုရားသခင်သည် ကျမ်းစာ၌ပါသော လုပ်ဆောင်သင့်သောအရာများ နာခံလိုက်လျှောက်ခြင်းမရှိသော ကျွန်ုပ်တို့ကို အပြစ်ပေးမည့်အစား ကျေးဇူးပြုခဲ့သည်။ ကျွန်ုပ်တို့ မနာခံမှုများတွက် ဘုရားသခင်အားကျေနပ်စေရန် အဘိုးအခကို ခရစ်တော်က ဆပ်ပေးပြီးပြီဖြစ်သောကြောင့် ဖခမည်းတော်နှင့် ဆက်နွယ်မှုရှိရန် ကျွန်ုပ်တို့ဘက်က မည်သည့်အရာမျှ ထပ်၍လုပ်စရာမလိုတော့ပါ။

> *[6]ငါတို့သည် အကျိုးနည်းရှိစဉ်တွင် အချိန်တန်မှ ခရစ်တော်သည် မတရားသောသူတို့ အတွက်ကြောင့် အသေခံတော်မူ၏။ [7]ဖြောင့်မတ်သောသူအတွက်ကြောင့် အသေခံမည့်သူရှိခဲ၏။ သူတော်ကောင်းအတွက်ကြောင့် အသေခံဂုံသောသူ ရှိကောင်းရှိလိမ့်မည်မှန်စေတော့။ [8]ငါတို့သည်အပြစ်ရှိစဉ်ပင်၊ ခရစ်တော်သည် ငါတို့အတွက်ကြောင့် အသေခံတော်မူသည်ဖြစ်၍ ဘုရားသခင်သည်*

ငါတို့ကို အဘယ်မျှလောက် ချစ်တော်မူသည်ကို ငါတို့
အား ထင်ရှားစွာ ပြတော်မူ၏။

သို့ဖြစ်၍ ယခုတွင်အသွေးတော်အားဖြင့် ဖြောင့်
မတ်ရာသို့ ရောက်ပြီးမှ၊ ထိုသခင်အားဖြင့် အပြစ်ဒဏ်မှ
ကယ်ချွတ်တော်မူခြင်းသို့ ရောက်မည်ဟုသာ၍ မြှော်လင့်
စရာရှိ၏။ ၁၀အကြောင်းမူကား ရန်သူဖြစ်လျက်ပင် ဘုရား
သခင်၏သားတော်သေခံတော်မူခြင်းအားဖြင့် ငါတို့သည်
ဘုရားသခင်နှင့် မိတ်သဟာယဖွဲ့ပြီးမှ အသက်တော်
အားဖြင့် ကယ်တင်တော်မူခြင်း သို့ ရောက်မည်ဟုသာ၍
မြှော်လင့် စရာရှိ၏။

ထိုသူကလည်း သခင်ယေရှုကို ယုံကြည်လော့။
ယုံကြည်လျှင် သင်နှင့် သင်၏အိမ်သူ အိမ်သား တို့သည်
ကယ်တင်ခြင်းသို့ ရောက်ကြလိမ့်မည်ဟု ပြောဆိုလျှင်
(တမန်၊ ၁၆း ၃၁)။

၂။ (ပစ္စုပ္ပန်ကို) သန့်ရှင်းစေခြင်း။ ကျွန်ုပ်တို့သည် အပြစ်
တရား၏ တန်ခိုးမှ ကယ်တင်ခဲ့ ပြီးဖြစ်သော်လည်း ဆက်လက်သန့်ရှင်း
စေနေဆဲ ဖြစ်သည်။ ကျွန်ုပ်တို့သည် အပြစ်တရားစီရင်ခြင်းနှင့် ကျွန်ုပ်တို့
အသက်တာထဲက အပြစ်၏တန်ခိုးမှ ကယ်တင်ခြင်းခံရပြီး ဖြစ်သည်။
သို့သော်လည်း ဘုရားသခင်၏ကျေးဇူးတော်နှင့် သန့်ရှင်းသောဝိညာဉ်
တော်၏ လုပ်ဆောင်ပေးခြင်းအားဖြင့် အပြစ်တန်ခိုးလွှမ်းမိုးခြင်းမှ လွတ်
မြှောက်ရန် နေ့တိုင်းစွမ်းဆောင်နိုင်ခဲ့သည်။ ကျွန်ုပ်တို့သည် အသက်ရှင်
နေသရွေ့ ဘုရားသခင်ခွန်အားပေးခြင်းဖြင့် ဘုရားသခင်ကိုမုန်းပြီး အ
ပြစ်တရားကို ချစ်ခြင်းမှ ဘုရားသခင်ကိုချစ်ပြီး အပြစ်တရားကို မုန်းခြင်း
သို့ ပြောင်းလဲမည် ဖြစ်သည်။

ကိုယ်အင်္ဂါများကိုလည်း သူစရိုက်လက်နက်ဖြစ်စေ၍ ဘုရားသခင်အား ဆက်ကြလော့။ သင်တို့သည် ပညတ်တရားလက်၌မရှိ၊ ကျေးဇူးတရားလက်၌ ရှိသောကြောင့် အပြစ်တရားသည် သင်တို့ကို မအုပ်စိုးရ (ရော၊ ၆း ၁၄)။

ဘုရားသခင်သည် ငါ၌အပ်ပေးတော်မူသော ကျေးဇူးတော်ကို ငါအမှီပြု၍ ညီအစ်ကိုတို့၊ သင်တို့ကို သတိပေးလျက်သာ၍ ရဲရင့်စွာရေးလိုက်ပါ၏ (ရော၊ ၁၅း ၁၆ခ)။

[၁၅]အဘယ်သို့နည်းဟူမူကား၊ ငါတို့သည်ကယ်တင်သောသူတို့၌လည်းကောင်း၊ဆုံးရှုံးသောသူတို့၌လည်းကောင်း၊ ဘုရားသခင်အား ခရစ်တော်၏ အမွှေးအကြိုင်ဖြစ်ကြ၏။ [၁၆]ဆုံးရှုံးသောသူ တို့၌ကား သေခြင်းတိုင်အောင် သေခြင်း၏ အမွှေးအကြိုင် ဖြစ်ကြ၏။ ကယ်တင်သောသူတို့၌ကား အသက်ရှိခြင်းတိုင်အောင် အသက်ရှင်ခြင်း၏ အမွှေးအကြိုင် ဖြစ်ကြ၏။

သို့ဖြစ်၍ ဤအမှုအရာတို့နှင့် အဘယ်သူထိုက်တန်သနည်း။ [၁၇]ဘုရားသခင်၏ နှုတ်ကပတ် တရားတော်ကို မှောက်လှန်သောသူများတို့နှင့် ငါတို့သည်မတူဘဲ ကြည်ဖြူသောစိတ်ရှိ၍ ဘုရားသခင်၏အလိုတော်နှင့်အညီ ဘုရားသခင့်ရှေ့တော်၌ ခရစ်တော်၏တရားကို ဟောပြော ကြ၏ (၂ကော၊ ၂း ၁၅-၁၇)။

ငြိမ်သက်ခြင်း၏အရှင် ဘုရားသခင်ကိုယ်တော် တိုင်လည်း သင်တို့ကို အကုန်အစင် သန့်ရှင်းစေတော်မူပါ

စေသော။ ငါတို့ သခင်ယေရှုခရစ်ကြွလာတော်မူသော အခါ သင်တို့၏ ကိုယ်ခန္ဓာ၊ စိတ်၊ ဝိညာဉ်အပေါင်းကို အပြစ်တင်ခွင့်နှင့် ကင်းလွတ်စေခြင်းငှါ စောင့်မတော်မူပါစေသော (၁သက်၊ ၅း ၂၃)။

ဤနေရာ၌ ကျွန်ုပ်သည် နေ့တိုင်း၊ နာရီတိုင်း၊ မိနစ်တိုင်း အပြစ်တရား၏ ဆိုးကျိုးမှ ကယ်တင်တော်မူခြင်းကို ခံရသည်။ အမှန်မှာ၊ လွန်ခဲ့သော မိနစ်ပိုင်းမှာ ဝိညာဉ်တော်ဘုရားက အပြစ်သို့ ရောက်စေသော ခြေလှမ်းမှ လှမ်းထွက်နိုင်ဖို့ သတိပေးနှိုးဆော်ခြင်း ခံရသည်။ ပရိသတ်ရှေ့မှာ ဝန်ခံခြင်း သို့မဟုတ် နှုတ်ဖြင့်ဝန်ခံခြင်းသည် ခရစ်တော်နှင့် ပို၍တူလာနိုင်ရန် မှန်ကန်စွာ ကူညီပေးသည်။ ရောမ ဩဝါဒစာ (၁၀း ၉-၁၀)၌ ရေးသား ချက်မှာ -

အဘယ်သို့နည်းဟူမူကား၊ သင်သည် သခင်ယေရှုကို နှုတ်ဖြင့်ဝန်ခံ၍ ဘုရားသခင်သည် သူ့ကို သေခြင်းမှ ထမြောက်စေတော်မူပြီဟု စိတ်နှလုံးထဲ၌ ယုံကြည်လျှင် ကယ်တင်ခြင်းသို့ ရောက် လိမ့်မည်။ ဖြောင့်မတ်ရာသို့ ရောက်ခြင်းငှါ စိတ်နှလုံးဖြင့် ယုံကြည်ရ၏ (ရော၊ ၁၀း ၉-၁၀)။

၃)။ (အနာဂတ်) ဂုဏ်တော်ချီးမွမ်းခြင်း။ ကျွန်ုပ်သည် ယခုပစ္စုပ္ပန် အပြစ်မှ ကယ်တင်တော်မူခြင်းခံရသကဲ့သို့ ကတိတော်အတိုင်း ဂုဏ်တော်ချီးမွမ်းခြင်း၌ ဘုရားသခင်နှင့်အတူ ဆက်ဆံမည်။ ဤအရာက အနာဂတ်ပြည့်စုံခြင်းဖြစ်ပြီး ကျွန်ုပ်သည် ယုံကြည်သူတစ်ယောက်ဖြစ်သည့် အားလျော်စွာ ကောင်းကင်အိမ်တော်ကို အမွေခံပြီး ဘုရားသခင်

ပေးသနားတော်မူသော ဘုရားပေးသောအသစ်သောကိုယ်ခန္ဓာဖြင့် ထာဝရအသက်ရှင်မည် ဖြစ်သည်။

[ယေရှုက] "ငါ၏အသားကို စား၍ ငါ၏အသွေးကိုလည်း သောက်သောသူသည် ထာဝရအသက်ကို ရ၏။ ထိုသူ ကို နောက်ဆုံးသောနေ့၌ ငါထမြောက်စေမည်" (ယော၊ ၆း ၅၄)။

ဘုရားသခင်၏ သားတော်ကို ယုံကြည်သော သင်တို့ သည် ထာဝရအသက်ကို ကိုယ်တိုင်ရသည်ဟု သိစေ ခြင်းငှါ ဤအရာများကို သင်တို့အား ငါရေး၍ပေးလိုက်၏ (၁ယော၊ ၅း ၁၃)။

ဖော်ပြခဲ့ပြီးသည့်အတိုင်း ဤနေရာ၌ အများသောသူတို့သည် ဤ စကားလုံးကို နားမလည်သောကြောင့် မကြာခဏ မှားယွင်းတတ်ကြ သည်။ အဓိကမှားတတ်သည့်အရာသည် အောက်ပါသုံးခုထဲက တစ်ခုခု အပေါ်၌ မူတည်သည်။

၁)။ မွေလျှော့ခြင်း သို့မဟုတ် မသိနားမလည်ခြင်း သို့မဟုတ် စကားလုံးများကို လေ့လာလိုစိတ် မရှိခြင်းတို့သည် ကွဲပြားခြားနားသော ကာလသုံးခု၏ စကားလုံး "ကယ်တင်ခြင်း" (saved)နှင့် ဓမ္မသစ်ကျမ်း ကို ညွှန်းသုံးလေ့ရှိသော "ကယ်တင်ခြင်း" (salvation) တို့သည် အမှန် တကယ် လိုအပ်သောအရာ ဖြစ်သည်။ ဤအသုံးအနှုန်းနှစ်ခုသည်အပြန် အလှန်သုံးနှုန်းထားခြင်း ဖြစ်သောကြောင့် မကြာခဏ ရှုပ်ထွေးစေခဲ့ သည်။

၂)။ ကယ်တင်ခြင်းသည် ဘုရားသခင်ပြုတော်မူသော အစမှ အဆုံးတိုင်အောင် ပြီးပြည့်စုံသော လုပ်ငန်းဖြစ်သည်ဟူသောအချက်ကို သတိရဖို့ မွေနေကြခြင်းကြောင့် ဖြစ်သည်။ ကျွန်ုပ်တို့လုပ်ဆောင်မှု တစ်

စက်မှမပါပါ။ ဘုရားသခင်က အစပျိုးသောအရာ၊ လုပ်ပိုင်ခွင့်ပေးသော အရာဖြစ်ပြီး သန့်ရှင်းသောဝိညာဉ်တော်အားဖြင့် သူလုပ်ဆောင်ပေး တော်မူသည့်အတိုင်း အသက်ရှင်နိုင်ခြင်းခွန်အားကို ပေးသည်။ သို့သော် ကျွန်ုပ်တို့ တုန့်ပြန်မှုလည်း လိုအပ်သည်။ သန့်ရှင်းသောဝိညာဉ်တော် တန်ခိုးပေးခြင်းဖြင့် ရွေးချယ်ခြင်းအမှုကိုပြုရန်အတွက် တာဝန်ရှိသည်။ ရွေးချယ်မှုက ဘုရားသခင်ပေးသနားတော်မူသော အဘိုးကြီးသော ကယ်တင်ခြင်း လက်ဆောင်အပေါ် အလေးအနက်ထားသော စိတ်နှလုံး ကို ရောင်ပြန်ဟပ်စေသည်။

သင်တို့တွင် ကောင်းသောအမှုကို ပြုစပြုတော်မူသောသူ သည်၊ ယေရှုခရစ်၏ နေ့ရက်တိုင်အောင် ပြီးစီးလျက် ပြုတော်မူမည်ဟု ငါသဘောကျ၏ (ဖိ၊ ၁း ၆)။

ဤအရေးကြီးသောအချက်ကို မှေ့လျော့ခြင်းသည် ဘုရားသခင်၏ ကျေး ဇူးတော်မှ သွေဖည်ယိမ်းယိုင်ခြင်းသို့ ဦးတည်သွားစေသည်။

၃)။ ဖြောင့်မတ်စေခြင်းနှင့် သန့်ရှင်းစေခြင်းတို့ကို ရောထွေး ခြင်းသည်လည်း အကြောင်းတရားတစ်ခု ဖြစ်သည်။ ဤစကားလုံး နှစ်ခုကို သီးသန့်စီထားခြင်းဖြင့် ဘုရားသခင်၏ နှုတ်ကပတ်တော်ကို ပို၍ ရှင်းလင်းစွာ မြင်တွေ့ နားလည်စေသည်။

ဘုရားသခင်၏ ကျေးဇူးတော်ကို ငြင်းဆန်ခဲ့ပါက ကယ်တင်ခြင်း ဆုံးရှုံးပါသလား?

ကျွန်ုပ်တို့အားလုံးသည် နေ့စဉ်အသက်တာ၌ ဘုရားသခင်၏ ကျေးဇူးတော်ကို ငြင်းဆန်တတ်ကြသည်။ ကျွန်ုပ်တို့ဘဝကို ကိုယ်ဆုံး ဖြတ်ချက်အတိုင်း အသက်ရှင်နိုင်သည်ဟု ထင်မှတ်ကြသည်။ သို့မဟုတ် ဘုရားသခင်သည် သူ၏စာစောင်ထဲရှိ ကျွန်ုပ်တို့၏ ကုသိုလ်ပြုမှုများ

ဖြောင့်မတ်စွာအသက်ရှင်ခြင်းများအပေါ် ထည့်တွက်ပေးမည်ဟု ထင်
မှတ်တတ်ကြသည်။

ကျွန်ုပ်တို့သည် ပေတရုပြောသောသူထဲက တစ်ယောက်ဖြစ်ကြ
သည် (၂ပေၚ၊ ၁း ၅-၉)။

၅ထိုသို့အလို့ၚှါ သင်တို့သည် ယုံကြည်ခြင်း၌ သီလကို
လည်းကောင်း၊ သီလ၌ ပညာကိုလည်းကောင်း၊ ၆ပညာ၌
ကာမဂုဏ်ချုပ်တည်းခြင်းကိုလည်းကောင်း၊ ကာမဂုဏ်
ချုပ်တည်းခြင်း၌ သည်းခံခြင်းကိုလည်းကောင်း၊ သည်းခံ
ခြင်း၌ ဘုရားၚတ်ကိုပြု၍မွေ့လျော်ခြင်းကိုလည်းကောင်း၊
၇ထိုမွေ့လျော်ခြင်း၌ ချစ်ခြင်းမေတ္တာကိုလည်းကောင်း၊
အလွန်ကြီးစားအားထုတ်၍ ထပ်ဆင့်ကြလော့။ အ
ကြောင်းမူကား ထိုပါရမီတို့သည် သင်တို့၌ရှိ၍ ကြွယ်ၚ
လျှၚင်၊ ၚါတို့သခင်ယေၚှုခၚစ်ကို သိကျွမ်းခြင်း၌ မပျင်းရိ
စေခြင်းၚါလည်း ကောင်း၊ အကျိုးမဲ့မဖြစ်စေခြင်းၚါလည်း
ကောင်း၊ ပြုပြင်တတ်ကြ၏။ ၈ထိုပါရမီနှင့် ကင်းသော
သူမူကား မျက်စိကန်း၏။ ကိုယ်မျက်စိကိုကိုယ်ပိတ်၏။
မိမိအပြစ်ဟောင်းဆေးကြောကြောင်းကို မေ့လျော့၏။

၁ယော၊ ၁း ၈ က ကျွန်ုပ်တို့၏ ဝိညာဉ်ရေးရာ မေးခွန်းကို ရိုးသား
ရှင်းလင်းစွာတွေ့တိုး ဖြေကြားထားသည်။ "ကိုယ်အပြစ်မရှိဟု ၚါတို့သည်
ဆိုလျှၚင် ကိုယ်ကိုကိုယ်လှၚည့်ဖြားကြ၏။ ၚါတို့၌သစ္စာတရား မရှိ။" ကျွန်ုပ်
တို့သည် ပေတရုဖေၚ်ပြသော အရည်အချင်းများ၌ အားနည်းချက်များရှိ
ကြသည်။

ကျွန်ုပ်တို့သည် ကိုယ်တိုင်လုံလောက်မှုရှိခြင်းနှင့် ကိုယ်တိုင် အမှီ
ပြုၚအသက်ရှင်ခြင်းတို့ကြောင့် ဘုရားသခင်၏ ကျေးဇူးတော်ကို မကြည့်

မမှတ်ဘဲနေတတ်ကြသည်။ ကျွန်ုပ်တို့၏ ဂါရဝပြုခြင်းနှင့် ကျေးဇူးတော်
ကို ငြင်းပယ်သော နှလုံးသားတို့ကြောင့် ကျွန်ုပ်တို့ ကုသိုလ်ကောင်းမှုများ
ကို မှတ်တမ်းအဖြစ်ထားတတ်ကြသည်။ ခရစ်တော်မိန့်တော်မူသော
"အမှုပြီးပြီ" (ယော၊ ၁၉း ၃၀)ဟူသော စကားကို သဘောပေါက်ခြင်းမရှိ
သည့်အပြင် ကုသိုလ်ကောင်းမှုကို ဆက်လက်လုပ်ခြင်းဖြင့် ဘုရားသခင်
၏ သဘောတော်တွေ့ရန် ကြိုးစားကြသေးသည်။

ခရစ်တော်သည် စုံလင်သော ယဇ်ကောင်နှင့် ယုံကြည်စိတ်ချ
လောက်သောတစ်ခုတည်းသော ယဇ်ကောင်ဖြစ်သည်။ သူသည် တစ်ခု
တည်းသော ဘုရားသခင်ကို ကျေနပ်စေသော တရားသော ယဇ်ကောင်
ဖြစ်သည် (ရော၊ ၅း ၁၅-၁၇)။

ကျွန်ုပ်တို့သည် ဘုရားသခင်၏ ကျေးဇူးတော်ကို ငြင်းဆန်လျက်
အပြစ်ဆက်လက် ကျူးလွန်နေကြပေမည်။ ကျေးဇူးတော်ကို ဟန်ချက်
ညီအသက်ရှင်ခြင်း၊ ဘုရားသခင်နှင့် အခြားသူများကို ကျွန်ုပ်တို့နှင့်အတူ
တူထားရှိခြင်း၊ ကိုယ်တိုင်လုံလောက်မှုရှိခြင်းနှင့် ကိုယ်တိုင်အမှီပြု
အသက်ရှင်ခြင်းတို့ဖြင့် ဘုရားသခင် စိတ်တော်တွေ့အောင် ကြိုးစား
အသက်ရှင်ကြသည်။ ထိုအကြောင်းကြောင့် ကျေးဇူးတော်ကို အခမဲ့ပေး
ခြင်း ဖြစ်သည်။ ဘုရားသခင်သည် သန့်ရှင်းတော်မူ၏။ ထိုအတူ သူပေး
သော ဆုကျေးဇူးများသည်လည်း ဖြစ်၏။ ကျေးဇူးတော်သည် ဆုကျေး
ဇူးများထဲက တစ်ခုဖြစ်၍ ကျွန်ုပ်တို့ လုပ်ဆောင်မှုနှင့် ပတ်သက်မှုမရှိ
သော ထိုဆုကျေးဇူးကို အဘယ်ကြောင့် အခမဲ့ပေးထားခဲ့သနည်း။ အ
ကယ်၍ လုပ်ဆောင်မှုကြောင့် ဖြစ်ခဲ့သော်၊ ကျွန်ုပ်တို့သည် မည်သို့မျှ
မလုပ်ဆောင်နိုင်သဖြင့် သူပေးသောကယ်တင်ခြင်းကို ပြန်လည်ရုပ်
သိမ်းနေမည်သာ ဖြစ်သည်။ ထိုကျေးဇူးတော်သည် အခမဲ့ဆုလက်
ဆောင်ဟူ၍လည်း မခေါ်တော့ပါ။ ကျေးဇူးတော်ဟူ၍ ဆက်လက်ဖော်ပြ
နေစရာလည်း မလိုတော့ပါ (ရော၊ ၁၁း ၆)။ ဘုရားသခင်သည် ကျွန်ုပ်တို့
၏ ကောင်းမှုကုသိုလ်မှတ်တမ်းစာအုပ်များကို ယူဆောင်ဖို့ အလိုတော်

မရှိပါ။ သူက "ငါ ဘာပြုခဲ့ပြီးပြီကို ကြည့်ပါ"ဟု ပြောနေပါသည်။ ဤအမှုသည် ၁၀၀% ဘုရားသခင် လုပ်ဆောင်တော်မူသော အမှုဖြစ်သည် (ဧဖက်၊ ၂း ၈-၁၀)။

ကျွန်ုပ်တို့သည် ရှုပ်ထွေးမှုကို ဇောက်ထိုး ပြုလုပ်နိုင်သော ကြောင့် သူ၏ကျေးဇူးတော်အတွက် ဘုရားသခင်ကို ကျေးဇူးတင်ရပါမည်။ အဘယ်ကြောင့်ဆိုသော် သူအစပြုတော်မူသောအမှုကို အဆုံးတိုင်အောင် ပြီးစီးစေဖို့ သစ္စာရှိတော်မူသောသူ ဖြစ်သည်ကို ကျွန်ုပ်တို့ သိရှိကြသောကြောင့် ဖြစ်သည် (ဖိလိ၊ ၁း ၆)။ သူ အစပြုတော်မူသော အမှုကို အဆုံးတိုင်အောင် ပြီးစီးစေမည်ဟု အကြီးမားဆုံးသက်သေပြနိုင်သည့်အချက်မှာ တစ်နေ့တွင် ခရစ်တော်ရှင်ပြန်ထမြောက်တော်မူသည့်နည်းတူ ကျွန်ုပ်တို့သည်လည်း အသစ်သောခန္ဓာကိုယ်အားဖြင့် ရှင်ပြန်ထမြောက်ရမည်ဟူသောအချက် ဖြစ်သည် (၁ကော၊ ၁၅း ၁၂-၅၈)။

ထိုကဲ့သို့ အသေအချာသိရှိနိုင်ခြင်းသည် သူ၏ လုပ်ဆောင်မှုကြောင့်သာ ဖြစ်ပြီး သူကသာ ပြီးစီးစေမည်ဖြစ်သည်။ သူ၏အမွေခံဖြစ်ကြောင်း ကတိတော်အဖြစ် သန့်ရှင်းသော ဝိညာဉ်တော်ကို တံဆိပ်ကို ခတ်ထားပေးသည် (ဧဖက်၊ ၁း ၁၃-၁၄)။ သမ္မာကျမ်းစာ၌ တံဆိပ်၏ ပံ့ဆောင်ချက်မှာ -

- အမှုကိစ္စ ပြီးစီးစေခြင်း (ယေရ၊ ၃၂း ၉-၁၀။ ယော၊ ၁၇း ၄)။
- ပိုင်ဆိုင်ခြင်း (ယေရ၊ ၃၂း ၁၁-၁၂။ ၂တိ၊ ၂း ၁၉)။
- လုံခြုံခြင်း (ဒေသနာ ၈း ၈။ ဒံ၊ ၆း ၁၇။ ဧဖက် ၄း ၃၀)။

သင်သည် ဘုရားသခင်၏ ကျေးဇူးတော်ကို ကျွန်ုပ်တို့ကဲ့သို့ ငြင်းပယ်ကောင်း ငြင်းပယ်ပါလိမ့်မည်။ သို့သော်လည်း ထိုအမှုကို ဘုရားသခင်သိတော်မူ၏။ သူက ထိုသို့မျှော်လင့်သောကြောင့် သင်၏ကယ်

တင်ခြင်းကို စိတ်ချလုံခြုံစွာ လုပ်ဆောင်ပေးခဲ့သည်။ ထိုသို့လုပ်ဆောင်
ပေးခြင်းသည် သင်၏ ကြိုးစားလုပ်ဆောင်ခြင်း၊ မလုပ်ဆောင်ခြင်းအပေါ်
မူတည်ခြင်းမဟုတ်ဘဲ သားတော်ယေရှု၏ လုပ်ဆောင်ပေးမှုကြောင့်သာ
ဖြစ်သည်။ ကယ်တင်ခြင်း၏ခြေလှမ်းတိုင်းသည် သူ၏ကျေးဇူးတော်၌
၁၀၀% တည်မှီသည်ဖြစ်သောကြောင့် ကယ်တင်ခြင်းအမှု ပြီးစီးဖို့ရန်မှာ
ကျွန်ုပ်တို့၏ အလုပ်မဟုတ်ပါ။ ကျွန်ုပ်တို့၏ ရှုပ်ထွေးလှသော သိသြ
လော်ဂျီ၊ စိတ်တော်နှင့်တွေ့ရန်အားနည်းမှု၊ တစ်ပက်တစ်ပျက် နာခံ
ခြင်း၊ ဂိုဏ်းဂဏခွဲခြား ကိုးကွယ်ခြင်းနှင့် ဆက်ကပ်မှုအားနည်းခြင်းများ
ရှိသော်လည်း သူ၏ကျေးဇူးတော်သည် အမှန်တကယ်လုံလောက်လျက်
ရှိပါသည်။

အချို့သောသူတို့က ရှင်ယောဟန် ပ-စောင် ၂၊ ၅-၆ မှာ ဖော်ပြ
ထားသော "ထိုသခင်ကို ငါသိ၏ဟု ဆိုသောသူသည် ထိုသခင်ကျင့်
တော်မူသည်နည်းတူ ကျင့်ရမည်" ဟူသော ကျမ်းပိုဒ်ဖြင့် ချည်နှောင်
တတ်ကြသည်။ ရှင်ယောဟန်က (ယော၊ ၁၅း ၄)ကို ကိုးကားခြင်းဖြစ်ပြီး
"ငါ၌ တည်နေကြလော့။ ငါသည်လည်း သင်တို့၌တည်နေမည်။ စပျစ်
ခက်သည် အပင်၌မတည်လျှင် ကိုယ်အလိုအလျှောက် အသီးမသီးနိုင်
သကဲ့သို့ သင်တို့သည်ငါ၌မတည်လျှင် အသီးမသီးနိုင်ကြ"။ ထို့ကြောင့်
"တည်နေခြင်း" ဟူသော စကားလုံး၏ အဓိပ္ပါယ်က ဘာလဲ? သို့မဟုတ်
မည်သည့်အရာကို ညွှန်းခြင်း ဖြစ်သလဲ?

တည်နေခြင်းဟူသော စကားလုံးက ညွှန်းဆိုသောအရာမှာ ခရစ်
တော်၌ဆက်ခြင်း၊ သို့မဟုတ် သူနှင့်ဆက်နွယ်ခြင်းကို ဆိုလိုသည်။ ခရစ်
တော်နှင့် ဆက်နွယ်စေသောအရာက မည်သည့်အရာ ဖြစ်သနည်း?

အချို့သောသူများက ကျွန်ုပ်တို့၏ နာခံမှုကို ဆိုလိုခြင်းဖြစ်သည်
ဟု ဆိုကြလိမ့်မည်။ သို့သော် ကျွန်ုပ်တို့ထဲက မည်သူမျှ အပြည့်အဝနာခံ
ခြင်းရှိသူဟူ၍ မရှိပါ။ အကယ်၍ ကျွန်ုပ်တို့၏ နာခံခြင်းအားဖြင့်သာ ဖြစ်ခဲ့
လျှင် အနည်းငယ်နာခံခြင်းမရှိသည်နှင့် ကျွန်ုပ်တို့ကို ဘုရားသခင်က

ကန်ထုတ်ပစ်နေမည်သာ ဖြစ်သည်။ ထိုနည်းတူ "ဟုတ်ပြီ၊ သင်ဟာ ညှူလူစားထဲက ဖြစ်နေသောကြောင့် ငါ့ကို ကျေးဇူးတင်မှာ မဟုတ်ပါ"။ သို့သော် သင်၏ အသက်ရှင်မှုသည် ဘုရားသခင်၏ စံချိန်ကိုမမီ၊ ဘုန်း တော်မထင်ရှားစေသောအခါမျိုး၌ ညှူအပြစ်သည် သေးမွှားသော အပြစ် မဟုတ်ဟု အချို့က ဆိုကြလိမ့်မည်။ အဘယ်ကြောင့်ဆိုသော် ထိုအရာ က ကျွန်ုပ်တို့၏ စံနှုန်းသာ ဖြစ်သောကြောင့် ဖြစ်သည်။ ဘုရားသခင်၏ စံနှုန်းသည် စုံလင်ခြင်းရှိသည်။ ကျွန်ုပ်တို့တွင် အဘယ်သူမျှ စုံလင်သော သူမရှိသောကြောင့် ကျွန်ုပ်တို့၏ နာခံခြင်းအားဖြင့် သို့မဟုတ် ကျွန်ုပ်တို့ စွမ်းဆောင်ရည်အားဖြင့် ခရစ်တော်နှင့်ဆက်နွယ်မှ မလုပ်နိုင်ပါ။

ညှူနေရာ၌ ခရစ်တော်နှင့်ဆက်နွယ်မှုရှိစေသော အခြားသော အဖြေတစ်ခုကို ပေးထားသည်။ ထိုအဖြေသည် ကျွန်ုပ်တို့၏ **ယုံကြည် ခြင်းပင်** ဖြစ်သည်။ ကျွန်ုပ်တို့သည် ခရစ်တော်ပြီးစီးခဲ့သော အမှုတို့ကို ယုံကြည်ကိုးစားသောအခါ ဘုရားသခင်က ခရစ်တော်၏ စုံလင်သော နာခံခြင်းကို ကျွန်ုပ်တို့ အား မျှဝေခံစားစေသည်။ ထို့ကြောင့် ကျွန်ုပ်တို့၏ နာခံခြင်းအားဖြင့် မဟုတ်ဘဲ၊ သူက ဘုရားသခင်၏ ပညတ်တော်များ (ကျမ်းစာ၌ လိုက်နာရန် ဖော်ပြထားသောအရာများ၊ ထိုအရာများသည် ဘုရားသခင်၏ အကျင့်တော်နှင့်ဆိုင်သော ပညတ်တော်များထက် ပိုများ ပါသည်)နာခံခြင်းအားဖြင့် ဖြစ်သည်။ နောက်ဆုံးအနေဖြင့် ကျွန်ုပ်တို့ သည် အမြဲတမ်းဆုံးရှုံးနေချိန်မှာ သူက အလုပ်မလုပ်သော်လည်း ကျွန်ုပ် တို့ ယုံကြည်ခြင်းရှိလာသောအခါ သန့်ရှင်းသောဝိညာဉ်တော်က ခရစ် တော်နှင့်ဆက်နွယ်မှုရှိရန် ကူညီပေးသည်။ ကျွန်ုပ်တို့ အမြဲတမ်း သတိပြု ရန် လိုအပ်သောအချက်မှာ ကယ်တင်ခြင်းသည် အစမှအဆုံးအထိ ဘုရားသခင်က ပြီးစီးစေသောအရာ ဖြစ်သည်ဟူသော အချက်ပင် ဖြစ်သည်။ ညှူအရာသည် ဘုရားသခင်ဘက်က လုပ်ဆောင်ပြီး ပြီးစီး သောအမှုဖြစ်သည်ကို အောက်မေ့သတိရခြင်းသည် ခရစ်တော်နှင့်

ဆက်နွှယ်ခြင်း၊ သို့မဟုတ် ခရစ်တော်၌တည်နေခြင်းတည်းဟူသော မှန်ကန်သောအဖြေရရှိရန် **ယုံကြည်ခြင်း**ကို ဖြစ်စေသည်။

ကျွန်ုပ်တို့၏ နေ့စဉ်နေ့တိုင်း ရွေးချယ်မှုပြုခြင်း၊ ဘုရားသခင်ကို နာခံလိုသောရွေးချယ်မှုသည် ကျေးဇူးတော်အတွက် ကျေးဇူးချီးမွမ်းတတ်သော စိတ်ကိုနိုးဆွပေးသည်။ ကျွန်ုပ်တို့၏ အသက်တာကို ခရစ်တော်အား ပြန်လည်ပေးအပ်သည်နှင့် ကျွန်ုပ်တို့သည် သားတော်၌တည်နေခြင်းကို ရွေးချယ်သောသူ ဖြစ်မည်။ "ချစ်သားတို့၊ သားတော်သည် ထင်ရှားပေါ်ထွန်းတော်မူသောအခါ ငါတို့သည် အထံတော်သို့ရောက်လျှင် ရဲရင့်ရသောအခွင့်ရှိ၍ ရှက်ကြောက်ခြင်းနှင့် ကင်းလွတ်မည်အကြောင်း သားတော်၌ တည်နေကြလော့" (၁ယော၊ ၂း ၂၈)။

သို့ရာတွင် တမန်တော်ယောဟန်က ယေရှုခရစ်တော်၏ တပည့်တော်တည်းဟူသော ကျွန်ုပ်တို့၏ လက္ခဏာရပ်ပေါ်အခြေခံ၍ မှန်ကန်သော ရွေးချယ်မှုကို အမြဲတမ်းမပြုနိုင်မှန်း သိရှိထားသည်။ ရှင်ယောဟန်က သန့်ရှင်းသောဝိညာဉ်တော်သည် ရွေးချယ်မှုပြုခြင်းအားဖြင့် မည်သို့သောအရာကို ဖြစ်စေသည်ဟူသောအရာသာမကဘဲ မည်သို့ရွေးချယ်ရမည်ဟူသောအချက်ကိုပင် သွန်သင်ကြောင်း ကျွန်ုပ်တို့အား အသိပေးသည်။ သူသည် ကျွန်ုပ်တို့ အောင်မြင်နေသည့်အချိန်၊ တစ်ဝက်တစ်ပျက်သာ လုပ်နိုင်သည့်အချိန်၊ သို့မဟုတ် အားလုံးလွဲချော်သွားသည့်အချိန်မျိုးတို့၌ ကျွန်ုပ်တို့ကို လုံခြုံစွာ ထားရှိတော်မူရာ၌ မပြောင်းမလဲတည်ရှိတော်မူသောသူ ဖြစ်သည်။

သင်တို့ကို လှည့်ဖြားသော သူတို့၏အကြောင်းကို ဤသို့သင်တို့အား ငါရေး၍ပေးလိုက်၏။ သို့သော်လည်း သန့်ရှင်းတော်မူသောဘုရား၏ လက်မှသင်တို့ခံရသော ဘိသိက်ကျေးဇူးတော်သည် သင်တို့၌ရှိသည်ဖြစ်၍ အဘယ်သူမျှ သင်တို့ကို ဆုံးမသြဝါဒပေးစရာအကြောင်း

မရှိ၊ ထိုဘိသိက် ကျေးဇူးတော်သည် ဖြစ်ယောင်ဆောင်
သည်မဟုတ် အမှန်ဖြစ်လျက် ခပ်သိမ်းသောအရာတို့ကို
သင်တို့အားသွန် သင်တော်မူသည်အတိုင်း သင်တို့သည်
သားတော်၌တည်နေကြလော့ (၁ယော၊ ၂း ၂၆-၂၇)။

ကျွန်ုပ်တို့သည် ဘုရားသခင်၏ သမ္မာတရားကို ဆက်လက်၍ ဆန့်ကျင်ဘက်ပြု နေသောသူများလား? သို့မဟုတ် သမ္မာတရားအားဖြင့် ပုံသွင်းခြင်းကို ဆက်လက်၍ ခံနေသောသူများလား?

အပြစ်ဆက်လုပ်နေလျှင် မည်သို့ဖြစ်မည်နည်း?

ရေတွက်ကြည့်ပါ။ သင်၏အသက်ရှင်ခြင်းသည် နေ့စဉ်အပြစ် ပြုသော ကျွန်ုပ်တို့၏အသက်ရှင်မှုကဲ့သို့ပင် ဖြစ်လိမ့်မည်။ ရှင်ယောဟန် က "ကိုယ့်အပြစ်မရှိဟု ငါတို့သည်ဆိုလျှင် ကိုယ်ကိုကိုယ်လှည့်ဖြားကြ ၏။ ငါတို့၌ သစ္စာတရားမရှိ"ဟု ဆိုသကဲ့သို့ ဖြစ်သည်။

"အပြစ်လုပ်၍ရသည်ဟူသော ကျေးဇူးတရားအကြောင်း သွန် သင်ခြင်းကို သတိပြုပါ"ဟု အခြားသူတို့ပြောသံကို သင်ကြားကောင်း ကြားနိုင်ပါလိမ့်မည်။

ထိုအတူ ရှင်ပေါလုကလည်း ဤသို့သော သွန်သင်ခြင်းကို ကြောက်ရွံ့လျက်ရှိသည်ကို ရောမ ၆း ၁-၁၄၌ ရေးသားချက်ကို ကြည့် ခြင်းအားဖြင့် သိနိုင်ပါသည်။ ရှင်ပေါလုကဲ့သို့ ကျွန်ုပ်တို့သည်လည်း သင် တို့အား ယခုခွန်အားပေးတိုက်တွန်းလိုသည်မှာ ဘုရားသခင်ဘုန်းတော် ထင်ရှားစေဖို့ မိမိတို့၏ ကိုယ်အင်္ဂါများကို သုစရိုက်လက်နက် ဖြစ်စေရန် ဟူသောအချက်ပင် ဖြစ်ပါသည်။ ကျေးဇူးတရားအကြောင်းနှင့် ပတ်သက် ၍ ထိုသို့သော သတိပေးချက်များသည် သူတို့အထဲ၌ အနည်းငယ်သော ပညတ်ချက် စာရင်းကို ဖန်တီးလိုက်သလို ဖြစ်နေသည်ကို နားလည်ရန် ဖြစ်သည်။ သူတို့၏ အနည်းငယ်သောစာရင်းသည် လက်ခံနိုင်ဖွယ်ရှိ

သောအပြစ်ဟုတ်မဟုတ် စဉ်းစားရန်လိုသည်။ ဘုရားသခင်၏ စံနှုန်း
သည် လုံး၀ခြည့်ဆုံ ပြည့်စုံခြင်းရှိသည်ဖြစ်၍ အထက်က ပြောဆိုချက်မှာ
ပြဿနာဖြစ်နေသည်။ "ကောင်းကင်ဘုံ၌ ရှိတော်မူသော သင်တို့အဘ
သည် စုံလင်တော်မူသည့်နည်းတူ သင်တို့သည်လည်း စုံလင်ခြင်း
ရှိကြလော့" (မသဲ ၅း ၄၈) မည်သို့ပင် ကြိုးစား၍ ကျင့်ကြံနေပါစေ
ကျွန်ုပ်တို့တွင် အဘယ်သူမျှ စုံလင်ခြင်းကို မည်သည့်အခါ၌မျှ မရနိုင်ပါ။
အမြဲတစေ အပြစ်ကျူးလွန်နေမည်သာ ဖြစ်သည်။ သို့ဖြစ်၍ ကယ်တင်
ခြင်းအမှုသည် ဘုရားသခင်က ၁၀၀% လုပ်ဆောင်ပေးသောအမှု
ဖြစ်ကြောင်းနှင့် ကျွန်ုပ်တို့ လုပ်ဆောင်ခြင်းမပါကြောင်း နားလည်ရန်
လိုအပ်သည်။

ခရစ်တော်၏ တပည့်တော်ဖြစ်သည်ဟု ကြွေးကြော်သောသူတို့
တွင် အချို့က ဘုရားသခင် ဘုန်းတော်မထင်ရှားစေသောအမှုကို ပြုကြ
သောအခါ ကောင်းမွန်စွာအသက်ရှင်သော ခရစ်ယာန်များက ပညတ်
တရားအားဖြင့် မည်ကဲ့သို့အသက်ရှင်ရမည်ဟု သူတို့ကို ပြုပြင်ချင်ကြ
လိမ့်မည်။ ဘုရားသခင်၏ နှုတ်ကပတ်တော်အတိုင်း သူတို့သည် မည်သို့
အသက်ရှင်ကြောင်တို့ကို ပြောကြလိမ့်မည်။ ဤပြဿနာကို ဖြေရှင်းနိုင်ဖို့
တစ်ခုတည်းသော ဖော်ပြချက်မှာ (၂ကော၊ ၃း ၆)ဖြစ်သည်။ "ကျမ်း
ဟောင်းတရား (ပညတ်တော်)သည် အသက်ကိုသတ်၏။ ဝိညာဉ်တော်
တရားမူကား ရှင်စေတော်မူ၏"။ ကျွန်ုပ်တို့အား ပုံမှန်မဟုတ်သော်လည်း
အမြဲတစေအပြစ်သို့ ကျရောက်စေသောပြဿနာကို ဖြစ်တည်ခြင်း အား
ဖြင့်သာ ပြုပြင်ရမည်။ ကျွန်ုပ်တို့၏ စစ်မှန်သောဖြစ်ခြင်း၊ ခရစ်တော်၌
အသစ်ဖြစ်ခြင်းနှင့် ထိုသို့ဖြစ်ခြင်း၏ တန်ဖိုးအားဖြင့် ကိုယ့်ကိုယ်ကို သတိ
ပေးရန်လိုသည်။ ထိုတန်ဖိုးကို နက်နဲစွာနားမလည်ပါက ခရစ်တော်မပါ
သော အသက်တာဖြင့် မည်သို့အသက်ရှင်မည်ကို သွန်သင်ပြသွန်သူမရှိ
ဘဲ အစဉ်အမြဲ အသက်ရှင်နေမည်သာ ဖြစ်သည်။

ရှင်ပေါလုသည်လည်း "ယေရှုခရစ်တော်အားဖြင့် အပြစ်ကင်းစင်
၍ သန့်ရှင်းသူအရာ၌ ခန့်ထားသောသူ"တည်းဟူသော(၁ကော၊ ၁း ၂)
အသင်းတော်သည် ဘုရားသခင်ဘုန်းတော်မထင်ရှားသော အသက်ရှင်
မှုရှိသောသူတို့တွင် လုပ်ဆောင်နေကြောင်းကို ဥပမာအဖြစ် တွေ့နိုင်
ပါသည်။ ကောရိန္သုအသင်းတော်တစ်ခုလုံးသည် တစ်ဦးချင်းအပေါ် ဣရ
လဒ်က ကူးစက်နေသည်ကို တွေ့ရသည်။ မည်သို့ပင်ဖြစ်စေ၊ ရှင်ပေါလု
သည် ကောရိန္သုအသင်းတော်ကို စာရေးသောအခါ ဣပြဿနာကို ဖြေ
ရှင်းခြင်းဖြင့် အစပြုခြင်းမဟုတ်ဘဲ ဝံဂေဝေလိတရားဖြင့် သူတို့ကို ပြန်
လည်နှိုးဆော်ခဲ့သည်ကို တွေ့ရသည်။ ထိုဝံဂေဝေလိတရားသည် "အပြစ်
တရားကြောင့် ကျွန်ုပ်တို့သည် ဘုရားသခင်နှင့်ဝေးကွာလျက်ရှိသော
လည်း ယေရှုခရစ်တော် အသေခံခြင်းအားဖြင့် ဘုရားသခင်နှင့် နီးစေ
တော်မူ၏" (ဖက်၊ ၂း၁၁)။ သူတို့၏အပြစ်များ၊ အားနည်းချက်များကို
ထောက်ပြုခြင်းမရှိ၊ သူတို့၏ဖြစ်ခြင်းတရားကို ပြန်လည်အမှတ်ရစေ
ခြင်းမရှိဘဲ နေမည်ဆိုပါက ပုန်ကန်ခြင်းအမှုသည် ပို၍များပြားနိုင်ပါ
သည်။ ကျွန်ုပ်တို့၏ ညီအစ်ကို၊ မောင်နမများ ဘုရားသခင်၏ မေတ္တာ
တော်ကို ကျေးဇူးတုန့်ပြန်တတ်သောသူများဖြစ်ဖို့ ကူညီနိုင်ရန်အ
ကောင်းသောဆုံးနည်းလမ်းမှာ ဘုရားသခင်သည် ကျွန်ုပ်တို့၏ ချစ်ဖွယ်
မကောင်းသော အသက်တာမှာပင် ချစ်တော်မူသည်ဟူသော အချက်
သည် အမြဲတမ်းကောင်းသော ပထမလိုအပ်ချက် မဟုတ်ပါ။ တစ်ခါ
တစ်ရံ၌ သူတို့၏ အဆိုးရွားဆုံးသောအပြစ်ကို အခြေခံပြီး သူတို့ကို
ဘုရားသခင်က ပထမဆုံးချစ်တော်မူခဲ့သည်ကို အမှတ်ရစေခြင်းဖြင့်
စတင်ခြင်းသည် ပို၍ကောင်းသည်။ ထိုနောက်တွင် သူတို့ကို တစ်ခါ
သတိပေးပြီဖြစ်သောကြောင့် သူတို့သည် "ဟုတ်ကဲ့၊ ကျွန်ုပ်သည် လုပ်
ဆောင်ရမည့်အရာများကို လုပ်ဆောင်နိုင်ခဲ့ခြင်း မရှိပါ"ဟု မကြာခဏ
ဂန္ထံသွားပါလိမ့်မည်။ ထိုနောက် သူတို့သည် ပိုမိုကောင်းမွန်သော ရွေး
ချယ်မှု ပြုနိုင်ရန် ပြောပြဖို့ အခွင့်အခါကောင်းရလာမည် ဖြစ်သည်။

တစ်မိနစ်လောက်ခေတ္တခဏရပ်ပြီး ကေသရှေမန်ဉယာဉ်၌ ခရစ် တော်၏ ချွေးစက်များသွေးအဖြစ်ကျစေသည့် အကြောင်းရင်းက မည့် သည့်အရာနည်းဟူသောအချက်ကို စဉ်းစားကြည့်ပါ။ အဘယ်ကြောင့် ဆိုသော် ဘုရားသခင်၏ ဘုန်းတော်အတွက် ကျွန်ုပ်တို့ကိုချစ်ကြောင်း ထုတ်ဖော်ရန် ယေရှုက ကျွန်ုပ်တို့ရှေ့မှာ ချီတက်သွားခြင်း ဖြစ်သည်။ စဉ်းစားကြည့်သောအခါ ခရစ်တော်က ကျွန်ုပ်တို့၏ အပြစ်နှင့်အပြစ် ကြောင့် ဘုရားသခင်၏ အမျက်တော်ကို မြင်တော်မူသောကြောင့် ဖြစ် သည်။ ဟောင်းလောင်းနေသောအုတ်ဂူသည် "ပြုလေသမျှ ခပ်သိမ်း သောအမှုသည် ဘုန်းတော်အတွက် ဖြစ်သည်"ကို အခိုက်ဖော်ပြခြင်းဖြစ် သည် (၁ကော၊ ၁၀း ၃၁)။ ထို့နောက် ခရစ်တော်၏ သဘောသဘာဝအ တိုင်း တန်ဆာပလာအဖြစ် အသက်ရှင်ခြင်းသည်လည်း ဘုန်းတော်ကို ထင်ရှားစေသည်။

ထိုအရာကို ဗဟိုပြုခြင်းအားဖြင့် မဖြစ်နိုင်သော်လည်း ကျွန်ုပ်တို့ ၏ ကျေးဇူးသိတတ်သောစိတ်ကို မြှင့်တင်ပေးသည်။ ကျွန်ုပ်တို့၏ စိတ် သည် ဤသို့မြှင့်တင်ခြင်းအားဖြင့် ခရစ်တော်ကို ပိုမိအာရုံစိုက်လာစေပြီး အဖဘုရားသခင်ကို နာခံခြင်းအားဖြင့် "ကိုယ်တော့်ကို ချစ်တယ်"ဟု ပြောလာမည် ဖြစ်သည်။ ထိုကဲ့သို့ ပြုခြင်းအားဖြင့် ကျွန်ုပ်တို့၏ အမြင် သည် ဘုရားသခင်၏ ဘုန်းအသရေနှင့် ခရစ်တော်၏ အံ့ဖွယ်ရှုပါရုံကို ဖုန်ဆောင်းနိုင်ဖို့ အစပြုနိုင်မည် ဖြစ်သည်။ ထိုသို့ ဖြစ်ပေါ်လာသောအခါ အသက်တာ၌ အပြစ်တရား၏ အုပ်စိုးမှုသည် လျော့နည်းလာပြီး ကျေးဇူး တော်အားဖြင့် လုပသော ပြောင်းလဲမှုများ ယူဆောင်ပေးမည် ဖြစ်သည်။ ထိုအရာသည် ခရစ်တော်၌တည်နေခြင်း၏ အမှတ်သင်္ကေတဖြင့် အ သက်ရှင်ခြင်းဟု ခေါ်သည်။

မိမိသည် ခရစ်တော်၌ ယခုမည်သူမည်ဝါဖြစ်သည်ကို ဆုံးဖြတ် ချက်ချ ရွေးချယ်ခြင်းအားဖြင့်သော်လည်းကောင်း၊ သန့်ရှင်းသော ဝိညာဉ် တော်၏ တန်ခိုးအားဖြင့်လည်းကောင်း၊ ခရစ်တော်၌ လူသစ်မဖြစ်မီ

အသက်တာကို ဆင်ခြင်ခြင်းထက် လူသစ်ဖြစ်ခြင်းကို ရှာတွေ့ရန် ရွေး ချယ်ခြင်းသည် သာ၍ကောင်းသောအရာ ဖြစ်သည်။ ဤသို့ဖြင့် ရွေးချယ် မှုကို ပိုမိုလုပ်လာလေလေ အပြစ်လုပ်ခြင်း နည်းလေလေ ဖြစ်သည်။ ထိုသို့ဖြစ်သည့်တိုင် ကျွန်ုပ်တို့သည် မှန်ကန်သော ရွေးချယ်မှုတစ်ခုထက် မှားယွင်းသော ရွေးချယ်ခြင်းကို ပို၍လုပ်သည်ဟု ထင်မှတ်ပေလိမ့်မည်။ ဘုရားသခင်သည် နားလည်ပေးနေသော်လည်း နောင်တရ(စိတ်န လုံးပြောင်းလဲ)ပြီး လက်ကိုဆန့်ကာ ကိုယ်တော်၏ ချစ်ခြင်းမေတ္တာကို ဖော်ကျူးရမည့် နေ့ရက်ကို စောင့်မျှော်နေပါသည်။

ဘုရားသခင်နှင့် မှန်ကန်စွာ အသက်ရှင်လျှောက်လှမ်းနိုင်ဖို့ မိတ် ဆွေအပေါင်းအသင်းတို့၏ ခွန်အားပေးခြင်းထက် ဘုရားသခင် ကိုယ် တော်တိုင်က ကျွန်ုပ်တို့ကို ပတ်လည်ပိုင်းထားပါစေသော်။ သို့သော် လည်း ပို၍အရေးကြီးသည်မှာ သူတို့သည် မှန်ကန်စွာ အသက်ရှင်လျက် ဂိုဏ်းမီးလောင်ကျွမ်းနေသူများဖြစ်ကာ ခရစ်တော်ကို အတုယူနိုင် သည်အထိ ကျွန်ုပ်တို့အား ဆွဲခေါ်နိုင်သောသူများ ဖြစ်ကြပါစေသော်။

ကယ်တင်ခြင်းစိတ်ချမှုကို သိရှိနိုင်ပါသလား?

ဤမေးခွန်းသည် ကြီးကျယ်သော မေးခွန်းဖြစ်သည်။ မေးလေ့ မေးထရှိသော မေးခွန်းလည်းဖြစ်သည်။ အဖြေတစ်ခုဖြင့် များစွာသော ရှုပ်ထွေးမှုကို ဖြစ်စေနိုင်သော မေးခွန်းလည်း ဖြစ်သည်။ ရှုပ်ထွေးမှုသည် ခရစ်တော်ကို "အမှုပြီးပြီ" (ယောဟ၊ ၁၉း ၃၀)ဟူသော စကားတော်အပေါ် စွဲလမ်းသောသူ၏ နှလုံးသားထဲမှလာခြင်း ဖြစ်သည်။ လောကကြီးမှာ စိတ်ခံစားချက် ဖြစ်တည်လာသည့်အချိန်မှစ၍ အခမဲ့ဟူသောအရာကို လက်ခံဖို့မလွယ်ကူပါ။ ကျွန်ုပ်တို့လုပ်စရာမလိုဘဲ ဘုရားသခင်ပေးသနား တော်မူသော ကျေးဇူးတော်ကို အပိုင်လက်ရဆုပ်ကိုင်ဖို့ မလွယ်ကူပါ။ ခရစ်တော်ကို မိမိ၏ကယ်တင်ပိုင်ရှင်အဖြစ်လက်ခံရန် အခမဲ့ပေးထား ခြင်းဖြစ်ပြီး ကျွန်ုပ်တို့ဘက်က လုပ်ဆောင်ရန် မည်သည့်အရာကိုမျှ မ

တောင်းဆိုပါ။ ကျွန်ုပ်တို့သည် အောင်မြင်နိုင်ဖို့ နေ့တိုင်းအလုပ်လုပ်သော
အခါ လူတစ်ယောက်ယောက်၏ မျှော်လင့်ချက်ကို ဖြည့်ဆည်းပေးရပါ
လိမ့်မည်။ ထိုသို့မဟုတ်ခဲ့လျှင် ၀န်ထုပ်များကို ကျွန်ုပ်တို့ ထမ်းရပါလိမ့်
မည်။ ထိုမျှော်လင့်ချက်များသည် ကောင်းသောဖနီး၊ ကောင်းသော
ခင်ပွန်း၊ ကောင်းသောကလေးနှင့် ကောင်းသောမိဘများကဲ့သို့ ဖြစ်ရ
မည်။ မျှော်လင့်ချက်ဟုဆိုရာ၌ ကျွန်ုပ်တို့၏ အလုပ်သမားများ၊ ဈေး၀ယ်
သူများ၊ သင်ကြားပေးသောဆရာများ၊ မိတ်ဆွေများနှင့် သာမန်အဖွဲ့
အစည်းများ စသည်တို့ကို ဖော်ပြစရာမလိုပါ။ ယခုမှာ အခြားအခြားသော
အရာများထက် တမူထူးခြားသော သတင်းစကားသည် လာနေပြီ ဖြစ်
သည်။ ထိုသတင်းကား ကျွန်ုပ်တို့ မသင်ကြားဖူးသော၊ အသက်တာဖြင့်
မလိုက်လျှောက်ဖူးသော (သို့မဟုတ်) မယုံကြည်ဖူးသော သတင်း
စကား ဖြစ်သည်။

ထိုအရာသည် ဂေံဂေလိတရားတည်းဟူသော ကျေးဇူးတရား၏
လုပခြင်းပင် ဖြစ်သည်။ ဤအရာကား အသစ်သောသတင်းစကား ဖြစ်
ပြီး၊ သတင်းဟောင်းမဟုတ်ပါ (သို့မဟုတ်) သတင်းဟောင်းကို အသစ်
သော သတင်းနှင့်ထုပ်ပိုးထားခြင်းလည်း မဟုတ်ပါ။ ထိုသတင်းစကား
သည် ကျွန်ုပ်တို့၏ နှလုံးသားယုံကြည်ချက်နှင့် ဆန့်ကျင်ဘက်ဖြစ်သော
အသစ်သော သတင်းစကား ဖြစ်သည်။ အမှန်အားဖြင့် ကျွန်ုပ်တို့၏
နှလုံးသားသည် အခြေအနေ၌တည်မှီပြီး ကျေးဇူးတော်ကို ငြင်းပယ်သော
လောကီသားတို့၏ လမ်းစဉ် ဖြစ်သည်။ ရောဘတ်ကိတ်ပေါ်န်က ကျေးဇူး
တော်ကို ငြင်းပယ်သောသူတို့၏ ဆုတောင်းချက်ကို ပါးနပ်စွာဖြင့် ရေး
သားထားသည်မှာ -

အဖဘုရားသခင် - ကျေးဇူးပြု၍ ကျွန်ုပ်တို့၏ ထိုက်တန်
သောအရာ၊ မထိုက်တန်သောအရာတို့၌ နှစ်သိမ့်အား
ပေးလျက် ပြန်လည်တည့်မတ်စေတော်မူပါ။ ကျွန်ုပ်တို့

အသေးမွှားဆုံးလုပ်နိုင်မည့်အရာများကို ဖော်ပြတော်မူပါ။
နောက်ဆုံးသောနေ့ရက်အတွက် ကျွန်ုပ်တို့၏ အသေး
မွှားဆုံးကယ်တင်စေသောကဒ်တစ်ခု ပိုင်ဆိုင်ကြောင်းကို
ပြောပြတော်မူပါ။ ကိုယ်တော်ဘုရား၊ အကယ်၍ အ
ကျွန်ုပ် ဆုတောင်းခဲ့သောအရာများသည် သိပ်မများသေး
ဘူးဆိုလျှင် ကိုယ်ကိုကိုယ်အလေးစားခံခြင်းတည်းဟူ
သော သေးနပ်သောအရာများကို အိပ်ရာနှင့်တကွ ပါ
သွားခွင့်ပြုတော်မူပါ။ သို့သော်လည်း ကိုယ်တော်ပြု
တော်မူသောအမှု မည့်သည့်အရာ၌မဆို ကျေးဇူးတော်
အကြောင်းကို မပြောပါနှင့်။ ကျွန်ုပ်တို့အား လုပ်ဆောင်
စရာတစ်ခုခ ပေးတော်မူပါ။ သို့သော် လက်လွှတ်စပယ်
အရှက်တကွဲဖြစ်သောအရာများကို ခွင့်လွှတ်တော်မူပါ။

ထို့ကြောင့် ကျေးဇူးတရား၏ သဘောတရားသည် အခမဲ့လက်
ဆောင် (ကျွန်ုပ်တို့နှင့်မထိုက်တန်သောအရာ) ဖြစ်သောကြောင့် ကျွန်ုပ်
တို့အတွက် အတော်စိမ်းကားနေပါသည်။ ကျွန်ုပ်တို့သည် တစ်ခုခုကို
အရှုးအမူ ဆက်လက်ကိုင်ဆုပ်ချင်ကြပြီး ကျွန်ုပ်တို့ကို ကယ်တင်စေ
သော အရည်အချင်းအချို့ကို ဘုရားသခင်၏ စံနှုန်အချို့နှင့်တွေ့ပြီဟု
ကျွန်ုပ်တို့၏ ပိုင်ရှင်ဖြစ်ခြင်းကို ကြေညာလိုကြသည်။ ကျွန်ုပ်တို့သည်
ဘုရားသခင်၏ စိတ်တော်ကိုတွေ့စေသော နည်းလမ်းတစ်ခုဖြင့် အ
သက်ရှင်နိုင်ကြောင်းကို သိချင်ကြသည်။ အမှန်အားဖြင့် ကျွန်ုပ်တို့သည်
ထိုကဲ့သို့ အသက်မရှင်နိုင်ပါ။ ရှင်ပေါလုက တမန်တော် ၃: ၂၃ က
ပြောထားသည်မှာ *"အဘယ်ကြောင့်နည်းဟူမူကား လူအပေါင်းတို့သည်*
ဒုစရိုက်ကိုပြု၍ ဘုရားသခင့်ရှေ့တော်၌ အသရေပျက်ကြပြီ" ဟု၍
ဖြစ်သည်။ သူက ဂလာတိသြဝါဒစာ ၂:၁၆ မှာ ပြောထားသည်မှာ *"ယေရှု*
ခရစ်ကို ယုံကြည်ခြင်းအားဖြင့် ဖြောင့်မတ်ရာသို့ ရောက်ကြသည်ကို၊

အပြစ်ထင်ရှားသော တစ်ပါးအမျိုးသားမဟုတ်ဘဲ၊ ဇာတိအမျိုးအားဖြင့်
ယုဒလူဖြစ်သော ငါတို့သည် အမှန်သိသည်နှင့်အညီ ပညတ်တရား၏
အကျင့်အားဖြင့် ဖြောင့်မတ်ရာသို့မရောက်၊ ခရစ်တော်ကို ယုံကြည်ခြင်း
အားဖြင့် ဖြောင့်မတ်ရာသို့ ရောက်ခြင်းငှါ၊ ငါတို့ပင် ယေရှုခရစ်ကို ယုံ
ကြည်ကြပြီ။ အကြောင်းမူကား ပညတ်တရား၏ အကျင့်အားဖြင့် အ
ဘယ်သူမျှဖြောင့်မတ်ရာသို့ မရောက်နိုင်ရာ " ဟု တွေ့ရသည်။

တစ်ခြားနည်းနှင့်ပြောမည်ဆိုပါက ကျွန်ုပ်တို့သည် ဘုရားသခင်
က လုပ်ဆောင်ရန် ပညတ်ထားသမျှကို ပြည့်စုံစွာ ဆောင်ရွက်နိုင်စေ
ကာမူ လုံလောက်မှုမရှိသေးပေ။ အဘယ်ကြောင့်ဆိုသော် ပညတ်တော်
ကို စောင့်ရှောက်ခြင်းအားဖြင့် ဘုရားသခင်၏ ရှေ့တော်၌ ဖြောင့်မတ်ရာ
သို့ မပို့ဆောင်နိုင်သောကြောင့် ဖြစ်သည်။ အမှန်အားဖြင့် ကျွန်ုပ်တို့သည်
ပညတ်တော်တို့က မည်သည့်အခါ၌မျှလိုက်လျှောက်နိုင်ခြင်း မရှိပါ။ ထို့
ကြောင့် အကျိုးဆက်အားဖြင့် ဘုရားသခင်၏ ဖြောင့်မတ်ခြင်းစံကို မည်
သည့်အခါ၌မမီသောကြောင့် ဘုရားသခင်၏ စိတ်တော်နှင့် မတွေ့စေ
နိုင်ပါ။ ဘုရားသခင်က ကျွန်ုပ်တို့၏အပြစ်အတွက် ဖြောင့်မတ်ခြင်းကို
တောင်းဆိုနေပါသည်။ လူတစ်ယောက်က ပြစ်မှုတစ်ခုခုကို ကျူးလွန်
ပါက သူသည်တရားရင်ဆိုင်ပြီး အပြစ်၏အခကို ပေးသကဲ့သို့ ဖြစ်သည်။
အဘယ်ကြောင့်ဆိုသော် ကျွန်ုပ်တို့သည် ဘုရားသခင်နှင့် ၀ေးပြီး
ထာ၀ရပြစ်ဒါဏ် စီရင်ခြင်းကို ခံရခြင်းမှ ရုန်းထွက်ရန် မတတ်နိုင်ကြသော
ကြောင့် ဖြစ်သည်။ သမ္မာကျမ်းစာက ၀ိညာဉ်ရေးရာ သေခြင်းနဲ့ပတ်
သက်၍ ဤသို့ညွှန်းဆိုထားသည်။ ရှင်ပေါလုက သေခြင်း အကြောင်းကို
ရောမ ၆း ၂၃ တွင် "အပြစ်တရား၏အခကား သေခြင်းပေတည်း၊ ဘုရား
သခင်ပေးတော်မူသော ဆုကျေးဇူးတော်ကား ငါတို့သခင် ယေရှုခရစ်
အားဖြင့် ထာ၀ရအသက်ပေတည်း"ဟု ပြောပါသည်။ အို၊ မည်မျှလောက်
ကြီးမြတ်သော ဆုလက်ဆောင်နည်း။

မည်သည့်နည်းဖြင့်မျှ မရနိုင်သော ဆုလက်ဆောင်ပင် ဖြစ်သည်။ အကယ်၍ ကိုယ်ကိုယ်တိုင်ရနိုင်သောအရာဖြစ်ပါက များစွာသော ဆု လက်ဆောင်များကို ပြုလုပ်နေမှာ ဖြစ်သည်။ ဤဆုလက်ဆောင်ကား ကြိုးစားလုပ်ဆောင်ခြင်းကြောင့် ရသောအရာမဟုတ်၊ လုပ်ယူ၍ရသော အရာမဟုတ်၊ ထိန်းသိမ်းလုပ်ဆောင်သောအရာလည်းမဟုတ်၊ မည် သည့် နည်းဖြင့်မျှရနိုင်သောဆုလက်ဆောင် မဟုတ်ပါ။ ထိုအရာသည် ယေရှုခရစ်တော် ပြီးစီးစေပြီးသောအမှု၌ ယုံကြည်ခြင်းဖြင့်ရသောအရာ သာလျှင် ဖြစ်သည်။ ကျွန်ုပ်တို့၏ တတ်နိုင်ခြင်းကြောင့်မဟုတ်ပါ။ ခရစ် တော်၏ အသေခံတော်မူခြင်းအားဖြင့် ဖြစ်လာသောအရာ ဖြစ်သော ကြောင့် အာမခံချက်ရှိသော ထာဝရအသက်ဖြစ်ကြောင်း သိရှိနိုင်ပါ သည်။ ရှင်ယောဟန်က ပြောသည်မှာ *"ဘုရားသခင်၏ သားတော်ကို ယုံကြည်သော သင်တို့သည် ထာဝရအသက်ကို ကိုယ်တိုင်ရသည်ဟု သိစေခြင်းငှါ၊ ဤအရာများကို သင်တို့အား ငါရေး၍ပေးလိုက်၏"* (၁ယော၊ ၅း ၁၃) ဟူ၍ ဖြစ်သည်။

ရှင်ယောဟန် ၁၀း၂၈ ၌ ယေရှုက *"ထာဝရအသက်ကိုလည်း ငါပေး၏။ ထိုသိုးတို့သည် ပျက်စီးခြင်းနှင့် အစဉ်မပြတ်ကင်းလွတ်ကြ လိမ့်မည်။ အဘယ်သူမျှ ထိုသိုးတို့ကို ငါလက်မှ မနှုတ်မယူရ"* ။ ဤနေ ရာ၌ *"ထိုသိုးတို့"* ဆိုသည်မှာ ကျွန်ုပ်တို့အားလုံးကို ပြောခြင်းဖြစ်ပါသည်။ အခြားသောနည်းနှင့် ပြောမည်ဆိုပါက ကျွန်ုပ်တို့သည် ခရစ်တော်၏ လက်မှကျွန်ုပ်တို့ကိုယ်တိုင် မနှုတ်မယူနိုင်ဟု ဆိုလိုခြင်း ဖြစ်သည်။ ယခု တွင် ကျွန်ုပ်တို့သည် ဤအာမခံချက်ရှိသည်နှင့်အညီ ကျွန်ုပ်တို့အလို ဆန္ဒအတိုင်း ဘုရားသခင်၏ လက်တော်မှ ရုန်းထွက်၍မရပါ။ မကြာခဏ ဆိုသလို ကျေးဇူးတော်ဟူသော လမ်းခုလတ်၌ လျှောက်ကြစဉ်အခါ ကျွန်ုပ်တို့သည် ကလေးလေးတစ်ယောက်က စီးတီးမတ်ကဲ့သို့သော ကုန်စုံဆိုင်မှာ မိခင် သို့မဟုတ် ဖခင်၏လက်မှ ရုန်းထွက်ရန် ကြိုးစားနေ သကဲ့သို့ပင် ဖြစ်သည်။ ကျွန်ုပ်တို့သည် ကလေးအရွယ်တုန်းက လွတ်

လွတ်လပ်လပ် အသက်ရှင်လိုကြသည်၊ မည်သူ၏ချည်နှောင်ခြင်းကိုမျှ မလိုချင်ကြ၊ ကျွန်ုပ်တို့သည် စိတ်ကြိုက်ပျော်မွေ့လိုကြသည်။ မကြာခဏ ဆိုသလို ဘုရားသခင်ကို အစေခံခြင်းအသက်တာ၌ အသက်ရှင်ခြင်း သို့မဟုတ် ကျွန်ုပ်တို့စိတ်ကြိုက် လုပ်ဆောင်ခြင်းဖြင့် ကျေးဇူးတော် ခရီးလမ်းကို လျှောက်လှမ်းတတ်ကြသည်။ အမှန်စင်စစ် ကျွန်ုပ်တို့သည် ထိုကဲ့သို့ မကြာခဏလုပ်ဆောင်ခြင်းထက် မလုပ်ဆောင်ခြင်းက ပို၍များ နေပါသည်။ ကျွန်ုပ်တို့သည် မိခင်နှင့် ဖခင်တို့၏ လက်ထဲမှ ရုန်းထွက်ဖို့ ကြိုးစားသည့်အခါတိုင်း သူတို့က ကျွန်ုပ်တို့ကို ပို၍တင်းကျပ်စွာ ကိုင်ဆုပ် တတ်ကြသည်။ ထိုကဲ့သို့ပင် ဘုရားသခင်သည် ကျွန်ုပ်တို့ကို လက်မ လွှတ်စေချင်ပါ။ ကျွန်ုပ်တို့၏ ပျော်ရွှင်မှုကို နာကြင်ခြင်းက နေ့စဉ်တိုးခိုးယူ သွားသောအခါ ယုံကြည်ခြင်းကို မကြာခဏ သံသယဖြစ်စေရုံသာမက ဘုရားသခင်၏ ချစ်ခြင်းမေတ္တာအပေါ်၌လည်း သံသယဖြစ်စေသည်။ ဘုရားသခင်သည် ကျွန်ုပ်တို့ သံသယနှင့်အသက်ရှင်သည့်အခါတိုင်းမှာ သူ၏ လက်တော်သည် ကျွန်ုပ်တို့အား ပို၍တင်းကျပ်စွာ ဖမ်းဆုပ်ထားပြီး "သင့်ကို သိပ်ချစ်တယ်"ဟု တိုးတိုးလေးပြောလေ့ရှိပါသည်။ "အကြောင်း မူကား သေခြင်းဖြစ်စေ၊ အာဏာတန်ခိုးဖြစ်စေ၊ မျက်မှောက်အရာဖြစ်စေ၊ နောင်လာလတံ့သောအရာ ဖြစ်စေ၊ အမြင့်ဖြစ်စေ၊ အနိမ့်ဖြစ်စေ၊ ဤအ ရာမှစ၍ အဘယ်နိမိတ္တအရာမျှသည် ငါတို့သခင်ယေရှု ခရစ်အားဖြင့် ခံရ‌ဒေသာ ဘုရားသခင်၏ မေတ္တာတော်နှင့် ငါတို့ကို မကွာစေနိုင်ဟု ငါ သည်သဘောကျ လျှက်ရှိ၏။ (ရောမ၊ ၈း ၃၈၊ ၃၉)။

ကျွန်ုပ်တို့၏ ကယ်တင်ခြင်းဆုလက်ဆောင်သည် မည်သည့်အခါ ၌မျှ လက်ခံရရှိ၍ မရနိုင်သော အမြင့်ဆုံးသော ဆုလက်ဆောင်ဖြစ် သည်သာမက ကျွန်ုပ်တို့သည် မည်သည့်အခါ၌မျှ ရလိမ့်မည် မဟုတ်ဘဲ၊ ရပ်တန့်လိမ့်မည်လည်း မဟုတ်ပါ။ အခမဲ့ပေးထားသော ကျေးဇူးတော် ကြောင့် ခရစ်တော်နှင့် ဆက်နွယ်မှုရှိလာခြင်း ဖြစ်သည်မဟုတ်၊ ရှင် ပေါလု ပြောထားသည့်အတိုင်း ဘုရားသခင်က နေ့ရက်စဉ်တိုင်း ပေး

သနားတော်မူသော တူညီသောကျေးဇူးတော်အားဖြင့် စိတ်ချမှုရှိခြင်း ဖြစ်သည်။ "သင်တို့တွင် ကောင်းသောအမှုကို *ပြုစပြုတော်မူသော သူ (ဘုရားသခင်)သည် ယေရှုခရစ်၏ နေ့ရက်တိုင်အောင် ပြီးစီးလျက်ပြု တော်မူမည် (ခရစ်တော်၏ပုံသဏ္ဌာန်တော်နှင့်တူမျှစေမည်)ဟု ငါသ ဘောကျ၏*"* (ဖိလိ၊ ၁း ၆)။ ကျွန်ုပ်တို့သည် ကျေးဇူးတော်ကြောင့် ကယ်တင်တော်မူခြင်းသို့ ရောက်ခြင်းသာလျှင် မဟုတ်ဘဲ သန့်ရှင်းသော ဝိညာဉ်တော်က ထိုလုပ်ငန်းကို ပြီးစီးစေခြင်းအားဖြင့် ခရစ်တော်နှင့် ဆက်လက်၍ ဆက်နွယ်မှုရှိခြင်း ဖြစ်သည်။ ကျွန်ုပ်တို့ကို အသစ်ပြုပြင် ခြင်း၊ ကျွန်ုပ်တို့ ဖြစ်သင့်သောပုံသဏ္ဌာန်အတိုင်း ပြုပြင်တော်မူသည် (ဂလာ၊၃း၂-၅)။ ကျွန်ုပ်တို့သည် ကျေးဇူးတော်ကို ချီးမွမ်းတတ်သော အသက်တာဖြင့် အသက်ရှင်ရန် နားခံခြင်းအသက်တာကို ရွေးချယ်ထား သည့်တိုင်အောင် ထိုအမှုသည်လည်း ကျွန်ုပ်တို့၏ ခွန်အားကြောင့် လုပ် နိုင်သည်မဟုတ်။ သို့သော်လည်း ခရစ်တော်အားဖြင့် ရရှိသော ထိုအခမဲ့ ကျေးဇူးတော်ကြောင့်သာ ခွန်အားကိုရရှိခြင်း ဖြစ်သည် (၂တိ၊ ၂ ၁)။ ကျွန်ုပ်တို့သည် မည်သည့်အရာကိုမျှ မလုပ်နိုင်သည်မှာ အမှန်ပင်ဖြစ် သည်။ ခရစ်တော်ကြွလာတော်မူသောအခါ၌ အပြစ်တင်ခြင်းနှင့် ကင်း လွတ်နိုင်ရန် (ဘုရားသခင်က ကျွန်ုပ်တို့ကို ဆန့်ကျင်ရန်မည်သည့်အ ရာကိုမျှ) ဆုပ်ကိုင်ထားလိမ့်မည်မဟုတ်ပါ (၁သက်၊ ၅း ၂၃)။

ဤကမ္ဘာလောကကြီးက လူများလက်ခံလောက်သော စံနှုန်း အရည်အချင်းကို လုပ်ပြနိုင်ရန် တောင်းဆိုနေပါသည်။ နေ့ရက်တိုင်တွင် ကျွန်ုပ်တို့ အသက်တာ၏ဝန်သည် ပို၍လေးသည်ထက် လေးလံနေ သလို ရှိဟန်တူသည်။ အချို့သောသူတို့သည် ကြိုးစားခြင်းကို ရပ်တန့်ခွဲ ကြသည့် အချိန်မျိုးမှာ ကျွန်ုပ်တို့သည်လည်း ထိုအမှုကို လုပ်ပြနိုင်လိမ့် မည်မဟုတ်ဟု ထင်မှတ်တတ်ကြသည်။ ကျွန်ုပ်တို့ရှာဖွေနေသော ရောက်ရှိရမည့်ပန်းတိုင်သည် ဝေးနေသကဲ့သို့ ဖြစ်ဟန်ရှိနေပါသည်။ လုပ်ဆောင်ရမည့် စာရင်းများသည် ရှည်လျားထွေပြားလာသည့်နေရာ

မျိုးနှင့် ကျွန်ုပ်တို့မဆုံးရှုံးချင်သော လူတို့၏ စာရင်းများတစ်နေ့ထက် တစ်နေ့ပို၍ကြီးထွားလာစေရန် အလိုရှိကြသည်။ ဘုရားသခင်သည် ထို စာရင်း၌ရှိသော အလုပ်အလုံးစုံတို့ကို သူက အမြဲတစေပြီးစီးစေတော်မူ မည်ဟု ကျွန်ုပ်တို့သိရှိခြင်းသည် ကြီးစွာသောနှစ်သိမ့်မှုကို ပေးပါသည်။ သူ၏နံပါတ်(၁)ဦးစားပေးလုပ်ဆောင်ရန် ရှိသောစာရင်းမှာ သူ၏ ပိုင် ထိုက်တော်မူသောလူစုအဖြစ် ခေါ်တော်မူခြင်းပင် ဖြစ်သည် (ဆာ၊ ၃၃၊ ၁၈-၁၁)။ အဘယ်ကြောင့်ဆိုသော် သူအစပြုတော်မူခဲ့သောအရာကို ပြီးစီးစေဖို့ရန် ကတိပေးတော်မူသောကြောင့်သော်လည်းကောင်း၊ ကျွန်ုပ် တို့၏ ကယ်တင်ခြင်းသည် ၁၀၀% သူဘက်က ပြုတော်မူသောအရာ ဖြစ်သောကြောင့်ပင် ဖြစ်သည်။ အခြားသူတစ်ယောက်ယောက်၏ စံချိန် များ၊ အရည်အချင်းများတို့ကိုမှီအောင် လိုက်လျှောက်နေစရာ မလို တော့ပါ။ ဘုရားသခင်က ကျွန်ုပ်တို့ကို အရည်အချင်းအားဖြင့် ပြည့်စုံစေ ခဲ့ပြီးဖြစ်သည်။ သူဘက်က လက်ခံလောက်သော အရည်အချင်းကို ခရစ် တော်အားဖြင့် လုပ်ပေးပြီးပြီ ဖြစ်သည်။ အမွေတော်ကို ငါသည် ဆက်ဆံ ဝင်စားထိုက်မည်အကြောင်း ကျေးဇူးပြုတော်ပြီး ဖြစ်သည် (ကော၊ ၁၊ ၁၂-၁၄)။

ထို့ကြောင့် ကျွန်ုပ်တို့သည် ကျွန်ုပ်တို့၏ အစွမ်းအစအားဖြင့် နာခံ ခြင်းမဟုတ်ကြောင်း သံသယကင်းစွာ စိတ်ချလက်ချနေနိုင်ပါပြီ။သို့သော် လည်း၊ ခရစ်တော်၏ စွမ်းဆောင်ပေးခြင်းအားဖြင့်သာ သံသယကင်းစွာ စိတ်ချနိုင်ခြင်း ဖြစ်သည်။ ကျွန်ုပ်တို့က ဆုလက်ဆောင်ကို ထိန်းသိမ်း မထားနိုင်သော်လည်း ဘုရားသခင်၏ စိတ်တော်ကိုတွေ့စေသော အ သက်တာဖြင့် အသက်ရှင်နေနိုင်သည်။ သို့သော်လည်း ခရစ်တော်က သာ လုပ်ဆောင်ပေးခြင်း ဖြစ်သည် (၂ကော၊ ၃:၄-၅)။ အကြောင်းမူ ကား ခရစ်တော်၏ နားထောင်ခြင်းအားဖြင့် ဖြစ်၍ ကျွန်ုပ်တို့၏ ရှုံးနိမ့် ခြင်းကြောင့်လည်း မဟုတ်ပါ။ ရှင်ပေါလုက "ခရစ်တော်၌ ရှိသောသူတို့ သည် အပြစ်စီရင်ခြင်းနှင့် ကင်းလွတ်ကြပြီ (ဘုရားသခင်ရှေ့တော်၌ အ

သရေပျက်ခြင်းကြောင့် စီရင်ခြင်းမှ ကင်းလွတ်မည်) ဖြစ်သည်။ အဘယ်
သူမျှ ကျွန်ုပ်တို့ အပြစ်တင်နိုင်မှာမဟုတ်ပါ"ဟု ဆိုပါသည် (ရောမ၊ ၈း၊
၃၄)။ အခြားသောသူတို့သည် ကျွန်ုပ်တို့ကို တိုက်ခိုက်နိုင်ပါသည်၊ အ
ဘယ်ကြောင့်ဆိုသော် သူတို့၏ အသက်တာကောင်းသော စံနှုန်းကို
ကျွန်ုပ်တို့က မမီသောကြောင့်သော်လည်းကောင်း၊ ကျွန်ုပ်တို့၏ ရှက်
ကြောက်ဖွယ်သော ခံစားချက်ကြောင့်သော်လည်းကောင်း၊ ကျွန်ုပ်တို့သည်
အဘယ်အမှုကိုမျှ မတတ်နိုင်ကြပါ။ ကေန်စင်စစ် ကျွန်ုပ်တို့မလုပ်နိုင်
သော်လည်း ယေရှုခရစ်တော်သည် တတ်နိုင်စွမ်းပါသည်။ ဘုရားသခင်
သည် မည်သည့်ပြစ်တင်ဆန့်ကျင်ခြင်းကိုမျှ ကျွန်ုပ်တို့အပေါ် မလုပ်တော့
ပါ။ သူက အပြစ်မတင်ပါက မည်သူတစ်ယောက်ယောက်ကသော်
လည်းကောင်း၊ ကိုယ့်ကိုယ်တိုင်လည်း အပြစ်တင်၍ မရပါ။

ဤခရီးလမ်းထဲ၌လျှောက်ရင်း ကျွန်ုပ်တို့၏ ဆက်နွယ်မှုသည်
နာခံခြင်း၊ ထိုက်တန်ခြင်း၊ သန့်ရှင်းခြင်း သို့မဟုတ် တာဝန်ယူတုန့်ပြန်
ခြင်းများအားဖြင့် ဖြစ်ပေါ် လာခြင်းမဟုတ်ပါ။ သို့သော်လည်း ဘုရားသခင်
သည် ကျွန်ုပ်တို့ကို သူနှင့်ဆက်နွယ်မှုရှိစေပြီး သူ၏ပုံသဏ္ဌာန်တော်နှင့်
အညီ ပြောင်းလဲမှုကို အဆုံးတိုင်အောင် ပြီးစီးစေတော်မူမည့်သူ ဖြစ်
သည် (ဖော်ပြ၊ ၁း ၂)။ သူသည် ကျွန်ုပ်တို့ကိုယ်စား လုပ်ဆောင်နေ
သည်ဖြစ်၍ ကျွန်ုပ်တို့ကိုယ်စား အပြစ်ရှိသောသူ ဖြစ်လာပြီး ကျွန်ုပ်တို့
ကိုယ်စား (ခမည်းတော်၏ ရှေ့တော်၌ ၀င်ရောက်) တောင်းပန်ပေးနေပါ
သည်။ ဤသို့သောအားဖြင့် ကျွန်ုပ်တို့သည် ၁၀၀% ထာဝရအသက်
ပိုင်ဆိုင်ကြောင်းကို သံသယကင်းစွာ စိတ်ချနိုင်မည်ဖြစ်သည်။ ခရစ်
တော်သည် စုံလင်ဖြောင့်မတ်သူ ဖြစ်သည်။ သို့သော် ကျွန်ုပ်တို့သည်
ဘုရားသခင်ရှေ့တော်၌ အပြစ်တင်စရာအခွင့်မရှိစေခြင်းငှါ၊ ကျွန်ုပ်တို့
အပြစ်ရှိသမျှနှင့် အပြစ်ကျူးလွန်မည့်အရာအားလုံးကို ကားတိုင်ပေါ် သို့
ယူတင်၀တ်ဆောင်သွားခဲ့သည်။ တစ်နည်းပြောလျှင် ခရစ်တော်သည်
ကျွန်ုပ်တို့၏ အပြစ်ကြွေးစာရင်းကို ဆပ်ပေးခဲ့ပြီ ဖြစ်သည်။

ခရစ်တော်သည် အကျွန်ုပ်ကို ပိုင်တော်မူပြီ။ အ�’ဘယ်
ကြောင့်ဆိုသော် အကျွန်ုပ်သည် ယေရှုခရစ်တော်ကို
အကျွန်ုပ်၏ တစ်ဦးတည်းသော ကယ်တင်ရှင်နှင့် ထာ
ဝရပျက်စီးခြင်းမှ ရွေးနှုတ်တော်မူသောအရှင် အဖြစ်
ယုံကြည်သောကြောင့် ဖြစ်သည်။ ကျွန်ုပ်၏အသက်
တာက ပြောပြသောအရာကြောင့် မဟုတ်ပါ။ ဘုရား
သခင်၏ နှုတ်ကပတ်တော်ကြောင့်သာ ဖြစ်ပါသည်။
ဘုရားသခင်က ပြောသောကြောင့် ဖြစ်ပါသည်။

နောင်တဟူသည် မည်သို့နည်း?

ပထမဦးစွာ "နောင်တ"ဟူသော စကားလုံး၏ အဓိပ္ပါယ်ကို ရှာဖွေ
ရန်လိုအပ်သည်။ နောင်တဟူသည် တစ်ယောက်သောသူ၏ စိတ်အ
တွေးခေါ် ပြောင်းလဲခြင်းကို ဆိုလိုသည်။ ကျွန်ုပ်တို့သည် ဘုရားသခင်၌
စိတ်ပြောင်းလဲပြီး၊ သူ၏လမ်းတော်၊ သို့မဟုတ် နှုတ်ကပတ်တော်အလင်း
၌ အသက်ရှင် လျှောက်လှမ်းခြင်း ဖြစ်သည်။ ဤသို့သော ပြောင်းလဲခြင်း
သည် ကျွန်ုပ်တို့ အသက်ရှင်လျှောက်လှမ်းရမည့်ဦးတည်ချက်ကို အဖြေ
ရှာပေးသော ပြောင်းလဲခြင်း ဖြစ်သည်။ ယခုတွင် ခက်ခဲကြမ်းတမ်းသော
လမ်းတစ်လမ်းရှိသည်။ စိတ်သဘောပြောင်းလဲခြင်း သို့မဟုတ် စိတ်
သဘောပြောင်းခြင်း၌ အချိန်၏ ဘောင်ကန့်သတ်ခြင်းမရှိသလို ကြာချိန်
နှင့်ကုန်ဆုံးချိန်လည်းမရှိပါ။ ကျွန်ုပ်တို့သည် နှစ်ပေါင်းများစွာ ကြာမှပြန်
၍ တုန့်ပြန်တတ်သည်။ ဘုရားသခင်၏ နှုတ်ကပတ်တော်ကို ဆန့်ကျင်
သော အသက်တာဖြင့် အသက်ရှင်တတ်သည်။ အကယ်၍ ကျွန်ုပ်တို့
သည် ခရစ်တော်ကို ကယ်တင်ပိုင်ရှင်အဖြစ် ယုံကြည်လက်ခံပြီးပါက
သန့်ရှင်းသောဝိညာဉ်တော်သည် ကျွန်ုပ်တို့၏ နှလုံးသားထဲ၌ အလုပ်
လုပ်နေသည်ကို ကျွန်ုပ်တို့သိသင့်ပြီဖြစ်ပြီး လမ်းညွှန်ပြနေသည်ကို သိရ
မည်။ သမ္မာတရားဖြစ်သော ယေရှုကို တစ်ခါယုံကြည်လက်ခံသည်နှင့်

အပြစ်နှင့်သက်ဆိုင်သော အရာရှိသမျှမှ ပြောင်းလဲပစ်ရန် လိုအပ်သည်။ အပြင်ပိုင်းဆိုင်ရာများ ပြောင်းလဲခြင်းသည် အချိန်ကြာကောင်း ကြာနိုင် သော်လည်း တစ်ညတည်းဖြင့်လည်း ဖြစ်နိုင်ပါသည်။

ထိုသို့ဖြစ်သောကြောင့် အခြားသူတို့သည် သတင်းစကားကို မရ ကြသကဲ့သို့ ထင်မှတ်ရသည်။ သူတို့၌ မြင်နိုင်သောအပိုင်း၌ပြောင်းလဲ ခြင်းကို ထင်ရှားစွာ မတွေ့ရသေးဘဲ နဂိုအတိုင်းဆက်၍ အသက်ရှင်ကြ သည်။ ကျွန်ုပ်တို့သည် ကိုယ်တိုင်လုပ်ဆောင်ရပါမည်။ ပို၍ကောင်းသော ပြောင်းလဲ၍ ထူးခြားစွာအသက်ရှင် လုပ်ဆောင်ရန်လိုအပ်သည်ဟူသော အချက်ကိုလည်း ကျွန်ုပ်တို့သိလာမည်။ သို့သော်လည်း ဘုရားသခင်၌ အပ်နှံထားရမည်၊ အပြစ်များဂန်ချတောင်းပန်ပြီး မှန်သောအသက်တာ သို့ လှည့်ပြန်ရမည်။ သို့သော် မူလကနည်းတူ ပြန်လုပ်ဆောင်နေရ သည်။ ထို့ကြောင့် မည်သည့်အရာကို လုပ်ဆောင်သင့်သလဲ?ဟူ သောအချက်ကို ကြည့်ခြင်းသည် လုံလောက်သော ပြောင်းလဲခြင်းကို မယူဆောင်ပေးနိုင်ပါ။ ထိုပြောင်းခြင်းများယူဆောင်ပေးရန်အတွက် သန့် ရှင်းသောဝိညာဉ်တော် လုပ်ဆောင်ဖို့ အမြဲတမ်းခွင့်ပြုရန် လိုအပ်သည်။ ဘုရားသခင်၏ မေတ္တာတော်၊ ကရုဏာတော်နှင့်အခြားသော သမ္မာ တရား၏ ဖွင့်ပြသည့်အတိုင်း အသက်ရှင်ရမည်။ ပြင်းပြစွာအသက် ရှူပါ။ ဘုရားသခင် လုပ်ဆောင်ခြင်းကို သိရှိခြင်း၌ ခိုနား၍ အသက်ရှင်ပါ။ သင့်အပေါ် သော်လည်းကောင်း၊ သူများအပေါ်၌သော်လည်းကောင်း နူးညံ့သိမ်မွေ့သောစိတ်ရှိ၍ သန့်ရှင်းသောဝိညာဉ်တော်ယူဆောင်ပေး သော ပြောင်းလဲခြင်းကို ခံယူပါ။

ဘုရားသခင်၏ ဘုန်းတော်ကို ထင်ရှားစေသော၊ အသီးများစွာ သီးသော၊ အသုံးတော်ခံ တန်ဆာပလာအဖြစ် အသက်ရှင်ရန် တကယ် အရေးကြီးကြောင်းကို ရှင်ယာကုပ်က ဤသို့ပြောပါသည်။ *"အကျင့်မပါ သော ယုံကြည်ခြင်းသည် အသေဖြစ်၏"* (ယာ၊၂၊ ၁၄)။ ရှင်ယာကုပ်က သင်၏အကျင့်မပါသောကြောင့် ကယ်တင်ခြင်းသို့မရောက်ဟူ၍ ပြော

သည်မဟုတ်။ သူပြောသွားသည်မှာ သင်သည် ကယ်တင်ခြင်းခံရပြီးသူ ဖြစ်သည်ဟုဆိုလျှင် အကျင့်ကောင်းရမည်။ သို့သော် သင်၏အပြုအမူက သူများကို ကောင်းကွက်တစ်ခုမျှ မပြနိုင်ခဲ့လျှင် သင်၏ယုံကြည်ခြင်း သည် တန်ဖိုးမဲ့ကာ အချည်းနှီး ဖြစ်ပါသည်ဟု ဆိုလိုခြင်း ဖြစ်သည်။

ယခုတွင် ကျွန်ုပ်တို့သည် လူအချို့၏ စိတ်နှလုံးအကျင့်များကို မည်သည့်အခါ၌မျှ မသိခဲ့ဟု ပြောဆိုကြပြီ။ သူတို့၏သန့်ရှင်းခြင်းအသက် တာဖြင့် အသက်ရှင်ခြင်း၌၊ (ခရစ်တော်၏ ပုံသဏ္ဌာန်နှင့်တူမှုုခြင်း အ သက်တာ၌ နေ့စဉ်အသက်ရှင်နေချိန်မှာ အပြစ်တန်ခိုးကြောင့် အားနည်း သထက်နည်းလာသည်ကိုတွေ့ရသည်)။ ထို့ကြောင့် ဓမ္မရာဇဝင် ပထမ စာစောင် ၁၆း၇ တွင် ဘုရားသခင် "ထာဝရဘုရားက သူ၏မျက်နှာသူ အရပ်ကိုမကြည့်ရှုနှင့်။ သူ့ကိုငါပယ်ပြီ၊ ထာဝရဘုရားသည် လူမြင်သကဲ့ သို့ မြင်တော်မူသည်မဟုတ်၊ လူသည်အဆင်းသဏ္ဌာန်ကို ကြည့်ရှုတတ် ၏။ ထာဝရဘုရားမူကား နှလုံးကိုကြည့် ရှုတတ်သည်ဟု ရှမွေလအား မိန့်တော်မူ၏"။ ကျွန်ုပ်တို့အားလုံးသည် သူများ၏အသက်တာကို အမြဲ တစေ ပေဖန်လျက် စီရင်တတ်သည့် အပြစ်ရှိကြသည်။ သူတို့သည် ခရစ် တော်နှင့်အသက်ရှင်နေသည်ကို မေးခွန်းထုတ်တတ်ကြသည်။ အခြား သူတစ်ယောက်ယောက် သို့မဟုတ် ကျွန်ုပ်တို့ကိုယ်တိုင် ခရစ်တော်နှင့် သဏ္ဌာန်တူခြင်း၊ ကယ်တင်ခြင်းရရှိခြင်း၊ ကယ်တင်ခြင်း၌ထာဝရ စိတ်ချ မှုရှိခြင်းစသည်တို့တွင် အပြင်သဏ္ဌာန်ကို ကြည့်ရန်မဟုတ်ကြောင်း သတိပြုရပါမည်။ကျွန်ုပ်တို့သည် ခရစ်တော်၏အသွေးတော်၌ အမြဲတစေ အမှီပြုရပါမည်။

"ငါတို့အဖို့ ထာဝရရွေးနုတ်ခြင်း ကျေးဇူးကိုခံရ၍ ဆိတ်အသွေး၊ နွားကလေးအသွေးနှင့်မဟုတ်၊ မိမိ အသွေးတော်နှင့် သန့်ရှင်းရာဌာနထဲသို့တစ်ခါတည်း ဝင်တော်မူ၏" (ဟေဗြဲ၊ ၉း ၁၂)။

"ထိုကြောင့် ညီအစ်ကိုတို့၊ ငါတို့သည် သန့်ရှင်းရာဌာန ထဲသို့ အသွေးတော်ကို အမှီပြု၍ အဆီးအတားမရှိ၊ ဝင်ရသောအခွင့်ရှိသဖြင့်လည်းကောင်း" (ဟေဗြဲ၊ ၁၀း ၁၉-၂၀)။

ထိုသူတို့သည် မိမိတို့၏အပြစ်များအားလုံး ဝန်ချတောင်းပန်ပြီး သောအခါ လုံလောက်သော နောင်တရှိမရှိ၊ မကြာခဏ စူးစမ်းမိကြ သည်။ ၤၢနေရာ၌ အမှန်တရားက ရှိနေသေးသည်။ ကျွန်ုပ်တို့၏ အပြစ် များ ဝန်ချတောင်းပန်၍ မကုန်နိုင်အောင် များပြားနေပါသည်။ ထိုအပြစ် များအားလုံးအတွက် နောင်တရ၍မပြီးနိုင်ပါ။ ဆာလံဆရာက *"အကြောင်း မူကား အတိုင်းမသိများစွာသော ဘေးဥပဒ်တို့သည် အကျွန်ုပ်ကို ဝိုင်းကြ ပါပြီ။ အကျွန်ုပ်မျှော်၍ မကြည့်နိုင်အောင်ခံရသောအပြစ်တို့သည် အ ကျွန်ုပ်ကို မှီကြပါပြီ။ အကျွန်ုပ်ဆံပင်ထက် များပြားသည်ဖြစ်၍ အကျွန်ုပ် နှလုံးသည် အားလျော့ပါပြီ"* (ဆာ၊ ၄၀း ၁၂)။

ထို့ကြောင့် ကျွန်ုပ်တို့သည် ကျေးဇူးတော်ကို ချီးမွမ်းနိုင်ပါပြီ။ *"ငါ တို့ ပြစ်မှားခြင်းနှင့်အလျောက် ငါတို့၌ ပြုတော်မမူတတ်။ ငါတို့၌ ဒုစရိုက် ရှိသည့်အတိုင်း အပြစ်ကို ပေးတော်မမူတတ်"*(ဆာ၊ ၁၀၃း ၁၀)။ မှန်ပါ သည်။ ထို့ကြောင့် ဝိညာဉ်တော်က ကျွန်ုပ်တို့နှလုံးသားထဲသို့ ဖော်ပြသမျှ သော အပြစ်များအားလုံးကို ဝန်ချတောင်းပန်ကြရအောင်။ သူသည် ကျွန်ုပ်တို့၏ အပြစ်များအားလုံးကို မှတ်မိတော်မူသည်။ ရှက်ကြောက် စရာမဖြစ်စေဘဲ ကျေးဇူးတော်အားဖြင့်၊ သူ၏ကြီးမားသော ချစ်ခြင်း မေတ္တာဖြင့်၊ဖော်ပြပေးနေပါသည်။ သူသည် ကျေးဇူးတော်အားဖြင့် ကျွန်ုပ် တို့၏ အပြစ်များကို ခွင့်လွှတ်ရန် စောင့်မျှော်လျက် လက်ခံနေကြောင်းကို သိမြင်နိုင်ပါသည်။ (ကျေးဇူးတော်ဆိုသည်မှာ စုံလင်သောယဇ်ကို ပူဇော် ခြင်းအားဖြင့် အပြစ်ကြွေးကို ဆပ်ပေးကာ အခမဲ့ဖြင့် ပေးသောထာဝရ အသက်ကို ဆိုလိုသည်)။ ဘုရားသခင်သည် ကျွန်ုပ်တို့၏အပြစ်များမှ

နောင်တရလျှင် လက်ခံခွင့်လွှတ်ရန် စောင့်မျှော်နေကြောင်းကို ကျွန်ုပ်
တို့သည် နေ့စဉ်သတိရ၍ အသက်ရှင်ကြပါစို့။ သို့ပြုလျှင်သူသည် တန်
ဆာပလာအဖြစ် ရွေးကောက်တော်မူသော ကျွန်ုပ်တို့၏ အပြစ်အတိုင်း
ဆပ်ပေးတော်မူမည် မဟုတ်ပါ။ (ကျွန်ုပ်တို့သည် ဘုရားသခင်၏တန်
ဆာပလာအဖြစ် ရွေးကောက်ခံသူများဖြစ်ရုံမျှမက သူ၏ကျေးဇူးတရား၊
မေတ္တာတရားနှင့် ကရုဏာတော်များအားဖြင့် ဂုဏ်တော်ကို ရောင်ပြန်
ဟပ်မည်အကြောင်း သက်သေခံသူများ ဖြစ်ကြသည်)။

တစ်ဖန်သွန်သင်ခြင်း အမှားတစ်ခုမှာ ကျွန်ုပ်တို့သည် ထိုအပြစ်
များအတွက် နက်ရှိုင်းစွာ ဝမ်းနည်းပူဆွေးရန်လိုသည်ဟု ယုံကြည်ကြ
ခြင်း ဖြစ်သည်။ ထိုနည်းတူစွာ ဤများပြားလှသော သွန်သင်မှုများ၌ မှန်
သောအရာနှင့် မမှန်သောအရာများ ရှိသည်။ မှန်ပါသည်၊ ဘုရားသခင်၏
နှလုံးတော်ကို ကြေကွဲစေသည့်အခါမျိုး၌ ဝမ်းနည်းပူဆွေးရသည်။ သို့မ
ဟုတ် ခရစ်တော်၌ရှိသော ကျွန်ုပ်တို့၏ဂိုဏ်ည၌သည် ကျွန်ုပ်တို့၏အသက်
ရှင်မှုနှင့် ဆန့်ကျင်ဘက်နေထိုင်သည့်အခါမျိုး၌ ဖြစ်သည်။ သို့သော်
လည်း အချို့သောသူတို့က ကျွန်ုပ်တို့၏ အသက်ရှင်မှုကို အပြစ်တင်ပြီး
ကျွန်ုပ်တို့၏ အသက်တာသည် လုံလောက်သောပြောင်းလဲမှုမရှိဟု ဆို
ကာ စီရင်ကြသည့်နေရာ၌ မှားယွင်းစွာ ပြုနေသည်ကို တွေ့ရသည်။
ထိုသို့ဖြစ်သောကြောင့် ကျွန်ုပ်တို့၏ အပြင်ပန်းသဏ္ဌာန်ပြောင်းလဲခြင်း
သည် ကျွန်ုပ်တို့၏ အသစ်သောဖြစ်ခြင်း(လူသစ်ဖြစ်ခြင်း)ကို အမှတ်
သကေ္ကတ မဖြစ်စေနိုင်ပါ။

ဘုရားသခင်သည် ကျွန်ုပ်တို့၏လုံလောက်သော ဝန်ချတောင်းပန်မှု
ကိုပြုခြင်း၊ လုံလောက်သောဝမ်းနည်းမှုကို ပြုခြင်း၊ စစ်မှန်သောအပြုအမူ
များဖြင့် ကျွန်ုပ်တို့၏နောင်တကို ပြုခြင်း စသောသဘောထားမှတ်
ကျောက်များအပေါ် အခြေပြုခြင်းမဟုတ်ကြောင်း၊ ကြီးမားသော စိတ်
ချမှုကိုလည်း ရှိရမည်။ ဘုရားသခင်ကို အစေခံလိုသောစိတ်ဆန္ဒ၊ သို့မ
ဟုတ် သူ့ကိုကျေနပ်စေသောအရာများကို ပြုလုပ်ခြင်းနှင့် ကျဆုံးခြင်း

ထဲမှပြောင်းလဲရန် ဂမ်းနည်းချိန်၊ သူ၏လမ်းတော်အတိုင်း အသက်ရှင်
ခြင်းတို့သည် ကိုယ်ပိုင်ဖြစ်ခြင်းကို ပြသောပုံရိပ်လက္ခဏာများ ဖြစ်သည်။
ထိုသို့သောအလိုဆန္ဒများနှင့် ခံစားနေရသော ခံစားများနှင့်ခံစားနေရ
သောဂမ်းနည်းခြင်းများက ကျွန်ုပ်တို့အထဲ၌ သန့်ရှင်းသောဂိညာဉ်တော်
အသက်ရှင်ကြောင်းနှင့် သူအလုပ်လုပ်နေကြောင်းကို ပြောပြနေခြင်း ဖြစ်
သည်။ သန့်ရှင်းသောဂိညာဉ်တော်၏ ထောက်ပြခြင်းမပါဘဲ အစေခံလို
သောဆန္ဒ တစ်စုံတစ်ခုများရနိုင်မည်မဟုတ်ပါ။ သို့သော် ကိုယ့်ကိုကိုယ်
သော်လည်းကောင်း၊ စာတန်ကိုသော်လည်းကောင်း၊ အစေခံမည်သာ
ဖြစ်သည်(ဖက်၊ ၂း၁-၃)။ ကျွန်ုပ်တို့သည် *"ဘုရားသခင်နှင့်ကွာ၍ ဆိုး
ညစ်သောအကျင့်ကိုကျင့်သဖြင့်"* (ကော၊ ၁း၂၁) ဘုရားသခင်၏ ရန်သူ
များ ဖြစ်ကြသည်။

> "အကြောင်းမူကား ရန်သူဖြစ်လျက်ပင် ဘုရားသခင်၏
> သားတော် အသေခံတော်မူခြင်းအားဖြင့် ငါတို့သည်
> ဘုရားသခင်နှင့် မိတ်သဟာယဖွဲ့ခြင်းကျေးဇူးတော်ကို
> ခံရသည်မှန်လျှင် မိတ်သဟာယဖွဲ့ပြီးမှ အသက်တော်
> အားဖြင့် ကယ်တင်တော်မူခြင်းသို့ ရောက်မည်ဟုသာ၍
> မျှော်လင့် စရာရှိ၏။" (ရော၊ ၅း ၁၀)

လူအချို့က နောင်တနှင့်ပတ်သက်၍ အခြားအမှားတစ်ခုကို
မကြာခဏ ပြုတတ်သည့်အချက်မှာ- တနင်္ဂနွေမနက်တိုင်း သွန်သင်
နေကျဖြစ်သော အမှားဖြစ်သည်။ ကျွန်ုပ်တို့ပြုခဲ့သောအရာ သို့မဟုတ်
မပြုခဲ့သောအရာများကို ကြည့်ခြင်းသည် နောင်တသို့ ဦးတည်စေပြီး
ဂိညာဉ်နှင့်ဆိုင်သော နောင်တ(ဂမ်းနည်းခြင်း)သို့ ဦးတည်စေကာပြောင်း
လဲခြင်းတည်းဟူသောရလဒ်ဖြစ်ပေါ် စေသည်ဟု ဆိုကြသည်။ ကျွန်ုပ်တို့
မလုပ်ဆောင်သော သို့မဟုတ် လုပ်ဆောင်သင့်သည်များကို ကြည့်ရှုသာ

ကြည့်ခြင်းဖြင့် ပြောင်းလဲခြင်းနှင့်မပြောင်းလဲခြင်းတို့သည် လူမှုကျင့်
ဝတ်တစ်ခုထက်မလွန်မသာနိုင်ပါ။

ဖြစ်နိုင်သည်၊ မဖြစ်နိုင်ဘူးဟူသောအရာက နှလုံးသားထဲ ခရစ်
တော်ပြုခဲ့သောအမှု၌ ကျေးဇူးတင်တတ်ခြင်းနှင့်ပြည့်စေရန် ဖော်ပြပေး
သည်။ "နောင်တရစေသော ဂမ်းနည်းခြင်း" (ESV) (၂ကော၊ ၇း ၁ဝ)ဟု
ရှင်ပေါလုက ပြောရာတွင် ခရစ်တော်သိုးသငယ် ပူဇော်ခြင်းအားဖြင့်
ရရှိသော ဘုရားသခင်၏ကျေးဇူးကရုဏာအလင်းမှ ကျဆင်းခြင်းကို
ကြည့်မြင်သောအခါ ထိုသို့သောနောင်တ(ဂမ်းနည်းခြင်း)ကို ဖြစ်ပေါ်
သည်ဟု ဆိုသည်။ ဤသို့သော ဂမ်းနည်းခြင်းမျိုးက ကျွန်ုပ်တို့လုပ်မိ
သောအရာနှင့် မလုပ်မိသောအရာများကြောင့် စုံလင်သော ယေရှုခရစ်
တော်၏ နာခံခြင်း ပုံဥပမာကို အာရုံစူးစိုက်စေသည်။ ဤသို့ဂိဏ္ဏာဉ်တော်
၏ သမ္မာတရားအလင်းသည် ထွန်းတောက်နေသကဲ့သို့ ခရစ်တော်ကို
ပိုမိုအစေခံရန် အာရုံစူးစိုက်စေပြီး အပြည့်အဂကိုးကွယ်နိုင်ရန်လိုအပ်
သော ပြောင်းလဲခြင်းကို ဖြစ်ပေါ် စေသည်။

ထို့ကြောင့် စိတ်နှလုံးထဲ၌ နောင်တသည် အမြဲတစေဆက်လက်
ရှိနေမှာ ဖြစ်သကဲ့သို့ နောင်တ၏ သက်သေအဖြစ် အသီးသီးနေမည်
ဖြစ်သည်။ ကျွန်ုပ်တို့သည် ဘုရားသခင်နှင့်ဆက်နွယ်မှု၌ စိတ်ချမှုရှိခြင်း
ကို ယေရှုခရစ်၏ အသွေးတော်ထက် အခြားသောအရာများကို အစား
မထိုးမိစေဖို့ သတိထားရပါမည်။

ဂံဂေလိအသင်းအဖွဲ့တို့၏ နောင်တသည် အပြစ်ကို
အပြစ်အတိုင်း နောင်တရခြင်း ဖြစ်သည်။ ဤအပြစ်၊
ဟိုအပြစ်ဟူ၍မရှိပါ။ သို့သော်အပြစ်ရှိသမျှ ဖြစ်သည်။
ကျွန်ုပ်တို့သည် ဗီဇအပြစ်ကိုသာမက ဒုစရိုက်အပြစ်
ကိုလည်း နောင်တရကြသည်။ ကျွန်ုပ်တို့သည် အ
တွင်းနှင့်အပြင်ရှိ အပြစ်များအတွက် ဂမ်းနည်းကြေကွဲ

ကြသည်။ ဘုရားသခင်ကို မထင်မှဲ့မြင်ပြုသောအပြစ်
များကို နောင်တရကြသည်။ အပေါ်ယံလောက်ကို
သာ နောင်တရပြီး ဆိုးညစ်ခြင်း၏ အောက်ဆုံးအထိ
ရောက်အောင် နောင်တမရခဲ့ကြချေ။ မှားယွင်းစွာ ပြု
မူခဲ့ခြင်းအတွက် နောင်တရပြီး နှလုံးသားထဲက မ
ကောင်းမှုများအတွက် နောင်တမရကြ။ မည်သည့်
အရာနှင့်တူသနည်းဟူမူကား လူတစ်ယောက်က ရေ
တံကင်မှ စိမ့်ထွက်နေသောရေကို ဇလုံထဲသို့ နိုပ်ဖြည့်
နေသကဲ့သို့ ဖြစ်သည်။ သို့သော်လည်း အပေါ်ယံမှ
လျှံထွက်ခြင်းကို မှေ့လျော့ကြသည်။ တစ်ချို့က
ချောင်းရေကို ဆည်ဖို့နိုင်ပါသည်။ သို့သော်လည်း
ရေထွက်ပေါက်ကို ဆက်လက်စီးဆင်းစေလျက် ချန်
ထားခဲ့ကြသည်။ သူတို့က စုတ်ပြဲနေသောအရေခွံကို
ဖယ်ထုတ်နိုင်သော်လည်း အသားထဲက ရောဂါပိုးကို
တော့ ချန်ထားခဲ့ကြသည်။

အဘယ်ကြောင့် ကျွန်ုပ်သည် အပြစ်ဆက်လုပ်နေရပါ သနည်း?

ရိုးသားစွာ ဝန်ခံမည်ဆိုပါက ကျွန်ုပ်တို့အားလုံး၌ စိတ်အနှောက်
အယှက်ဖြစ်စေသော အပြစ်အနည်းငယ်စီရှိကြပါလိမ့်မည်။ ခဏခဏ
ကျူးလွန်ရာကနေ မထိန်းချုပ်နိုင်သည်ထိ ဖြစ်လာသည်။ အဘယ့်
ကြောင့်ဆိုသော် ထိုအပြစ်သည် အလွန်အကျွံစားသောက်ခြင်းကဲ့သို့ ဖြစ်
သောကြောင့် ဖြစ်သည်။ စားသောက်ခြင်းသည် ပျော်ရွှင်ဖွယ်ကောင်းပြီး
ကျွန်ုပ်တို့၏ ဂိဏ္ဍာဉ်ကို ချီးမြှောက်ပေးသည်။ များစွာသောအရာများ
သည် ထိုကဲ့သို့ ဖြစ်တတ်သော်လည်း နှစ်ဖက်ဟန်ချက်ညီညီမထား
တတ်လျှင် သို့မဟုတ် ကောင်းစွာ ဂရုစိုက်ခြင်းဖြင့် မတရားဖိနှိပ်ခြင်း၊

အလွဲသုံးခြင်း ဖြစ်လာနိုင်သည်။ ကျွန်ုပ်တို့ကို ဒုက္ခပေးနိုင်သောမြေနှင့် ညှိခြင်းကို ပြုနိုင်သည်။ (လွန်ကဲစွာ စားခြင်း)သည် အပြစ်ဖြစ်ပြီး ထိုအရာကို အစားကြူးခြင်းဟုခေါ်သည်။ ထိုသို့ ဖြစ်သည့်တိုင်အောင် ထိုအရာက မိတ်ဆွေကြောင့်မဟုတ် အခြားသူတစ်ယောက်၏ အလွယ်လမ်းလိုက်ခြင်းကြောင့် ဖြစ်သည်။ ထိုသို့ဆိုသော် တစ်ယောက်ထဲတော့မဟုတ်ပါ။ ရှင်ယောဟန်က(၁ယော၊ ၁း၈)မှာ ပြောထားသည်မှာ မှန်ကန်ကြောင်း တွေ့ရသည်။ "ကိုယ်အပြစ် မရှိဟု ငါတို့သည်ဆိုလျှင် ကိုယ်ကိုကိုယ် လှည့်ဖြားကြ၏ ငါတို့၌သစ္စာတရား မရှိ"။ ကျွန်ုပ်တို့သည် အပြစ်ပြုမိကြသည်။ အဘယ်ကြောင့်ဆိုသော် ခဏခဏမိနစ်ပိုင်းအတွက် ကာမဂုဏ်စည်းစိမ်ပျော်စရာ ဖြစ်နေသောကြောင့် ဖြစ်သည် (ဟေဗြဲ၊၁၁း၂၅)။ ထိုခဏမျှသာ ပျော်ရွှင်ခြင်းသည် မိနစ်ပိုင်းမျှသာ ဖြစ်သော်လည်း အပြစ်ရှိသည်ဟု ကျွန်ုပ်တို့ကို ခံစားစေပြီး၊ အရှက်ရစေကာ၊ အခြားစိတ်ခံစားချက်များစွာကိုလည်း ဖြစ်စေသည်။ ဤမှန်ကန်သောအချက်သည်ကျွန်ုပ်တို့အားလုံးအတွက်ဖြစ်၍ အဓိကအကြောင်းရင်းမှာ ကျွန်ုပ်တို့သည်ကယ်တင်ခြင်းရပြီးသည့်တိုင်အောင် အပြစ်များကျူးလွန်ကာ တစ်ခါဂန်ချတောင်းပန်ရုံဖြင့် ထိုအပြစ်များနှင့် ရှန်ကန်ခြင်းမရှိတော့ပြီဟု ကျွန်ုပ်တို့မဆိုလိုပါ။ (ရောမ ၇း၁၈)တွင် ရှင်ပေါလုက *"ငါ့အထဲမှာ ငါ့ဇာတိပကတိ၌ ကောင်းသောအရာတစ်စုံ တစ်ခုမျှမတည်သည်ကို ငါသိ၏ အကြောင်းမူကား ငါသည် ကျင့်ချင်သော စိတ်ရှိသော်လည်း၊ ကောင်းစွာကျင့်တတ်သောအခွင့်ကိုရှာ၍မတွေ့နိုင်"*ဟု ညည်းတွားခဲ့ဖူးသည်။

ခရစ်တော်ထံ လာရခြင်းသည် တစ်ခါကိုင်ဖမ်းမိသည်နှင့် အခြားသောအရာတို့၌ ကျွန်ုပ်တို့၏ အာရုံစူးစိုက်မှုသည် နည်းနည်းမျှမရှိပြီဟု မဆိုလိုပါ။ ဆိုလိုသည်မှာ ဘုရားသခင်ကို ကိုးကွယ်ခြင်းထက် အခြားသောအရာများကို ရွေးချယ်ကိုးကွယ်ခြင်း သို့မဟုတ် ဘုရားသခင်ထက် အခြားသောအရာများကို ပိုမိုသေးငယ်ခြင်း နေရာ၌ထားခြင်းတို့ကိုသာ ဆိုလိုသည်။ ကျွန်ုပ်တို့ မတတ်နိုင်သော်လည်း သူ့ကိုကျွန်ုပ်တို့ သိမ်း

ပိုက်သင့်ပါသည် (ပြီးနောက် ကျွန်ုပ်တို့ စိတ်ဆန္ဒရှိမည်၊ ရေတွက်ချီးမွမ်း မည်)၊ သူသည် ကျွန်ုပ်တို့ကို မည်သည့်အခါ၌မျှ အပြစ်စီရင်မည်မဟုတ် (ဘုရားသခင်နှင့်မကွာစေနိုင်ပါ)။ အကြောင်းမူကား ကျွန်ုပ်တို့သည် ထို သို့သော အပြစ်စီရင်ခြင်းမှ ကယ်တင်တော်မူပြီ (ရော၊ ၈း ၁၊ ၃၄)။ ထိုသို့ ဆိုသော် အပြစ်၏ နောက်ဆက်တွဲဆိုးကျိုးမခံရဟု မဆိုလိုပါ။ ကျွန်ုပ် တို့သည် ထိုအပြစ်များ နောင်တရစရာမလိုဟု ဆိုလိုခြင်းမဟုတ်ပါ။ ကျူး လွန်ခဲ့သောအပြစ်များအတွက် ၊ဝန်ချတောင်းပန်ရန်လိုအပ်သည်။ ဆိုလို သည်မှာ အပြစ်ရှိသည်ဟု မမှတ်မိမီပင်၊ ဂရုမစိုက်မီပင် ဘုရားသခင်ကို ပုန်ကန်ခြင်းအပြစ်ရှိသည် (ဖေါက်၊၂း၁-၃။ ၄း၁၇-၁၉)။ ဘုရားသခင်၏ သဘောသဘာဝ၊ သို့မဟုတ် ဘုရားသခင်၏ ပြည့်စုံခြင်းကို မမီသော အရာမှန်သမျှ ဘုရားသခင်ကို ပုန်ကန်ခြင်း ဖြစ်သည်။ ယခုတွင် ကျွန်ုပ် တို့သည် အပြစ်များကို မှတ်မိနိုင်ပြီဖြစ်ပြီး ဘုရားသခင်ကို ပုန်ကန်သော အပြစ်များအားလုံးအတွက် နှလုံးသားကို ပြောင်းလဲနိုင်ပါပြီ။ ယခင်က တစ်ခုခုကို လုပ်ဆောင်ရန် ခွန်အားမရှိသော်လည်း ယခုတွင် လုပ်ဆောင် နိုင်ပါပြီ။ ကျွန်ုပ်တို့၏ အပြစ်များကို ၊ဝန်ချတောင်းပန်နိုင်ပြီဖြစ်ပြီး ခွင့် လွှတ်ခြင်းကိုလည်း လက်ခံရရှိနိုင်ပါပြီ (၁ယော၊၁း၉)။ တစ်ချို့က ဘုရား သခင်သည် ကျွန်ုပ်တို့၏အနာဂတ်ကျူးလွန်မည့် အပြစ်များကို ခွင့်လွှတ် မှာမဟုတ်ဟူ၍ ပြောကြပါလိမ့်မည်။ ထိုသို့ပြောဆိုခြင်းက မေးခွန်းတစ်ခု ကို ဖြစ်စေသည်။ ခရစ်တော်ကားတိုင်ပေါ် အသေခံသည့်အချိန်၌ သင်၏ အနာဂတ်အပြစ် မည်မျှလောက်ရှိသနည်း? (အရိပ်အမြွက်ပြောရရင်၊ **အားလုံးပေါ့**)။ ဆိုလိုသည်မှာ ဘုရားသခင်သည် ကျွန်ုပ်တို့အပြစ် ကြွေး အားလုံးကို ဆပ်ပေးပြီး သူ၏မေတ္တာလက်တော်သည် ကျွန်ုပ်တို့အား ခွင့်လွှတ်ရန်စောင့်မျှော်နေပါသည်။

ယောဟန်အာန်း (Johann Arndt) ၏ "စစ်မှန်သော ခရစ်ယာန်" ဟူသော စာအုပ်ထဲက ဖေါ်ပြချက်သည်အကောင်းဆုံးဖြစ်သည်။ "အပြစ် ကြောင့် နှလုံးသားထဲ၌ ဒါဏ်ရာများခံစားခြင်းသည် သင့်၏ နှလုံးသားထဲ

၌ သန့်ရှင်းသော ဝိညာဉ်တော် တည်ရှိခြင်း၏ အကောင်းဆုံးသက်သေ
ဖြစ်သည်။

ကျွန်ုပ်တို့အားလုံးသည် အမှန်နှင့်အမှား၏ ကွဲပြားခြားနားချက်ကို
အမြဲတစေ သိကြပါသည်။ ထိုအရာက ဘုရားသခင် ဥပဒေသ၏ ရည်
ရွယ်ချက်လည်း ဖြစ်သည်။ ဥပဒေသများသည် ပညတ်တော် ဆယ်ပါးကို
ကျော်လွန်ပြီး လုပ်ဆောင်ပြုမူရမည့် ကျမ်းစာဖော်ပြချက်များကို ခေါ်
သည်။ ပြဿနာဖြစ်စေသောအရာသည် ကျွန်ုပ်တို့၏ ပုန်ကန်တတ်သော
ဇာတိသဘောကြောင့်သာ ဖြစ်သည်။ မလုပ်ရမပြုရဟု ပြောပြနေခြင်း
သည် ကျွန်ုပ်တို့လုပ်ရလိမ့်မည်ဟု အာမခံပေးနေသကဲ့သို့ ဖြစ်သည်။
နှစ်နှစ်အရွယ် ကလေးငယ်ကိုမလုပ်နှင့်ဟု ပြောပြနေသကဲ့သို့ ဖြစ်သည်။
ကျွန်ုပ်တို့ အားလုံးက ၍သို့ပြောခြင်းဖြင့် မည်သို့ဖြစ်တတ်သည်ကို အမြဲ
သိကြပါသည်။ တစ်စုံတစ်ခုကို လက်တွေ့ခံစားပြီးမှ ရရှိသော သင်ခန်း
စာသည် ပုန်ကန်ပြီးမှ ရရှိသည်ထက် ပို၍ကြီးမြတ်ပါသည်။

ဘုရားသခင်က ကျွန်ုပ်တို့အား ထိပ်ဆုံးသို့ရောက်သည့် အပြစ်ကို
ပြုခြင်းငှါ ဥပဒေသများကို မပေးပါ။ သို့သော်လည်း ကျွန်ုပ်တို့သည် ပြုရ
မည့်အရာကို မပြုနိုင်ကြောင်း ပြသပေးရန်နှင့် ကျွန်ုပ်တို့ပြဿနာ၏ အဖြေ
များကို ဘုရားသခင်မှရရှိရန် ဘုရားသခင်ထံပို့ပေးရန် ဖြစ်သည်။ ထိုအ
ဖြေကို "ကျေးဇူးတော်"ဟု ခေါ်သည်။ ကျေးဇူးတော်ဟူသော စကား၏
အနက်မှာ "အပြစ်မှကယ်တင်သော ဘုရားသခင်၏တန်ခိုးတော်ဟု ဖွင့်
ဆိုနိုင်ပါသည်။ ကျွန်ုပ်တို့ကို မထိုက်တန်ဘဲလျက် မျက်နှာသာပေးပြီး
အပြစ်မှ ကယ်တင်ခြင်းသည် ကျေးဇူးတော်သက်သက်ကြောင့်ဖြစ်သည်။
ပညတ်ချက်များသည် ကျေးဇူးတော်၏ ကောင်းမြတ်ခြင်းနှင့် အသုံးဝင်
ခြင်းကွဲ့သို့ပင် ဆိုးသောအရာမဟုတ် ကောင်းပါသည်။ ပညတ်တော်
သည် ကျွန်ုပ်တို့ကို ဘုရားသခင်ထံ ပို့ဆောင်ပေးရုံမက ဘုရားသခင်၏
သဘောသဘာဝ မည်သို့ဖြစ်ကြောင်းနှင့် မည်သို့အသက်ရှင်ရမည်အ
ကြောင်းတို့ကိုလည်း ပြသပေးသည်။ ပညတ်တော်က ကျွန်ုပ်တို့ကို

အသက်မပေးနိုင် သို့မဟုတ် ဘုရားသခင်နှင့်ဆက်နွယ်မှုကို မပေးနိုင်
သို့မဟုတ် ဘုရားသခင်၏ စိတ်တော်နှင့်တွေ့ခြင်းမှ ကျဆင်းစေပြီး အ
ရှက်တကွဲအကျိုးနည်းခြင်းမှလည်း မကယ်တင်နိုင်ပါ။ အမှန်အားဖြင့်၊
ပညတ်တော်သည် အရှက်တကွဲအကျိုးနည်းဖြစ်သည်ကို အမြဲယူဆောင်
ပေးသည်။ထို့ကြောင့် ဘုရားသခင်သည် ယေရှုခရစ်တော်အားဖြင့် ကျေး
ဇူးတရားကို ယူဆောင်ပေးခြင်း ဖြစ်သည်။ ကျမ်းစာက လုပ်ဆောင်ရန်
ဖော် ပြပေးသောအရာများကို လုပ်ဆောင်ခြင်းအားဖြင့် ဘုရားသခင်နှင့်
ကျွန်ုပ်တို့၏ ဆက်နွယ်မှုကို စောင့်ထိန်းပေးသည်ဟု ထင်မှတ်ကာ အ
သက်ရှင်ခြင်းသည် မှားယွင်းသောအမှု ဖြစ်သည်။ တစ်နည်းအားဖြင့်
ကျွန်ုပ်တို့သည် ပညတ်တော်ကို ဘဝနေထိုင်မှုအဖြစ် မှတ်ယူကာ
အသက်ရှင်ကြသည်။ အကျိုးရလဒ်အဖြစ်၊ ကျွန်ုပ်တို့၏ အသက်ရှင်မှုအ
တိုင်း သူများ၏ အသက်ရှင်မှုကို ဘုရားသခင်၏ မေတ္တာတော်နှင့် ကရု
ဏာတော်အားဖြင့် စီရင်ရမည့်အစား ပညတ်တော်အားဖြင့် စီရင်ကြ
သည်။ ဤအရာသည် ဥပဒေပဒါနဝါဒအဖြစ် အမြဲညွှန်းဆိုကြသည်။

ဤကဲ့သို့ ကျင့်ကြံအသက်ရှင်သည့်အခါမျိုး၌ ကျွန်ုပ်တို့သည်
ကိုယ်ကိုကိုယ် နေရာကျစေပြီး(ဘုရားဘုန်းတော်မထင်ရှားသော အ
သက်တာဖြင့် အသက်ရှင်သော်လည်း မျက်နှာသာရလိုခြင်း) နောက်
ဆုံး၌ အရှက်တစ်ကွဲအကျိုးနည်းခြင်းသာ အမြဲယူဆောင်ပေးကာ ကျ
ဆင်းခြင်းကို ခံစားစေသည် (ဟောရှဲ၊၁၁း၆)။ ကျွန်ုပ်တို့သည် နားထောင်
နာခံခြင်းကို မည်မျှလောက်အာရုံပြုပြီး(ကျမ်းစာက ကျင့်ခိုင်းသည့် အ
တိုင်းကျင့်ခြင်း)ကြိုးစားခဲ့သည်ဖြစ်စေ အရေးမကြီးပါ။ ထို့နောက် အပြစ်
မကျူးလွန်အောင် အာရုံစိုက်ကြိုးစားနေလျှင်လည်း ထိုသို့ပြုခြင်းက
အပြစ်ကျူးလွန်ခြင်းမှ မကာကွယ်နိုင်ပါ။ အပြစ်တရားသည် ပညတ်
တရားအားဖြင့် တန်ခိုးရ၍ (၁ကော၊ ၁၅း ၅၆)၊ တစ်နည်းပြောမည်ဆိုပါ
က ပညတ်တရားအားဖြင့်သာ အပြစ်နှင့်ရှက်ကြောက်ခြင်းများ ခံစားရပြီး
ဘုရားသခင်၏ ရှေ့တော်၌ အသရေပျက်စေသည်။ ပညတ်တရားမပါဘဲ

အပြစ်တရားမရှိနိုင် (ရော၊ ၃း ၂၀)။ ထို့ကြောင့် အပြစ်မလုပ်ရန် အတွင့်ထဲ
တိုင် ချေးထွက်အောင် ကြိုးစားခြင်းဖြင့်သော်လည်းကောင်း၊ဘုရားသခင်
စိတ်တော်တွေ့အောင် ကြိုးစားလုပ်ဆောင်ခြင်းဖြင့်သော်လည်းကောင်း
ပို၍အာရုံစိုက်ကြိုးစားလေလေ ဘုရားသခင်ရှေ့တော်၌ အပြစ်ပြုမိလေ
လေ ဖြစ်သည်။ အမှန်အားဖြင့်၊ ထိုသို့သော ကြိုးစားမှုများသည် ဆန့်
ကျင်ဘက်ဖြစ်သော ရလဒ်များသာ ရရှိစေပြီး၊ ကျွန်ုပ်တို့ကိုယ်ကို ပျက်စီး
စေသည်။ သူများကိုလည်းထိခိုက်စေနိုင်ပါသည်။ ကျွန်ုပ်တို့၏ ကယ်တင်
ခြင်းအားဖြင့်ရရှိသောပျော်ရွှင်မှုကိုသာ ငြိမ်းသတ်သည်မဟုတ် အခြား
သူများ၏ ပျော်ရွှင်မှုကိုလည်း ငြိမ်းသတ်သည်။ ထို့ကြောင့် ရှင်ပေါလုက
၂ကော၊ ၃း ၆ တွင် *"ပညတ်တရားသည် အသက်ကို သတ်တတ်၏။
ဝိညာဉ်တရားမူကား ရှင်စေ တတ်၏"* ဟု ရေးထားပါသည်။ ထို့သို့ဆိုလျှင်
မည်သို့ဖြေဆိုမည်နည်း? အဖြေကတော့ အပြစ်မလုပ်ရန် ကြိုးစားခြင်းကို
ရပ်တန့်ရန်သာ ဖြစ်သည်။ ယခုဆိုလျှင် ထူးဆန်း၍မနေဘူးလား?
"ကျွန်ုပ်တို့ အပြစ်လုံး၀၊ မလုပ်သင့်ဘူး"ဟု သင်က ပြောခဲ့သည်မဟုတ်
လား?

မနက်ဖြန်၌ ခွေးတစ်ကောင်က ကြောင်တစ်ကောင်ဖြစ်အောင်
ကြိုးစားနေခြင်းက အရေးမကြီးသော်လည်း သူသည် မည်သည့်အခါ၌မှု
ကြောင်တစ်ကောင် ဖြစ်မလာနိုင်ပါ။ ကျွန်ုပ်တို့ အပြစ်မလုပ်ရန် မည်မှု
လောက်ကြိုးစားနေပါစေ၊ အပြစ်လုပ်ခြင်းကို ရပ်တန့်ပစ်နိုင်ရန် မဖြစ်နိုင်
ပါ။ ကျွန်ုပ်တို့သည် အပြစ်လုပ်သောကြောင့် အပြစ်သားများဖြစ်လာ
သည်မဟုတ်။ အပြစ်သားများဖြစ်သောကြောင့် အပြစ်လုပ်သောသူများ
ဖြစ်ကြသည် (ဆာ၊ ၅၁း ၅။ ရော၊ ၅း ၁၂)။ ထိုအရာသည် ကျွန်ုပ်တို့၏
စစ်မှန်သော ဖြစ်ခြင်းဖြစ်ပြီး၊ ဘုရားသခင်၏ ဥပဒေသများကို မနာခံ
နိုင်ပါ။ အဘယ်ကြောင့်ဆိုသော် ကျွန်ုပ်တို့၏ ဗီဇဖြစ်ခြင်းက ထိုသို့ဖြစ်
သောကြောင့်ဖြစ်သည်။ ကျွန်ုပ်တို့သည် ကျွန်ုပ်တို့၏ဗီဇဖြစ်ခြင်း(သဘော
သဘာ၀)ကို မပြောင်းလဲနိုင်ပါ။ သို့သော် ဘုရားသခင်က သူ၏ကျေးဇူး

တရားအားဖြင့် ပြောင်းပေးနိုင်သည် (ရော၊ ၆း ၁၄ ESV)။ ကျေးဇူးတော်က ကျွန်ုပ်တို့၏ အထဲ၌အလုပ်စတင်လုပ်လာသောအခါ နေ့ရက်စဉ်တိုင်း အပြစ်တရားတန်ခိုး၏ ထိန်းချုပ်မှုကို ခွင့်မပြုဘဲ နေနိုင်မည် ဖြစ်သည် (ဂလာ၊ ၅း ၁၆-၂၅၊ ဖေက်၊ ၄း ၂၅-၃၂)။ အပြစ်တရား၏တန်ခိုးက ကျွန်ုပ်တို့အပေါ်မှာ တစ်ခါအုပ်စိုးသည်ကို ကျွန်ုပ်တို့ သိသောအခါ သူသည် ဆက်၍ မအုပ်စိုးနိုင်တော့ပါ။ ကျွန်ုပ်တို့သည် အပြစ်တရားကို အစေမခံဖို့ ရွေးချယ်တတ်လာသည်။ ကျွန်ုပ်တို့၏အထဲ၌ ဤသို့ရွေးချယ်နိုင်သော တန်ခိုးကို မတွေ့ရ(၂တိ၊ ၂း၁)။ သို့သော် ပညတ်တရားသည် တစ်စုံတစ်ခုကို ရွေးချယ်ရန် ညွှန်ပြနိုင်ရုံသာဖြစ်ပြီး ထိုအရာများအား ရွေးချယ်ခြင်းကို မလုပ်ဆောင်ပေးနိုင်ပါ (တိ၊ ၂း ၁၁-၁၄)။

ထို့ကြောင့် ကျွန်ုပ်တို့သည် အပြစ်မလုပ်ရန် သို့မဟုတ် အပြစ်လုပ်ခြင်းမှ ရပ်တန့်ရန် အာရုံစူးစိုက်နေခြင်းမဟုတ်ဘဲ ကျွန်ုပ်တို့မျှော်လင့်ချက်မဲ့နေချိန်မှာပင် ဘုရားသခင်၏ ချစ်သနားခြင်း မေတ္တာအပေါ် အာရုံပြုခြင်း ဖြစ်သည် (ရော၊ ၅း ၆-၇)။ ကျွန်ုပ်တို့သည် ဤခရီးကို လျှောက်လှမ်းနေသောအချိန်၌ ကျွန်ုပ်တို့ကိုယ်တိုင် ဤသမ္မာတရားဖြင့် ခဏခဏ သတိပေးနှိုးဆော်နေသည်။ ထိုသို့ဆိုသောကြောင့် ဘုရားသခင်သည် ကျွန်ုပ်တို့၏ အပြစ်များကို ပို၍ပေါ့လျော့စေသည်ဟု မဆိုလိုပါ(ရော၊ ၁း၁၈)။ ဘုရားသခင်သည် အပြစ်တရားကို ရှုပ်ချ၍အပြစ်အခသေခြင်း ငရဲ၌ပြင်းထန်စွာ ဒါဏ်ပေးခဲ့သည် (ရော၊ ၆း ၂၃)။ ဘုရားသခင်သည် ကျွန်ုပ်တို့ အပြစ်တရား၏အခကို တောင်းဆိုဦးမည် မဟုတ်ပါ။ အဘယ်ကြောင့်ဆိုသော် ကျွန်ုပ်တို့၏အပြစ်အတွက် ခရစ်တော် အသေခံသောကြောင့် ဖြစ်သည် (မိက္ခာ၊ ၇း ၁၈။ တမန်၊ ၁၇း ၁၁)။ ယခုတွင်မူ သူသည် ကျွန်ုပ်တို့အား ကျေးဇူးတော်နှင့် ဘုရားသခင်၏ ရှေ့တော်၌ သန့်ရှင်းခြင်း(အပြစ်ကင်းခြင်း)ကိုပေးသော ယေရှုခရစ်တော်၏ အသွေးတော်အားဖြင့် ဆက်ဆံပြီ ဖြစ်သည် (၁ယော၊ ၁း ၇)။

ယေရှုခရစ်တော်ကို မိမိတို့၏ ကယ်တင်ပိုင်ရှင်အဖြစ် ယုံကြည်
လက်ခံသောအခါ ဘုရားသခင်သည် နှလုံးသားအသစ်နှင့် အသစ်သော
ဂိညာဥ်ကို ပေးတော်မူသည်။ တစ်နည်းအားဖြင့်၊ ဘုရားသခင်က ခြားနား
စွာ ရွေးချယ်တတ်သော အစွမ်းသတ္တိအသစ်ကို ပေးတော်မူသည်။ ယခု
တွင် ကျွန်ုပ်တို့သည် ဘုရားသခင်၏သားဖြစ်ကြောင်းကို ဖော်ပြပေး
သော ရွေးချယ်မှုဖြစ်သည်။ ကျေးဇူးတော်ကြောင့် ရရှိသောကယ်တင်
ခြင်းအားဖြင့် အသစ်စက်စက်စွမ်းရည်ကို ပေးခြင်းဖြစ်ပြီး သန့်ရှင်းသော
ဂိညာဥ်တော်အားဖြင့် အသုံးပြုနိုင်သည်။ ဘုရားသခင်က ကျွန်ုပ်တို့၏
ဟောင်းနွမ်းနေသော အစွမ်းအစကို မလိုချင်တော့ပါ။ သူတို့ကို တပ်
ဆင်ထားပြီး ဆေးရောင်အသစ်ဖြင့် သုတ်အုပ်ထားပြီးနောက် ကျွန်ုပ်တို့
အား ကွဲပြားခြားနားသော နည်းလမ်းဖြင့် အသုံးပြုရန် တတ်နိုင်စေ
သည်။ သူက ဤအစွမ်းအစအသစ်ကိုအသုံးပြုပြီး ကျွန်ုပ်တို့မည်သည့်
နေရာအထိ ရောက်ပြီဖြစ်ကြောင်းကို လူများက မြင်နိုင်ဖို့နှင့် မည်မျှ
လောက် ပြောင်းလဲခြင်းရှိသည်ကို သိမြင်နိုင်ဖို့ ဖြစ်သည်။ အမှန်အားဖြင့်
ထိုအရာသည် ကျွန်ုပ်တို့ကစွမ်းမဟုတ်ပါ။ ကျွန်ုပ်တို့ကသော်လည်း
ကောင်း၊ အခြားသူများကသော်လည်းကောင်း ထိုက်စွကို ပြောပြဖို့ ဖြစ်
သည့်အချိန်မှာပင် ကျွန်ုပ်တို့အလုပ်မဟုတ်ပါ။ ကိုယ်တော်သည် ကျွန်ုပ်
တို့ကို သူနှင့်နီးစေဖို့နှင့် တစ်နေ့တွင် ကျွန်ုပ်တို့က "ငါသည် ငါဖြစ်သည့်
အတိုင်းမဟုတ်တော့ပါ"ဟု ကမ္ဘာကို အော်ဟစ်သူများဖြစ်စေဖို့ လိုက်လံ
ဆုံးမနေခြင်း မဟုတ်ပါ။ ထိုသို့ဆိုသောကြောင့် သူသည် ကျွန်ုပ် တို့ကို
ပြောင်းလဲပေးနေခြင်း၊ အသစ်ပြုလုပ်ပေးနေခြင်း၊ ပြန်လည်ပုံသွင်း
နေခြင်းမဟုတ်ဟု ဆိုလိုခြင်းမဟုတ်ပါ။ သူ၏ဘုန်းတော်အတွက်သာ
ဖြစ်ပြီး ကျွန်ုပ်တို့ကို ပြောင်းလဲပေးနေခြင်းသည် ကျွန်ုပ်တို့အတွက်
မဟုတ်ပါဟု ဆိုလိုခြင်း ဖြစ်သည် (ယေဖ၊ ၃း၆၊ ၂၄-၃၂၊ ၃၈။ ဖော်၊ ၂း
၄)။ ဘုရားသခင်သည် ကျွန်ုပ်တို့ မည်သည့်အရာကို လုပ်နေကြောင်း
အာရုံစူးစိုက်ခြင်းထက် သူသည် မည်သို့သောသူ ဖြစ်ကြောင်း အာရုံစူး

၇၂

စိုက်ခြင်း၌ ပါးမြောက်ခြင်း ရှိသည်။ ဆာလံသီချင်း စပ်ဆိုသူက ဆာလံ ၁၄၇း ၁၁ *တွင် "ကြောက်ရွံ့သော(ရိုသေသော)သူနှင့် ကရုဏာတော်ကို မြှော်လင့်သောသူတို့ကို ထာဝရဘုရား နှစ်သက်တော်မူ၏"*ဟု တွေ့ရပါ သည်။

ကျွန်ုပ်တို့၏အပြစ်ကို လေးနက်စွာ (နာရီများစွာ၊ နေ့ရက်များစွာ နှင့် လပေါင်းများစွာ ဘာမှမဟုတ်သောအရာများကို တွေးတောခြင်းရှိ သော်လည်း မည်မျှရှုပ်အောင်လုပ်သည် (သို့) ကျွန်ုပ်တို့သည် မည်မျှ လောက်အပြစ်ကြီးသည်တို့ကို)ဆန်းစစ်ခြင်းသည် ဝိညာဉ်ရေးရာ မကျန်း မာခြင်းမှ ရောက်လာတတ်သည်။ ၎င်းအရာက ခန္ဓာကိုယ်မကျန်းမာခြင်း အထိပါ ထိခိုက်နိုင်ပါသည်။ ၎င်းသို့ မကျန်းမမာ ဖြစ်ရခြင်းအကြောင်းမှာ ကျွန်ုပ်တို့၏ ကျဆုံးခြင်း၊ ဘုရားသခင်က ကျွန်ုပ်တို့အပေါ် ပါးမမြောက် ခြင်းနှင့် အခြားအကြောင်းရင်းမှာ ကျွန်ုပ်တို့၏အပြစ်ကို အပြစ်အဖြစ် အာရုံစူးစိုက်ခြင်းတို့ကြောင့် ဖြစ်သည်။ ကျွန်ုပ်တို့၏ယုံကြည်ခြင်းကို အစ ပြုတော်မူသောကြောင့်၊ တစ်နေ့ကောင်းကင်ထိတိုင်အောင် ပြီးစီးစေမည် ဟု စိတ်ချရပါမည်။ *"ယုံကြည်ခြင်းကို အစအဦးစီရင်၍ စုံလင်စေတော် မူသော သခင်ယေရှုကို စေ့စေ့ထောက်ရှုကြကုန်အံ့"*(ဟေဗြဲ ၁၂း ၂)။ ဘုရားသခင်၏ ကျေးဇူးတော်ကြောင့် ကယ်တင်တော်မူသောသူ၊ ရွေး ကောက်တော်မူသောသူ၊ ခရစ်တော်၏သတို့သမီးဖြစ်သောသူတို့ အ တွက် ပျက်စီးဖို့ မဖြစ်နိုင်ပါ။ ပညတ်တော်က နည်းလမ်းနှစ်မျိုးနှင့် စကား ပြောနိုင်သည်။ တစ်နည်းမှာ ကျွန်ုပ်တို့သည် စုံလင်ခြင်းရှိရမည်ဖြစ်ပြီး၊ ဒုတိယနည်းမှာ ကျွန်ုပ်တို့သည် ခရစ်တော်ကို ကျွန်ုပ်တို့၏ ကယ်တင် ပိုင်ရှင်အဖြစ် မသိခြင်းဖြစ်သည်။

အပြစ်တရားသည် ကျွန်ုပ်တို့အပေါ် ဆက်လက်၍မအုပ်စိုးနိုင် တော့ပါဟူသောအချက်က ကျွန်ုပ်တို့ကို ဘုရားသခင် လုပ်ဆောင်စေလို သော အရာများကို ဆန့်ကျင်ဘက်ပြုရန်လိုအပ်ကြောင်း ခံစားချက်ကို လည်း ခွင့်မပြုတော့ပါ။ ရလဒ်အနေဖြင့်၊ တစ်ချိန်တုန်းက နာကျင်ခဲ့ပြီး

ရွေးချယ်ရန်မတတ်နိုင်သောအရာသည် ယခုတွင် ကျွန်ုပ်တို့အတွက်
အားရနှစ်သက်စရာ ဖြစ်လာသည်(ဆာလံ၊ ၁၁၂၂)။ အပြစ်ထဲကို တစ်ခါ
ကျရောက်သည်နှင့် ပြန်လည်နလန်ထူနိုင်ဖို့နှင့် ပျော်ရွှင်သောအသက်
တာကို ပြန်ရဖို့၊ နေ့စဉ်အသက်ရှင်မှု၌ နာကျင်ခြင်းများမှခဏတာ ပျော်
ရွှင်ဖို့အတွက်တောင် မလိုအပ်တော့ပါ။ ထိုသို့ဖြစ်မည့်အစား ကျွန်ုပ်တို့
သည် ဘုရားသခင်ကို ချစ်သောစိတ်ပြင်းပြစွာ ကိုးကွယ်ခြင်း၌သော်
လည်းကောင်း၊ ကျွန်ုပ်တို့ကို ချစ်တော်မူသောကြောင့် မည်သို့ကျေးဇူး
တင်ရမည်၊ မည်သို့နာခံရမည်အကြောင်းတို့ကို ပညတ်တရားအားဖြင့်
ကြည့်မြင်စေပါသည် (ရော၊ ၇း ၂၂)။

ကျွန်ုပ်သည် ယနေ့ကြောက်နေသည်မှာ ရိုးသားလွန်းသောသူ၊
ကြီးထွားမှုနေးကွေးသူ၊ ခရစ်ယာန်အသက်တာ၌သက်သေနည်းပါသူ၊
နှုတ်ကပတ်တော်ကို ခေတ်မီသည်ဟု ထင်မှတ်ကာထပ်၍ ဖြည့်ချင်သူတို့
ဖြစ်ပါသည်။

ခရစ်တော်ကို ကျွန်ုပ်ဘဝ၏ အရှင်သခင်အဖြစ် ထားဖို့လိုပါ သလား?

မကြာခဏဆိုသလို တစ်ယောက်သောသူက "ယေရှုကို သင်၏
အသက်တာ၌ ကယ်တင်ရှင်နှင့် အရှင်သခင်အဖြစ်ထားပါ" ဟူသော
စကားဆိုသည်ကို ကြားပေလိမ့်မည်။ ထိုစာပိုဒ်နှင့်ဆန့်ကျင်စွာ ပြောကြား
ချက်ကို ကြည့်မည်ဆိုပါက မည်သို့ဖြစ်မည်နည်း? "ခရစ်တော်သည်
ကျွန်ုပ်တို့အသက်တာ၏ အရှင်သခင်မဟုတ်ဘူးလား?စသည့် အချို့
သော မေးခွန်း၏အကျိုးရလဒ်များ နှလုံးအိမ်ထဲ ရောက်လာသည်။

ကျွန်ုပ်သည် အကယ်၍ သူ့ကို အရှင်သခင်အဖြစ် အသိအမှတ်
မပြုခဲ့လျှင် သူသည် သခင်ဖြစ် နိုင်ပါမည်လော?

- ဒါဝိဒ်သည် ကောင်းကင်သို့ မတက်သေး။ ထိုကြောင့် သူသည်
  သူ့အကြောင်းကို ပြောနေခြင်းမဟုတ်။သူက"သို့ရာတွင် ထာဝရ

ဘုရားက သင်၏ရန်သူတို့ကို သင်၏ခြေတင်ရာ ငါမချထားမီ တိုင်အောင် ငါ့လက်ျာဘက်၌ ထိုင်နေလော့ဟု ငါ့သခင်အား မိန့်တော်မူသည်ဟု ဒါဝိဒ်စကားရှိ၏။ ထိုကြောင့် သင်တို့သည် လက်ဝါးကပ်တိုင်မှာ ကွပ်မျက်သောယေရှုကို ဘုရားသခင်သည် ခရစ်တော်အရာ၌လည်းကောင်း၊အစိုးရသောအရှင်အရာ၌လည်း ကောင်း၊ ခန့်ထားတော်မူသည်အကြောင်းကို ဣသရေလအမျိုး သားအပေါင်းတို့ အတပ်အမှန်သိမှတ်ကြလော့ဟု ပေတရုဟော လေ၏" (တမန်၊ ၂၊ ၃၄-၃၆)။

အကယ်၍ ခရစ်တော်သည် ဘုရားသခင်ဖြစ်လျှင် သူသည် အရှင်သခင်ဖြစ်ကြောင်းကို မေးခွန်းထုတ်ဖို့ ရှိနေသေးသည်။

* "ငါတစ်ပါးတည်းသာ သခင်ဖြစ်၏။ငါမှတစ်ပါးအခြားသော ဘုရား သခင်မရှိ။ သင်သည်ငါ့ကို မသိသော်လည်း သင်၏ခါးကို ငါစည်း ၏။ သို့ဖြစ်၍ ငါမှတစ်ပါး အခြားသော ဘုရားသခင်မရှိ။ ငါတစ်ပါး တည်းသာ သခင်ဖြစ်ကြောင်းကို နေထွက်ရာအရပ်သားနှင့် အ နောက်မျက်နှာသားတို့သည် သိရကြလိမ့်မည်" (ဟေရှာ၊ ၄၅း ၅- ၆)။

အကယ်၍ အကျွန်ုပ်သည် ယေရှုကိုအကျွန်ုပ်၏ သခင်အဖြစ် မထားလျှင် မည်သို့ ဖြစ်မည်နည်း? ဘုရားသခင်၏ အကြံအစည် တော်ကို လွဲချော်စေနိုင်သလော?

* "အဦးမှစ၍ အဆုံးတိုင်အောင်၊ ရှေးကာလမှစ၍ မဖြစ်သေးသော အမှုအရာတို့ကိုလည်းကောင်း၊ ဖော်ပြလျက် ငါ့အကြံတည်လိမ့် မည်။ ငါ့အလိုရှိသမျှကို ပြည့်စုံစေမည်ဟုဆိုလျက်၊ ဝေးသော အရပ် အရှေ့မျက်နှာမှ ငါ၏လက်ထောက်တည်းဟူသော ဌက်ရဲ ကိုခေါ်လျက် ငါသည်ဘုရားသခင်ဖြစ်၏။ ငါနှင့်တူသောသူ မည်

မှုမရှိ။ ငါသည်နှုတ်ထွက်အတိုင်း ပြုမည်။ ကြံသည်အတိုင်း စီရင်မည်"(ဟေရှာ၊ ၄၆း ၁၀-၁၁)။

ဤသို့ဆိုလျှင် သူသည် ကျွန်ုပ်၏အသက်တာ၌ အချုပ်အခြာ(အကြောင်း မွဲ့အုပ်စိုးသူ)ပိုင်သသူ မဟုတ်ဟု ဆိုလိုသလော?

- "လောကဓါတ်မှစ၍ လောကဓါတ်၌ ရှိလေသမျှသောအရာတို့ကို ဖန်ဆင်းတော်မူသော ဘုရားသခင်သည် ကောင်းကင်နှင့် မြေကြီးကို အစိုးရတော်မူသောအရှင်ဖြစ်၍ လူတို့လက်ဖြင့် လုပ်သော ဗိမာန်၌ကျိန်းဝပ်တော်မူသည်မဟုတ်။ ဘုရားသခင်သည် ခပ်သိမ်းသောသူတို့အား ဇိဝအသက်နှင့်တကွ ထွက်သက်ဝင်သက်မှစ၍ ခပ်သိမ်းသောအရာတို့ကို ပေးတော်မူသောအရှင် ဖြစ်၍ တစ်စုံတစ်ခုကို အလိုတော်ရှိသကဲ့သို့ လူတို့လက်ဖြင့် ကျွေးမွေးခြင်းကို ခံတော်မူသည်မဟုတ်။ ဘုရားသခင်သည် မြေတပြင်လုံး၌ နေရသော လူအမျိုးမျိုးတို့ကို တသွေးတည်းနှင့် ဖန်ဆင်းတော်မူ၍ သူတို့အား ခွဲဝေစီမံသောအချိန်ကာလကို လည်းကောင်း၊ သူတို့၏နေရာအပိုင်းအခြားကိုလည်းကောင်း၊ မှတ်သားတော်မူ၏။

  အကြောင်းမူကား၊ လူတို့သည် ဘုရားသခင်ကို ရှာစမ်း သဖြင့် တွေ့ကောင်းတွေ့ကြလိမ့်မည်အကြောင်းတည်း။ သို့ဆို သော်လည်း ဘုရားသခင်သည် ငါတို့တွင် အဘယ်သူနှင့်မျှ ဝေးတော်မူသည်မဟုတ်။ ငါတို့သည် ဘုရားသခင်အားဖြင့် အသက် ရှင်လျက်၊ လှုပ်ရှားလျက်၊ ဖြစ်လျက်ရှိကြ၏။ ထိုသို့နှင့်အညီ သင်တို့တွင် လင်္ကာဆရာအချို့ တို့က ငါတို့သည်ကား နွယ်တော် သားပင်၊ ဘုရားမျိုးပေ၊ ဖြစ်ကြလေဟု စပ်ဆိုသတည်း" (တမန်၊ ၁၇း ၂၄-၂၈)။

ကျွန်ုပ်သည် ယေရှု၏အမှုတော်မြတ်ကို ဆီးတားနှောက်ယှက်သူ ဖြစ်မည်လော?

- (ဟေရှယာ ၄၆)မှာ သူသည် အကြံအစည်တော်ကို အဦးမှစ၍ အဆုံးတိုင်အောင် ပြည့်စုံစေမည်ဟု တွေ့ရုံမျှမက ဖိလိပ္ပိ ၁း ၆ မှာလည်း ဘုရားသခင်သည် သူက အစပြုတော်မူသောအရာကို သူကသာလျှင် အဆုံးသတ်မည်ဟု တွေ့ရသည်။

ခရစ်တော်သည်အရာရာ၌ အဆင်သင့်မရှိသေးသကဲ့သို့ ကျွန်ုပ်ဖြစ် စေသလော?

- ဤအရာက အမှန်တကယ်လား? ခရစ်တော်ကို ကျွန်ုပ်တို့က သခင်ဖြစ်စေသည်၊ မဖြစ်စေဘူးဟူသောအရာထက် သူသည် ကျွန်ုပ်တို့အသက်တာအတွက် သခင်ဖြစ်နေပါပြီ။ ခရစ်တော်ကို ကျွန်ုပ်တို့၏ အသက်တာ၌ အရှင်သခင်အဖြစ် ထားရှိခြင်းသည် အပြစ်ကို မလုပ်ရန်နှင့် ကျွန်ုပ်တို့ အလိုဆန္ဒအတိုင်း အသက်မ ရှင်ရန် စိတ်ချုစေခြင်း ဖြစ်သည်။

သို့သော်ကျွန်ုပ်တို့သည် ခရစ်တော်ကို အရှင်သခင်အဖြစ် ထားရှိ ခြင်းနှင့်ပတ်သက်၍ ဆင်ခြင်ကြည့်ရှုပြီးဖြစ်သည်။ ကျွန်ုပ်တို့သည် သူ့ကို အရှင်သခင်အဖြစ် ထားရှိသည်ဖြစ်စေ၊ မထားရှိသည်ဖြစ်စေ၊ ယေရှုခရစ် တော်အထဲ၌ ရှိသောသူတို့တွင် ပျက်စီးခြင်းသို့ ရောက်မည့်သူ အမှန်မရှိ နိုင်ပါ။ ထို့ကြောင့် ဘုရားသခင်ကို ရိုသေလေးမြတ်သော အသက်တာ ဖြင့် အမြဲအသက်ရှင်စဉ်တွင် ကျွန်ုပ်တို့သည် အမြဲတစေ တိုင်းတာနိုင် ခြင်းမရှိကြောင်းကို သိရှိနားလည်ဖို့ ပြင်ဆင်ထားရပါမည်။ ထိုသို့ ဘုရား

သခင်က ကျွန်ပ်တို့ကို မည်ကဲ့သို့ ဖြစ်စေလိုသည်ကို တိုင်းတာနိုင်ခြင်း မရှိခြင်းက ခရစ်တော်သည် ကျွန်ပ်တို့အသက်တာ၌ အမှန်တကယ် သခင်ဖြစ်သည်ကို သေချာစေသော သင်္ကေတဖြစ်သည်။ ဘုရားသခင်၏ အခမဲ့ကျေးဇူးတော်ကို မခံစားမီ ဘုရားသခင်ဘက်၌ မည်သည့်စိတ်အား ကြီးခြင်းမျှ မရှိနိုင်ပါ။ ယခုမှာအပြစ်လုပ်သောအခါ စိတ်မသာဖြစ်ရ သည်။ ထိုအရာသည် ကျွန်ပ်တို့အပြစ်ကြောင့် သန့်ရှင်းသောဝိညာဉ် တော် ဖော်ပြသော သင်္ကေတဖြစ်သည်။

သွန်သင်ခြင်းနှင့် ကြိုးစားလုပ်ဆောင်ခြင်းအားဖြင့် ခရစ်တော်ကို ကျွန်ပ်တို့၏ အရှင်သခင်အဖြစ်ထားခြင်းသည် ဥပဒေသ၏ ပုံစံတစ်ခုသာ လျှင် ဖြစ်သည်။ ထိုအရာက ကျွန်ပ်တို့ကိုယ်ကို ပညတ်တရားအောက်၌ ထားရှိခြင်းဖြစ်ပြီး ကျွန်ပ်တို့၏ ကြိုးစားလုပ်ဆောင်ခြင်းအားဖြင့် ဘုရား သခင် စိတ်တော်တွေ့ မည်ဟု ထင်မှတ်ကာ ဆက်နွယ်မှုတစ်ခုကို ဖန်တီး လိုက်ခြင်းသာလျှင် ဖြစ်သည်။ သို့သော် ဘုရားသခင်သည် ခရစ်တော်၏ ဖြောင့်မတ်ခြင်းကိုသာလျှင် မြင်ခြင်းဖြစ်သည် (၂ကော၊ ၅း ၂၁ ESV)။ ရှင်ပေါလုက ကျွန်ပ်တို့သည် နက်နဲစွာသော အားနည်းချက်နှင့် ဘုရား သခင်၏ ပြည့်စုံသော ပညတ်တော်ကို နာခံဖို့ပျက်ကွက်ခြင်းတို့ကို ကြည့် နေမည့်အစား ဘုရားသခင်သည် သူ၏ပညတ်တော်ကို စုံလင်အောင် နားထောင်နာခံသော ခရစ်တော်ကိုသာ ကြည့်ခြင်းဖြစ်သည်။ ခရစ်တော် သာလျှင် ဘုရားသခင်၏ စုံလင်ခြင်းစံအတိုင်း နာခံခဲ့ပြီးသော၊ နာခံရဦး မည့် တစ်ပါးတည်းသော ပုဂ္ဂိုလ် ဖြစ်သည်။

ဤအရာများကို ဆင်ခြင်ရာ၌ ထောက်ပြချက်တစ်ခု ရှိသေး သည်။ ကျွန်ပ်တို့သည် အပြစ်ကို ဆက်လက်ကျူးလွန်နေဦးမည်သာ ဖြစ်သော်လည်း ကိစ္စမရှိ။ ထိုသို့ဖြစ်သောကြောင့်သာ ယောဟန်က ၁ယော၊ ၁း ၈ တွင် "ကိုယ်အပြစ်မရှိဟု ငါတို့သည်ဆိုလျှင်၊ ကိုယ်ကို ကိုယ် လှည့်ဖြားကြ၏"ဟု ပြောသွားပါသည်။ သုတ္တံကျမ်း ၄း ၂၃ တွင်လည်း "နှလုံးသည်အသက်၏ အခြေအမြစ်ဖြစ်သောကြောင့်၊ သင်

၏ နလုံးကို အထူးသဖြင့် စောင့်ရှောက်လော့" ဟု ဆိုထားပါသည်။ ပြော
ဆိုလိုသည့်အချက်ကား ကျွန်ုပ်တို့ ပြုသောအမှုသာလျှင် မဟုတ်ဘဲ ပြော
ဆိုလိုက်သောစကားကိုပါ သတိပြုရန် ဖြစ်သည်။ ကျွန်ုပ်တို့ပြောဆို
သော စကားလုံးများသည် ကျွန်ုပ်တို့ စဉ်းစားသောအရာများကိုသာ
ရောင်ပြန်ဟပ်သည်မဟုတ် ကျွန်ုပ်တို့၏ ယုံကြည်ခြင်းကို မကြာခဏ
ရောင်ပြန်ဟပ်ခြင်း ဖြစ်သည်။ ထို့ကြောင့် ကျွန်ုပ်တို့သည် အပြစ်မရှိဟု
ဆိုလျှင် ထိုသို့ပြောဆိုခြင်းသည် နှလုံးသားမှ မြစ်ဖျားခံပြီး ထွက်
ပေါ် လာသောအရာ ဟုတ်ချင်မှ ဟုတ်ပါမည်။ ကျွန်ုပ်တို့၏ အပြစ်မရှိပြီ
ဟူသော ယုံကြည်ခြင်း၏ရလဒ်မှာ အပြစ်မရှိဟု ပြောထွက်ရုံသာမဟုတ်
ဘဲ၊ ကျွန်ုပ်တို့၏ အကြံအစည်နှင့် နှလုံးသားမှာ လိမ်လည်သော အပြစ်ရှိ
နေသည်ကို တွေ့ရသည်။

ကျွန်ုပ်တို့သည် အပြစ်တရား၏အနက်ကို အနည်းငယ်မျှမရှုပ်
ထွေးအောင် ဖြေရှင်းနိုင်သောကြောင့် အပြစ်လုံး(ဝ)မရှိနိုင်ဘဲ ရှိလိမ့်မည် မ
ဟုတ်ပါ။ ထိုစံနှုန်းသည် လူတစ်ယောက်ယောက်အပေါ် ကျွန်ုပ်တို့၏
ကိုးစားခြင်း (သို့) တန်ဖိုးရှိခြင်း (သို့) မြင့်မားသောယူဆချက်တို့ကြောင့်
သတ်မှတ်ခြင်းမဟုတ်ပါ။ ဤစကား၏ အနက်အဓိပ္ပါယ်ကား ဘုရား
သခင်၏စံ၊ ဘုရားသခင်၏သဘောသဘာ(ဝ)ကို မမီခြင်းဖြစ်၍ ဘုရားရှေ့
တော်၌ အသရေပျက်ခြင်း ဖြစ်သည်။

ဘုရားသခင်၏စံသည် ပြည့်စုံခြင်းရှိသည်။ ယေရှုက မကြာမကြာ
ပြောလေ့ရှိသော "ကောင်းမြတ်ခြင်း" (မသဲ၊ ၅း ၄၀-၄၈)ထက်သာ
လွန်နေပါသည်။ သို့ဖြစ်သောကြောင့် သူသည်အမြဲတမ်း ကျွန်ုပ်တို့၏
အရှင်သခင်ဖြစ်သည်ကို နားလည်ရန် အရေးကြီးလှပါသည်။ ဤ၍ကစွဲ၍
ကျွန်ုပ်သည် ခရစ်တော်၏ တပည့်တော်အဖြစ် အသစ်သောအမှတ်
သကေ္တနှင့် ကိုယ်စားအသက်ရှင်သလော၊ သို့မဟုတ် သူ၏သံတမန်
အဖြစ်   လောကမှာအသက်ရှင်နေသလော? ဟူသောအချက်သည်
အရေးကြီးသောအကြောင်းကိစ္စ ဖြစ်နေသည်။ ကျွန်ုပ်တို့သည် ခြေလှမ်း

ကို နောက်သို့လှမ်းနိုင်ပါသည်၊ ကျွန်ုပ်တို့၏ ကျဆုံးခြင်းအတွက် ၀န်ချ တောင်းပန်ရမည်၊ ကျွန်ုပ်တို့သည် မည်သူမည်ပါ ဖြစ်ကြောင်း ကိုယ်တိုင် နိုးဆော်ပြီးမှ သူသည် အမှန်ပင် သခင်ဖြစ်ကြောင်း ၀န်ခံရပါမည်။

ကျွန်ုပ်သည် ကောင်းသောအလုပ်ကို လုပ်ရပါမည်လား?

ရှင်ပေါလုက ဖေက် ၂း ၁၀ တွင် "အဘယ်ကြောင့်နည်းဟူမူကား၊ ငါတို့သည် ကောင်းသောအကျင့်တို့ကို ကျင့်ရမည်အကြောင်း ယေရှု ခရစ်၌ ပြုပြင်၍ ဖန်ဆင်းတော်ရာဖြစ်ကြ၏။ ထိုကောင်း သောအကျင့် တို့၌ ငါတို့သည် ကျင့်လည်ရမည်အကြောင်း ဘုရားသခင်သည် ငါတို့ကို ပြင်ဆင်တော်မူနှင့်ပြီ 'ဟု တွေ့ရသည်။ ထိုနောက် သူက "ထိုအကျင့် တို့သည် ကောင်းသည်သာမက လူတို့၏ အကျိုးကို ပြုစုတတ်သော အကျင့်ဖြစ်ကြ၏" (တိ၊ ၃း ၈)ဟု ပြောထားသည်။ ထို့ကြောင့် မေးခွန်းက ကောင်းသောအကျင့်ကို ကျင့်သင့်သလားဟူ၍ မဟုတ်ဘဲ၊ ကောင်းအ ကျင့်တို့ကို မကျင့်ဘဲနေလျှင်ရလဒ်က မည်သို့ဖြစ်မည်နည်းဟူ၍ ဖြစ်ပါ သည်။

ကျွန်ုပ်တို့သည် လုံလောက်သော အကျင့်ကောင်းကို ကျင့်ခဲ့လျှင် ဤအကြောင်းအရာကို ဆင်ခြင်ရာ၌ အထောက်အထားရှိမည် ဖြစ်သော် လည်း မည်သည့်အထောက်ထားမျှ မရှိချေ။ တစ်နည်းပြောရလျှင် "များ စွာသောအချိန်၌ သင်သည် ကောင်းသောအကျင့်ကို ဘုရားသခင် စိတ် တော်တွေ့အောင် လုံလောက်သောအကျင့် ကျင့်နေပြီလား"။ သို့ပင် ငြားလည်း ကျွန်ုပ်တို့၏ ကျော်လွန်ပြီးသော အသက်တာကို ပြန်ကြည့် မည်ဆိုပါက ကျွန်ုပ်တို့၌ အထောက်အထားအချို့ရှိခဲ့လျှင်လည်း သူများ ၏ အသက်တာကို ဖော်ပြနေစရာမလိုအပ်ပါ။ ကျွန်ုပ်တို့သည် ကိုယ်ကို ကိုယ် မကြာခဏ နှိပ်စက်တတ်ရုံမျှမက အခြားသူများကိုပါ သူတို့သည် စိတ်ကူးသက်သက်ဖြစ်သော လမ်းညွှန်ချက် သက်သေအထောက် အထားများကို အောင်မြင်စွာ လိုက်နာခြင်းရှိမရှိအပေါ် အခြေခံပြီး စစ်

ကြောတတ်ကြသည်။ အကယ်၍ ကျွန်ုပ်တို့ကသော်လည်းကောင်း၊ အခြားသူကသော်လည်းကောင်း မလိုက်နာနိုင်ခဲ့သော် ကျွန်ုပ်တို့သည် ကျွန်ုပ်တို့သာမက အခြားသူတို့၏ ဘုရားသခင်နှင့်ဆက်နွယ်မှုကို မေး ခွန်းထုတ်တတ်ကြသည်။ အကယ်၍ ကျွန်ုပ်တို့ကသော်လည်းကောင်း၊ သူတို့ကသော်လည်းကောင်း ကျ္ဂလမ်းညွှန်ချက် အထောက်အထားများ အတိုင်း လိုက်နာနိုင်ပါက သူတို့သည် အသက်ရှင်သင့်သည့်အတိုင်း အမှန်တကယ်အသက်ရှင်သည်ဟု သတ်မှတ်တတ်ကြသည်။

ဘုရားသခင်၏ နှုတ်ကပတ်တော်က ကောင်းသောအမှုပြုခြင်းနှင့် ပတ်သက်၍ များစွာသော လမ်းညွှန်မှုများ ပေးထားပါသည်။ ထိုအရာများ သည် မည်သည့်အရာနှင့်တူသည်ကိုလည်း ပေးထားသည်။ သို့သော် အရည်အချင်းများကို မည်သည့်အခါ၌မျှ မပေးခဲ့ချေ။ "ကောင်းပြီ၊ သင် သည် ကောင်းသောအမှုကို မရေတွက်နိုင်သော အတိုင်းအတာထိ လုပ်နိုင်သည်မှန်စေတော့။ သင်က ကောင်းသောအမှုကို လုံလောက် အောင်လုပ်ပြီဟု ကောန်အမှန်ပြောလိမ့်မည်"။ လူအများက ထိုသို့ သင် ကြားနိုင်သည်။ ခရစ်တော်သည် ကျ္ဂအရာနှင့်ပတ်သက်၍ ပြောဆိုရာ၌ တန်ခိုးနှင့်ပြည့်ဝခဲ့သည်။ မသဲ၊ ၅း၂၀ လုံလောက်သော ကောင်းမှု (အကျင့်)ကို ကျင့်ရမည်ဟု သွန်သင်သော သူတို့အား - သူတို့ ကျင့်ရန် လိုသေးသည်ဟု မိန့်တော်မူခဲ့သည်။

ကောင်းသောအမှုပြုခြင်းနှင့် ပတ်သက်၍ သွန်သင်ခြင်း၌ ရှောင် ရန်အချို့မှာ -

- ကျွန်ုပ်တို့ကိုယ်ကိုသော်လည်းကောင်း၊ သူများကိုသော်လည်း ကောင်း ဘုရားသခင်ကိုယ်ပိုင်နှင့် ဆက်နွယ်မှုကို ဝေဖန်ခြင်း၊ ကျွန်ုပ်တို့၏ လုပ်ဆောင်မှု၌ ဘုရားသခင်သဘောတူခြင်း၊ မတူ ခြင်း အပါအဝင်ဝေဖန်ခြင်း။ စစ်မှန်သော သမ္မာတရားမှာ ကျွန်ုပ် တို့နှင့် ခမည်းတော်ဘုရား၏ ဆက်နွယ်မှုသည် ကျွန်ုပ်တို့၏ လုပ် ဆောင်မှု၊ မလုပ်ဆောင်မှုတို့အပေါ် မည်သည့် အခါ၌မျှ အခြေခံ

လေ့မရှိပါ။ သို့သော် ယေရှုခရစ်တော်၏ အသွေးတော်အပေါ်
၌သာ အမြဲတမ်း အခြေခံပါသည် (ဟေဗြဲ၊ ၁၀း ၁၉)။

- ဘုရားသခင်သည် စာစောင် သို့မဟုတ် ကျွန်ုပ်တို့ ကောင်းမှုပြု
သော စာရင်းစာအုပ်ကို ထားရှိပြီး တစ်နေ့တွင် ကျွန်ုပ်တို့ ဖြောင့်
မတ်စွာ ပြုသလော၊ မဖြောင့်မတ်စွာ ပြုသလောဟူသောအချက်
များကို စာရင်းအရကျေညာမည် ဖြစ်သည်ဟု အယုံအကြည်
ရှိခြင်း။ ရောမ ၄း ၅ တွင် "သို့သော်လည်း သင်တို့သည် ဘုရား
သခင်ကို အကျင့်အားဖြင့် သင်တို့ကို လက်ခံရန် သွေးဆောင်၍
မရပါ။ ဘုရားသခင်သည် အပြစ်သားများကို လက်ခံတော်မူ၏။
အဘယ်ကြောင့်ဆိုသော် သူ့ကို ယုံကြည်ကြသောကြောင့် ဖြစ်
သည်"။

- ဘုရားသခင်သည် ကျွန်ုပ်တို့၏ ကောင်းသောအမှုပြုခြင်းကို လို
အပ်ပြီး ထိုသို့သောကောင်းမှုမပြုလုပ်ပါက ဘုရားသခင်၏ ကျေး
ဇူးတော်(ချစ်ခြင်း)ကို မခံရဟု ထင်မှတ်နေခြင်းသည်မမှန်ပါ။
ဘုရားသခင်သည် ကျွန်ုပ်တို့ပြုသော ကောင်းမှုများကို မလိုအပ်
ပါ (အလိုမရှိပါ)။ သူသည် ကျွန်ုပ်တို့ထံမှ မည်သည့်အရာကိုမျှ
မလိုအပ်ပါ (အလိုမရှိပါ)။ တမန်တော် ၁၇း ၂၄-၂၅ က "ဘုရား
သခင်သည် လူတို့လက်ဖြင့် လုပ်သော ဗိမာန်တော်၌ ကျိန်းဝပ်
တော်မူသည်မဟုတ်။ ဘုရားသခင်သည် ခပ်သိမ်းသော သူတို့ကို
အား ဇီဝအသက်နှင့်တကွ ထွက်သက်ဝင်သက်မှုစ၍ ခပ်သိမ်း
သောအရာတို့ကို ပေးတော်မူသော အရှင်ဖြစ်၍ တစ်စုံတစ်ခုကို
အလိုတော်ရှိသကဲ့သို့ လူတို့လက်ဖြင့် ကျွေးမွေးခြင်းကို ခံတော်
မူသည်မဟုတ်'ဟု ဖော်ပြထားသည်။ ကျွန်ုပ်တို့ပြုသော ကောင်း
မှုများသည် ဘုရားသခင်အတွက်မဟုတ်၊ ထိုအရာများသည်
သူတစ်ပါးအား လုပ်ကျွေးခြင်းအတွက်သာ ဖြစ်သည်။

- ကျွန်ုပ်တို့ပြုသော ကောင်းသောအမှုများသည် ကျွန်ုပ်တို့က လုပ်နေခြင်းမဟုတ်၊ ကျွန်ုပ်တို့အထဲ၌ ကျိန်းဝပ်တော်မူသော ခရစ်တော် ဖြစ်သည်ဟူသောအချက်ကို နားမလည်ခြင်း (ဖိ၊ ၂း ၁၃)။
- ဘုရားသခင်ကို ရိုသေလေးမြတ်သော အသက်တာဖြင့် အသက်ရှင်လိုသောဆန္ဒရှိခြင်းသည် ကျွန်ုပ်တို့ကို ခရစ်တော်က ပိုင်ပြီဟူ သော အမှတ်လက္ခဏာဖြစ်ကြောင်း နားလည်မှု မရှိခြင်း။
ခရစ်တော်ကို ကျွန်ုပ်တို့၏ ကယ်တင်ပိုင်ရှင်အဖြစ် လက်မခံမီ ကျွန်ုပ်တို့သည် ထိုသို့မတတ်နိုင်ကြ။ ထိုသို့အလိုဆန္ဒလည်း မရှိ ကြ၊ ဘုရားသခင် စိတ်တော်တွေ့အောင် ကောင်းမှုမပြုနိုင်ကြ (ဖော်၊ ၂း ၁-၃)။

ဤအရာများသည် သင်၏ဆောင်ရွက်ခြင်းများ မဟုတ်ပါ။ သို့ သော် ကျွန်ုပ်တို့အား ပေးသနားတော်မူသော ခရစ်တော်၏ လုပ်ဆောင် ချက် များသာလျှင် ဖြစ်ပါသည်။ ဘုရားသခင် စိတ်တော်တွေ့အောင် သင်၏ စွမ်းဆောင်မှု၊ ကုသိုလ်ကောင်းမှု၊ သို့မဟုတ် အခြားသင်လုပ် သောအရာ တစ်ခုခုကြောင့်လည်း မဟုတ်ပါ။

ကျွန်ုပ်တို့သည် ဘုရားသခင်နှင့်ဆက်နွယ်မှုကို ကိုယ်လုပ်သော ကောင်းမှုအပေါ် အခြေမခံပါ။ ဘုရားသခင်က အယောက်စီတိုင်းတို့အား အခမဲ့ပေးခဲ့သော ကျေးဇူးတော်လက်ဆောင်မွန်ကို ကျွန်ုပ်တို့သည် မည် သည့်အရာကိုမျှမလုပ်၊ လုပ်လည်းမလုပ်နိုင်၊ ကျွန်ုပ်တို့လိုအပ်သည်ကို တောင် မသိသောအချိန်၌ ယေရှုခရစ်တော်၏ အသွေးတော်အားဖြင့် မထိုက်မတန်ဘဲ ရွေးဝယ်ခဲ့ခြင်းဖြစ်သည်။ ကျွန်ုပ်တို့သည် ဤကြီးမားလှ သော ကျေးဇူးတော်အတွက် နေ့စဉ်နေ့တိုင်း ကောင်းမွန်သော ရွေးချယ် မှုကို မပြုဘဲ ကျေးဇူးကန်းစွာ အသက်ရှင်ကာ ကျွန်ုပ်တို့အား အခမဲ့ပေး သော ကျေးဇူးတရားကို မတုန့်ပြန်နိုင်ကြပါ(ဖော်၊ ၅း၂)။ ကျွန်ုပ်တို့သည် ထိုကဲ့သို့အသက်ရှင်သောအခါ နတ်ဆိုးတို့ကို ကိုယ်စားပြု ရွေးချယ်ခြင်

းဖြစ်သည်။ ကျွန်ုပ်တို့က သက်တောင့်သက်သာရှိခြင်း၊ လုံခြုံခြင်း၊ တန်ခိုး ရှိခြင်း၊ ဖိမ်ရှိခြင်းနှင့်မျက်နှာသာရခြင်းတို့ကို ရှာဖွေ၍ နေရာပေးသော အခါ ဘုရားသခင်ထက် သေးငယ်သော ဘုရားကို ပြုလုပ်ခြင်းဖြစ်သည်။ ဘုရားသခင်သည် ကရုဏာတော်ကြီးမားလှသောကြောင့် ထိုသို့သော ဆုကျေးဇူးများကို ပေးပါလိမ့်မည်။ သူ၏ အမျက်တော်ရှေ့ ရပ်လျက်နေပါ မူ သူနှင့်ဆက်နွယ်မှု ပြန်လည်တည့်မတ်ရန်အတွက် ခေါ် ဆောင်ခြင်း သာဖြစ်သည်။ ဤသို့လုပ်ဆောင်သောအခါ ကျွန်ုပ်တို့သည် ဘုရား သခင်၏ ဘုန်းတော်ထင်ရှားစေသော အသက်တာရှိလာရုံမျှမက (ကော၊ ၃း ၁၂-၁၄) ဘုရားသခင်၏ ဘုန်းတော်အတွက် သက်သေခံများ ဖြစ် ကြသည်(၁ပေ၊ ၂း၁၂)။ ဤသို့ အသက်ရှင် လုပ်ဆောင်လာသော အခါ အခြားသောသူများကို ကျွန်ုပ်တို့သည် ယေရှုခရစ်တော်ကို ကယ်တင် ပိုင်ရှင်အဖြစ် ရွေးချယ်သောသူများဖြစ်သည်ဟု မြင်နိုင်ရန် ခက်ခဲပါလိမ့် မည်(သု၊ ၂၇း ၁၉)။ အကြီးမားဆုံးသော ဘုရားသခင်၏ ကျေးဇူးတော်ကို တုန့်ပြန်ခြင်းသည် သန့်ရှင်းသော ဝိညာဉ်တော် ကျွန်ုပ်တို့အထဲ၌ ကျိန်း ဝပ်ကာ ဘုရားသခင်၏ တရားတော်၌မွေ့လျော် ခြင်းရှိသောအချိန် ဖြစ်သည်(ဆာလံ၊ ၁၁၂း ၁)။ ကျွန်ုပ်တို့၏ သာသနာနှင့် စိတ်အားထက် သန်မှုတို့သည် ကျွန်ုပ်တို့ ခရစ်တော်ကို သိကျွမ်းခြင်း၊ ဘုရားသခင်၏ ချစ်ခြင်းနှင့်ကျေးဇူးတော်ကို အခြားသူတို့အား ဖော်ပြခြင်း စသည်တို့၌ တွေ့ရသည်။ ကျွန်ုပ်တို့က ကျေးဇူးတော်ဟု နှုတ်ထွက်အားဖြင့် ပြောနေ သော်လည်း အသက်ရှင်လှုပ်မှုက မလိုက်လာဘဲ နောက်သို့ဆုတ်နေ လျှင် ဤနေရာ၌ အယောင်ဆောင်ခြင်းသာ ဖြစ်ပါလိမ့်မည်။ ကျွန်ုပ်တို့ အားလုံးသည် ဘုရားသခင်၏ ချစ်ခြင်းမေတ္တာတော်ကို မည်မျှလောက် နားလည်ကြောင်း အသက်တာအားဖြင့် ထင်ဟပ်စေသောသူများဖြစ် အောင် ဆုတောင်းကြပါစို့။ သို့မှသာအခြားသော သူများက ကျေးဇူး တော်ချီးမွမ်းတတ်သော ကျွန်ုပ်တို့၏ အသက်တာကို မြင်နိုင်ကြလိမ့်မည် ဖြစ်သည်။ တစ်ချိန်တုန်းက အသက်ရှင်မှုနှင့် တစ်ထပ်တည်း အသက်

ရှင်ပြီး ဘဝကိုနှင်စေမည့်အစား၊ အခြားသူများ ထူးခြားစွာ မြင်နိုင်ဖို့ ခရစ်တော် ပြုပြင်ပေးသောအသက်တာနှင့်အသက်ရှင်ခြင်းကို ခွင့်ပြုသင့် ပါသည်။ သူတို့သည် ကျွန်ုပ်တို့ကို မည်သည့်အရာက ပြောင်းလဲစေ သလဲ? ဟူသော အချက်ကို သိချင်ကြပေလိမ့်မည်။ ထိုသို့ ကျွန်ုပ်တို့၏ အသက်ရှင်ခြင်းက သူတို့ကို ချစ်တော်မူသော၊ သူတို့အသက် ပြန်ရှင်နိုင် ဖို့ရန် သူတို့အတွက်အသေခံတော်မူသော ဘုရားသခင်နှင့် ယေရှုခရစ် တော်ကို အမြဲတမ်းမိတ်ဆက်ပေးဖို့ လိုအပ်ပေမည်။

သင်သည် သူထံ၌ အသက်တာကို အပ်နှံခဲ့မည်ဆိုပါ က သူ့ကိုနောက်လိုက်ရန် သူ့ကိုကြိုးစား၍ နာခံပေ လိမ့်မည်။ သို့သော် အသစ်သောနည်းလမ်းတစ်ခု၌ ကြိုးစားအသက်ရှင်လေလေစိုးရိမ်မှုနည်းပါးလေလေ ဖြစ်သည်။ ကယ်တင်ခြင်းအတွက် ၤ၍သို့လုပ် ဆောင် ၍မရပါ။ သို့သော်သူသည် သင့်ကို ကယ်တင်ပြီးသား ဖြစ်သည်။ ကောင်းကင်နိုင်ငံတော်ကို ဝင်ရန်မှာ သင် လုပ်ဆောင်မှု၏ ဆုလာဘ်ကြောင့် မဟုတ်ပါ။ သို့သော် သင်၏နှလုံးသားထဲ၌ ကောင်းကင်နိုင်ငံတော်သည် အသင့်ရရှိပြီ ဖြစ်သောကြောင့် ဖြစ်သည်။

ခရစ်ယာန်ဖြစ်ပြီးသူ၏ အသက်တာအတွက် ပညတ်တရား ၏ရည်ရွယ်ချက်က မည်သည့်အရာနည်း?

ကျွန်ုပ်တို့သည် ကျေးဇူးတော်အကြောင်းကို ဆွေးနွေးနေကြခြင်း ဖြစ်သောကြောင့် ၤ၍မေးခွန်းကို ဆင်ခြင်သုံးသပ်သင့်ပါသည်။ မေးခွန်း မှာ "ပညတ်တရားသည် ကျေးဇူးတရားနှင့် နိုင်းယှဉ်သောအခါ၊ ယခုခရစ် ယာန်ဖြစ်သော ကျွန်ုပ်တို့အသက်တာ၏ မည်သည့်ကဏ္ဍ၌ အလုပ်လုပ် သနည်း? ဟူသော မေးခွန်းဖြစ်သည်။

ကျွန်ပ်တို့သည် အဖေးကိုမသွားမီ ပညတ်တရားနှင့် ကျေးဇူး
တရား၏ အခြေခံနားလည်ခြင်းအချို့ကို အရင်ချရေးကြရအောင်။ သို့မှ
သာ ကျွန်ပ်တို့ ထောက်ပြမည့်အရာများ ပြောပြသောအခါ မည်သို့ဖြစ်
သည်ဟူသော အခြေခံနားလည်သဘောပေါက်မှု ရှိလာမည်ဖြစ်သည်။
ပညတ်တော်သည် ဘုရားသခင်၏ သဘောသဘာဝဖြစ်ပြီး ကျွန်ပ်တို့
အား နှုတ်ကပတ်တော်အားဖြင့် ဖော်ပြသောအရာများ ဖြစ်သည်။ ခရစ်
တော်နှင့်တူမျှသော(ခရစ်တော်အသက်တာ) အသက်တာဖြင့် အသက်
ရှင်နိုင်ရန် ကျွန်ပ်တို့အား ပုံသွင်းပေးသောအရာ ဖြစ်သည်။ ကျေးဇူး
တရားသည် ကျွန်ပ်တို့အား အခမဲ့ပေးသောအရာဖြစ်ပြီး ဘုရားသခင်က
ယခု ကျွန်ပ်တို့ကို ကြည့်ရန်မှန်ပြောင်း ဖြစ်သည်။ သူသည် ကျွန်ပ်တို့ကို
ကြည့်သောအခါ ကျွန်ပ်တို့၏ ကျဆုံးမှု(အားနည်းမှု)မှတစ်ဆင့် ဘုရား
သခင် စိတ်တော်တွေ့စေသောအသက်ရှင်မှု မဟုတ်ဘဲ၊ ခရစ်တော်၏
ပြည့်စုံသော နားထောင်ခြင်းမှတစ်ဆင့် ပညတ်တော်ကို နာခံသောသူ
ဖြစ်ရန် ဖြစ်သည်။

အများက အယူအဆမှားနေကြသည်မှာ ကျွန်ပ်တို့ တစ်ခုမဟုတ်
တစ်ခုလုပ်ဆောင်ရန် သို့မဟုတ်(ပညတ်တော်)ကျင့်သင့်သည် သို့မ
ဟုတ် (ကျေးဇူးတော်) မထိုက်တန်ဘဲ ဘုရားသခင်က မျက်နှာသာပေး
သည်ဟူသောအချက်များဖြစ်ပြီး၊ နှစ်ခုစလုံး မဟုတ်ပါ။ တစ်နည်းအား
ဖြင့် ပြောမည်ဆိုပါက ဤအရာသည် ဘုရားသခင်၏ကျေးဇူးတော် သက်
သက်ကြောင့်သာ ဖြစ်သည်။ အပေါ်က ဖော်ပြသော ပထမအချက်ကို
စွဲကိုင်သူများသည် ဘုရားသခင်၏ ပညတ်တော်အတိုင်း ကျင့်ရမည်ဟု
တိုက် တွန်းသူများဖြစ်ပြီးရလဒ်အားဖြင့် သူတို့က ဥပဒေသဖြင့် အသက်
ရှင်ခြင်းသို့ တွန်းချကြသည်။ သို့တည်းမဟုတ်၊ နှုတ်ကပတ်တော်ကို
အသုံးပြုပြီး အခြားသူများနှိပ်စက်ကြသည်။ အခြားတစ်ဖက်က ပြော
သည်မှာ ဤအရာသည် ဘုရားသခင်၏ ကျေးဇူးတော်သက်သက် ဖြစ်သ
ဖြင့် ပညတ်တရားသွန် သင်ချက်ကို ငြင်းဆန်ကြသည်။ ဤသို့သော

သွန်သင်ချက်က လွတ်လပ်စွာအသက်ရှင်ခြင်း၊ စိတ်ကြိုက်အသက်ရှင်
ခြင်းရလဒ်ကို ဖြစ်စေသည်။ ဤနှစ်ခုစလုံးဖြင့် အသက်ရှင်ခြင်းမှာ မှား
ယွင်းပါသည်။

အခြားအမှားတစ်ခုမှာ ဘုရားသခင်၏ ပညတ်တရားနှင့် ကျေးဇူး
တရားကို ရောသမမွှေပြီး သွန်သင်ခြင်း ဖြစ်သည်။ အောင်မြင်မှုတစ်ခု
နှင့်အတူ ကျွန်ုပ်တို့အသက်ရှင်နိုင်ရန် ဘုရားသခင်၏ ပညတ်တရား
စံနှုန်းကို ပို၍မြှင့်စေတတ်ကြသည်။ ဤသွန်သင်ချက်ကို မကြာခဏ
ဆိုသလို ကိုယ်ကျင့်တရားဂါဒီများအား ကိုးကားပြောဆိုတတ်ကြသည်။
ထို့ကြောင့် ပညတ်တရားက အမြဲတမ်းတောင်းဆိုနေသည်မှာ လုံး(၊)
ညသုံစုံလင်ခြင်းတည်းဟူသော ဘုရားသခင်၏ သဘောသဘာ၀ကို
ကိုယ်စားပြုသော ပြည့်စုံခြင်း ဖြစ်သည်။ ပညတ်တရားသည် ဘုရား
သခင်အကြောင်းကို ပြောပြသောအရာမဟုတ်ကြောင်း သို့မဟုတ်
သူ၏ဘဘောသဘာ၀ကို ပြောပြခြင်းသာဖြစ်ကြောင်း ကျွန်ုပ်တို့သည်
အဆုံး၌ သိသောအခါ အပေါင်းအသင်းများနှင့် မည်သို့အသက်ရှင်ပြီး၊
အခြားသူများအား ပျော်ရွှင်စွာ အသက်ရှင်နိုင်ရန် အထောက်အကူပြု
သောအရာ ဖြစ်လာသည်။ ဤသို့ဖြစ်ပျက်သောအခါ ကျေးဇူးတရား
သည် ထိုသို့လုပ်ဆောင်ရန် ပျက်ကွက်သည့်အချိန်၌ ကျွန်ုပ်တို့ကို သတိ
ပေးသောအရာ ဖြစ်လာသည်။ ဥပမာအဖြစ်၊ ထိုသို့သော အခြေအနေ
မျိုး၌ တစ်ယောက်သောသူက "သင်သည် မည်သို့ဖြစ်ပြီး ဘုရား သခင်၏
ကျေးဇူးတော်နှင့်တကွ တာ၀န်မဲ့စွာ နေနိုင်သနည်း? ဟူသော မေးခွန်းကို
ကြားကောင်း ကြားပေ လိမ့်မည်။ တစ်ယောက်သူ ကြားသောမေးခွန်း၏
အဖြေမှာ ရိုးရိုးလေးပင် ဖြစ်ပါသည်။ "မကူညီနိုင်သောကြောင့် ကျွန်ုပ်
သည် ကျေးဇူးတော်ကို လိုအပ်ခြင်းဖြစ်သည်။ ကျွန်ုပ်သည် သူ၏ စုံလင်
သော ပညတ်တရားကို အမြဲမနာခံနိုင်သူ ဖြစ်သည်။ သင်သည်လည်း
ထိုအတိုင်းပင် မဟုတ်ပါလော?" ဘုရားသခင်၏ ပညတ်တရားသည်
ဘုရားသခင်၏ ပြည့်စုံသောသဘာ၀ကို အမြဲဖော်ပြပြီး ကျေးဇူးတော်

သည် အမြဲတမ်းကြီးနိုင်ငယ်သွင်းမလုပ်ပါ။ ကျွန်ုပ်ခုကို ရောသမဝွေသည့် အခါတိုင်း၌ ဘုရားသခင်၏ စုံလင်သော ပညတ်တရားကို ပျော့ပျောင်း စေခြင်းဖြင့် အဆုံးသတ်ခဲ့သလို၊ အံ့ဖွယ်ဖြစ်သော ကျေးဇူးတော်ကိုလည်း အားနည်းစေပါသည်။

ကျေးဇူးတော်သည် မျက်လှည့်နံပါတ်ကဲ့သို့ နံပါတ်"၁မှ၁၀"အထိ စီထားခြင်းမဟုတ်ပါ။ နံပါတ် "၁ မှ ၅" အထိသည် ကျေးဇူးတော်ဖြစ်ပြီး၊ ကျန်နံပါတ်များသည်လည်း ကျေးဇူးတော်နံပါတ်များ ထပ်ပေါင်းထည့် ခြင်း ဖြစ်သည်။ လူအချို့က ထပ်မံပေါင်းထည့်ခြင်းအားဖြင့် ချိန်ခွင်လျှာ ညှိဖို့၊ တည့်တံ့စေဖို့၊ ထိန်းသိမ်းဖို့ ကြိုးစားကြသည်။ ကျေးဇူးတော်သည် မတရားသဖြင့်မလုပ်ကြောင်း၊ တာဖန်မဲ့ ကိုင်တွယ်ခြင်း မပြုကြောင်း သေချာစေဖို့ လုပ်ကြသည်။ သို့မဟုတ်ပါက အခြားသောအခြေအနေ အရပ်ရပ်မှ ကျေးဇူးတရားကို တိုက်ခိုက်နိုင်ကြသည်။ အကယ်၍ မျက် လှည့်ဆန်ဆန် နံပါတ် "၁ မှ ၁၀" ထိ၊ နံပါတ်စဉ်တိုင်း၌ ကျေးဇူးတော် ဟူသော (Grace 'G') အက္ခရာအကြီးကို ထည့်ပေးကြလိမ့် မည်။ "G" အက္ခရာသည် ကျေးဇူးတော်ကို ကိုယ်စားပြုနေချိန်မှာ မည်သည့် စကား လုံးမျှ ပေါင်းထည့် မရတော့ပါ။

ကျေးဇူးတော်သည် မျိုးစေ့သာမက ကျေးဇူးတရား၌ ကျွန်ုပ်တို့ လျှောက်လှမ်းနိုင်ရန်အတွက် ကောင်းသော မြေသြဇာလည်း ဖြစ်သည်။ ကျွန်ုပ်တို့ တရားတော်အတိုင်း အသက်ရှင်နိုင်ရန်ခွန်အားပေးသောအရာ လည်း ဖြစ်သည်။

အချို့သောသူများက "ကျေးဇူးတရားအကြောင်းကို နောင်တ မပါဘဲ ရှင်သည်ဟု သွန်သင်ခြင်းသည် မှားယွင်းခြင်း၊ ကျေးဇူးတရား ကို အလွဲသုံးခြင်းနှင့် ခရစ်ယာန်အသက်တာပျင်းရိစေခြင်း တို့ကို ဖြစ်ပေါ် စေသောအရာ ဖြစ်သောကြောင့် ယခုကဲ့သို့ သွန်သင်၍မရ"ဟု ဆိုကြ လိမ့်မည်။ အချို့သောသူများက "ကျွန်ုပ်တို့သည် ကျေးဇူးတရားနှင့်အတူ လုပ်ဆောင်ရန်တာဖန်ရှိသည်"ဟု ချက်ချင်း ထောက်ပြကြသည်။

ဤသွန်သင်ချက်မှန်ကန်ခဲ့လျှင် ကျေးဇူးတရားကို ပညတ်တရားနှင့်အတူ ပြောင်း ပြန်သင်ကြားပေးရန် မဟုတ်ပါ။ အကြောင်းမှာ အထက်ဖော်ပြ ချက်အားလုံးသည် မှန်သောအကြောင်းပြချက် တကယ်မဟုတ်ခဲ့သော ကြောင့် ဖြစ်သည်။ အမှန်တရားအတွက် အောက်ပါမှန်ကန်သောအချက် များကို နှလုံးသားထဲမှ အမြဲမှတ်ထားသင့်ပါသည်။

၁) ကျွန်ုပ်တို့သည် ကျေးဇူးတရားကို ချိန်ခွင်ညှိ၍မရပါ။

၂) ကျွန်ုပ်တို့သည် မိမိကိုယ်တိုင် ကျေးဇူးတရားနှင့် ထိုက်တန် သူအဖြစ် မည်သည့်အခါ၌မျှ မလုပ်သင့်ပါ။

၃) ကျွန်ုပ်တို့သည် ဘုရားသခင်နှင့် ဆက်နွှယ်မှု၌ ကျေးဇူး တရားကို ပြုပြင်၍သော်လည်းကောင်း၊ ထိန်းသိမ်း၍သော် လည်းကောင်း မရပါ။ ကျေးဇူးတရားသည် ၁၀၀% သူလုပ် ပေးသောအရာ ဖြစ်သည်။

၄) ကျွန်ုပ်တို့သည် ဘုရားသခင်၏ကျေးဇူးတော်ကို အမြဲတစေ အလွဲသုံးနေကြသည်။

၅) ကျွန်ုပ်တို့သည် ကျေးဇူးတရားကို အလွဲသုံးကြသည်။ ဤနေရာ၌ တစ်ယောက်မျှ သန့်ရှင်းသူ မရှိပါ။

၆)။ ကျွန်ုပ်တို့အားလုံးသည် ပျင်းရိသော ခရစ်ယာန်များဖြစ်ကြ သည်။ စိတ်ဓါတ်ပြင်းပြသောသူ၊ ဖြောင့်မတ်သောကျွန်ုပ်တို့ အားလုံးသည်ပင် ပျင်းရိသော ခရစ်ယာန်များ ဖြစ်ကြသည်။

၇) ကျေးဇူးတရားကို အထူးသဖြင့် တာ၀န်မဲ့ဖြစ်စေသောသူက ကျွန်ုပ်တို့သွားကို တိုက်ရာသကဲ့သို့ ကျွန်ုပ်တို့ကို စိုက်ကြည့် တတ်သည်။

ထိုသို့ဆိုသော် ပညတ်တရားနှင့် ကျေးဇူးတရားသည် တစ်ခုနှင့် တစ်ခု ဆန့်ကျင်သည်ဟု ဆိုလိုခြင်းမဟုတ်ပါ။ သို့သော် သူတို့၌ဆန့်ကျင် ဘက်ဖြစ်သော ရည်ရွယ်ချက်ရှိကြသည်။ ပညတ်တရားက ကျွန်ုပ်တို့ကို

ဘုရားသခင် စိတ်တော်နှင့်တွေ့ သော အသက်တာကောင်းကို မလုပ်ပေး
နိုင်ပါ။ သို့မဟုတ် ဖြောင့်မတ်ခြင်းအားဖြင့် ဘုရားသခင်ရှေ့တော်၌ ဆက်
သပြီးသူ သို့မဟုတ် ဘုရားသခင်ကို အားရစေသော အသက်တာတို့ကို
လည်း မလုပ်ပေးနိုင်ပါ။ ထိုသို့လုပ်ပေးနိုင်သူမှာ ကျေးဇူးတော်အား ဖြင့်
သန့်ရှင်းသော ဝိညာဉ်တော်၏ အလုပ်ဖြစ်ပါသည်။ အမှန်တရားကို ပြော
မည်ဆိုပါက ကျွန်ုပ်တို့အားလုံးသည်နေ့တိုင်း ကျေးဇူးတရားမပါဘဲ
ပညတ် တရားနှင့်သာ အသက်ရှင်နေကြခြင်းဖြစ်ပါသည်။ ထို့ကြောင့်
ကျွန်ုပ်တို့သည် ဖြည်းဖြည်းသေရကြမည်သာမက ကျွန်ုပ်တို့ အနီးအပါးရှိ
အခြားသောသူများကိုပင် လျင်မြန်စွာ သတ်ဖြတ်ကြပေလိမ့်မည်
(၂ကော၊ ၃း ၆)။

ဤနေရာ၌ ရှင်ပေါလုက ပြောနေသောအရာသည် အသက်တာ
၏အမှန်ကို ဖော်ပြသွားပါသလား။ ဤအရာသည် လူများအား မည်သို့
သော ကောင်းမှု၊ မကောင်းမှုများ ပြုလျက်ရှိသည်ကို စောင့်ကြည့်ပြီး မိမိ
တို့ကိုယ်တိုင် တရားစီရင်တတ်သော အသက်တာဖြစ်သည်။ သူတို့က
ဘုရားသခင်၏ စံကို ပညတ်တရားကျင့်ခြင်းအားဖြင့် မှီနိုင်သည်ဟု ကြွေး
ကြော်သူများ ဖြစ်ကြသည်။ ရလဒ်အားဖြင့် သူတို့အသက်တာသည် ပို၍
ခက်ထန်ခြင်းနှင့် ကိုယ်တိုင်လိုအပ်မှု ပိုများလာခြင်းတို့ကြုံတွေ့ကြ
သည်။ သူတို့ကို အုပ်စိုးသောအရာကို စီစစ်သောအခါ ကျမ်းစာ၌ သူတို့
ယုံကြည်သောအရာများသည် သူတို့ လုပ်ဆောင်ရမည့်အရာများသာ
ဖြစ်နေသည်။ (ငါတို့ ဤအရာအားလုံး လုပ်ပြီးပြီ)။ ပို၍ကြိုးစားလေတိုင်း
အသက်တာကျဆင်းမှု ပို၍များလေလေဖြစ်ကာ၊ စိတ်ခံစားမှုပိုများ
လေလေ ဖြစ်သည်။ ကျွန်ုပ်တို့ ကိုယ်တိုင်က တင်းကျပ်သောစံကိုထားပြီး
အခြားသူတို့အား လိုက်နာစေခြင်းသည် ကျွန်ုပ်တို့ကိုယ်တိုင် ကျဆင်း
(ဆုံးရှုံး)ခြင်း ဖြစ်သည်။ ကျွန်ုပ်တို့၏အသက်တာအမှန်သည် ကျဆုံး
သောသူများ ဖြစ်ကြသော်လည်း အထက်ကနစ်ခုစလုံးကို လိုက်နာခြင်း
ဖြင့် ကောင်းမွန်စွာနာခံသောသူများဖြစ်လိုကြသည်။ ရှင်ယာကုပ်က

ဂါ့ကြားခြင်းနှင့် ပတ်သက်၍ "ထောင်လွှားစော်ကားသောသူတို့ကို ဘုရား
သခင် ဆီးတားတော်မူ၏။ စိတ်နှိမ့်ချသောသူတို့အား ကျေးဇူးပြုတော်မူ
၏" (ယာ၊ ၄း ၆)ဟု ပြောပါသည်။ ဆိုလိုသည်မှာ ကျေးဇူးတော်ကို သာ၍
ခံစားစေခြင်းမဟုတ်ဘဲ၊ လိုအပ်သမျှကို ကျေးဇူးပြုတော်မူသည်ဟု ဆိုလို
သည်။ တင်းကျပ်လှသော ပညတ်ချက်များကို ကြိုးစားကျင့်ကြံခြင်း
အားဖြင့် ဘုရားသခင်၏ စိတ်တော်တွေ့ရန် လုပ်ဆောင်ခြင်းကို ရပ်တန့်
သွားသည့်အချိန်မှာ ဘုရားသခင်၏ခွန်အား (ကျေးဇူးတော်)အားဖြင့်
သာ၍အသက်ရှင်နိုင်သည်။ ဘုရားသခင် တောင်းဆိုထားသောအရာများ
ကို ခရစ်တော်အားဖြင့်သာလျှင် အားလုံးပြည့်စုံနိုင်သည်။ ကျွန်ုပ်တို့သည်
ဟန်ဆောင်ခြင်းကို ရပ်တန့်လိုက်သောအခါ ဘုရားသခင်က ကျွန်ုပ်တို့
အသက်တာ၌ ဖြစ်စေလိုသောအရာများကို ကျေးဇူးတော်အားဖြင့် တတ်
နိုင်စေသည် (၂တိ၊ ၂း ၁-၄)။ ထို့နောက် သူ၏ဘုန်းတော်၊ ကျေးဇူးတော်
နှင့် မေတ္တာတော်တို့ကို ထင်ဟပ်စေသော အသက်တာဖြင့် အသက်ရှင်
လာနိုင်သည်(ကော၊ ၁း ၁-၄)။ ဘုရားသခင်က လုပ်ဆောင်ရန် (ပညတ်
တော်) တောင်းဆိုထားသည်များကို ကြည့်ခြင်းဖြင့် ဆက်လက်ကြိုးစား
လုပ်ဆောင်မည်ဆိုပါက ကိုယ့်ကိုကိုယ် လက်တွေ့မကျသောအသက်
တာ၌ ချထားရှိသာမက သူများကိုလည်း ဤအတိုင်း အသက်ရှင်စေ
သည်။ ကျွန်ုပ်တို့သည် သူတစ်ပါးကို ဘုရားသခင်၏ ကျေးဇူးကရုဏာ
တော်အားဖြင့် အသက်ရှင်ရန် လမ်းပြမည့်အစား သူတစ်ပါး၏ အသက်
ရှင်မှုကို ကြည့်ပြီး စစ်ကြောစီရင်သူများ ဖြစ်လာကြသည်။ (ကျွန်ုပ်တို့
အားလုံးသည် ဤကဲ့သို့သော အပြစ်များကိုလည်း ကျူးလွန်ကြသည်)
ဤသို့ သောအသက်ရှင်ခြင်းသည် ပညတ်တရားအားဖြင့် အသက်ရှင်
ခြင်းဖြစ်ပြီး သူတစ်ပါးကိုလည်း ထိုကဲ့သို့ အသက်ရှင်စေသည်။ ထိုသို့
အသက်ရှင်ခြင်းသည် စိတ်ခံစားချက်၊ ဘာသာရေးနှင့် ကျွန်ုပ်တို့သာမ
က အခြားသူများပါ သေခြင်းသို့ အမြဲရောက်စေသည်။ ကျေးဇူးတော်
အားဖြင့် အသက်ရှင်ခြင်းကို လေ့လာခြင်းသည် တစ်ချိန်တုန်းက ဘုရား

သခင်၏ ရန်သူအဖြစ်အသက်ရှင်ခြင်းနှင့် ထိုအချိန်၌ ကျွန်ုပ်တို့ကို ကျွန်ုပ်
တို့ ဖြောင့်မတ်အောင် မည်သို့မျှလုပ်၍မရသည်ကို ခဏခဏရောင်ပြန်
ဟပ်စေသည်။ ဘုရားသခင်၏ စိတ်တော်ကို တွေ့စေသောအသက်တာ၊
ဘုရားသခင်၏ စံကိုမီသောအသက်တာဖြင့် အသက်မရှင်နိုင်ခဲ့ပါ။ သို့
သော်လည်း ဘုရားသခင်သည် ကျွန်ုပ်တို့ကို သည်းခံပြီး ဆက်လက်ချစ်
နေပါသည်။ ထို့ကြောင့် ကျွန်ုပ်တို့ကို အနိုင်အထက် သွေးဆောင်ပြီး
ယေရှုခရစ်တော်အားဖြင့် သူနှင့်ပြန်လည် ဆက်နွယ်စေခဲ့ပါသည်။ ကျွန်ုပ်
တို့သည် ပို၍စိတ်အားကြီးဖြင့် သူ၏ချစ်ခြင်းကို တုန့်ပြန်လေလေ၊ ကျွန်ုပ်
တို့၏အထဲတွင် ဘုရားသခင်၏ချစ်ခြင်းမေတ္တာ ပို၍များလေလေ ဖြစ်
သည်။ ထို့နောက် ကျွန်ုပ်တို့ သူများထံမှ သူတို့မရနိုင်သော စုံလင်ခြင်းကို
မျှော်လင့်နေမည့်အစား ဘုရားသခင်၏ ကျေးဇူးတော်၌ အသက်ရှင်ဖို့
ပြသရန် စိတ်ဆန္ဒကို ပြုပြင်ပေးသည်။ ဤအရာက ဘုရားသခင်၏ ချစ်
ခြင်းမေတ္တာကို အမြဲထုတ်ဖော်သည်။ ဤနည်းလမ်းဖြင့် သူတစ်ပါးကို
မေတ္တာပြုခြင်းသည် ပညတ်တရားအတိုင်း အသက်ရှင်ရန် တိုက်တွန်း
နေခြင်းထက် သာ၍များစွာအမြဲကောင်းမြတ်သောအရာ ဖြစ်ပါသည်။
ဤအရာက ဘုရားသခင်သည် မည်မျှလောက် ကောင်းမြတ်ပြီး၊ သူတို့ကို
မည်မျှလောက် ချစ်တော်မူကြောင်းနှင့် ထာဝရအသက်ကို ယူဆောင်ပေး
သောသူဖြစ်ကြောင်း သူတို့သိရှိရန် ကူညီပေးသောအရာလည်း ဖြစ်
သည်။

ရှင်ပေါလုက ရောမ ၄း ၉-၁၅ တွင် အာဗြဟံသည် သူ၏အရေ
ဖျားလှီးခြင်းအတွက်ကြောင့် ဖြောင့်မတ်သောသူအဖြစ် မှတ်တော်မူသည်
မဟုတ်ဘဲ၊ အရေဖျားမလှီးမီကတည်းက ဖြောင့်မတ်သူ ဖြစ်သည်ဟု
ပြောပါသည်။ အဘယ်ကြောင့်ဆိုသော် ပညတ်တရားသည် အမျက်
တော်ကိုသာ ယူဆောင်ပေးပြီး၊ ယုံကြည်ခြင်းသည် ဖြောင့်မတ်ခြင်းကို
ယူဆောင်ပေးသောကြောင့် ဖြစ်သည်။ ဂလာတိ ၂း ၂၁ ၌လည်း ရှင်ပေါ

လုက "*ပညတ်တရားက ဖြောင့်မတ်ခြင်းကို ယူဆောင်ပေးနိုင်လျှင် ခရစ်တော်သည် အချည်းနှီးအသေခံတော်မူပြီ*"ဟု ထပ်မံပြောပါသည်။

ပညတ်တရားက ကျွန်ုပ်တို့သည်ဘုရားသခင်၏သဘောသဘာဝနှင့် စုံလင်ခြင်းမှ မည်မျှလောက်ဝေးကွာကြပြီ၊ အမျက်တော်ရှကြပြီ ဟူသောအရာကို သတိပေးသည်။ အဘယ်ကြောင့်ဆိုသော် ကျွန်ုပ်တို့သည် ကျင့်ကြံသော်လည်း အမျက်တော်နှင့်ထိုက်တန်၍ နေသည်။ ပညတ်တရားကို စောင့်ထိန်းနိုင်သောကြောင့် ကျွန်ုပ်တို့သည် ဖြောင့်မတ်သောသူအဖြစ် သတ်မှတ်ခြင်းမခံရပါ။ အာဗြဟံသည်လည်း မေရှိယကြွလာမည်ဟူသည်ကို ယုံသောကြောင့်သာ ဖြောင့်မတ်သူအဖြစ် သတ်မှတ်ခြင်းခံရခြင်း ဖြစ်သည်။ ကျွန်ုပ်တို့သည် ဘုရားသခင်ရှေ့တော်၌ ကျွန်ုပ်တို့၏ လုပ်ဆောင်ခြင်းအားဖြင့်သာ ဖြောင့်မတ်ရာသို့ရောက်မည်ဆိုလျှင် ခရစ်တော်အသေခံခြင်းသည် အချည်းနှီးဖြစ်ပေမည်။

ပညတ်တရားက ဘုရားသခင်၏ ပြည့်စုံခြင်းကို ပြောပြလေလေ ဘုရားသခင်၏ စုံလင်ပြည့်စုံခြင်း ပစ်မှတ်နှင့် လွဲချော်လေလေ ဖြစ်သည်။ ပညတ်တရားသည် ကျွန်ုပ်တို့၏ ကျဆင်းနေခြင်းကို သတိပေးသော အရာ ဖြစ်သည်။ ထို့နောက် ပညတ်တရားက ကျွန်ုပ်တို့သည် ပြောင်းလဲရန်လိုအပ်ကြောင်းကိုပြောပြပြီး ကျွန်ုပ်တို့ ပြောင်းလဲခြင်းသည်မည်သည့်အရာနှင့်တူသည်ကို ပြသပေးသည်။အသက်တာကို ပြောင်းလဲပေးသောသူသည် ကျေးဇူးတော်သာလျှင် ဖြစ်သည်။ ကျေးဇူးတော်အားဖြင့်သာ ပညတ်တရားက ခိုင်းစေသည့်အတိုင်း အသက်ရှင်နိုင်ခြင်း ဖြစ်သည်။ ၂ကော၊ ၉း ၈ တွင် "ကျွန်ုပ်တို့သည် ကောင်းသောအမှုအမျိုးမျိုးကို ပြုနိုင်ဖို့ရန် ဘုရားသခင်သည် ကျွန်ုပ်တို့အား ကျေးဇူးတော်ကို ပေးကမ်းပြီ" ဟု တွေ့ရသည်။

အကယ်၍ တစ်ယောက်သောသူကို "ကျွန်ုပ်တို့သည် ပညတ်တရားအောက်၌ ရှိပါသလား?"ဟု မေးလျှင်၊ အဖြေမှာ "ဟုတ်ပါသည်" ဟူ၍ ဖြစ်သည်။ ပညတ်တရားသည် အသက်ရှင်ခြင်းကို မည်သည့်အခါ၌

မှု မယူဆောင်နိုင်သောကြောင့် ဖြစ်သည်။ ဘုရားသခင်က ကျွန်ုပ်တို့သည် လူသားဖြစ်သည်ကို သိတော်မူ၍ (ဆာလံ ၁၀၃း ၄) ထို့ကြောင့် ကျွန်ုပ်တို့သည် အစဉ်အမြဲ ကျဆုံးနေမည်သာ ဖြစ်သည်။ ကျွန်ုပ်တို့သည် ပညတ်တရားအောက်၌ ရှိကြသည်။ အဘယ်ကြောင့်ဆိုသော် ပညတ်တရား၏ မူလရည်ရွယ်ချက်ဖြစ်သော ကျွန်ုပ်တို့၌ လိုအပ်လျက်ရှိသော ကျေးဇူးတရားကို ညွှန်ပြပေးရန် ဖြစ်သည်။ ထိုကျေးဇူးတရားကြောင့် ကျွန်ုပ်တို့ ဖြောင့်မတ်သောအသက်တာ၌ ကျင်လည်နိုင်ဖို့ရန် နံနက်တိုင်း ကရုဏာတော်အသစ်(မြည်တမ်း ၃း ၂၂-၂၃) ခံစားရကြသည်။

> ကလေးတစ်ယောက် ကျောင်းကားနှင့်သွားရန် ပြောပြနေသော မိဘကိုမြင်ယောင် ကြည့်ပါ။ မိဘက ကလေးကို မှန်သောလမ်းအကြောင်းကို ပြသကာ ရှင်းပြနေသည်။ သို့သော် မှားသောလမ်းသို့ ရောက်သည့်တိုင်အောင် ကလေးက ကျောင်းကားထဲမှာရှိနေသည်။ မိဘသည် ပညတ်တရားဖြစ်ပြီး ကျောင်းကားသည် ကျေးဇူးတရားဖြစ်သည်။ သင်သည် ကျောင်းကားထဲမှာရှိနေသော ကလေးဖြစ်သည်။

ကျွန်ုပ်သည် ဖြောင့်မတ်စွာ အသက်မရှင်ခဲ့၊ ဆိုးဆိုးရွားရွား အသက်ရှင်မိသည်။ ဘုရားသခင်က ခွင့်လွှတ်နိုင်မလား? ခွင့်လွှတ်အုံးမှာလား?

ကျွန်ုပ်တို့အားလုံး ဖြောင့်မတ်စွာ အသက်မရှင်ကြပါ။ ထို့ကြောင့် ကျွန်ုပ်တို့အားလုံး ဘုရားသခင်ကို မကြာခဏချဉ်းကပ်ပြီး မိမိအပြစ်များ ဝန်ချတောင်းပန်ရန် လိုအပ်သည်။

"ကိုယ်အပြစ်မရှိဟု ငါတို့သည်ဆိုလျှင် ကိုယ့်ကိုကိုယ် လှည့်ဖြားကြ၏။ ငါတို့၌ သစ္စာတရားမရှိ။ ကိုယ်အပြစ် တို့ကို ဖော်ပြတောင်းပန်လျှင် ငါတို့အပြစ်များကိုလွှတ် ၍ဒုစရိုက်ရှိသမျှနှင့် ကင်းစင်စေခြင်းငှါ ဘုရားသခင် သည် သစ္စာတရားနှင့်လည်းကောင်း၊ ဖြောင့်မတ်ခြင်း တရား နှင့်လည်းကောင်း ပြည့်စုံတော်မူ၏" (၁ယော၊ ၁း ၈-၉)။

"အကြောင်းမူကား ထိုပါရမီတို့သည် သင်တို့ရှိ၍ကြွယ် ၀လျှင် ငါတို့သခင်ယေရှုခရစ်ကို သိကျွမ်းခြင်း၌ မပျင်း မရိစေခြင်းငှါလည်းကောင်း၊ အကျိုးမဲ့မဖြစ်စေခြင်းငှါ လည်းကောင်း၊ ပြုပြင်တတ်ကြ၏" (၂ပေ၊ ၁း ၈)။

မှန်ပါသည်။ ဘုရားသခင်က ကျွန်ုပ်တို့၏ အပြစ်ရှိသမျှကို ခွင့် လွှတ်တော်မူပြီး၊ ကျွန်ုပ်တို့ဘက်က သူ၏ခွင့်လွှတ်ခြင်းကို လက်ခံမည့် အ ချိန်ကို စောင့်မျှော်နေပါသည်။

ဘုရားသခင်သည် သူ၏ကျေးဇူးတော်ကို ရရှိရန်တစ်ခုခုလုပ်ဖို့ စောင့်မျှော်၍ မနေပါ။ သူ၏ခွင့်လွှတ်ခြင်းအတွက် ကျွန်ုပ်တို့သည် အပြစ် ဒါဏ်၊ ပင်ပန်းစွာချွေးထွက်ခြင်း သို့မဟုတ် လျှောတေအ၀တ်၀တ်ခြင်း နှင့်ပြာကို ခေါင်းပေါ် တင်ခြင်းတို့ လုပ်ရန်မလိုအပ်တော့ပါ။

ဘုရားသခင်တောင်းဆိုသောအရာမှာ ကျွန်ုပ်တို့၏ နှလုံးသားထဲ က ပြောင်းလဲခြင်းနှင့် အပြစ်များခွင့်လွှတ်ရန် ရိုးရိုးလေးတောင်းပန်ခြင်း သာ ဖြစ်ပါသည်။ ကျွန်ုပ်တို့သည် ကားတိုင်အားဖြင့် ခွင့်လွှတ်ပြီးပြီ ဖြစ်သော သူ၏ခွင့်လွှတ်ခြင်းကို လက်ခံရန်သာ ဖြစ်ပါသည်။

ယေရှုခရစ်တော် ကားတိုင်၌အသေခံသောအချိန်၌ ကျွန်ုပ်တို့ လုပ်ခဲ့ပြီးသောအပြစ်များနှင့် လုပ်ရအုံးမည့်အပြစ်များကိုပါ ခွင့်လွှတ်ပြီ

ဖြစ်ပါသည်။ အချို့သောသူများက ကျွန်ုပ်တို့၏ အပြစ်များကို တကယ် ၀မ်းနည်းသော နှလုံးသားနှင့် ၀န်ချတောင်းပန်ရမည်။ ဘုရားသခင်က ထိုသို့ကျွန်ုပ်တို့၏ ၀မ်းနည်းကြေကွဲခြင်း အသံကိုကြားသောအခါ အပြစ် များခွင့်လွှတ်မည်ဟု သွန်သင်ကြသည်။

ကျွန်ုပ်တို့သည် အပြစ်များအတွက် ၀မ်းနည်းခြင်းကို လုံလောက် အောင် မည်သည့်အခါ၌မျှ ပြနိုင်မည်မဟုတ်ပါ။ ကျွန်ုပ်တို့၏ အပြစ်သည် ခရစ်တော်၏အသက်သမျှ တန်ဖိုးကြီးပါသည်။ ကျွန်ုပ်တို့သည် အပြစ် များအတွက် လုံလောက်သော ၀မ်းနည်းကြေကွဲခြင်းကို ပြနိုင်သည်ဟု ထင်ခဲ့ပါက ကျွန်ုပ်တို့၏ အပြစ်လွှတ်ခြင်း တန်ဖိုးကို အနည်းငယ်မျှသာ နားလည်ကြောင်း ဖော်ပြခြင်းဖြစ်သည်။ ကျွန်ုပ်တို့ကို ဘုရားသခင်က အမှန်တကယ်လက်ခံပြီဖြစ်ကြောင်း နားလည်ရန် ကျွန်ုပ်တို့မတတ်နိုင် ကြောင်း၊ ထုတ်ဖော်ရန်မဟုတ်ပါ။ ဘုရားသခင်လက်ခံနိုင်လောက်သည့် ၀မ်းနည်းကြေကွဲမှုတည်းဟူသော စိတ်ခံစားမှုကို ရှိခဲ့လျှင်လည်း အပြစ် များအားလုံး နောင်တရ(ပြုမှားခဲ့သောအရာများအတွက် ပြောင်းလဲ သောစိတ်)ဖို့ထိ အစပြနိုင်မည်မဟုတ်ပါ။ ထိုသို့ဆိုသောကြောင့် နောင် တမရသင့်ဘူး သို့မဟုတ် ၀မ်းနည်းကြေကွဲခြင်းကို မပြသင့်ဘူးဟု ဆိုလို ခြင်းမဟုတ်ပေ။ ကျွန်ုပ်တို့အနေဖြင့် မည်သည့်အခါ၌မျှ လုံလောက် သောနောင်တကို မပြနိုင်ဘူးဟုသာ ဆိုလိုခြင်း ဖြစ်သည်။

ဘုရားသခင်သည် ကျွန်ုပ်တို့ဘက်က အရင်ဦးစွာ တစ်ခုခုကို မလုပ်ထားပါက သူသည် မည်သို့မျှ လုပ်၍မရပါဟူသော အခြားတင်ပြ မှုတစ်ခု ရှိသေးသည်။ ဘုရားသခင်သည် "ခဏစောင့်၊ ခဏစောင့်ဦး၊ ဒီဟာကို ခဏစောင့်ဦး"ဟု ကျွန်ုပ်တို့နောက်မှာ ရပ်ပြီးပြောဆိုနေသည် ထိ ကျွန်ုပ်တို့သည် ဘုရားသခင်၏ အကြံအစည်နှင့် ရည်ရွယ်ချက်များကို အခြေအနေပေး ဖြစ်စေသည်။ ဤသို့ ပြုခြင်းသည် ဘုရားသခင်၏ အကြံ အစည်များကို တစ်၀က်ဖြစ်စေပြီး သမ္မာကျမ်းစာနှင့် ဆန့်ကျင်ဘက် ဖြစ် သည်။ အဘယ်ကြောင့်ဆိုသော် ဘုရားသခင်သည် တစ်စုံတစ်ခုအပေါ်

အမှီပြုခြင်းမရှိ၊ ကျွန်ုပ်တို့ထံမှ တစ်စုံတစ်ခုကိုမျှ အလိုမရှိသောကြောင့် ဖြစ်သည်။ ဤအရာသည် နောင်တကြီးစွာရခြင်းထက် မပိုမသာ အနေအထားမျိုးသာလျှင် ဖြစ်သည်။ ဤအရာသည် ကျွန်ုပ်တို့ ကျူးလွန်းထားသော အပြစ်တစ်ခု ထက်အတွက်မဟုတ်ပါ။ သို့သော် ခရစ်တော်အားဖြင့် ဖြောင့်မတ်ခြင်းမှတစ်ပါး ဘုရားသခင်၏ စိတ်တော်ကိုမည်သို့မျှ မတွေ့နိုင်၊ အမျက်တော်သာ ထိရှကြသည်ဟု နားလည်သဘောပေါက်ခြင်း ဖြစ်သည်။

> *"လောကဓာတ်မှစ၍ လောကဓာတ်၌ ရှိလေသမျှသောအရာတို့ကို ဖန်ဆင်းတော် မူသော ဘုရားသခင်သည် ကောင်းကင်နှင့်မြေကြီးကို အစိုးရတော်မူသော အရှင် ဖြစ်၍ လူတို့လက် ဖြင့်လုပ်သော ဗိမာန်၌ကျိန်းဝပ်တော်မူ သည်မဟုတ်။ ဘုရားသခင်သည် ခပ်သိမ်းသော သူတို့အား ဇီဝအသက်နှင့်တကွ ထွက်သက်ဝင်သက်မှစ၍ ခပ်သိမ်းသောအရာတို့ကို ပေးတော်မူသောအရှင်ဖြစ်၍ တစ်စုံတစ်ခုကို အလိုတော်ရှိသကဲ့သို့ လူတို့လက်ဖြင့် ကျွေးမွေးခြင်းကို ခံတော်မူသည်မဟုတ်" (တမန်၊ ၁၇း ၂၄-၂၅)*

မည်သူကမျှ ဘုရားသခင်အကြံအစည်တော်နှင့် ရည်ရွယ်ချက်များကို တစ်ဝက်တစ်ပျက်လုပ်ခြင်း သို့မဟုတ် ဆီးတားနိုင်ခြင်း မပြုနိုင်ပါ။

> *"အိုဖောက်ပြန်သောသူတို့ ဤအမှုကို အောက်မေ့၍ ယောကျ်ားဂုဏ်ကိုပြကြလော့။ သတိနှင့်ဆင်ခြင်ကြလော့။*

ရှေးကာလ၌ ဖြစ်ဘူးသောအမှုအရာတို့ကို အောက်
မေ့ကြလော့။ ငါသည်ဘုရားသခင်ဖြစ်၏။ ငါမှတစ်ပါး
အခြားသော ဘုရားမရှိ။ အဦးမှစ၍ အဆုံးတိုင်အောင်
လည်းကောင်း၊ ရှေးကာလမှစ၍ မဖြစ်သေးသောအမှု
အရာတို့ကိုလည်းကောင်း၊ဖော်ပြလျက် ငါ့အကြံတည်
လိမ့်မည်။ ငါ့အလိုရှိသမျှကို ငါပြည့်စုံစေမည်ဟု ဆို
လျက်၊ပေးသောအရပ်၊ အရှေ့မျက်နှာမှ ငါ၏လက်
ထောက်တည်းဟူသော ၄က်ရဲ့ကို ခေါ်လျက်၊ ငါသည်
ဘုရားသခင်ဖြစ်၏။ ငါနှင့်အတူမည်သူမျှမရှိ။ ငါသည်
နှုတ်ထွက်အတိုင်းပြုမည်။ ကြံသည့်အတိုင်း စီရင်
မည်" (ဟေရှာ၊ ၄၆း ၈-၁၁)။

ထိုသို့ဖြစ်သောကြောင့် ခွင့်လွတ်တော်မူခြင်း ကျေးဇူးသည် ကြို
တင်၍ပေးထားခြင်းသာလျှင် မဟုတ်ဘဲ၊ အစကတည်းက အပြစ်ကြွေးကို
ဆပ်ပေးပြီးသားဖြစ်ပါသည်။ အကယ်၍ ခွင့်လွတ်ခြင်းသည် ကျွန်ုပ်တို့
ဖြောင့်မှန်စွာ လုပ်ဆောင်ခြင်း၊ လုံလောက်စွာ လုပ်ဆောင်ခြင်း၊ မှန်
သောစကားကိုသာ ပြောဆိုခြင်း၊ စိတ်လှုပ်ရှားမှုမှန်ကန်သည်ဟု ခံစား
ခြင်းအပေါ် မူကည်လျှင်၊ သူသည် ဘုရားသခင် ဖြစ်နိုင်မည်မဟုတ်ပါ။
အကယ်၍ အထက်ပါအတိုင်း ဖြစ်မည်ဆိုပါက ကမ္ဘာမတည်မရှိမီ က
တည်းက ချထားခဲ့သော သူ၏အကြံအစည်တော်များပြည့်စုံနိုင်ဖို့ရန် သူ
တတ်နိုင်ကြောင်းကို အဆီးအတားဖြစ် စေမည်သာ ဖြစ်သည်။

ဘုရားသခင်သည် ကျွန်ုပ်တို့ကြောင့်မဟုတ်ဘဲ၊ သူကိုယ်တိုင်
ဘုန်းတော်ထင်ရှားစေဖို့ရန် သူ့အလိုတော်နှင့်အညီ ဖန်ဆင်းတော်မူ
ကြောင်းကို အမြဲတမ်းအောက်မေ့သိပါသည် (ဆာ၊ ၁၃၅း၆)။ ကောင်း
သောအမှုကို ကျွန်ုပ်တို့က ပြုလုပ်ခဲ့လျှင်လည်း ထိုသို့သောအမှုကိုပြု

နိုင်ရန် သူက ကျွန်ုပ်တို့ကို စေတနာစိတ်နှင့် ပြုပြင်ပေးသောကြောင့် ဖြစ်သည် (ဖိ၊ ၂း ၁၃)။ ရှင်ပေါလုက "ငါသည် ခရစ်တော်နှင့်အတူ လက်ဝါးကပ်တိုင်မှာ အသေခံပြီ၊ သို့သော်လည်း အသက်ရှင်သေး၏။ ထိုသို့ဆိုသော် ငါသည် ကိုယ်တိုင်အသက်မရှင်၊ ခရစ်တော်သည် ငါ၌ရှင်တော်မူ၏။ ကိုယ်ခန္ဓာ၌ယခု ငါရှင်သောအသက်သည် ဘုရားသခင်၏ သားတော်ကို ယုံကြည်ခြင်းအားဖြင့်တည်၏။ သားတော်သည် ငါ့ကိုချစ်၍ ငါ့အဘို့ကိုယ်ကိုကိုယ် စွန့်တော်မူ၏"(ဂလာ၊ ၂း၂၀)။ ဤခွင့်လွှတ်ခြင်းသည် အဆင်သင့်ပေးထားသော ခွင့်လွှတ်ခြင်းဖြစ်ပြီး၊ ကျွန်ုပ်တို့ကို စောင့်ဆိုင်းနေခြင်း ဖြစ်သည်။ ကျွန်ုပ်တို့လုပ်ရမည့်အရာသည် သူ၏ ခွင့် လွှတ်ခြင်းကို လက်ခံဖို့သာ ဖြစ်သည်။ ဘုရားသခင်သည် ကျွန်ုပ်တို့၏ အပြစ်အလျောက် မစီရင်ပါ။ ကျွန်ုပ်တို့သည် လူသားဖြစ်ကြောင်းကို သူ အောက်မေ့တော်မူ၏ (ဆာ၊ ၁၀၃း ၁၀-၁၄)။

မကြာခဏဆိုသလို ကျွန်ုပ်တို့ ဘုရားသခင်၏ ခွင့်လွှတ်ခြင်းကို လက်ခံရန် ဒုက္ခကြုံတတ်သည်။ ကိုယ့်ကိုကိုယ် အသားနာအောင် ကန်ကျောက်ချင်သောစိတ်၊ ရိုက်နက်ချင်သောစိတ် ဖြစ်တတ်စမြဲ ဖြစ်သည်။ ဘုရားသခင်ထံမှ အပြစ်စီရင်ခြင်းခံရမည် မဟုတ်ကြောင်းကို ရောမ ၈း ၁ တွင် "ဘုရားသင် ကယ်လွှတ်တော်မူသောကြောင့် ယေရှုခရစ်၌တည်၍ ဇာတိပကတိအတိုင်းမကျင့်၊ ဝိညာဉ်ပကတိအတိုင်း ကျင့်သောသူတို့ သည် အပြစ်စီရင်ခြင်းနှင့် လွတ်ကြ၏"။ အဘယ်သူမျှ သင့်ကိုအပြစ်စီရင်မည် မဟုတ်တော့ပါ (ရော၊ ၃း ၃၄)။

ထို့ကြောင့် ဘုရားသခင်၏ ချစ်ခြင်းမေတ္တာဖြင့် ခွင့်လွှတ်ခြင်းကို ခံစားရန် သင်ကျူးလွန်မိသော အပြစ်များကို ဝန်ချတောင်းပန်လိုက်ပါ။ ဘုရားသခင်သည် သူ၏ကျေးဇူးတော်အတိုင်း မဟုတ်ဘဲ အပြစ်ဒါဏ်ကို ပေးမည်ဟု ယုံကြည်ခြင်းကို သင်ကိုယ်တိုင်အတွက်သော်လည်းကောင်း၊ သူများအတွက်သော်လည်းကောင်း ခွင့်မပြုပါနှင့်။

လွန်ခဲ့သောအတိတ်က ဘုရားသခင်ခွင့်လွှတ်ပြီးပြီ၊ လူတစ် ယောက်ယောက်ကို ဘာမျှ မပြောဘဲ ဆက်လက်အသက်ရှင် လျှောက်လှမ်းလို့ရပါသလား?

ထိုမေးခွန်း၏အဖြေသည် သင်ပြစ်မှားသူသောအပေါ် အမှီပြု သည်။ ကျွန်ုပ်တို့ကျူးလွန်သော အပြစ်က ကိုယ်ရေးကိုယ်တာဖြစ်လျှင် ဘုရားသခင်နှင့်သင့်အကြားမှာ အပြစ်ရှိသည်။ ကျွန်ုပ်တို့သည် တစ်ခါ အပြစ်ဝန်ချပြီးသည်နှင့် ဘုရားသခင်၏ ခွင့်လွှတ်ခြင်းကို ခံရသည်။ထိုခွင့် လွှတ်ခြင်းသည် အမှန်တကယ် အတိတ်က ဖြစ်သည်။

ယခု အကျင့်ဖြစ်နေသောအပြစ်သည် အခြားကိစ္စဖြစ်ပြန်သည်။ အကျင့်ဖြစ်နေသောအပြစ်ဆိုသည်မှာ တစ်ခါကျူးလွန်မိသည်နှင့် ကူညီ သူမရှိသရွေ့ ဆက်လက်၍ကျူးလွန်နေသည်။ ထို့ကြောင့် ကျွန်ုပ်တို့အ နေဖြင့် လမ်းညွှန်ပေးမည့်သူနှင့် ဉာဏ်ပညာပေးမည့်သူကို ကျွန်ုပ်တို့ ရှာ သင့်ပါသည်။ ထိုသို့ဆိုသော် ဘုရားသခင်က ခွင့်မလွှတ်ဘူးဟု ဆိုလို ခြင်းမဟုတ်ပေ။ ဆိုလိုသည်မှာ ကျွန်ုပ်တို့သည် အပြစ်များသိုထားခြင်း ဖြင့် ကျွန်ုပ်တို့ကို ဘုရားသခင်ဖန်ဆင်းခြင်း၏ ရည်ရွယ်ချက်အတိုင်း အ သက်ရှင်ခြင်းကို အတားအဆီးဖြစ်စေသောကြောင့် ကူညီမည့်သူ လို အပ်သည်။ အလွန်ကောင်းမွန်သော ပညာရှိစာအုပ်၊ သုတ္တံကျမ်းက "သံ ကိုသံဖြင့် ထက်စေသကဲ့သို့"(သု၊၂၇း၁၇)ဟု ပြောပါသည်။ မှန်ကန်သော အကူအညီရမှသာ ဘုရားသခင်ဘုန်းတော် ထင်ရှားစေသော အသက် တာဖြင့် အသက်ရှင်နိုင်မည်ဖြစ်သည်။

အကယ်၍ သင်၏အပြစ်သည် သင်နှင့်အခြားသူ တစ်ယောက် ယောက်အကြား ဖြစ်ခဲ့လျှင် ထိုအပြစ်အတွက် အဖြေကိုသမ္မာကျမ်းစာက ရှင်းရှင်းလင်းလင်း ပေးထားပါသည်။ ကျွန်ုပ်တို့သည် ခွင့်လွှတ်လိုသော ဆန္ဒရှိရမည်။ ခရစ်တော်က ကျွန်ုပ်တို့၏ အပြစ်များကို ခွင့်လွှတ်သကဲ့သို့ ကျွန်ုပ်တို့သည်လည်း ထိုကဲ့သို့ သူတစ်ပါးကို ခွင့်လွှတ်ရပါမည်။

"တစ်ယောက်၌တစ်ယောက် အပြစ်တင်စရာအခွင့်ရှိ
လျှင်၊ အချင်းချင်းသည်းခံ၍ အပြစ်ကို လွှတ်ကြလော့။
ခရစ်တော်သည် သင်တို့၏ အပြစ်ကို လွှတ်သကဲ့သို့
ထိုနည်းတူပြုကြလော့"(ကော၊ ၃း ၁၃)။

အကယ်၍ ကျွန်ုပ်တို့သည် အပြစ်ရှိသောသူဖြစ်လျှင် မြန်မြန်
သွား၍ ပြစ်မှားမိသူကို တောင်းပန်ရပါမည် (မဿဲ၊ ၅း ၂၄)။ ဤအရာကို
အခြားသော အစီအစဉ်များမလုပ်မီ သူတစ်ပါးအပေါ်လုပ်သင့်သော အ
ရာဖြစ်သည်။ သို့မဟုတ် ဘုရားသခင်ပေးသော ဆုကျေးဇူးများနေရာ
မယူမီ ပန်ချတောင်းပန်ရပါမည်။ ဘုရားသခင်ကို တစ်ခါတောင်းပန်
ပြီးသည်နှင့် ကျွန်ုပ်တို့ နာကျင်စေသောသူထံသွားပြီး အပြစ်ခွင့်လွှတ်ရန်
တောင်းပန်လိုက်ခြင်းသည် ကျွန်ုပ်တို့လုပ်ရမည့်တာဝန် ဖြစ်သည်။
အပြစ်ခွင့်လွှတ်ဖို့၊ မလွှတ်ဖို့မှာ သူတို့တာဝန်သာ ဖြစ်သည်။

ဆန့်ကျင်ဘက်သည်လည်း မှန်ပါသည်။ အကယ်၍ ကျွန်ုပ်တို့
သည် နာကျင်ခြင်းကို ခံစားသောသူ ဖြစ်ပါက ကျွန်ုပ်တို့ကို ပြစ်မှားသူ
အား ဦးစွာခွင့်လွှတ်ဖို့ လိုအပ်ပါသည်။ ထို့နောက် ကျွန်ုပ်တို့သည် ထိုညီ
အစ်ကိုမောင်နှမထံကို သွားလိုသောစိတ်ဆန္ဒရှိရမည်ဖြစ်ပြီး သူတို့ပြစ်
မှားခဲ့သော အကြောင်းအရာကို သွားပြောသင့်ပါသည်။ အကယ်၍ သူတို့
က ကျွန်ုပ်တို့ထံကို အရင်ဦးစွာ လာမည်ဆိုပါက သူတို့နှင့်စကားပြောရန်
စိတ်ဆန္ဒရှိရပါမည်။ သူတို့အား ပြစ်မှားခဲ့သော အပြစ်များအစုံအလင်
ပြောရသောအခွင့်ပေးပါ။ အပြစ်ဝန်ချတောင်းပန်ခြင်းက ကျန်းမာခြင်းကို
အမှန်တကယ် ယူဆောင်ပေးပါသည်။ ထိုသို့မတောင်းပန်လျှင် ကျန်းမာ
ခြင်းကို ရရှိဖို့အင်မတန် ခက်ခဲပါသည်။

"အချင်းချင်းတစ်ယောက်နှင့်တစ်ယောက်၊ ကိုယ်အ ပြစ်ကို ဖော်ပြတောင်းပန်ကြလော့။ ချမ်းသာရမည် အကြောင်း အချင်းချင်းတို့အဘို့ ဆုတောင်းကြလော့။ သူတော်ကောင်းဆုတောင်း၍ အရှိန်ကြီးသော ပဌနာ သည် အလွန်တန်ခိုးပါ၏" (ယာ၊ ၅း ၁၆)။

ခရစ်တော်၌ ကျွန်ုပ်တို့ ညီအစ်ကိုမောင်နှမများအား ပွင့်လင်းရိုး သားစွာ ပြောဆိုဆက်ဆံရန် အင်မတန်အရေးကြီးပါသည်။ ထိုသို့ပြော ဆိုခြင်းသည် လွန်သည်ဟု၍မရှိပါ။ ကျွန်ုပ်တို့အားလုံး တစ်ယောက် တည်း သူတစ်ပါးမပါဘဲ အသက်ရှင်နေခြင်းမဟုတ်ပါ။ ကျွန်ုပ်တို့အားလုံး အဖွဲ့အစည်း၊ အသိုင်းအဝိုင်းဖြင့် နေထိုင်သူများ ဖြစ်ကြသည်။ ဤသို့ အချင်းချင်း အချိန်ယူပြီး စကားပြောခြင်းသည် အပြန်အလှန် ဆက်လက် လုပ်ဆောင်ရမည့်အရာဖြစ်ပြီး၊ ကျွန်ုပ်တို့၏ သန့်ရှင်းစေခြင်း၌ အမိက အရေးကြီးသောကဏ္ဍ (ခရစ်တော်နှင့်တူမျှခြင်း၊ မှန်ကန်သောရွေးချယ် ခြင်း) ဖြစ်သည်။ ဘုရားသခင်သည် အချင်းချင်း မိတ်သဟာယဖွဲ့ခြင်း၌ အလုပ်လုပ်နေသည် (ဟေဗြဲ၊ ၃း ၁၃။ ဟေဗြဲ၊ ၁၀း ၂၄-၂၅)။

ကျွန်ုပ်တို့သည် ကျွန်ုပ်တို့အသေခံရမည့် ယုတ်ညံ့သောကားတိုင် အကြောင်းသိခြင်း၌ ပို၍ကြီးထွားလေလေ၊ သူတစ်ပါးအား အပြစ်မြင် ခြင်း ပို၍နည်းပါးလေလေ ဖြစ်သည်ကို တွေ့ရမည် ဖြစ်သည်။ ဤအရာ က သူတစ်ပါးအသက်တာ၌ ကျေးဇူးတော်၏လုပ်ပခြင်းကို ပြသခွင့်ပြု လိမ့်မည် ဖြစ်သည်။ အောက်ပါ သမ္မာတရား ကျမ်းပိုဒ်ကို နှလုံးသားမှာ သိုထားပါ။ "အခြားသောအမှုအရာထက်မက၊ အချင်းချင်းအားကြီးသော ချစ်ခြင်းမေတ္တာရှိကြလော့။ ချစ်ခြင်းမေတ္တာသည် များစွာသောအပြစ်တို့ ကို ဖုံးအုပ်တတ်၏"(၁ပေ၊ ၄း ၈)။

ကျွန်ုပ်၏ မိတ်ဆွေများနှင့် မိသားစုက ကျွန်ုပ်၏ ယုံကြည်
ခြင်းအသစ်ဖြင့် ရှိုးမ်ေချာက် နေကြသည်၊ သူတို့ကို ကျွန်ုပ်ဂရု
စိုက်သည့်အတိုင်း သူတို့၏သောကစိတ်ကို မည်သို့ပျော့ပျောင်း
စေနိုင်မည်နည်း။

တစ်စုံတစ်ယောက်သောသူသည် ခရစ်တော်ထံသို့ရောက်လာ
သောအခါ ဘုရားသခင်ကို ရှိသေလေးမြတ်ခြင်းရှိရန် သူ၏အထဲ၌ အရာ
ရာ(ဘုရားသခင်ကို ဘုရားအဖြစ်သိမြင်ခြင်း၊ ဘုရားသခင်၏ ကောင်း
မြတ်ခြင်းအတွက် ကျေးဇူးတင်တတ်ခြင်း၊ ရက်ရောခြင်းတို့ကို လုပ်
ဆောင်လိုသော စိတ်ဆန္ဒကို ဖန်ဆင်းပေးပါသည်။ ထို့နောက် တန်ဆာ
ပလာတစ်ခုအနေဖြင့် ဘုရားသခင်၏ ကြီးမြတ်ခြင်း၊ ရက်ရောတော်
မူခြင်းနှင့် ကောင်းမြတ်တော်မူခြင်းရှိသည့်အတိုင်း သူ့အားကိုးကွယ်နိုင်
ရန်တို့ကိုလည်း ဖန်ဆင်းပေးသည်။ ယခုကျွန်ုပ်တို့ လုပ်ဆောင်သော
သည်အရာနှင့် ဟိုအရာတို့သည် တစ်ဦးချင်းစီအလိုက် အမြင်အားဖြင့်
ကွဲပြားခြားနားနိုင်ပါသည်။ အချို့က တံခါး၊ဆီသို့ ထွက်လာပြီး ခရစ်
တော်အတွက် ပြင်းပြသောစိတ်ဖြင့် လုံးလုံးဆက်ကပ်ကြပါလိမ့်မည်။
အခြားသူများအတွက် ပြောင်းလဲခြင်းနှင့်ရလဒ်မှာ လုံး၊ခြားနားခြင်းရှိပြီး
တစ်ဖြည်းဖြည်း အချိန်ယူ ထင်ရှားလာနိုင်ပါသည်။ မည်သို့ပင် ဖြစ်စေ၊
ပြောင်းလဲခြင်းတစ်ခုခုရှိမည်သာ ဖြစ်ပြီး ရလဒ်အနေဖြင့် တစ်ပါးသူများ
ကို သတိပြုလာမည်ဖြစ်ကာ ဤကဲ့သို့ ပြောလာနိုင်ပါသည်။ "သင်က
ထိုဘာသာတရား၏ အဖွဲ့ သားတစ်ယောက် ဖြစ်ပြီပေါ့၊ ဟုး!" "သင့်အ
တွက် ကောင်းပါလိမ့်မည်၊ သို့သော် ကျွန်ုပ်နားကို မယူလာနဲ့၊ ငါ့အတွက်
မလိုပါဘူး" "အခုတော့ ငါတို့အတွက် အရမ်းကောင်းပြီ ထင်တယ်၊ ဟုး!"
"သင်ဘာဖြစ်နေတာလဲ? ကျွန်ုပ်တို့က အမြဲတမ်းပဲ ဒီလိုတန်းလန်းနေခဲ့
တယ်။" သင်ကြားရသော စကားသံများက သင့်ကိုနာကျဉ်းစေနိုင်
သည်။ မိတ်ဆွေဟူသည် သင့်အပေါ်မည်သို့မျှ မလုပ်လိုဟန်တူပေလိမ့်

မည်။ သင့်အနေဖြင့် အရင်အတိုင်း သင်ဖြစ်နေသည်ဟု ထင်နိုင်သော် လည်း အခြားသူများကို ထိုသို့မမြင်ကြပါ။ ထို့နောက် သူတို့က မှန်သည် ဟု ထင်ကြသည်။

သင်အနေဖြင့် သင်၏မိတ်ဆွေများကို လက်လျှော့အရှုံးပေးလို မည် မဟုတ်ပါ။ သင်က အသစ်သောအရာ၊ ပို၍ကောင်းသော နည်းလမ်း ကို တွေ့ပြီးဖြစ်ပြီး၊ထိုအရာကို သင့်မိတ်ဆွေများအား "ရရှိစေလို" မည် ဖြစ်သည်။ ယေရှုထံသို့လာပြီး ထိုသမ္မာတရားကို တွေ့စေလိုမည် ဖြစ် သည်။ သူတို့အား သင်သည် လုံး၀ဂရုမစိုက်တော့ကြောင်း ပြောကောင်း ပြောလာနိုင်သည်။ အမှန်တကယ်မှာ သင်က သူတို့ကို ပို၍ ဂရုစိုက်လာ သည်။ အဘယ်ကြောင့်ဆိုသော် သူတို့အား စစ်မှန်အသက်ကို ပေးပိုင် သောသူ အကြောင်းကို သင်က ပြောပြလိုသောဆန္ဒရှိနေသောကြောင့် ဖြစ်သည်။

ထို့ကြောင့် အချက် (၃)ချက်ကို သတိရပါ။

၁) ဘုရားသခင်သည် အမြဲတမ်း အလုပ်လုပ်ဆောင်လျက်ရှိခြင်း၊

၂) သင့်အကြောင်းကို အလွယ်ဆုံးနည်း (၃)ခုဖြင့် ပြောပြပါ။ ကျွန်ုပ်၏ အတိတ်က အသက်တာ။ ယေရှုကို လက်ခံပြီးသော အခါ မည်ကဲ့သို့ဖြစ်ကြောင်းနှင့် ယခု၍ကဲ့သို့ ကျွန်ုပ်အသက် တာ ဖြစ်ကြောင်း။ သင်အနေဖြင့် "အရည်အချင်း" မလိုပါ။ အလွတ်ရထားသော ကျမ်းပိုဒ်ထဲက ကျမ်းစာကို ကိုးကားဖို့ လည်းမလိုပါ။

၃) ဘုရားသခင်၏ ချစ်ခြင်းမေတ္တာအကြောင်းကို ပြောပြရန် အတွက် အကောင်းဆုံးနည်းလမ်းမှာ သူတို့၏ ပြုမှားမိသော အရာများကို မပြောရန်ဖြစ်သည်။ သို့သော်ပုံသက်သေအဖြစ် အသက်ရှင်ကာ ဘုရားသခင်၏ ချစ်ခြင်းမေတ္တာနှင့် ကျေးဇူး တော်ကို ပြသရန် ဖြစ်သည်။

သင်သည် ခရစ်တော်၌ ကြီးပွားလာသည်နှင့်အမျှ ဘုရားသခင်၏ နှုတ်ကပတ်တော်ကို လေ့လာခြင်းအားဖြင့် အခြားသူများကို ဘုရားသခင် ၏ နှုတ်ကပတ်တော် သာ၍ပေးဝေ့ရန် ကျွမ်းကျင်သောသူ ဖြစ်လာမည် ဖြစ် သည်။ ဘုရားသခင်၏ သားတစ်ယောက်အဖြစ် အသစ်သောအသက် တာဖြင့် အသက်ရှင်ရန် သင်ယူနေသောအချိန်၌ အခြားသူများကို သူတို့ အပေါ် သင်ပြုမူဖူးသကဲ့သို့ ပြုမူဆက်ဆံခြင်းမပြုရန် အရေးကြီးလှ သည်။ သို့သော်လည်း ဘုရားသခင်က သူတို့အား တောင်းဆိုသော ကျေးဇူးတရားအကြောင်းကို ပြောပြရန် လိုအပ်သည်။

ကျွန်ုပ်သည် ယခုခရစ်ယာန်ဖြစ်ပြီ၊ ထူးထူးခြားခြား ခံစား သင့်သလား၊ သို့မဟုတ် ကျွန်ုပ်၏ အသက်တာမှာ ထူးခြားမှု တစ်ခု မြင်ရမလား?

သင်သည် ခရစ်ယာန်မဖြစ်လာမီက သင်၌မိတ်ဆွေကောင်းရှိ ကောင်းရှိလိမ့်မည်။ သင်သည် ဘုရားသခင်၏ ဘုန်းတော်ထင်ရှားစေဖို့ မည်သည့်အရာကမျှ မလုပ်နိုင်ပေ။ ဘုရားသခင်တည်ရှိနေသော်လည်း သူ့အလိုတော်အတိုင်း အသက်ရှင်ရန် သင်မတတ်နိုင်ပါ။ သင် အသက် ရှင်ဖို့ ရွေးချယ်နိုင်သော လမ်းသည်ပျော်ရွှင်မှု၊ သက်တောင့်သက်သာ ရှိမှုနှင့် အခြားသောသူများက သိမှတ်ထောက်ခံသောအသက်တာ ဖြစ်ပါ သည်။ သေချာသည်မှာ သင်က ထိုသို့အသက်ရှင်ရန် ဆန္ဒမရှိခြင်းပင် ဖြစ်သည်။ ဖေက် ၂း ၁-၂ က ထိုသို့ဖြစ်ခြင်း၏ အကြောင်းရင်းကို ဖော်ပြ သည်။ "တစ်ချိန်က သင်တို့သည် မိမိတို့၏အပြစ်နှင့် ကျူးလွန်သော အပြစ်များ၌ သေနေကြ၍၊ အာကာသနှင့်ဆိုင်သော အာဏာစက်ကို စွဲ ကိုင်အုပ်ချုပ်သူတည်းဟူသော နာခံမှုမရှိသောသူတို့ထဲ၌ ယခုအလုပ် လုပ်နေသည့် ဝိညာဉ်အလိုအတိုင်း ဤလောက၏ လမ်းစဉ်နှင့်အညီ ထိုအပြစ်များတွင် အသက်ရှင်လျှောက်လှမ်းခဲ့ကြ၏"။ သင်၏အကောင်း

ဆုံးသော လုပ်ဆောင်ချက်နှင့် ကြိုးစားအားထုတ်မှုတို့သည် "ညစ်သော အဝတ်ထက်" မသာမလွန်နိုင်ပါ (ဟေရှာ၊ ၆၄း ၆)။

ကျွန်ုပ်တို့သည် ဝိညာဉ်ရေး၌ အသေဖြစ်၍ ကျမ်းစာက ပြောနေ သောအရာများကို နားမလည်နိုင်ပါ။ ဘုရားသခင်အကြောင်းအမှန်တ ကယ် တစ်ခုမျှနားမလည်နိုင်ပါ။ ကျွန်ုပ်တို့ကို ဖန်ဆင်းစက ထိုသို့မဟုတ် ပါ။ အမှန်အားဖြင့် ကျွန်ုပ်တို့၏ ဘဝတစ်ခုလုံးသည် အသေဖြစ်နေသည်။ ယခုတွင် ကျွန်ုပ်တို့၏ အခြေအနေကြောင့် အမျက်ထွက်နေသော ဘုရား သခင်၏ စိတ်တော်ပြေလျော့စေရန် ကျွန်ုပ်တို့၏ လုပ်ဆောင်ချက်များ သည် အဝတ်စုတ်ထက် မသာမလွန်နိုင်ပါ။

ယခုတွင် သင်သည် ခရစ်တော်ကို သင်၏ကယ်တင်ရှင်အဖြစ်သိ မှတ်ပြီ ဖြစ်သောကြောင့် သင်၏ စိတ်ဝင်စားမှုများသည် ထူးခြားလာ မည်မှာ သေချာပါသည်။ သင်သည် ဘုရားသခင်၏ ဘုန်းတော်ကို ထင် ရှားစေရန် သို့မဟုတ် ဘုရားသခင်ကို ကိုးကွယ်ရန် ဆန္ဒရှိလာမည် ဖြစ် သည်။ ပထမဦးစွာ သင်သည် သမ္မာကျမ်းစာ ဖတ်လာသည်ကို သင့်ကို သင် တွေ့မြင်လာမှာ ဖြစ်ပြီး၊ ထိုနောက်မှ ဘုရားသခင်ကို ကိုးကွယ်ရန် ဘုရားကျောင်းကို ရှာဖွေလာမည် ဖြစ်သည်။ ၍အရာများသည် ပြောင်း လဲခြင်း၏ လက္ခဏာဖြစ်ကြောင်း သိမှတ်ပါ။ ထိုထက်မက သင်သည် ဘုရားသခင်ကိုသာ စဉ်းစားသည်မဟုတ် ခရစ်တော်ကို သင်ကဲ့သို့ ယုံ ကြည်လက္ခံသူများနှင့် မိက်သဟာယဖွဲ့လိုသော ဆန္ဒရှိလာမည် ဖြစ် သည်။ ဘုရားသခင်၏ ဘုန်းတော်အတွက် အသက်ရှင်ရန် အစေခံခြင်း ကို သန့်ရှင်းသော ဝိညာဉ်တော်၏ အကူအညီအားဖြင့် တတ်နိုင်စေမည် ဖြစ်သည်။ ဧဝံဂေလိတရားနှင့် သမ္မာကျမ်းစာကိုသာ ဆင်ခြင်နိုင်ဖို့ သန့် ရှင်းသောဝိညာဉ်တော်အားဖြင့် အသစ်တတ်နိုင်စွမ်းကို ရရှိပြီး ထိုသို့လုပ် ဆောင်လာနိုင်ပါသည်။ ၍သို့ပြုလုပ်လာခြင်း၏ ရလဒ်များကြောင့် ယခင်က မလုပ်နိုင်ခဲ့သော သင်၏ပြုမူလုပ်ဆောင်မှုများကြောင့် သူတစ် ပါးသည် ဘုရားသခင်၏ မေတ္တာတော်နှင့် ကျေးဇူးတော်များကို တွေ့ ရှိဖို့

ပြသခြင်း ဖြစ်ပါလိမ့်မည်။ သင်၏အသက်တာ ပြောင်းလဲသည်နှင့်အမျှ ဤအရာများသည် ချက်ချင်း သို့မဟုတ် တဖြည်းဖြည်း ထင်ရှားလာလိမ့် မည်။

ဤသို့သော ပြောင်းလဲခြင်းများ သင်၏အသက်တာ၌ ရှိလာသော အခါ သင်သည် များမကြာမီ အသီးသီးလာပါလိမ့်မည်။ ဝိညာဉ်တော်က သင့်အသက်တာ၌ အလုပ်လုပ်လာသောကြောင့် သင်၏ (အပြုအမူ၊ အ ပြောအဆို၊ စကားလုံးများ)တွင် အသီးသီးလာမည် ဖြစ်သည်။ "ဝိညာဉ် ပကတိ၏ အသီးမူကား၊ ချစ်ခြင်း၊ ဝမ်းမြောက်ခြင်း၊ ငြိမ်သက်ခြင်း၊ စိတ် ရှည်ခြင်း၊ ကျေးဇူးပြုခြင်း၊ ကောင်းမြတ်ခြင်း၊ သစ္စာစောင့်ခြင်း၊ နူးညံ့သိမ် မွေ့ခြင်း၊ ကာမဂုဏ်ချုပ်တည်းခြင်းပေတည်း။ ထိုသို့သောအကျင့်ကို အဘယ်တရားကမျှ မမြစ်တား" (ဂလာ၊ ၅း ၂၂-၂၃)။ ဤအရာများသည် ဇာတိပကတိ (ကျွန်ုပ်တို့ ထင်မြင်ခြင်း၊ လုပ်ဆောင်ခြင်း၊ ပြောဆိုခြင်း တို့သည် ကျွန်ုပ်တို့ရွေးချယ်ခဲ့သောအရာများသာ ဖြစ်သည်)၏ လုပ် ဆောင်ခြင်းများနှင့် ဆန့်ကျင်သော သဘောရှိသည်။ "ဇာတိပကတိ၏ အကျင့်တို့သည် ထင်ရှားကြ၏။ ထိုအကျင့်တို့မူကား၊ သူ့မယားကို ပြစ် မှားခြင်း၊ မတရားသောမေထုန်၌ မှီဝဲခြင်း၊ ညစ်ညူးစွာကျင့်ခြင်း၊ ကိလေ သာ လွန်ကျူးခြင်း၊ ရုပ်တုကို ကိုးကွယ်ခြင်း၊ သူတစ်ပါးကို ပြုစားခြင်း၊ ရန်ငြိုးဖွဲ့ခြင်း၊ ရန်တွေ့ခြင်း၊ ဂုဏ်ပြိုင်ခြင်း၊ အမျက်ထွက်ခြင်း၊ ငြင်းခုံခြင်း၊ အချင်းချင်းကွဲပြားခြင်း၊ သင်းခွဲခြင်း၊ သူ့အကျိုးကို ပြုစုခြင်း၊ လူအသက် ကို သတ်ခြင်း၊ယစ်မျိုးကို သောက်ကြူးခြင်း၊ပွဲလုပ်ခြင်းမှစ၍ ထိုသို့သော အကျင့်ပေတည်း" (ဂလာ၊၅း ၁၉-၂၁)။ ထို့ကြောင့် သင်သည် ခရစ်တော် ထံမလာမီနှင့် လာပြီး ခရစ်တော်၏ သတို့သမီးအဖြစ် အသက်ရှင်နေခြင်း တို့၏ ကွားခြားချက်ကို ရှင်းလင်းစွာ မြင်လာမည် ဖြစ်သည်။ ဖေက် ၅း ၂၅-၂၇ က ကျွန်ုပ်တို့နှင့် ခရစ်တော်၏ ဆက်နွှယ်မှုကို လင်နှင့်မယား တို့၏ ဆက်နွှယ်မှုဖြင့် နှိုင်းယှဉ်ထားပါသည်။

အထက်က ကျမ်းပိုဒ်၌ ဂိညာဉ်တော်၏ ဆုကျေးဇူးများအနက်မှ ၀မ်းမြောက်ခြင်းဟူသော ဆုကျေးဇူးတစ်ခု ဖော်ပြထားသည်ကို တွေ့ရ သည်။ ၀မ်းမြောက်ခြင်းဟူသော ဆုကျေးဇူးသည် သန့်ရှင်းသော ဂိညာဉ် တော်မှ တိုက်ရိုက်လာသော ဆုကျေးဇူးဖြစ်ပြီး ပျော်ရွှင်ခြင်းနှင့် ကွဲပြား ပါသည်။ ပျော်ရွှင်ခြင်းသည် ကျွန်ုပ်တို့ ပတ်၀န်းကျင်၏ ဖြစ်ပျက်မှု အခြေ အနေအပေါ် အခြေခံပြီး ခဏမျှပျော်သွားခြင်း ဖြစ်သည်။ ပျော်ရွှင်ခြင်း သည် လက်ရှိပတ်၀န်းကျင်ကို ဂရုစိုက်ခြင်းမှ ဖြစ်ပေါ် လာသည်။ ပျော်ရွှင် မှုသည် အသက်ရှင်ခြင်းအတွက် ဖန်တီးမှု၊ ဖန်ဆင်းရှင်ကို ကိုးကွယ်မှုနှင့် သူ၏ဘုန်းတော်အတွက် တန်ဆာပလာဖြစ်မှု စသည်တို့မှ ဖြစ်ပေါ် လာ ခြင်းဖြစ်သည်။ ခရစ်တော်၌တည်နေကြသော သူတို့၏အသက်တာသည် သာသနာကို တွေ့သောသူ၊ ခရစ်တော်သိမှတ်သော သာသနာ၌ဆက် ကပ်သူ၊ သူတစ်ပါးကို အစေခံခြင်းဖြင့် ဘုန်းတော်ထင်ရှားစေသော သူတို့ထက် ပို၍ကြီးသော ၀မ်းမြောက်ခြင်း ရှိကြသည်။

ဤအရာသည် ဘုရားသခင်က *"ငါတို့သည် ကောင်းသောအ ကျင့်တို့ကို ကျင်လည်ရမည်အကြောင်း ယေရှုခရစ်၌ပြုပြင်၍ ဖန်ဆင်း တော်မူရာ ဖြစ်ကြ၏။ ထိုကောင်းသောအကျင့်တို့၌ ငါတို့သည်ကျင်လည် ရမည်အကြောင်း ဘုရားသခင်သည် ငါတို့ကို ပြင်ဆင်တော်မူနှင့်ပြီ"* (ဖေက်၊ ၂း၁၀)။ ဤပျော်ရွှင်ခြင်း၊ ချစ်စိတ်ပြင်း ပြုခြင်းနှင့် သာသနာသည် ရှင်ဧဝါလုကို သည်းခံခြင်းသို့ ပို့ဆောင်ပေးသောအရာ ဖြစ်သည်ဟု (၂ကော၊ ၁း ၂၄-၃၀)၌ ရေးသားထားပြီး၊ *"ထိုသခင်ကြောင့် ခပ်သိမ်း သောအရာတို့ကို အရှုံးခံရပြီ"* (ဖိ၊ ၃း ၈)ဟု ဖော်ပြထားသည်။ ကျွန်ုပ်တို့ အထဲ၌ သန့်ရှင်းသော ဂိညာဉ်တော်က ယူဆောင်ပေးသော သမ္မာတရား ပင် ဖြစ်သည် (ယော၊၁၄း ၂၆)။ ထိုမျှမက ကျွန်ုပ်တို့အထဲ၌ကျေးဇူးတော် အားဖြင့် ခွန်အားကို တည်ဆောက်ပေးသည်။ ဤအသစ်သော အသက် တာ၌ တန်ခိုးကိုလည်း ပေးသနားတော်မူခဲ့သည်။ ထိုအချိန်တုန်းက ပျော်ရွှင်ခြင်းသည် အဓိပ္ပါယ်မဲ့သကဲ့သို့ ဖြစ်ခဲ့သော်လည်း ဘုရားသခင်၏

ဝိညာဉ်တော်သည် ကျွန်ုပ်တို့၏အထဲ၌ရှိနေပြီး မည်သည့်အခါ၌မျှ စွန့်ခွာ မသွားပေ။

> သင်၏ အသက်တာသည် ကြီးကျယ်သောအရာ တစ် ခုခုအတွက် ရေတွက်စေလိုသည်။ သင်၏အသက် တာသည် ထာဝရအမိပ္ပါယ်ရှိသောအရာအတွက် တောင်းတစေလိုသည်။ ဘဝကို စိတ်အားထက်သန်မှု မပါဘဲ မလျှောက်ပါနှင့်။[1]

ခရစ်တော်ထံရောက်လာခြင်းက အသက်တာကို ခပ်ပေါ့ ပေါ့ဖြစ်စေမလား၊ သို့မဟုတ် ဂမ်းမြှောက်စေပြီး ကျန်းမာ၊ ချမ်းသာစေမလား?

တရားဟောဆရာ၊ ဓမ္မဆရာနှင့်သင်းအုပ်ဆရာများ၊ အထူးသဖြင့် တီဗွီ၊ ရေဒယိုနှင့် ဂက်ဘ်ဆိုဒ်မှ သင်ကြားပေးသောဆရာများက မတူညီ သော အမှားနှစ်ခုကို မကြာခဏသွန်သင်တတ်ကြသည်။

၁) ခရစ်ယာန်ဖြစ်ခြင်းက ကျွန်ုပ်၏ပြဿနာများကို ဖြေရှင်းပေး လိမ့်မည်၊ ကျွန်ုပ်လိုချင်သမျှ ရရှိနိုင်ဖို့ ကူညီပေးမည်။

၂) ယေရှုနာမ၌ အရာရာကို တောင်းပါ။ ကျန်းမာရေးဖြစ်ဖြစ်၊ စည်းစိမ်ဖြစ်ဖြစ်၊ ပျော်ရွှင်မှုဖြစ်ဖြစ် ပေးတော်မူလိမ့်မည်။

ဤအမြင်နှစ်မျိုးစလုံး၌ အခြေခံအမှားများရှိသည်။ ထိုအခြေခံ အမှားများသည် ဘုရားသခင်က လုပ်ရမည့်အရာများဖြစ်ပြီး၊ နာမည်အား ဖြင့်ပြောပါက၊ ကယ်တင်ခြင်းနှင့် ကျွန်ုပ်တို့နှင့်စပ်လျဉ်းသော လုပ်ဆောင် မှုများ ဖြစ်သည်။

---

[1]John Piper, *Don't Waste Your Life*. Crossway, 2003, p. 46.

ဤအရာက မှားယွင်းနေသည်ကို တွေ့ရသည်။ အဘယ်ကြောင့်
ဆိုသော် (ဟေရှာယ ၄း၈-၁၁)၌ လေးကြိမ်တိုင်တိုင် ပြောသွားသည်ကို
တွေ့ရသည်။ "ဘုရားသခင်၏ အကြံအစည်တော်အတွက် သူသည် ဤ
အရာများကို လုပ်ဆောင်တော်မူ၏"။ ဘုရားသခင်က "စိတ်နှလုံးသစ်ကို
ငါပေးမည်။ သဘောသစ်ကို သွင်းထားမည်" (ယေဇ၊ ၃၆း၂၆၊ ၃၈)၊
သူသည် ဤသို့ပြုလိမ့်မည်။ သို့မှသာ ကျွန်ုပ်တို့နှင့်အတူ တစ်ပါးသူတို့
သည် ဘုရားသခင်ဖြစ်ကြောင်းကို သိကြလိမ့်မည်။ ဤအရာက "ဘုရား
သခင်၏ ဂုဏ်တော်ကို ချီးမွမ်းဖို့" ဖြစ်သည်။ "သူသည် ကျေးဇူးတော်
အားဖြင့် ကျွန်ုပ်တို့ကို ကယ်တင်တော်မူပြီ" (ဖေက် ၂း ၇)။

ထိုကြောင့် ကျွန်ုပ်တို့အနေဖြင့် ကယ်တင်ခြင်းအမှုသည် ဘုရား
သခင်က သူကိုယ်တိုင် ပြုတော်မူကြောင်း အခြေခံအားဖြင့် အမြဲမှတ်
သားသင့်ပါသည်။ ကြီးမြတ်တော်မူသော သူ၏မေတ္တာတော်အားဖြင့်
သူသည် ဤအမှုကို ပြုခဲ့ပြီး(ဖေက် ၂း ၄) သူဖန်ဆင်းသော လူတို့ကို
သူ့ထံသို့ ပြန်လည်ခေါ်သွင်းတော်မူပြီ။ ထိုကြောင့် သူတို့သည် ဘုရား
သခင်ကို ချီးမွမ်းလျက်၊ သူ၏ကြီးမြတ်တော်မူခြင်း၊ ကောင်းမြတ်တော်
မူခြင်းနှင့် ရက်ရောတော်မူခြင်းတို့ကို ပြသနိုင်မည် ဖြစ်သည်။

အကယ်၍ ကျွန်ုပ်တို့သည် ခရစ်တော်၏ ရှေ့တော်၌ ကျွန်ုပ်တို့၏
အခြေအနေမှန်ကို သဘောပေါက်နားလည်မည်ဆိုပါက သူသည် ကျွန်ုပ်
ကို့ကို ဧကန်အမှန်ကယ်တင်ပြီးဖြစ်ကြောင်းကို နားလည်မည်ဖြစ်ကာ
သူ့ထံ၌ ကျွန်ုပ်တို့၏ လိုအပ်ချက်နှင့် ဆန္ဒရှိခြင်းတို့ကို တွေ့ရှိလာမည်
ဖြစ်သည်။

ကျွန်ုပ်တို့သည် ခရစ်တော်ထံရောက်လာသောအခါ ကွဲပြားခြား
နားချက်ကို ရိပ်မိနိုင်မလား? ပထမပြောင်းလဲခြင်းကို ရိပ်မိနိုင်ရန် သေချာ
သောအရာမှာ သူသည် ဘုရားသခင်ကို စတင်ဝတ်ပြုလိုသောဆန္ဒရှိ
လာမည် ဖြစ်သည်။ ဆုတောင်းလိုသော ဆန္ဒရှိလာပြီး၊ ဘုရားသခင်နှင့်
တစ်ဦးတည်း အချိန်ယူလိုသော ဆန္ဒလည်းရှိလာမည် ဖြစ်သည်။ ထို့

နောက် ကျွန်ုပ်တို့သည် ဘုရားသခင်ကို ရိုသေလေးမြတ်သော အသက်
တာဖြင့် အသက်တာရှင်ရန် စတင်လိုသောစိတ်လည်းရှိလာသည်။ မှတ်
သား ဖို့ရန်တစ်ခုမှာ သင်သည် ခရစ်တော်၌ယုံကြည်ခြင်း ပုံအပ်လိုက်
သောအခါ အသက်တာ၏ တစ်နေရာရာ၌ ထူးခြားမှုရှိလာသည်ကို တွေ့
ရမည် ဖြစ်သည်။ ထိုထူးခြားမှုများနှင့်အတူ အခြားသောပြောင်းလဲမှုများ
သည်လည်း သင်၏အသက်တာ၌ ဖြစ်လာမည်ဖြစ်ပြီး ထိုပြောင်းလဲမှု
များသည် တစ်ခါတစ်လေ အခက်အခဲ သို့မဟုတ် ဆင်းရဲဒုက္ခများ ယူ
ဆောင်လာတတ်သည်။ အမှန်အားဖြင့် အချို့သော ထိုပြောင်းလဲခြင်း
များကြောင့် သင်သည် စာတန်၏မိတ်ဆွေဖြစ်ခြင်းမှ ထွက်ခွါသွားပြီး
သူ၏ရန်သူဖြစ် လာသည်ကို အတွေ့အကြုံဖြင့် သိရှိလာမည် ဖြစ်သည်။
ထို့ကြောင့် စုံစမ်းခြင်းများ၊ တိုက်ခိုက်ခြင်းများနှင့် အခြားသော ဆင်းရဲ
ဒုက္ခများကို မျှော်လင့်ပါ။ စာတန်သည်သင့်ကို ဘုရားသခင်အား ရိုသေ
လေးမြတ်ရန် သင်၏ရွေးချယ်မှုများကို အနှောင့်အရှက်ပေးပြီး ဘုရား
သခင်အား နာခံခြင်းဖြင့် (ဘုရားသခင် အလိုတော်ရှိသောအရာကို လုပ်
ဆောင်ခြင်း) အသက်ရှင်ရန် ဆုံးဖြတ်ချက်များကို ဆီးတားမည် ဖြစ်
သည်။

ကျွန်ုပ်တို့သည် ခရစ်တော်နှင့်တူမျှသောအသက်တာသို့ ရောက်
ရှိရန် ဘုရားသခင်၏ လုပ်ငန်းစဉ်သည် ဆွဲဆန့်မည်ဖြစ်ပြီး၊ တစ်ခါတစ်
ရံမှာ မယုံကြည်နိုင်အောင် ခက်ခဲဟန်ရှိသော အသက်တာကို ဖြစ်နိုင်
လိမ့်မည်။ ၁ပေး၊၄း၁၂ က "ချစ်သူတို့ သင်တို့ကို စုံစမ်းစရာဘို့ ယခုခံရ
သော မီးစစ်ခြင်းအရာကိုကား၊ သင်တို့၌ အုံ့ဘွယ်သောအရာဖြစ်သည်ဟု
ထင်မှတ်၍ အုံ့သြခြင်း မရှိကြနှင့်" ဟု ပြောပါသည်။ ရှင်ပေါ် လုက ဖိလိပ္ပိ
၁း၁၉ တွင် ပြောထားသည်မှာ "ခရစ်တော်၏ ဘုန်းတော်အတွက် ဒုက္ခခံ
ရန် ငါ့အားအခွင့် ပေးတော် မူပြီ" ဟု တွေ့ရသည်။ ရှင်ယာကုပ် ၁း ၂-၄
မှာ "ငါ့ညီအစ်ကိုတို့၊ သင်တို့၏ ယုံကြည်ခြင်းကို စစ်ကြော စုံစမ်းခြင်း
အရာသည် သည်းခံခြင်းကို ပွါးစေတတ်သည်ဟု သိမှတ်လျက်၊ အထူး

ထူး အပြားပြား စုံစမ်းနှောင့်ရှက် ခြင်းနှင့်တွေ့ကြုံသောအခါ၊ ဂမ်းမြောက်စရာအကြောင်းသက်သက် ဖြစ်သည်ဟု မှတ်ကြလော့။ သင်တို့သည် အလျှင်းမချို့တဲ့ဘဲ စေစပ်စုံလင်မည်အကြောင်း သည်းခံခြင်း စိတ်သည် အကုန်အစင် ပြုပြင်ပါစေ။" ဟု တွေ့ရသည်။

ထို့ကြောင့် သင်၏ ခရစ်ယာန်အသက်တာသည် ဒုက္ခဆင်းရဲခြင်းနှင့် စုံစမ်းစစ်ကြောခြင်းများ တွေ့ကြုံသည်ကို သေသေချာချာ တွေ့နိုင်ပါသည်။ စုံစမ်းစစ်ကြောခြင်းများရှိသည်အတိုင်း အသက်တာသည် အမြဲတမ်းပြည့်စုံနေသကဲ့သို့ မည်သည့်အခါ၌မျှ တူမည်မဟုတ်ပေ။ ထို့နောက် နေ့ရက်တိုင်း၏ အသက်တာ၌လည်း ပျော်ရွှင်ချိန်ရှိဟန်မတူတော့ပေ။ သို့မဟုတ်ပါက အမြဲပင် ကျန်းမာ၊ ချမ်းသာနေပေလိမ့်မည်။ ခရစ်ယာန်အသက်တာသည် ဤစုံစမ်းစစ်ကြောခြင်းများကြောင့် အမှားတစ်စုံတစ်ခု လုပ်မိပြီလားဟူ၍ မထင်မှတ်သင့်ပေ။ ကျွန်ုပ်တို့၏ လိုအင်ဆန္ဒများ ပြောင်းလဲသွားသည်ကို ကျွန်ုပ်တို့ သိရှိနားလည်ပေလိမ့်မည်။ ထို့နောက် ယခုတွင် ကျွန်ုပ်တို့သည် ခရစ်တော်နှင့်တူမျှသော အသက်တာ ဖြစ်လာရန် ပို၍အလိုရှိကြသည်။ စုံစမ်းခြင်းနှင့် ဆင်းရဲဒုက္ခ၏ အလယ်၌ရှိခဲ့လျှင်ပင် ကျွန်ုပ်တို့အတွက် ခပ်သိမ်းသောအရာတို့သည် တစ်ညီတစ်ညွတ်တည်း ပြုစုကြလိမ့်မည် (ရော၊ ၈း ၂၈)။ ထိုအရာသည် ကျွန်ုပ်တို့ ပြောင်းလဲရန်အတွက် အမှန်တကယ်အကောင်းဆုံးနည်းလမ်းဖြစ်ပြီး ကျွန်ုပ်တို့အား ဖန်ဆင်းခြင်း၏ မူလရည်ရွယ်ချက်အတိုင်းအသက်ရှင်ရန် တတ်နိုင်စေသည်။ ဘုရားသခင်၏ သဘောသဘာဝကို ထင်ရှားစေသောအသက်တာ၊ သူ့အားကိုးကွယ်ရန်နှင့် အသုံးတော်ခံသော အသက်တာ၊ ဘုရားသခင်၏ ကျေးဇူးတော်၊ ကရုဏာတော်နှင့်ချစ်ခြင်းမေတ္တာတော်အားဖြင့် သူတစ်ပါးကို ထိတွေ့သော အသက်တာတို့ရှိရန် တတ်နိုင်စေသည်။

ကျွန်ုပ်တို့သည် ယေရှုနာမ၌ ဆုတောင်းနေသရွေ့ ကျွန်ုပ်တို့ လိုအပ်သောအရာများရရှိမည် ဖြစ်သည်။ အဘယ်ကြောင့်ဆိုသော် ခရစ်

တော်က "သင်တို့သည် ငါ့နာမကို အမှီပြု၍ ဆုတောင်းလျှင်" (ယော၊ ၁၄၊ ၁၄)ဟု မိန့်တော်မူပြီ၊ ဟုတ်လား။ မဟုတ်ပါ။ ခမည်းတော်ဘုရားက ကျွန်ုပ်တို့ လိုအပ်သမျှ သို့မဟုတ် ကျွန်ုပ်တို့ လိုချင်သောအရာရှိသမျှ ပေးမည်ဟု ဆိုလိုခြင်းမဟုတ်ပါ။ ဤကဲ့သို့ မကြာခဏ သွန်သင်ခြင်းသည် ကျွန်ုပ်တို့ကို ခရစ်တော်ထံသို့ မခေါ် ဆောင်နိုင်ပါ။ ခရစ်တော်နှင့် ပိုဝေး သွားစေပါသည်။ ဘုရားသခင်နှင့်ပို၍ ရင်းနှီးကျွမ်းဝင်ခြင်း၌ ကြီးပွားစေ သော ဆုတောင်းခြင်းသည် သူ့အားကိုးကွယ်လိုစိတ်ကို ကျွန်ုပ်တို့ အထဲ ၌ တိုးပွားစေသော ဆုတောင်းခြင်း ဖြစ်သည်။ ကျွန်ုပ်တို့၏ တစ်ခုခု အတွက်မဟုတ် သူ့ဘုန်းတော်အတွက်ဖြစ်လျှင် သူသည် ကျွန်ုပ်တို့၏ ဆုတောင်းခြင်းအား အဖြေပေးရန် စောင့်ကြိုနေသည်။ ဘုရားသခင်၏ ဘုန်းတော်အတွက် ပို၍ကောင်းသော တန်ဆာပလာဖြစ်ရန် ဆုတောင်း သောအခါ ခမည်းတော်ဘုရားသည် ကျွန်ုပ်တို့အား သာ၍ပြည့်လျှံစွာ အ ဖြေပေးမည် ဖြစ်သည်။

ကျွန်ုပ်တို့သည် ဘုရားသခင်ကို သေခြင်းမှအသက်ရှင်ခြင်းသို့ ပို့ ဆောင်ပေးသော ဘုရားအဖြစ်သိမှတ်ဖို့ အမြဲသတိရရန် လိုအပ်သည်။ ခရစ်တော်က တန်ခိုးတော်သည် သူ၌ရှိသောကြောင့် သူ့ကို ပုံအပ်ထား ရန်နှင့် တန်ခိုးတော်ပြခွင့်ပြုရမည်အကြောင်း ကျွန်ုပ်တို့အား ပြသခဲ့ သည်။ ယေရှုက သူဌေးလုလင်ကို စိန်ခေါ်ပြီး တပည့်တော်များကို ပြော သည်မှာ ရှိသမျှကိုဆင်းရဲသားများကိုပေးလျှ၍ ငါ့နောက်သို့ လိုက်သော သူသည် ထာဝရနိုင်ငံမှာပြန်ရမည်။ ဤလောကမှာမဟုတ်ဟု မိန့်တော် မူခဲ့သည် (မဿဲ၊ ၁၉း၁၆-၃၀)။ ကျွန်ုပ်တို့သည် နက်စွာသောဒုက္ခတွင်း ထဲမှ ဤအရာများကို ရရှိမည်ဖြစ်ကြောင်း၊ ဘုရားသခင်သည် သချႌုင်း အားဖြင့် လွတ်လပ်ခြင်းကို ယူဆောင်ပေးကြောင်းတို့ကို အမြဲမှတ်ထား ရန် ဖြစ်သည်။ မကြာခဏတွေ့ကြုံလေ့ရှိသော ဒုက္ခဆင်းရဲခြင်းများအား ဖြင့် ဘုရားသခင်သည် ကျွန်ုပ်တို့အား ပျော်ရွှင်ခြင်းနှင့်လွတ်လပ် ခြင်း လမ်းကို ပြင်ဆင်ပေးတော်မူလိမ့်မည်။

ထို့ကြောင့် ပိုမိုကျန်းမာခြင်း၊ ချမ်းသာကြွယ်ဝခြင်းနှင့် ပျော်ရွှင် ခြင်းများကို ရရှိမည့်အစား ဆင်းရဲဒုက္ခများကို ခံစားရပါက အံ့ဩခြင်း မရှိပါနှင့်။ ရှင်ပေါလုပြောထားသောအရာကို သတိရပါ။ "ငါ၏သခင် ယေရှုခရစ်ကို သိသောပညာသည် အဘယ်မျှလောက်မြတ်သည်ကို ထောက်၍ခပ်သိမ်းသော အရာတို့ကို ရှုံးစေသောအရာကဲ့သို့ ငါထင်မှတ် ၏။ ထိုသခင်ကြောင့် ခပ်သိမ်းသောအရာတို့ကို အရှုံးခံရပြီ" (ဖိ၊ ၃း ၈)။

ထိုသို့ဆိုသောကြောင့် ကျွန်ုပ်တို့၏ လိုအပ်မှုများ၊ သူတစ်ပါး၏ လိုအပ်မှုများအတွက် ဆုမတောင်းရဘူးဟု ဆိုလိုခြင်း မဟုတ်ပါ။ သူ သည် ကျွန်ုပ်တို့၏ အဖဖြစ်သောကြောင့် ကျွန်ုပ်တို့ လိုအပ်သောကောင်း သောအရာ ရှိသမျှကိုပေးဖို့ အမှန်တကယ် သိတော်မူ၏ (မဿဲ၊ ၇း ၁၁)။ သူပေးတော်မူသော ဆုကျေးဇူးများထဲမှ တစ်ခုဖြစ်သော အဗ္ဗအဘဟု အော်ဟစ်တတ်သော ဆုကျေးဇူးသည် လောကီဖခင်ထံ တစ်စုံတစ်ခုကို တောင်းသကဲ့သို့ ဘုရားသခင်ထံ အော်ဟစ်တတ်ခြင်းပင် ဖြစ်သည် (ရောမ၊ ၈း၁၅)။ ကျွန်ုပ်တို့၏ စိုးရိမ်ခြင်းအမှုရှိသမျှကို ဘုရားသခင်ထံ အပ်နှံဖို့ လမ်းညွှန်ထားပါသည်။ အဘယ်ကြောင့်ဆိုသော် သူက ကျွန်ုပ် တို့ကို ချစ်သောကြောင့် ဖြစ်သည်(၁ပေ၊ ၅း၇)။ ထိုထက်မက ဘုရား သခင်သည် ကောင်းမြတ်တော်မူသည်ဖြစ်၍ သူ၏ရက်ရောတော်မူခြင်း နှင့် ကောင်းမြတ်ခြင်း များ(ရုပ်ဝတ္ထုပစ္စည်းများ ဖြစ်နိုင်သည်)အားဖြင့် သူ၏ချစ်ခြင်းမေတ္တာကို ကျွန်ုပ်တို့အား ပြလိုသော ဘုရားသခင်ဖြစ်သည် (ဟောရှ၊ ၃း ၈)၊ တစ်ခါတစ်ရံမှာ သူ၏မစခြင်းသည် ကျွန်ုပ်တို့၏ ညီ အစ်ကို၊ မောင်နှမများ၏ ချစ်ခြင်း၊ မိတ်ဆွေများ၏ နှစ်သိမ့်အားပေးခြင်း၊ သန့်ရှင်းသောဝိညာဉ်တော်၏ နှစ်သိမ့်ခြင်း(ကျွန်ုပ်တို့အထဲ၌ အသက်ရှင် သော ဘုရားသခင်၊ တန်ဖိုးမဖြတ်နိုင်သော ဆုကျေးဇူး၊ သန့်ရှင်းသော ဝိညာဉ်တော်ကိုယ်တိုင်)အားဖြင့် ဖြစ်သည်။ ကျွန်ုပ်တို့တွင် အကြီးမား ဆုံးဆုကျေးဇူးဖြစ်သော ကျေးဇူး(တရား)တော်အားဖြင့် ဖန်ဆင်းခြင်း၏ ရည်ရွယ်ချက်အတိုင်း ယခုအသက်ရှင်နိုင်သော အစွမ်းတန်ခိုးကို ပေး

သည်။ ထိုကြောင့် ဆုတောင်းရန်အတွက် မည်သည့်အခါ၌မျှ ချီတုံချတုံ မဖြစ်ပါနှင့်။ အဘယ်ကြောင့်ဆိုသော် သူသည် ကျွန်ုပ်တို့ကို ချစ်ခြင်း မေတ္တာပြရန် စောင့်ကြိုလျက်ရှိသည်။ သူ၏ အဖြေများသည် ကျွန်ုပ်တို့ စိတ်ကြိုက်မဟုတ်သည့်တိုင်အောင်၊သူသည် ကျွန်ုပ်တို့ကို သူနှင့်ပို၍ နီး စပ်စေသော နည်းလမ်းကို ယူဆောင်ပေးပြီး ခရစ်တော်နှင့်တူမျှသော အသက်တာသို့ ခေါ်ဆောင်ပေးပါလိမ့်မည်။

ဘုရားသခင်သည် လူနှစ်ဦး၊ သုံးဦးတို့ သဘောတူလျက် တစ်စုံတစ်ခုကို ဆုတောင်းလျှင် သူတို့အတွက် ဘုရားသခင် လုပ်ပေးမည်ဟု သမ္မာကျမ်းစာက ပြောသလား? သို့ဖြစ်လျှင် ဘုရားသခင်သည် ကျွန်ုပ်တို့ တောင်းသမျှကို လုပ်ပေးမည်လို့ ဆိုလိုပါသလား?

သမ္မာကျမ်းက အတိအလင်းပြောသည်မှာ -

တဖန်ငါဆိုသည်ကား၊ မြေကြီးပေါ်မှာ သင်တို့တွင် နှစ်ယောက် တို့သည် သဘောချင်းတူ၍ ဆုတောင်းလျှင် တောင်းသမျှသော ဆုတို့ကို ကောင်းကင်ဘုံ၌ ရှိတော်မူသော ငါ၏ခမည်းတော် သည် ပေးတော်မူလတံ့ (မဿဲ ၁၈း ၁၉)

ထာဝရဘုရား၌ မွေ့လျော်ခြင်းရှိလော့။ သို့ပြုလျှင် စိတ်နှလုံး အလိုပြည့်စုံရသောအခွင့်ကို ပေးတော်မူမည် (ဆာ၊ ၃၇း ၄)

အချင်းချစ်သူ၊ သင်၏စိတ်နှလုံးသည် ကောင်းစားသကဲ့သို့ သင် သည် အရာရာ၌ ကောင်းစားခြင်းနှင့် ကျန်းမာခြင်းရှိမည်အ ကြောင်း ငါဆုတောင်း၏ (၁ယော၊ ၁း ၂)

ဖြောင့်မတ်သောသူ၏ အိမ်၌များစွာသော စည်းစိမ်ရှိ၏။ (သု၊ ၁၅း ၆)

စကားတော်ကို နားထောင်၍ အမှုတော်ကို ဆောင်ရွက်လျှင်၊ စည်းစိမ်ချမ်းသာနှင့် ပျော်မွေ့လျက်၊ နှစ်လနေ့ရက်ကာလကို လွန်စေတတ်ကြ၏။ (ယော၊ ၃၆း ၁၁)

သို့ဖြစ်၍ သမ္မာကျမ်းစာက ကျွန်ုပ်တို့ကို ကြွယ်ဝချမ်းသာမည် ဟု ကတိပေးပါသလား? အကယ်၍အကျွန်ုပ်သည် ဖြောင့်မတ်သော အသက်တာဖြင့် အသက်ရှင်လျှင် ကျွန်ုပ်သည် ချမ်းသာကြွယ်ဝမည်ဟု ပြောခြင်း ဖြစ်ပါသလား? အချို့သောသူတို့က ဖျားနာခြင်းသည် အပြစ် ဖြစ်၍ စာတန်ဆီက ရောက်လာခြင်းဖြစ်သည်ဟုပင် ဆိုကြသည်။ ကျွန်ုပ် တို့၏အနာရောဂါများအတွက် ဘုရားသခင်က တာဝန်ယူသည်ဟု ကျွန်ုပ် တို့ပြောနေချိန်မှာ ကျွန်ုပ်တို့က အပြစ်ရှိသူ ဖြစ်နေသည်။ ဤကဲ့သို့သော သွန်သင်ချက်သည် မှန်ကန်ပါသလား?

ကျွန်ုပ်တို့သည် ဤကျမ်းစာတစ်အုပ်လုံး အနက်ဖွင့်တော့ မည်ဆိုပါက သေချာရေရာအောင် လုပ်ရပါမည်။ ကျမ်းစာသည် တစ်ခု နှင့်တစ်ခု ဆန့်ကျင်ခြင်းမရှိပါ။ မကြာခဏဆိုသလို ဤကျမ်းပိုဒ်က ဤသို့ အဓိပ္ပါယ်ရှိသည် စသဖြင့် သွန်သင်ကြသည်ကို တွေ့ရသည်။ သူတို့က "ကျွန်ုပ်တို့သည် မဖျားနာရဘူး" သို့မဟုတ် "လောကမှာ အသက်ရှင်ခိုက် ကျွန်ုပ်တို့သည် ချမ်းသာသင့်တယ်" စသဖြင့်။ ထိုသို့သော ပြောဆိုခြင်း များသည် အခြားသောသမ္မာကျမ်းစာထဲက ကျမ်းပိုဒ်များနှင့် ဆန့်ကျင် ခြင်း၊ ရှေ့နောက်မညီခြင်း ရှိပါသလား? ဘုရားသခင်က သမ္မာကျမ်းစာ၏ တစ်နေရာရာမှာ ကြွယ်ဝချမ်းသာခြင်း အကြောင်းကို ပြောသလား? ကောက်နှုတ်ချက်(အကြောင်းအရာ)တိုင်းကို ၎င်းနည်းလမ်းဖြင့်သာ

ကြည့်ပြီး အဓိပ္ပါယ်ဖွင့်ရမလား? ဘုရားသခင်သည် အရာခပ်သိမ်းကို ထိန်းချုပ်သောသူ၊ ပုံစံရေးဆွဲသောသူ ဟုတ်ပါသလား? ဖျားနာခြင်းနှင့် ဆင်းရဲနွမ်းပါးလျက် ဒုက္ခခံခြင်းအတွက် အခြားအကြောင်းပြ ချက်များ ရှိသလား? ဤအကြောင်းအချက်များအတွက် နားလည်မှု အလင်းကို ပေးသော အခြားအကြောင်းအချက်များ ရှိပါသလား? သမ္မာကျမ်းစာ၏ အဓိကရည်ရွယ်ချက်သည် မည်သည့်အရာ ဖြစ်သနည်း? ကျမ်းစားကို အကြောင်းအရာတစ်ခုအားဖြင့် ကျမ်းပိုဒ်အလိုက် ဘာသာပြန်သင့်သလား၊ သို့မဟုတ် တစ်အုပ်လုံး အတူတကွဆက်စပ်ပြီးမှ ဘာသာပြန်သင့်မလား?

ဤမေးခွန်းအားလုံးသည် ကျွန်ုပ်တို့ ကြားသိနေရသော ဤသို့သော သွန်သင်ချက်များကြောင့် အချိန်တိုင်းတွင် ကိုယ်ကိုကိုယ်မေးသင့်သော မေးခွန်းများဖြစ်ပါသည်။ ဤသို့သော မေးခွန်းကိုမေးဖို့ ပျက်ကွက်ခဲ့လျှင်မူကား အမှားသို့ ဦးတည်စေပြီး၊ မှားယွင်းစွာ အနက်ပြန်ခြင်းနှင့် မှားယွင်းသော လိုက်လျှောက်မှုရလဒ်များကို ရရှိမည်သာ ဖြစ်သည်။

အကယ်၍ ကျွန်ုပ်တို့သည် ကောင်းချီးနောက်ကို လိုက်သောသူဖြစ်ပြီး၊ ဖြောင့်မတ်သောသူသည် စည်းစိမ်ကို အမှန်တကယ် ရရှိမည်ဆိုပါက၊ ကျွန်ုပ်တို့သည် ဤကဲ့သို့သော ခရစ်တော်နောက် လိုက်တစ်ယောက်ကို တွေ့ရှိမည်ဖြစ်သည်။ ဟုတ်ပါသလား? ယေရှုက မဿဲ ၈း ၂၀ ၌ *"လူသား မူကား ခေါင်းချစရာမျှမရှိ"* ဟု မိန့်တော်မူ၏။ လုကာ ၁၂း ၁၅ တွင် သူက *"စည်းစိမ်ရှိသော်လည်း စည်းစိမ်၌ အသက်မတည်'*ဟု မိန့်တော်မူ၏။

"သံချေး၊ ပိုးရွှဖျက်ဆီး၍ သူခိုးထွင်းဖောက်ခိုးယူရာ မြေကြီးပေါ်မှာ ဘဏ္ဍာကို မဆည်းပူးကြနှင့်" (မဿဲ၊ ၆း ၁၉)

သမ္မာကျမ်းစာထဲ၌ လောကစည်းစိမ်နောက်ကို လိုက်၍ အသက်
ရှင်ခြင်းအကြောင်း နောက်ထပ်ဖော်ပြချက် ရှိပါသလား? လောကမှာ
အချမ်းသာဆုံး၊ စမတ်အကျဆုံးလူ၊ ယနေ့တိုင် အသက်ရှင် သေးသော
သူ၏ စကားများသည် ဆက်လက်၍ အလင်းဖြစ်စေနိုင်သလား? စည်း
စိမ်ကိုများစွာ သိုမှီးပြီး ကြွယ်ဝ၍ နာမည်ကြီးလာသည့်တိုင်အောင် သူ၏
မိုက်ရှုးရဲခြင်းကြောင့် သူ၏စကားများ မှေးမှိန်သွားမည်သာ ဖြစ်သည်။
ဤအရာသည် ရှောလမုန်မင်းကြီး လောကီစည်းစိမ်နောက်ကို လိုက်ပြီး
နောက် ဒေသနာကျမ်း ၂း ၁-၁၁ နှင့် အခြားနေရာများတွင် သုံးသပ်ချက်
များစွာ တွေ့ရသည်။

ဘုရားသခင်သည် သူ၏သားသမီးများဖြစ်သည်ဟု ဆိုသော်
လည်း ပို၍ရှိချင်သူ၊ ပို၍လိုချင်သူ၊ ထပ်၍ရှာချင်သူနှင့် ဘုရားသခင်၌
ကျေနပ်ရောင့်ရဲခြင်မရှိသူများအပေါ် နလုံးတော်ထဲ၌ မည်သို့ခံစားတော်
မူမည်နည်း? ဘုရားသခင်သည် ကျွန်ုပ်တို့ကို သူ့အဖို့ ရွေးနုတ်တော်မူ
ခြင်းသည် ကောင်းချီးများ ပို၍ပေးရန်၊ သို့မဟုတ် ကျွန်ုပ်တို့အသက်
တာကို ချောင်ချောင်လည်လည်ဖြစ်စေချင်လို့လား? ထိုအကြောင်းများ
ကြောင့် တကယ်ဟုတ်ပါသလား? သို့မဟုတ် ထိုသို့ဖြစ်မှသာ သူသည်
ကျွန်ုပ်တို့ကို ဘုန်းတော်ကို ချီးမွမ်းတတ်သော သူ၏အကောင်းဆုံးလက်
ရာများအဖြစ် ထိန်းချုပ်ထားနိုင်မှာလား?

ဖျားနာခြင်းနှင့်ပတ်သက်၍ မည်သို့နည်း? ဖျားနာခြင်းနှင့် ကျန်းမာ
ရေးချွတ်ယွင်းခြင်းသည် မကောင်းမှုဖြစ်ပါသလား? သို့မဟုတ် အခြား
သော ရည်ရွယ်ချက်များရှိမလား? ခရစ်တော်က ဤကိစ္စနှင့် ပတ်သက်၍
ခံယူချက်ကို ထုတ်ဖော် ဖူးပါသည်။ "ယေရှုကလည်း၊ ကိုယ်အပြစ်ကြောင့်
မဟုတ်၊ မိဘ အပြစ်ကြောင့်လည်းမဟုတ်၊ ဘုရားသခင်၏ အမှုတော်ကို
သူ၌ထင်ရှားစေမည်အကြောင်းတည်း" (ယော၊ ၉း ၃)။

ရှောလမုန်က ဒေသနာ ၇း ၁၃ တွင် "ဘုရားသခင်၏ အမှုတော် ကို ဆင်ခြင်လော့။ ကောက်စေတော်မူသောအရာကို အဘယ်သို့ဖြောင့် စေနိုင်သနည်း" ဟု ပြောပါသည်။

နေဦး! ဘုရားသခင်သည် ဖြောင့်သောအရာကို လုပ်ပြီး ကောက် စေသည်၊ ဟုတ်လား? ၤ၍အရာ၌ မည်သည့်အရာကို ဆိုလိုသနည်း? ဘုရားသခင်သည် ကောက်သောအရာများကိုသာ ဖြောင့်ဖြူးအောင် လုပ်သည်ဟု ကျွန်ုပ်ထင်ပါသည်။ ၤ၍အရာက ဖျားနာခြင်းသည် မ ကောင်းမှု ဖြစ်ပြီး ကြွယ်၀ချမ်းသာခြင်းသည် ဖြောင့်မတ်စွာ အသက်ရှင် ခြင်း၏ အမှတ်သကေၤတ ဖြစ်သည်ဟု ဆိုသောသူတို့၏သဘော သ ဘာ၀ ဖြစ်သည်။

ဒေသနာကျမ်း ၇း ၁၄ ၌ ဘုရားသခင်သည် ကောင်းစွာအသက် ရှင်သော အချိန်၌သာ မစသည်မဟုတ်၊ ကောင်းစွာအသက်မရှင်သော အချိန်၌လည်း မစတော်မူသောဘုရားဖြစ်သည်။ ဟေရှာယ ၄၅း ၇ "ငါသည် အလင်းကို လုပ်၏။ အမိုက်ကိုလည်း ဖန်ဆင်း၏။ ငြိမ်သက်ခြင်း ကို ဖြစ်စေ၏။ အမင်္ဂလာကိုလည်း ဖန်ဆင်း၏။ ခပ်သိမ်းသောအမှုအရာ တို့ကို ငါထာ၀ရဘုရားပြုတော်မူ၏"။ ဘုရားသခင်က သူသည် ၀မ်း မြောက်ခြင်း၊ ၀မ်းနည်းခြင်းတို့အတွက် ၀န်တာရှိသူဖြစ်၏။ သို့ဖြစ်၍ ဘုရားသခင်သည် ကောင်းသောအချိန်နှင့် မကောင်းသောအချိန်၊ ဖျား နာသောအချိန်နှင့် ၀မ်းနည်းသောအချိန်တို့အတွက် ၀န်တာရှိလျှင် တစ် ယောက်ယောက်သည် အပြစ်ရှိ၏ဟု မည်သည့်အတွက်ကြောင့် ဆိုရသ နည်း? သို့မဟုတ် နားမထောင်ခြင်းလည်းမဟုတ်။ လုံလောက်လျက် ရှိသည် သို့မဟုတ် လုံလောက်သောယုံကြည်ခြင်း ရှိသည်။ ၤ၍နေရာ၌ အခြားသော အကြောင်းအချက်များ ရှိသည်။ ဘာကြောင့် ဘုရားသခင် သည် ၤ၍အရာများကို ပြုတော်မူရသနည်း?

ကျွန်ုပ်တို့သည်"လုံလောက်သော ယုံကြည်ခြင်းရှိလျှင်" သို့မဟုတ် "ဘုရားသခင်၏ စိတ်တော် နှင့်တွေ့သော အသက်ရှင်မှုရှိလျှင်" ဟု

ပြောနေကြချိန်မှာ အခြားသော ပြဿနာတစ်ခု နောက်ထပ် ပေါ် လာပြန်
သည်။ ကျွန်ုပ်တို့က တဖန် 'ကျွန်ုပ်တို့' ဟူ၍ လုပ်ပြန်သည်။ ကျွန်ုပ်တို့၏
ယုံကြည်ခြင်း၊ ကျွန်ုပ်တို့၏ ဖြောင့်မတ်ခြင်းစသဖြင့် လုပ်ပြန်သည်။ကျွန်ုပ်
တို့သည် ဖါရိရှဲများကဲ့သို့ ပြန်ဖြစ်နေကြပြီ။ သူတို့သည် ကျွန်ုပ်တို့က
ဥပဒေအတိုင်းအသက်ရှင်ခြင်းမရှိဘူးဟု ထင်ရသောသူတို့ကို လက်
ညှိုးထိုးသူများ ဖြစ်ကြသည်။ ထိုသူတို့၏ အသက်တာကို ကြည့်သော
အခါ သူတို့ဖြစ်ချင်သည့်အတိုင်း ကြွယ်ဝချမ်းသာခြင်း၊ ကျန်းမာခြင်းရှိ
သောသူများအဖြစ် မထင်မှတ်ရပါ။

ကျွန်ုပ်တို့သည် အပြင်သဏ္ဌာန်ကို ကြည့်ပြီး ပြောခြင်းမဟုတ်ပါ။
တစ်ဖန်ထပ်၍ ကျွန်ုပ်တို့တွင် အချို့က မပြောရမည့်အရာများကို မသိကြ
ပေ။ မကြာမကြာ ဆင်ခြင်တတ်သည်မှာ - "သူတို့မှာ မည်သည့်အမှား
ရှိလို့လဲ?" "သူတို့မှာ အပြစ်ရှိလိမ့်မည်". "သူတို့သည် သူတို့၏ အသက်
ကို အတူတကွ ရရှိရန်လိုသည်"။ ထိုသို့ ကျွန်ုပ်တို့သည် အခြားသော
သူတို့၏ အသက်တာကို ငေးကြည့်သောအခါ ရိပ်မိလာသည်။ ကျွန်ုပ်တို့
အနေဖြင့် ဘုရားသခင်အလိုတော်အတိုင်း မည်သည့်အခါ၌မျှ လုပ်
ဆောင်ရန် မတတ်နိုင်သည်ကို မေ့လျော့တတ်ကြသည်။ ဘုရားသခင်
သည် ကျွန်ုပ်တို့အားလုံးကို အလိုတော်ရှိသည့်အတိုင်း လုပ်ဆောင်
နိုင်ရန် ခရစ်တော်၏တတ်နိုင်တော်မူခြင်းကို ပေးခဲ့ပါသည်။ ထိုသို့
သောအားဖြင့် ယခုတွင် ခရစ်တော်၏ စုံလင်သောနားထောင်နာခံခြင်းကို
မြင်တော်မူသည်။ ကျွန်ုပ်တို့၏ နားထောင်နာခံခြင်းကြောင့် မဟုတ်
(၂ကော၊ ၅း ၂၁)။ ကျွန်ုပ်တို့သည် အထက်က အပြစ်၌ သေသောသူ
(ဘုရားသခင်နှင့် ကင်းကွာသောသူ)များဖြစ်ကြပြီး သူက ပေးသနား
တော်မူသော ယုံကြည်ခြင်းရှိကြသည် (ဖေက်၊ ၄း ၁)။

ဤအရာများကို ကျွန်ုပ်တို့အောက်မေ့သောအခါ အခြားသူများကို
ငေးကြည့်ပြီး ဝေဖန်အပြစ် ပြောခြင်းများ လျော့ပါးသွား၍ သူက အညီ
အမျှပေးသနားတော်မူသော ကျေးဇူးတော်များကို ပို၍နား လည်၍သဘော

ပေါက်လာပါသည်။ ဤအရာသည် ဘုရားသခင်က အမြဲလုပ်ဆောင် ရ မည့်အရာနှင့် သူ၏အကြံအစည်တော် ဖြစ်သည်။

အကယ်၍ ကျွန်ုပ်တို့သည် ခရစ်တော်၌ကြီးထွားနေသောသူ ဖြစ် လျှင် ကျွန်ုပ်တို့၏ ဆုတောင်းချက်များနှင့် တောင်းဆိုသောအရာများ အားဖြင့် ကျွန်ုပ်တို့၏ ကြီးထွားခြင်းကို ထင်ဟပ်စေမည် ဖြစ်သည်။ ကျွန်ုပ်တို့သည် ဆက်ကပ်ပူဇော်ခြင်း အသက်တာသို့ ချဉ်းကပ်ပေနေ လိမ့်မည်။ ကျွန်ုပ်တို့၏ အဓိကရည်မှန်းချက်သည် ဘုရားသခင်၏ ဘုန်း တော်ကို ထင်ရှားစေရန်နှင့် သူ၏ဘုန်းတော်ကို ထင်ရှားစေသော ဆု တောင်းချက်အဖြေများကို ဘုရားသခင်က ကျွန်ုပ်တို့အားပေးရန် စောင့် ကြို့လျက် နေပါသည်။ လူနှစ်ယောက် သို့မဟုတ် နှစ်ဦးထက်များသော သူတို့ဖြင့် သဘောတူလျက် ဆုတောင်း ကြသောခါ ဘုရားသခင်သည် ကျွန်ုပ်တို့အား ကောင်းချီးချပေးရန် အဆင်သင့်ရှိတော်မူကြောင်းကို ကျွန်ုပ်တို့ တွေ့ရှိပါလိမ့်မည်။ ကျွန်ုပ်တို့၏ ဆုတောင်းချက်များကိုလည်း သူသည် ဂရုစိုက်တော်မူသည်။

အချို့သောသူတို့က ကျွန်ုပ်တို့သည် ပျော်ရွှင်ခြင်း၊ ကျန်းမာခြင်း နှင့် ကြွယ်ဝချမ်းသာခြင်းရှိလျှင် သူသည် ဘုန်းတော်ထင်ရှားမည်ဟု ပြောဆိုကြပေလိမ့်မည်။ တစ်ခါတစ်ရံတော့ မှန်ပါသည်။ ဘုရားသခင် သည် အောင်မြင်သူ၊ ပျော်ရွှင်သူနှင့် ကြွယ်ဝချမ်းသာသူ တစ်စုံတစ် ယောက်အားဖြင့် ကျွန်ုပ်တို့ကို မကြာခဏကောင်းချီးပေးလေ့ရှိသည်။ မည်သို့ပင်ဖြစ်စေကာမူ ဤအရာများသည် သူ၏အကြံအစည်တော် ထဲ၌သာရှိသည်။ ထိုအကြံအစည်တော်သည် ကျွန်ုပ်တို့မမွေးမီကတည်း ကပင် ရှိနှင့်ပြီ။ သူသည် ကျွန်ုပ်တို့၏ ခြေလှမ်းများကို ကျွန်ုပ်တို့မလှမ်းမီ ကပင် အကြံအစည်အမှန်တကယ် ရှိထားသည်။

အမြဲတစေ မှတ်မိရန် လိုအပ်သည်မှာ ဘုရားသခင်သည် ကျွန်ုပ် တို့၏ စံနှုန်းဖြစ်အသက်ရှင်ခြင်းကို စိတ်ဝင်စားမှု လျော့ပါးနေပြီး၊ သူ၏ သဘောသဘာဝ၊ စံနှုန်းကိုသာ စိတ်ဝင်စားတော်မူသည်။ သူသည်ကျွန်ုပ်

တို့ကို ဖန်ဆင်းခြင်း၏ ရည်ရွယ်ချက်အတိုင်း ပြည့်စုံရန် ပြန်လည်ခေါ်
ဆောင်မှု ပြီးစီးရန်ကိုသာ စိတ်ဝင်စားတော်မူသည်။ ကျွန်ုပ်တို့ကို ဖန်
ဆင်းတော်မူခြင်းအကြောင်းရင်းမှာ သူနှင့်မိတ်သဟာယဖွဲ့ရန်၊ သူ့ကို
ချီးမွမ်းရန်ဖြစ်သည်။ သူ၏ကောင်းမြတ်ခြင်း၊ ရက်ရောတော်မူခြင်း၊ ကျေး
ဇူးတော်၊ ချစ်ခြင်းမေတ္တာတော်နှင့် ကရုဏာတော်တို့ကို ဖော်ပြသော
နှုတ်လျှာ၊ ခြေလက်များဖြစ်ရန် အလိုတော်ရှိသည်။ သို့မှသာ တစ်နေ့
သူ၏ဘုန်းတော်ကို ချီးမွမ်းစရာဖြစ်ဖို့ ကျွန်ုပ်တို့ကို ဆက်သမည် ဖြစ်
သည်။   ခရစ်တော်က အသက်ရှင်ခြင်းကို ဖမ်းဆုပ်ထားခြင်းအားဖြင့်
ရသည်မဟုတ်၊ ကိုယ်တိုင်သေခြင်းအား ဖြင့်ရကြောင်း ပြသခဲ့သည်။

"ခရစ်ယာန်တစ်ယောက်၏ တစ်ခုတည်းသော ဘမ်ဘာစတစ်
ကာသည် 'ကိုယ့်အသက်ကို မုန်းခြင်း' ဖြစ်သင့်သည်"။ *ပါဝတ္တာဒေးဝစ်
လိပ်(စ်) Connection Fellowship.* တန်ခိုးပါသော စကားပေဝတည်း။
တန်ခိုးပါလျက် သမ္မာတရားဖြစ်သော ခရစ်ဝင်ကျမ်းထဲက ယေရှုစကား
ကို ရောင်ပြန်ဟပ် စေသော စကားဖြစ်သည်။ အင်မတန် တန်းခိုပါလျက်
ခရစ်ယာန်ကျမ်းများ၌ (၃)ကြိမ်တိုင်အောင် ဖော်ပြထားသည်။ ယေရှုက
"ငါ့၌ဆည်းကပ်လိုသောသူဖြစ်လျှင် ကိုယ်ကိုကိုယ်ငြင်းပယ်ရမည်။ ကိုယ်
လက်ဝါးကပ်တိုင်ကို ထမ်း၍ငါ့နောက်သို့ လိုက်ရမည်"ဟု မိန့်တော်မူ၏
(မဿဲ၊ ၁၆း ၂၄။ မာကု၊ ၈း ၃၄။ လုကာ၊ ၉း ၂၃) ခရစ်တော်က ကိုယ်
ကိုကိုယ် ငြင်းပယ် (ဖေ)ရန် ပြောဆိုသောအခါ ရည်ညွှန်းလိုသောအ
ရာသည် ကျွန်ုပ်တို့ စိတ်ဝင်စားသောအရာ နောက်ကိုမလိုက်ရန် ဖြစ်
သည်။ ကျွန်ုပ်တို့၏ လောကီအောင်မြင်ခြင်း နောက်ကိုမလိုက်ရန်၊ ကျွန်ုပ်
တို့၏ သွေးသားဝါသနာ နောက်ကိုမလိုက်ရန်၊ ကျွန်ုပ်တို့၏ နည်းလမ်း
အားဖြင့် စည်းစိမ်ရလိုခြင်း နောက်ကိုမလိုက်ရန်တို့ ဖြစ်သည်။ သို့သော်
လည်း ထိုအရာ အားလုံးကို ငြင်းပယ်ရန် ဖြစ်သည်။ သို့မှသာ ထိုအရာ
တို့နောက်ကို လိုက်မည့်အစား ခရစ်တော်ကို အမိကထားကာ အသက်

တာ၌ နံပါတ်(၁)နေရာထားနိုင်မည် ဖြစ်သည်။ ကျွန်ုပ်တို့၌သူလုပ် ဆောင်သောအရာအားဖြင့် သူများကို ရောင်ပြန်ဟပ်နိုင်မည် ဖြစ်သည်။

ကျွန်ုပ်တို့ တစ်စုံတစ်ခုအတွက် ဆုတောင်းသောအခါ ကျွန်ုပ်တို့၏ အကျိုးစီးပွားအတွက် တောင်းတတ်ကြသည်။ ဘုရားသခင်သည် ကျွန်ုပ် တို့၏ ဆုတောင်းသံကို နားညောင်းသောအခါ သူ၏အကျိုးအတွက် နား ညောင်းခြင်း ဖြစ်သည်။ ကျွန်ုပ်တို့၏ အနှစ်သက်ဆုံးသောအရာ ဖြစ်ချင်မှ ဖြစ်မည်၊ မဖြစ်ချင်မဖြစ်ဘူး။

ကျွန်ုပ်တို့အမြင်၌ အကောင်းဆုံးသောအရာသည် ပျေ့ပျက်ခြင်း အမြဲပါဝင်သည်။ ဘုရားသခင်၏ အမြင်၌ အကောင်းဆုံးသောအရာသည် ကျွန်ုပ်တို့ကို ဖန်ဆင်းခြင်း၏ရည်ရွယ်ချက် ပြည့်စုံလာစေခြင်း အမြဲပါဝင် သည်။ ကျွန်ုပ်တို့ကို ရွေးချယ်ပိုင်ခွင့် ပေးထားသည်နှင့်အညီ ကျွန်ုပ်တို့၏ ဆုံးဖြတ်ချက်နှင့် ဆက်ကပ်မှုအားဖြင့် သန့်ရှင်းသောဝိညာဉ်တော်သည် ကျွန်ုပ်တို့အထဲ၌ အလုပ်လုပ်ပြီး ဘုရားသခင်ကို ရှိသေလေးမြတ်သော အသက်တာဖြင့် အသက်ရှင်ခြင်းကို တတ်နိုင်စေသည်။ ဤအရာသည် ကျေးဇူးတော်၏ လုပခြင်းဖြစ်သည်။ ထိုကျေးဇူးတော်၏ လုပခြင်းက ဆင်းရဲဒုက္ခ၊ နာကျင်ခြင်း၊ ဆုံးရှုံးခြင်း၊ အနာတရဖြစ်ခြင်းတို့ကို မရှုမမှတ် ရမည်အကြောင်း အခွင့်ပေးတော်မူ၏။ အစပြုခြင်းကိုသာ ရှုမှတ်ရပါမည် (ဖိ၊ ၁း ၂၉)။ ဤအရာသည် ခရစ်တော်၏ ဆင်းရဲဒုက္ခကို သဘော ပေါက်နားလည်ခြင်း၏ အစသာလျှင် ဖြစ်သည်။ အသက်ရှင်ခြင်း၊ စိတ် နှလုံးပြောင်းလဲခြင်းကို ပေးသနားတော်မူသော ဘုရားသခင်၏ ချစ်ခြင်း မေတ္တာသည် ကျွန်ုပ်တို့ အမှန်တကယ် မထိုက်တန်သောအရာ ဖြစ် သည်။ ကျွန်ုပ်တို့သည် ဖန်ဆင်းတော်မူခြင်းကို ရည်ရွယ်ချက်ဆီသို့ လှည့် ပြန်ပြီး ကျွန်ုပ်တို့ကို အလွန်ချစ်တော်မူသောသူကို ဝတ်ပြုရန် ရောက်ရှိ လာခြင်း ဖြစ်သည်။

ကျေးဇူးတော်တည်းဟူသော သတင်းကောင်းသည် လောကီအ ရာများနောက်လိုက်ကို ပို၍သေးငယ်စေသည်။ အခြားသောအရာ တစ်စုံ

တစ်ရာကို အစေခံခြင်းထက် ဘုရားသခင်ကို အစေခံခြင်းသည် အမြဲ တစေ သေးငယ်စေပြီး၊ အသက်တာတွင် ပို၍နာကျင်မှုများ ယူဆောင် ပေးခြင်းဖြင့် အမြဲတစေအဆုံးသတ်စေသည်။ စစ်မှန်သော သမ္မာတရား သည် နိုင်ငံတော်ကို ရှေ့ရှု၍ ပိုမိုကြီးမြတ်သော အသက်ပေးခြင်းဖြင့် ပြန်လာစမြဲ ဖြစ်သည်ကို တွေ့ရသည်။

ဘုရားသခင်သည် သူ၏ကတိတော်များကို စောင့်ထိန်းတော်မူ မည်ဟု ကျွန်ုပ်တို့သည် မျှော်လင့်လျက်စောင့်မျှော်နေကြသည်။ အဘယ် ကြောင့်ဆိုသော် သူသည်ကျွန်ုပ်တို့အတွက် ကောင်းသောအရာများကို သိုထားတော်မူသောကြောင့် ဖြစ်သည်။ ထိုအရာများက ကျွန်ုပ်တို့သည် ဘုရားသခင်၊ ခရစ်တော်၊ သန့်ရှင်းသောဝိညာဉ်တော်၊ နှုတ်ကပတ်တော် နှင့် လူသားအကြောင်း သမ္မာတရားကို ပို၍နက်နဲစွာ မြင်ရဖို့ ညွှန်ပြသော အရာများ ဖြစ်သည်။ သူတို့သည် ဘုရားသခင်၏ သဘောသဘာဝကို ဖော်ပြပြီး၊ လူနှင့်သက်ဆိုင်သောအရာ၌ သေးငယ်စေသည်။ သူ၏ ကတိ တော်များသည် ရှိနေပါသည်။ ကျွန်ုပ်တို့ကို စားကောင်းသောက်ဖွယ် စုံလင်စွာနှင့်ပြည့်သော ကြီးကျယ်ခမ်းနားသော အသက်တာဖြင့် ဖွင့်ပြ မည်မဟုတ်ပါ။ သို့သော် ကျွန်ုပ်တို့၏ နက်ရှိုင်းသော စိတ်ခံစားချက်နှင့် တကွ ဘုရားသခင်ကိုယ်တော်တိုင် လုပ်ဆောင်လျက်ရှိသော သူ၏အလို တော်ကို ကျွန်ုပ်တို့ရာသောအခါ ဖွင့်ပြသည်။ ဘုရားသခင်သည် သူ ကိုယ်တိုင်အတွက် အာရုံစူးစိုက်မှု ယူဆောင်ပေးသောအရာများကို အမြဲ တမ်း လုပ်ဆောင်တော်မူ၏။ ကိုယ်ကျိုးငဲ့ခြင်းဖြင့် ဘုရားသခင်၏ အမှု တော်မြတ်ကို မလုပ်ဆောင်ရပါ။ ဘုရားသခင်ထက် အခြားသူတစ် ယောက်ယောက်၏ ဂုဏ်ကို ချီးမွမ်းကိုးကွယ်ခြင်းသည် အပြစ်ဖြစ်သည်။ ဘုရားသခင်မှတစ်ပါး အခြားသောဘုရားမရှိသည်ဖြစ်၍ ရုပ်တုကိုးကွယ် ခြင်းသည် အပြစ်ဖြစ်သည်။

သမ္မာကျမ်းစာသည် ပုံပြင်မဟုတ်ပါ။ ဘုရားသခင်၏အကြောင်း ဖြစ်ပါသည်။ ကျွန်ုပ်တို့ကို သူ့အဖို့အလို့ငှါ မည်ကဲ့သို့ဖန်ဆင်းခဲ့ကြောင်း၊

လိုက်၍ဖမ်းနေကြောင်း၊ ချစ်တော်မူကြောင်း၊ ကယ်တင် တော်မူကြောင်း စသည့်တို့ အကြောင်းတို့ကို ရေးသားသောစာအုပ်ဖြစ်သည်။ ထိုကျမ်းစာ အုပ်သည် ရှုပ်ထွေးလွန်း၍ ဉာဏ်မမီသောစာအုပ်မဟုတ်၊ ကျမ်းပိုဒ်တစ်ခု နှင့်တစ်ခု ဆန့်ကျင်ခြင်းလည်း မရှိ။ ဤကျမ်းစာအုပ်ကို ပေါင်းစည်းထား သော စာအုပ်တစ်အုပ်အဖြစ် ဖတ်ကြားသောအခါ ကျွန်ုပ်တို့သည် အသက်တာ၌ နာခံလိုက်လျှောက်ရန်နှင့် အဓိပ္ပါယ်ဖွင့်ဆိုရန်တို့၌ အမှား ပြုလုပ်မှု နည်းလာပါသည်။

ကျေးဇူးတော်အကြောင်းကို ဤကဲ့သို့ သွန်သင်ခြင်းဖြင့် လူတို့ကို စိတ်ဝင်စားမှုမရှိအောင် သို့မဟုတ် ဂိုဏ်ာဉ်ရေးရာ ပျင်းရိအောင် ဖန်တီးပေးနေသလား?

ကျွန်ုပ်တို့သည် တစ်ခါက မျှော်လင့်ချက်မရှိ၊ ထာဝရသေခြင်း တည်းဟူသော သံလမ်း၌ ချည်နှောင်ခံရသောသူ၊ ဘုရားသခင်နှင့် ဝေး ကွာသော ထာဝရလမ်းသို့ ဦးတည်အချိန်ကုန်နေသောသူများ ဖြစ်ကြ သည်။ ယခုတွင် ကျွန်ုပ်တို့၏ဆန့်ကျင်ဘက်အရာသည် ပိုရှုမှန်ကန်လာ သည်။ အဘယ်ကြောင့်ဆိုသော် ကျွန်ုပ်တို့သည် ယခုကယ်တင်ခြင်းခံ ရပြီ။ ကျွန်ုပ်တို့သည် ယခုမျှော်လင့်ချက် ရှိလာပြီ။ အပြစ်စီရင်ခြင်း မခံရ တော့ပါ။ ဘုရားသခင်၏ ချစ်ခြင်းမေတ္တာနှင့် အဘယ်အရာမျှ မခွဲခွါစေနိုင် တော့ပါ။ ကျွန်ုပ်တို့သည် ယခု ရွေးချယ်တော်မူသော သတို့သမီးများ ဖြစ် ကြပြီ (ဗျာဒိတ်၊ ၁၉-၂၁)။ ကျွန်ုပ်တို့ အထဲ၌ ဘုရားသခင်ကို ကိုးကွယ်လို သောဆန္ဒကို သွင်းပေးတော်မူ၍ ကိုယ်ခန္ဓာကို အသက်ရှင်သော ယဇ်အ ဖြစ်ဆက်ကပ်စေခဲ့သည်။

ကျွန်ုပ်တို့သည် သူငယ်အရွယ်မှာ စည်းကမ်းမလိုက်နာလျှင် မိဘ များက တုတ်ကိုယူလာပြီး ထုလိုက်ပါက သင့်အထဲ၌ မည်သည့်ဆန္ဒကို

ဖန်တီးပေးသနည်း?၍အရာက မိဘများ စိတ်မတွေ့ရန်နေထိုင်လိုသော ဆန္ဒနှင့် ပုန်ကန်လိုသော စိတ်ဆန္ဒကို ဖန်တီးပေးသည်။ အဘယ်ကြောင့် ဆိုသော် ၍ အပြုအမူက ဒေါသစိတ်ကို ဖြစ်စေသောကြောင့် ဖြစ်သည်။ သူအနေဖြင့် ငါ့မိဘများ နားမလည်ကြဘူးဟု ခံစားကောင်း၊ ခံစားနိုင်ပါ သည်။ သူတို့သည် သင်လုပ်ခဲ့သောအရာမှန်သမျှကို မမြင်ဘူးလား? သူတို့သည် သင်ကြိုးစားခဲ့သမျှကို မသိဘူးကြဘူးလား? သူတို့က သင့် ကို စိတ်နာအောင်လုပ်ပြီး၊ သူတို့ကို မည်သည့်အခါ၌မျှ ပျော်ရွှင်အောင် မလုပ်ပေးနိုင်သူအဖြစ် မြင်ကြလိမ့်မည်။ ထို့ကြောင့် ၍ကဲ့သို့ နောင့် ယှက်မှုများက "ဘာ့ကြောင့် သူတို့၏ ညီအစ်ကို တော်နေရသလဲ?"ဟု သင့်ကို ခံစားစေလိမ့်မည်။

ယခု သင်သည် ထိုအဖြစ်အပျက်များကို သိရှိခဲ့ပြီး သင့်ကို မှုတ် ထုတ်လိုက်ကြပြီ။ သင်၏မိဘများသည် တူနှင့်ထုရုံမျှမက သူတို့သည် ကြီးမားသော လက်ဆောင်ကိုလည်းပေးနေခြင်း ဖြစ်သည်။ သူတို့ကို သင်ပုန်ကန်လိုပါသလား? သို့မဟုတ် အပြင်ထွက်ပြီး သင့်မိဘများမလို ချင်သောအရာကို လုပ်ပြမလား? ဖြစ်နိုင်ဖွယ်ထက်ပို၍၊ ထိုအရာများက သင့်အား မိဘများချစ်နေသည်ဟု ထင်စေပါသလား? သင့်အား မိဘများ အတွက် ကောင်းသောအရာကို လုပ်ရန်အလှည့်ဖြစ်စေပါသလား?

သင်သည် ပြောင်းလဲပြီးသောအခါ အများသောသူတို့က ပြော မည်မှာ သင်သည် ဘုရားသခင်၏ စကားသံကို နားမထောင်လျှင်၊ ကယ် တင်ခြင်းရမည်မဟုတ် သို့မဟုတ် အနည်းဆုံး ဘုရားသခင် အမျက်တော် သည် သင့်အပေါ်သို့ ဆုံးမခြင်းအဖြစ် ရောက်လာလိမ့်မည်ဟူ၍။ သူ တို့က ပညတ်တရားကို စောင့်၍အစေခံဖို့ ကြိုးစားပြောဆိုလာကြလိမ့် မည်။

ဘုရားသခင်၏နှုတ်ကပတ်တော်က သူသည် ချစ်တော်မူသောသူ တို့ကို ဆုံးမတော်မူတတ်သည် (ဟေဗြဲ ၁၂း ၆)ဟု ဆိုရာ၌ ၍ကျမ်းစာ ကို ဒါဝိဒ်မင်းကြီးပြောသော ဘုရားသခင်သည် *ငါတို့ပြစ်မှား ခြင်းနှင့်*

အလျှောက် ငါတို့၌ပြုတော်မမူတတ်၊ ငါတို့၌ဒုစရိုက်ရှိသည်အတိုင်း အပြစ်ကိုပေးတော် မမူတတ်" (ဆာလံ၊ ၁၀၃း ၁၀) ဟူသော စကားနှင့် ချိန်ခွင် ညှိရန် လိုပါလိမ့်မည်။ ဒါဂိဒ်က ဤသို့ဆိုရခြင်းအကြောင်းပြချက် ကို (အခယ် ၁၄)မှာ ဖော်ပြသွားပါသည်။ အဘယ်ကြောင့်ဆိုသော် ကျွန်ုပ်တို့သည် မြေမှုန့်ဖြစ်သည်ဟု ပြောပါသည်။ ဘုရားသခင်သည် သူခေါ်တော်မူသော သူ၏သားသမီးများကို ဆုံးမသောအခါ သူက "သင်၏ အားနည်း ကျဆုံးမှု၊ ကောင်းသောအကျင့်ကို မကျင့်ခြင်း၊ ငါ့စိတ် တော်တွေ့ အောင် မစွမ်းဆောင်နိုင်မှုများအတွက် အပြစ်ပေးကာ ဆေးကြောပေးလိုက်တယ်"ဟု ပြောလိမ့်မည်မဟုတ်ပါ။ ကျွန်ုပ်တို့ကို ပြုပြင်ပုံသွင်းပေးခြင်းသည် သူ၏အငန်းအတာ ဖြစ်သည်။ အပြေး သမား က ပြိုင်ပွဲအတွက် သူ ကိုယ်တိုင် စည်းကမ်းလိုက်နာပြီး ဆုများစွာကို သိမ်းကျုံးလိုက်သည့် နည်းတူ ဖြစ်သည် (၁ကော၊ ၉း ၂၄)။ ထိုကဲ့သို့ပင် ဘုရားသခင်သည် သူခေါ်တော်မူသော သူ၏သားသမီးများကို ဆုံးမ တော်မူ၏။ သူတို့ကြောင့် မဟုတ်၊ ဘုရားသခင်အတွက်ကြောင့်သာလျှင် ဖြစ်သည်။ သူ၏သန့်ရှင်း စေတော်မူခြင်းအားဖြင့် သူ၏သားသမီးများ သည် ပြီးပြည့်စုံသော တန်ဆာပလာ၊ သူ့အတွက် ချီးမွမ်းထိုက်တန် သောသူများ ဖြစ်လာကြသည်။

စိတ်အားသွင်း ဆွဲဆောင်မှုအတွက် အကြီးမြတ်ဆုံးသောအရာ သည် အမြဲတမ်းလိုလို ချစ်ခြင်းမေတ္တာဖြစ်သည်။ ကျွန်ုပ်တို့သည် ခရစ် တော်၏သတို့သမီးအတွက် ရွေးချယ်တော်မူသောသူ၊ အလွန်ချစ်သနား တော်မူခြင်းခံရသူများ ဖြစ်သည်။ ကျွန်ုပ်တို့သည် တစ်ခါက မြှော်လင့် ချက်မဲ့စွာ အသက်ရှင် ခဲ့ရသောအချိန်၌ ကျွန်ုပ်တို့အထဲတွင် လိုချင်သော ဆန္ဒနှင့် အသက်ရှင်သောယဇ်အဖြစ် တစ်ကိုယ်လုံး ဆက်ကပ်ပူဇော်လို သောဆန္ဒကို သွင်းပေးတော်မူ၏ (ရော၊ ၁၂း ၁)။

ပို၍ကောင်းမွန်သော ဥပဒေသများကို တစ်စုံတစ်ယောက်သော သူအားပေး၍ အသက်ရှင်နေထိုင်ရန် လမ်းညွှန်ပေးခြင်းသည် ဘုရား

သခင်၏ ဘုန်းတော်အတွက် မည်သည့်အခါ၌မှ လုံလောက်ခြင်းမရှိ သော၊ ဘုန်းတော်ထင်ရှားရန် ဘုရားသခင်၏ လုံလောက်သောတန်ဆာ ပလာ မဟုတ်ပါ။ သူတို့သည် ပြီးပြည့်စုံသောသူမဟုတ်ဟု နားလည်သ ဘောပေါက်ခြင်းသည် သူတို့ကို အလုံးစုံပြုပြင် ပေးလိမ့်မည်။ ရှင်ပေါလု ၏ ထိရောက်သောစကားမှာ "ထိုသို့သောအသက်တာဖြင့် အသက်ရှင် ရန် *ကြိုး*စားသော သူတို့သည် ကျိန်ခြင်းကို ခံရ၏" (ဂလာ၊ ၃း၁၀)။ ထို့ နောက် ၂ကြော၊ ၃း ၆ မှာ "ပညတ် တရားသည် အသက်ကို သတ်တတ် ၏။ ဝိညာဉ်တရားမူကား ရှင်စေတတ်၏"ဟု တွေ့ရသည်။ သေချာ သောအရာကား မိမိကိုမိမိ ကောင်းအောင်ကြိုးစားပြီး ဆက်လက်စောင့် ထိန်းသည်၊ အသုံးပြုနေသည်ဆိုပါက ကျွန်ုပ်တို့သည် ခရစ်တော်၌ အသက်ရှင်သောသူထက် သေသောသူနှင့် ပိုရှိတူနေမည် ဖြစ်သည်။ သေသောသူကဲ့သို့ အသက်ရှင်နေရုံမက ကျွန်ုပ်တို့ နီးနားလူများပင် သတ်နေမည် ဖြစ်သည်။

အကယ်၍ ကျွန်ုပ်တို့သည် ကိုယ့်ခွန်အားကို အားကိုးပြီး အသက် ရှင်ခြင်း လမ်းခရီး၌ အသက်ရှင်နေမည်၊ သမ္မာကျမ်းစာအတိုင်း ကြိုးစား ပြီး ဆက်လက်အသက်ရှင်နေမည်ဆိုပါက ကျဆုံးနေသောသူကဲ့သို့ အမြဲ ခံစားနေမည်သာ ဖြစ်သည်။ အကယ်၍ ကျွန်ုပ်တို့သည် ဘုရားသခင်၏ လက်ခံတော်မူခြင်း ကျေးဇူးတော်ကိုခံစားပြီဟု နားလည်သဘောပေါက် ခြင်းဖြင့် အသက်ရှင်ပါက ကျွန်ုပ်တို့သည် ယာဂုနာခံပြီ။ (ထိုအရာများကို ရရှိရန်မဟုတ်)။ သို့သော် ကျွန်ုပ်တို့ကို ချစ်သောကြောင့် ကျေးဇူးတင်ပါ ၏ဟု ပြောရန်သာ ဖြစ်သည်။ ကျွန်ုပ်တို့သည် အမြဲတမ်း ချစ်တော်မူခြင်း ကို ခံစားရပြီး ဘုရားသခင်၏ အဖိုးထိုက်သောသူများ ဖြစ်ကြမည်။ ဤ နည်းလမ်းအတိုင်း အသက်ရှင်လာသောအခါ အခြားသောသူများ ဆီသို့ ကျွန်ုပ်တို့၏အသက်ရှင်မှုသည် ဖိတ်လျှံနေမည်သာ ဖြစ်သည်။ မေးခွန်း၏ အဖြေသည် ပညတ်တရားကို ရည်ညွှန်ခြင်း ရှားပါးပါသည်။ သို့သော် အဘယ်ကြောင့်၊ ဘယ်သူဟု၍ ရည်ညွှန်းနေပါသည်။ အခြားသောသူ

တို့က သူတို့သည် အရက်သမားများကိုတွေ့ပြီး ကားတိုင်ကိုညွှန်ပြလိုက် သည်ဟု ဆိုကြသည်။ ဤကိစ္စ၌ အရက်သမားများကို ပြုပြင်ပေးခြင်း မတွေ့ရ။ သို့သော် သူတို့၏ နားလည်သဘောပေါက်မှုကို ခရစ်တော် မပါဘဲ ပြုပြင်ပေးနေခြင်း ဖြစ်သည်။ ဘုရားသခင်၏ အမျက်တော်ကို သူ တို့ မြင်နိုင်ဖို့ ကူညီပေးခြင်းဖြစ်ပြီး ဉာဏ်ရှည်၌ ယေရှုသည် လူသားတစ်ဦး နေနှင့် ကိုင်တွယ်နိုင်စွမ်းထက် ပိုနေသည်။ ခရစ်တော်သည် ဖခမည်း တော်၏ စွန့်ပစ်ခြင်းကို မြင်သောအခါ ကျွန်ုပ်တို့အပြစ်များသည် သူ့ လောက်တန်ဖိုးရှိလာသည်ကို မြင်ပြီး၊ ထိုအရာက သူ့ကိုအဓိကကြီးမား သော သောကကို ဖြစ်စေသည်။ မည်သို့ပင်ဖြစ်စေကာမူ ထိုအရာသည် ခမည်းတော်၏ ဘုန်းတော်ကို ထင်ရှားစေသောကြောင့် ရှေ့သို့ဆက် လက် ချီတက်ခဲ့သည်။ ကျွန်ုပ်တို့သည်လည်း သူ၏တန်ဖိုးအကြီးဆုံး သော သတို့သမီး၊ မည်သည့်အခါ၌မျှ မသိမမြင်ဖူးခဲ့သော သတို့သမီးဖြစ် လာသည်။

သံမှိများသည် ကျွန်ုပ်တို့၏အပြစ်များကို ကိုယ်စားပြုပါသည်။ သို့ သော် ဘုရားသခင်၏ ဘုန်းစည်းစိမ်တော်ကို ကျွန်ုပ်တို့အားပြသရန် ဘုရားသခင်၏အလိုတော်မှာ လက်ဝါးကပ်တိုင်ပေါ်တွင် ရှိနေခဲ့သည်။ ယခုတွင် ကျွန်ုပ်တို့အား သတို့သမီးတစ်ယောက်ကို မည်သည်အခါ၌မျှ ပေးအပ်လေ့မရှိသော တန်ဖိုးအရှိဆုံးသော လက်စွပ်ကို ပေးလိုက်ပြီဖြစ် သည်။ ထိုလက်စွပ်ကို ကျေးဇူးတော်ဟု ခေါ်သည်။ ထိုသမ္မာတရားကို ကျွန်ုပ်တို့သည် အပြည့်အဝ နားမလည်နိုင်လျှင် ဘုရားသခင်၏ ရည်ရွယ် ချက်နှင့်ဘုန်းတော်ကို ဖြစ်ပေါ်စေသော ထာဝရပြောင်းလဲမှုများသည် ကျွန်ုပ်တို့တွင် မရှိသလောက် နည်းပါးနေမည်သာ ဖြစ်သည်။ ကျွန်ုပ်တို့ ၏အပြစ်များသည် မည်မျှလောက်ကြီးမားဆိုးဝါးပြီး၊ ဘုရားသခင်သည် ကျွန်ုပ်တို့ကို မည်မျှလောက်ချစ်တော်မူသည်ကို အပြည့်အဝနားမလည် နိုင်ပါ။ သို့သော် ထိုအရာကို ကျွန်ုပ်တို့ ပို၍နားလည်သဘောပေါက်လေ

လေ၊ ကျွန်ုပ်တို့၏အသက်တာကို ချီးမွမ်းခြင်း၊ ကိုးကွယ်ခြင်းနှင့် အစေခံမှု တွင် မြှင့်တင်ရန် ပို၍လုံ့ဆော်လေ ဖြစ်သည်။

ထိုသို့ဆိုသော် ပေါလုမြွက်ဆိုသည်ကား၊ "အကြောင်းမူကား၊ တစ် ယောက်သောသူသည် လူအပေါင်း တို့အတွက်ကြောင့် အသေခံသည် မှန်လျှင်၊ လူအပေါင်းတို့သည် သေလျက်နေကြသည်ဟူ၍လည်းကောင်း၊ အသက်ရှင်သော သူတို့သည် တစ်ဖန်ကိုယ်အလိုသို့လိုက်၍ ရှင်စေမည် အကြောင်း၊ လူအပေါင်းတို့အတွက်ကြောင့် အသေခံတော်မူသည်ဟူ၍ လည်းကောင်း၊ ငါတို့သည် သဘောထားလျက်၊ ခရစ်တော်၏ ချစ်ခြင်း မေတ္တာတော်သည် ငါတို့ကို အနိုင်အထက်သွေးဆောင်၏" (၂ကော၊ ၅း ၁၄-၁၅)။

ဤသည်မှာ ပေါလုပြောသော ကျွန်ုပ်တို့ကို ကယ်တင်ခြင်းမှထွက် ပေါ်လာခြင်း ဖြစ်သည် (ဖိ၊ ၂း ၁၁-၁၃)။ လူအများက ကျွန်ုပ်တို့သည် တစ်ခုခုကို အမှန်ပင် လုပ်ရန်လိုအပ်ကြောင်း သက်သေပြလိုက ကြ သည်။ ဤနေရာတွင် မေးခွန်းက ဤသို့မဟုတ်ပါ။ ယင်းသည် ကျွန်ုပ်တို့ဖော် ပြခဲ့သော သမ္မာတရားကို အာရုံစူးစိုက်ရန်နှင့် သတိပေးရန်ခက်ခဲသော အလုပ် ဖြစ်ပါသလား? ထိုအရာသည် အားကစားသမား တစ်ယောက်၏ စည်းကမ်းချက်လို လိုအပ်ချက်ဖြစ်သောခက်ခဲမှု ဖြစ်ပါသည်။

ကျွန်ုပ်တို့အနေဖြင့် ကယ်တင်ခြင်းဟူသော ကျွန်ုပ်တို့ဘာသာ စကားသည် တရားမျှတခြင်းကို ပြသခြင်း(ကျွန်ုပ်တို့ကို အပြစ်တရားစီ ရင်ခြင်းမှ ကယ်တင်သည်)နှင့်သာ သက်ဆိုင်သည်ကို ကျွန်ုပ်တို့ သည် မည်သည့်အခါ၌မျှ မမေ့အပ်ပေ။ သို့သော်လည်း ကျွန်ုပ်တို့၏ မွန်မြတ် သန့်ရှင်းစေခြင်း (နေ့စဉ်အသက်တာ၌ အပြစ်၏တန်ခိုးမှ ကယ်တင်ခြင်း သို့ ရောက်ခြင်း)နှင့် ကျွန်ုပ်တို့၏ ဘုန်းအသရေ (တစ်နေ့ အပြစ်၏မျက် မှောက်မှ ကယ်တင်ခြင်းသို့ ရောက်ခြင်း)တို့ ပါဝင်ကြောင်း သိရှိရန် ဖြစ် သည်။ ကျွန်ုပ်တို့၏ အသက်တာ၌ နေ့စဉ်အပြစ်၏တန်ခိုးမှ ကယ်တင်ခံရ ခြင်းကို ရှင်ပေါလုက အများဆုံးစဉ်းစားပေးနေပြီး ဖိလိပ္ပိအသင်းတော်

နှင့် ကျွန်ုပ်တို့ကို အားပေးလျက်ရှိကို (အငယ် ၁၁ တွင် နာခံမှုရှိစေခြင်းငှါ ရေးသားခဲ့ပါသည်။ အခန်းငယ် ၁၃ တွင် ဘုရားသခင်သည် ကျွန်ုပ်တို့ အား မည်သို့လုပ်ဆောင်သည် ဟူသောအရာသာမက၊ မည်သူက လုပ် ဆောင်သည်ဟူသောအရာကို သိစေခြင်းငှါ "သင်တို့သည် အလိုရှိစေခြင် ငှါ လည်းကောင်း၊ အကျင့်ကျင့်စေခြင်းငှါလည်းကောင်း၊ သင်တို့အထဲ၌ စေတနာတော်အားဖြင့် ပြုပြင်တော်မူသောသူကား ဘုရားသခင်ပေ တည်း"ဟု ရေးသားထားပါသည်။ ရှင်ပေါလုသည် ဖိလိပ္ပိအခန်းကြီး ၁ နှင့် ၂ ၌ ရှိသော အဆုံးစွန်အစေခံခြင်းနှင့် ပူဇော်သော သုံးသင်္ချယ်ကို ကျွန်ုပ်တို့အား ပြန်ပြောင်းပြောပြသည်။ ခရစ်တော်ကို ကြည့်ခြင်းအားဖြင့် သော်လည်းကောင်း၊"အမှုပြီးပြီ"ဟု ခရစ်တော်ပြောခဲ့သောနေရာလက်ဝါး ကပ်တိုင်ကိုလည်းကောင်း ကြည့်ခြင်းအားဖြင့် ကျွန်ုပ်တို့အသက်ရှင်နိုင် သည်။

ကျွန်ုပ်တို့သည် ကျွန်ုပ်တို့၏ နာခံခြင်း၊ သန့်ရှင်းခြင်း၊ ဖြစ်ခြင်းနှင့် ပိုမို လုပ်ဆောင်ခြင်းတို့အပေါ် အာရုံစူးစိုက်သည်မဟုတ်ပါ။ သို့သော် လည်း လုပ်နိုင်စွမ်းရှိသော ကိုယ်တော်ကိုသာ အာရုံပြုရပါမည်။ သမ္မာ တရား၏ကိစ္စမှာ ကျွန်ုပ်တို့အနေဖြင့် လုပ်ဆောင်နိုင်သည်မဟုတ်၊ ခရစ် တော်က အပြီးလုပ်ပေး ပြီးပြီ။ ကျွန်ုပ်တို့အားလုံးသည် ဆုံးရှုံးသောသူများ ဖြစ်ကြသည်။ ဤအရာကို ကျွန်ုပ်တို့ နားလည် သဘောပေါက်လေလေ၊ ဘုရားသခင်၏ ကျေးဇူးတော်ကို ပိုမိုနားလည်သဘောပေါက်လာလေ လေ ဖြစ်သည်။ ၎င်းသည် ကျွန်ုပ်တို့၏ စွမ်းဆောင်ရည်နှင့် သက်ဆိုင် သည်မဟုတ်၊ ခရစ်တော်ပေးသော အမြင့်ဆုံး စွမ်းဆောင်ရည် ဖြစ်သည်။ ဘုရားသခင်၏ တောင်းဆိုချက်များကို ကျွန်ုပ်တို့က စောင့်ထိန်း နိုင်စွမ်း မရှိပါ။ အကြောင်းမှာ ကျွန်ုပ်တို့သည် မတတ်နိုင်ပါ၊ ဘုရားသခင်၏ တောင်း ဆိုချက်များကို လိုက်လျှောက်နိုင်သော ခရစ်တော်ကြောင့်သာ ဖြစ်ပါသည်။

ထို့ကြောင့် သမ္မာတရားအားဖြင့် ကျေးဇူးတော်နှင့်ယှဉ်သော ဧဝံဂေလိတရားကို သွန်သင်သင့်ပါသည်။ ထိုကဲ့သို့ ဟောပြောသည့်နည်းလမ်းသည် ကျွန်ုပ်တို့နှစ်သက်သည့်အတိုင်း အသက်ရှင်ခြင်းသည် အဆင်ပြေသည်ဟု ယုံကြည်သောနည်းလမ်းဖြစ်သည်။ အဘယ်ကြောင့်ဆိုသော် ဘုရားသခင်က ဤအရာအားလုံးကို ဖုံးအုပ်ပေးထားသောကြောင့် ဖြစ်သည်။ ရှင်ပေါလုသည် ရောမအခန်းကြီး (၅)ကို ပြီးဆုံးသောအခါ စိုးရိမ်စရာတွေ့ခဲ့သည်။ သို့သော် ဧဝံဂေလိတရားကို ပြည့်စုံစွာ ဟောပြောသွန်သင်သင့်ပါသည်။ အရာရာ၌ဘုရားသခင်အား ရွေးချယ်ရန်၊ ချီးမွမ်းအသက်ရှင်ရန် စိတ်အားထက်သန်မှု ဖြစ်စေသည်။ ဘုရားသခင်၏ သဘောသဘာဝကို ဖေါ်ထုတ်သော တန်ဆာပလာအဖြစ် အသက်ရှင်ရန်၊ ထိုသို့အသက်ရှင်ဖို့ ရွေးချယ်တတ်ရန်နှင့် ရောမ ၆ တွင် ရှင်ပေါလုပြောသော ဘုန်းတော်ထင်ရှားစေသော တန်ဆာဖြစ်ဖို့ရန်တို့ ဖြစ်သည်။ အနန္တတန်ခိုးရှင်ဘုရားသခင်သည် ကျွန်ုပ်တို့ အတွက် အရေးကြီးဆုံးသူဖြစ်ဖို့ရန်၊ ကျွန်ုပ်တို့အသက်တာ၌ ဆက်လက်အလုပ်လုပ်နေမည်ဟု စိတ်ထဲမှာ စွဲမှတ်ရပါမည်။ ကျွန်ုပ်တို့သည် နက်ရှိုင်းသော စိတ်အားထက်သန်မှုနှင့် အသက်ရှင်သောယဇ်ကို ဘုန်းတော်အတွက် ပူဇော်ခြင်း၌ ပျော်ရွှင်သည်ကို တွေ့ရမည် ဖြစ်သည်။ ဘုရားသခင်နှင့် ဆက်နွယ်မှု၌ ကြောက်ရွံ့တုန်လှုပ်ခြင်း တစ်စုံတစ်ရာမှ မတွေ့ခဲ့လျှင် ဘုရားသခင်၏ ဖြစ်ခြင်းအမှန်ကို သိသော ပညာမရှိ။

လွယ်ကူသော ကျေးဇူးတော်နှင့် စျေးပေါသောကျေးဇူးတော်ဟူသည် အဘယ်နည်း?

"ကျွန်ုပ်တို့သည် ကျေးဇူးတော်အကြောင်းကို ဟောပြောပါကမည်ကဲ့သို့နာခံသင့်သည်၊ သန့်ရှင်းသင့်သည်ဟူသော အချက်အပေါ် ပြတ်သားသော ရည်မှန်းချက်မရှိဘဲ ဟောပြောခြင်းသည် ဘုရားသခင်၏ ကျေးဇူးတရားကို စျေးပေါ့အောင်လုပ်ခြင်း ဖြစ်သည်"ဟုဟောပြောသော

သူတို့ထံမှ သင်သည် "လွယ်ကူသော သို့မဟုတ် ဈေးပေါ့သောကျေးဇူး တော်" အကြောင်းကို မကြာခဏ ကြားနေမည် ဖြစ်သည်။ သင်ကြားရ သောအရာသည် မမှန်မကန် ဖြစ်နိုင်သည်။ ဤသို့သော အသံမျိုးထွက် ပေါ် လာလိမ့်မည်။ "သင်သည် ကျေးဇူးတရားအကြောင်းကို အမြဲဟော သူဖြစ်လျှင် သင်သည် နားထောင်သူတို့ကို အပြစ်ဆက်လုပ်၍ရသည်ဟု ခံစားစေနိုင်သည်။ ထို့ကြောင့် ကျေးဇူးတော်ကို လွယ်ကူ သို့မဟုတ် ဈေး ပေါ့စေသည်"။

ကျွန်ုပ်တို့သည် ပညတ်တရားမပါဘဲ ကျေးဇူးတရားကို သွန်သင် ရန် သတိကြီးစွာထားရန်လိုအပ်သည်ဟူသော အဆိုသည်အမှန်တကယ် ဟုတ်မှန်သောအရာ ဖြစ်သည်။ သို့သော်လည်း ကျွန်ုပ်တို့သည် ပညတ် တရားကို ကျေးဇူးတရားမပါဘဲ သွန်သင်ခြင်းကို အထူးသတိ ပြုရမည်ဟူ သော အဆိုသည်လည်း မှန်ကန်ပါသည်။ အခြားသူမပါဘဲ တစ်ဦးတစ် ယောက်ထဲအတွက်မဟုတ်။ သို့သော် အတူတကွရော၊ တစ်ဦးချင်းစီပါ သင်ကြားပေးရန်လိုအပ်သည်။

ကျွန်ုပ်တို့သည် ပညတ်တရားအားဖြင့် ကျေးဇူးတရားကို မသင် ကြားပါ။ ထို့ကြောင့် ကျေးဇူးတရားကို အလွဲမသုံးပါ။ အဘယ်ကြောင့် ဆိုသော် ကျွန်ုပ်တို့က ထိုတရားကို အမြဲအလိုရှိသောကြောင့် ဖြစ်သည်။ တိတိကျကျ ပြောလျှင်၊ ကျေးဇူးတရားက ကျွန်ုပ်တို့ကို သွန်သင်သည့် အတိုင်း၊ ကျွန်ုပ်တို့အား မည်သည့်အရာ သင်ပေးနေသည်(တိတု၊ ၂း ၁၂)၊ လုပ်ဆောင်ရန် တတ်နိုင်စေသည် (၂တိ၊ ၂း ၁)။ ဤသို့ဖြစ်သော ကြောင့် ကျွန်ုပ်တို့သည် ပညတ်တရားကို ကျေးဇူးတရားမပါဘဲ မသွန် သင်ပေးရခြင်း အကြောင်းရင်း ဖြစ်သည်။ ပညတ်တရားသည် စံနှုန်းဖြစ် သော ပစ်မှတ်ကိုပစ်ရန် အောင်မြင်စေသောအရာမဟုတ်။ အသက်ရှင် ရန် မျှော်လင့်၍ရသောအရာလည်း မဟုတ်ပါ။ သို့သော်လည်း ကျွန်ုပ် တို့သည် ပို၍ပို၍ လုပ်ဆောင်ပါက အကျိုးရလဒ်အဖြစ် ကျွန်ုပ်တို့သည် ဘုရားသခင်၏ စိတ်တော်နှင့်တွေ့စေသောနာခံမှုခြင်းကြောင့် နှစ်သက်

တော်မူသောအရားများစွာကို ရရှိနိုင်ပါသည်။ ခရစ်တော်မပါဘဲ မည်သူမျှ စုလင်ခြင်းသို့မရောက်နိုင်ပါ။ ဘုရားသခင်၏ စုလင်သောစံနှုန်းကို မည် သူမျှ မစောင့်ထိန်းနိုင်ပါ။ ထို့ကြောင့် ခရစ်တော်၏ ဖြောင့်မတ်ခြင်း အားဖြင့် ကျွန်ုပ်တို့ကိုပေးခြင်း ဖြစ်သည်။ ခရစ်တော်သည် မည်သည့် အခါ၌မျှ အပြစ်မရှိပါ။ သို့သော် ဘုရားသခင်သည် သူ့ကို အပြစ်သား ကဲ့သို့ ဖြစ်စေခဲ့သည်။ ထိုသို့သောအားဖြင့် ခရစ်တော်သည် ဘုရားသခင် လက်ခံလောက်သည်ထိ ပြုလုပ်ပေးနိုင်မည် ဖြစ်သည် (၂ကော၊ ၅း ၂၁)။ ကျွန်ုပ်တို့၏ နားထောင်နာခံခြင်းအားဖြင့် ဘုရားသခင် ၏ စိတ်တော်ကို မည်သည့်အခါ၌မျှ တွေ့နိုင်မည်မဟုတ်ပါ။ အဘယ် ကြောင့်ဆိုသော် ရှင်မဿဲ ၅း ၄၈ မှာ "ထို့ကြောင့် ကောင်းကင်ဘုံ၌ ရှိတော်မူသော သင်တို့အဘသည် စုံလင်တော်မူသည့်နည်းတူ သင်တို့ သည်လည်း စုံလင်ခြင်းရှိကြလော့" ဟု ပြောထားသောကြောင့် ဖြစ်သည်။ ကျွန်ုပ် တို့သည် ပညတ်တရားကို ဘုရားသခင်၏ စံနှုန်းထက် လျော့နည်း စေသောအခါ သူ၏စုလင်ခြင်း သဘောသဘာဝကို ပျက်စီးစေသည့် အတွက် အခြားသောပြဿနာတစ်ခု ဖြစ်ပေါ်လာနိုင်သည်။ ပြဿနာက ကျွန်ုပ်တို့သည် ကျေးဇူးတော်ကို လွယ်ကူ (သို့) စျေးပေါ့စေ ခဲ့ခြင်း ဖြစ် သည်။ သို့သော်လည်း ကျွန်ုပ်တို့က ပညတ်တော်ကို စျေးပေါ့ စေခြင် ဖြစ်ကောင်း ဖြစ်နိုင်သည်။ ထို့ကြောင့် ကျွန်ုပ်တို့သည် ပညတ် တရားကို ကျေးဇူးတော်မပါဘဲ မည်သည့်အခါ၌မျှ မသွန်သင်သင့်ပါ။ ကျေးဇူး တော်ကသာလျှင် ကျွန်ုပ်တို့ကို ပညတ်တော်နှင့်လျှော်စွာအသက်ရှင်စေ သည်။ ထိုသို့မဟုတ်ခဲ့လျှင် ကျွန်ုပ်တို့သည် ထိုသို့လုပ်နိုင်စွမ်းမရှိဘဲ ဖြစ်လိမ့်မည်။

ဘုရားသခင်၏ ဂုဏ်တော်ကို ချီးမြှောက်သော အသက်တာဖြင့် အသက်ရှင်နိုင်ရန် ကျွန်ုပ်တို့၏ စွမ်းရည်သည် ပညတ်တော်ကို ပိုမိုသတိ ပြုလာခြင်းအားဖြင့် တတ်နိုင်ခြင်းမဟုတ်ပါ။ သို့သော်လည်း တစ်ဦး တစ်ယောက်စီတိုင်းအား အခမဲ့ပေးသနားတော်မူသော ကျေးဇူးတော်၏

တန်ဖိုးကို ပိုမိုသတိပြုလာခြင်းအားဖြင့် ဖြစ်သည်။ ဆာလံဆရာကဘုရား
သခင်ရှေ့မျက်နှာရရန် လူကဘာမှမလုပ်နိုင်ကြောင်းကို *"မိမိညီအစ်ကို*
ကို အဘယ်သူမျှအလျှင်းမရွေးနိုင်၊ ရွေးရန်အဘိုးကို ဘုရားသခင်၌မပေး
နိုင်။ သူတို့အသက်ဂိုဏာဉ်၏ ရွေးရန်အဘိုးသည်ကြီးလှပေ၏။ သို့ဖြစ်၍
အစဉ်ရှိုးလျှက် နေရမည်။ ရွေးလျှင်အစဉ်မမြဲ အသက်ရှင်ရာ၏။ ပုပ်စပ်
ခြင်းသို့ မရောက်ရာ'ဟု ရေးထားပါသည် (ဆာ၊ ၄၉း ၇-၉)။ ဗျာဒိတ်
ကျမ်း၌ ရှင်ယောဟန်က (ဗျာ၊ ၃း၁၈)တွင် ကျွန်ုပ်တို့၏ ကယ်တင်ခြင်းကို
ရွှေနှင့်နိုင်းထားပါသည်။ ရှင်ပေတရုက ကျွန်ုပ်တို့၏ ကယ်တင်ခြင်းသည်
မည်သည့် လောကရွှေငွေအစရှိသည်တို့အားဖြင့်မျှ ရွေးဝယ်ခြင်းမဟုတ်၊
ယေရှုခရစ်တော်၏ အသွေးတော်မြတ်အားဖြင့်သာ ရွေးဝယ်ခြင်း ဖြစ်
သည်ဟု ဆိုထားပါသည် (၁ပေ၊ ၁း ၁၈-၁၉). ထို့ကြောင့် ကျေးဇူးတော်
သည် အလွန်တန်ဖိုးကြီးပါသည်။ ယေရှုခရစ်တော်၏အသက်သမျှ
တန်ဖိုးကြီးပါသည်။ သို့သော် သူသည် သူ၏အသက်ကို စွန့်၍ ပြန်ပေး
ဆပ်ရန် စွန့်ခွဲခြင်းမဟုတ်ပါ။ သို့မဟုတ် တစ်နေ့တွင် ကျွန်ုပ်တို့၏ကောင်း
သောအကျင့်များကို ပြန်လည်စုသိမ်းနိုင်ပြီး၊ ကျွန်ုပ်တို့သည် ကျေးဇူး
တော်နှင့်ထိုက်တန်ကြောင်း သက်သေပြရန် ကြိုးစားကြလိမ့်မည်။ ခရစ်
တော် လက်ဝါးကပ်တိုင်တွင် အသေခံခြင်းအားဖြင့် ပေးတော်မူသော
ကျွန်ုပ်တို့၏ ကယ်တင်ခြင်း ဆုကျေးဇူးသည် ကျွန်ုပ်တို့မည်ကဲ့သို့ တုန့်
ပြန်ပုံအပေါ် မူတည်ပါက ကျေးဇူးတော်သည် ကျေးဇူးတော် မဖြစ်နိုင်
တော့ပါ (ရော၊ ၁၁း ၆)။

ထို့အပြင် ၄င်းသည် ဘုရားသခင်ကို ကိုယ်စားပြုလိမ့်မည်မဟုတ်
သကဲ့သို့ ဘုရားသခင်ထံမှလည်း ဖြစ်နိုင်ပါမလား။ ဘုရားသခင်၏ ဂုဏ်
တော်တစ်ပါးမှာ သူ၏စင်ကြယ်ခြင်း ဖြစ်ပြီး၊ လူသည် စင်ကြယ်ခြင်းမရှိပါ
(ယောဘ၊ ၂၅း ၄)။ ဤအရာက ကမ္ဘာပေါ်မှာအစင်ကြယ်ဆုံးသော စိန်
ကို ပိုင်ဆိုင် ထားသည်နှင့်တူသည်။ ထိုအခါ သင်သည် "ဟုတ်ပြီ. ဖြတ်
ကြည့်မယ်ဆိုရင် ပို၍စင်ကြယ်လာလိမ့်မယ်" ဟု ဆိုလိမ့်မည်။ မဟုတ်ပါ

စိန်ကို လူ့လက်ဖြင့် ထိတွေ့မိသည်နှင့် တစ်ပြိုင်နက် ၄င်းတွင်မစုံလင်မှု
များ ပိုမိုများပြားလာလိမ့်မည်။ ဘုရားသခင်၏ ကျေးဇူးတော်သည် စိန်
အမျိုးမျိုးတို့ထက်သာ၍ စင်ကြယ်ပါသည်။ အကယ်၍ ၄င်းသည် လူ၏
စွမ်းဆောင်နိုင်မှုအပေါ် မူတည်ပါက ချက်ချင်းပင် မစုံမလင်ဖြစ်လိမ့်
မည်။ ထို့ကြောင့် ကျေးဇူးတော်၏ တန်ဖိုးသည် ဘုရားသခင်ထံမှ ဖြစ်ရပါ
မည်။ ထိုသို့သော ဆုလက်ဆောင်၏ တန်ဖိုးသည် မည်သည့်အရာဖြစ်
မည်နည်း။ သူသည် လူ့(ယေရှု)ပုံသဏ္ဌာန်ကို ယူဆောင်ပြီးနာခံလျက်
အသေခံသောအချိန်၌ ဘုရားသခင်ကိုယ်တော်တိုင်၏ အသက်ကိုယူ
ဆောင် ခြင်း ဖြစ်သည် (ဖိ၊ ၂း ၅-၁၁)။

ထို့ကြောင့် ခရစ်ယာန်ဘာသာသည် အခြားမည်သည့် ဘာသာ
ရေးနှင့်မဆိုကွဲပြားခြားနားသည်။ အခြားဘာသာတရားတိုင်း၌ ဘုရား
သခင်ထံ မည်သို့ရောက်ရှိရမည်ကို ပြသသည့်စနစ်တစ်ခုရှိသည်။ ဘုရား
သခင်က "ကိုယ်တော်သည် ဒုစရိုက်ကို ကြည့်ရှုတော်မမှု၊ သန့်ရှင်းသော
မျက်စိရှိတော်မူ၏။ အဓမ္မအမှုကို ကြည့်ရှု၍နေတော်မမူတတ်ပါ၊ သို့ဖြစ်၍
သစ္စာပျက်သောသူတို့ကို အဘယ်ကြောင့်ကြည့်ရှု၍ နေတော်မူ သနည်း။
အဓမ္မလူသည် မိမိထက်ဖြောင့်မတ်သောသူကို ကိုက်စားသောအခါ
အဘယ်ကြောင့် တိတ်ဆိတ်စွာ နေတော်မူသနည်း?" (ဟဗ၊ ၁း ၁၃)။
သင်တို့ကို ငါတောင်းသောအရာကို သင်၏အကောင်းဆုံးကြိုးစား အား
ထုတ်မှုသည် ဖော်ပြရန်မသင့်တော်ပါ သို့မဟုတ် ငါတောင်းသောအရာ၊
ငါနှစ်သက်တော်အရာ၊ င့်ကိုသဘောကျစေသောအရာများကို ကြိုးစား
လုပ်ဆောင်မလိုပါ။ သင်မည်သို့ခံစားသည်ကို သတိပြုပြီး၊ သင်လုပ်
လိုက်သော ကုသိုလ်သည် ယခုတိုင်အောင်သေးမွားသောအရာသာ
ဖြစ်ပြီး င့်ကိုမည်သို့ ခံစားစေသည်ကို သတိပြုပါ (ဟေရှာ၊ ၆၄း ၆)။ ထို
ကြောင့် ငါသည် သင်တို့ကို တန်ဖိုးကြီးမားသော နည်းလမ်းတစ်ခုကို ပြု
လုပ်ပေးရန် လိုအပ်ပြီ၊ သင်ဘက်က လုပ်ဖို့မဟုတ်ပါ။ ထို့ကြောင့် ကျွန်ုပ်
တို့မှာ တာ၀န်ရှိရမည် သို့မဟုတ် ကျေးဇူးတော်ကို ဈေးပေါ်စေခြင်း၊လွယ်

ကူစေခြင်း သို့မဟုတ် အလွဲသုံးစားခြင်း မလုပ်ပါစသည်ဖြင့် အသက်
ရှင်ခြင်းတို့ကို ပြောဆိုနေခြင်းသည် လူသားတို့ ဆင်ခြင်သောနည်းလမ်း
သာ ဖြစ်သည်။ ကျွန်ုပ်တို့၏ ကယ်တင်ခြင်းသည် အမှန်တကယ် တန်ဖိုး
ကြီးသည်ကို ဘုရားသခင်၏ သဘောသဘာဝနှင့် ကျွန်ုပ်တို့၏ အမှန်
ဖြစ်ခြင်းတို့ကို ရောထွေးပြီး နားမလည်ခြင်းတစ်ခုကို ထင်ဟပ်စေသည်။

ကျေးဇူးတော်ဟု ပြောရာတွင် လုံး၀၉၃သုံ လွတ်လပ်ပါသည်
သို့မဟုတ် ကျေးဇူးတော်သည် ကျွန်ုပ်တို့ မည်သည့်အရာလုပ်သည် ဟူ
သောအချက်အပေါ် အမှီမပြုပါ။ ရရှိရန်လွယ်ကူသည်ဟု ဆိုရာ၌ (ကျွန်ုပ်
တို့ လုပ်ဆောင်ရမည့်အရာသည် ယုံကြည်လက်ခံဖို့သာ ဖြစ်သည်) ၎င်း
သည် ဈေးပေါ့ပြီးလွယ်ကူ(ပေါ့ပျက်)သည်ဟု ဆိုလိုခြင်းမဟုတ်ပါ။ဘုရား
သခင်အတွက် ဈေးပေါ့ခြင်း မဟုတ်သကဲ့သို့ မလွယ်ကူပါ။ ဘုရားသခင်
သည် သူ၏ကျေးဇူးတော်ကို ကရုဏာတော်အားဖြင့်ပေးရာ၌ သူ့အတွက်
အစဉ်အမြဲတန်ဖိုးကြီးပါသည်။ မည်မျှလောက်လိုအပ်သည်ကို မည်သည့်
အခါ၌မျှ အပြည့်အ၀ မသိနိုင်သော သူတို့အား ကရုဏာတော်ကို ပြခဲ့
သည်။ ကရုဏာတော်က တောင်းဆိုသောအရာမှာ ကားတိုင် အားဖြင့်
အမျက်တော်မှ ကာကွယ်ခြင်း ဖြစ်သည်။ ကျွန်ုပ်တို့သည် အမှန်တကယ်
လုပ်နိုင်သည်ဟု ပြောရန်နှင့် ကျေးဇူးတော်သည် လွယ်ကူသည်၊ ဈေးပေါ့
သည်ဟု မပြောစေရန် ကျွန်ုပ်တို့သည် တစ်စုံတစ်ခုကို လုပ်ရမည်။ဘုရား
သခင်၏ ကျေးဇူးတော်နှင့် ကရုဏာတော်များကိုသာ ဈေးပေါ့စေသည်
မဟုတ်၊ သို့သော် သူ၏အမျက်ဒေါသနှင့် တရားမျှတမှုများကိုလည်း
ဈေးပေါ့စေသည်။ ထို့ကြောင့် အနှစ်သာရအားဖြင့်၊ ကျွန်ုပ်တို့သည်ဘုရား
သခင်ကိုယ်တော်တိုင်အား ဈေးပေါ့စေခြင်း ဖြစ်သည်။ ကျွန်ုပ်တို့သည်
ကရုဏာတော်အားဖြင့် တာ၀န်ယူနိုင်သည်ဟု ဆင်ခြင်ခြင်း၊ ထို့အတူ
နှစ်သက်ဖွယ် သောအကျင့်ကို ကျင့်နိုင်သည်ဟု ပြောဆိုခြင်းတို့သည်
အမျက်တော်သည် ပြင်းထန်ခြင်းမရှိဟု ပြောဆိုသကဲ့သို့ ဖြစ်သည်။
သို့သော်လည်း ၎င်းသည် ကရာနီသို့ သွားသောလမ်းမဟုတ်ချေ။ ခရစ်

တော်သည် ထိုလမ်း၌ ဒုက္ခဆင်းရဲ(ရိုက်နက်ခြင်း၊ ညှင်းပန်းနှိပ်စက်ခြင်း၊ နာကျင်ခြင်း၊ အရှက်ခွဲခြင်းနှင့် နောက်ဆုံး၌သေခြင်း)ကြုံရသည်။ သူရင်ဆိုင်ရသောအရာများက သူ့ကိုကြောက်ရွံ့ခြင်းနှင့် စိတ်သောက ရောက်စေသော်လည်း သူသည် ဘုရားသခင်၏ အမျက်တော်ကိုရင်ဆိုင် နေရခြင်း ဖြစ်သည်။ ယေရှုသည် လူသားတစ်ယောက်အနေဖြင့် ဘုရား သခင်၏ အမျက်ဒေါသကို ကြုံတွေ့ရခြင်း ဖြစ်သောကြောင့် ချွေးစက် များသည် သွေးဖြစ်သွားသည့်တိုင်အောင် ခံစားသောကြောင့် သူ့၌ ကြောက်ရွံ့ခြင်း ဖြစ်စေသည်။ ဤအရာသည် "စစ်မှန်သော ဇံဂေလ" ဖြစ်ပြီး (ကျွန်ုပ်တို့သည် ကယ်တင်ရှင်ကို အလွန်လိုအပ်သည်။ ကျွန်ုပ် တို့ကို နက်ရှိုင်းစွာ ချစ်မြတ်နိုးသော ဘုရားသခင်သည် ငါတို့ကို အဖိုးအခ မပေးဘဲ) ပြောင်းလဲပေးသည်။

ခရစ်တော်ကို ကျွန်ုပ်တို့၏ ကယ်တင်ရှင်အဖြစ်လက်ခံခြင်းမပြုမီ စစ်မှန်သော ဇံဂေလိတရား မလိုအပ်သေးပါ။ ကျွန်ုပ်တို့သည် ထိုအရာ ကို ကျွန်ုပ်တို့အသက်တာ၌ရရှိပြီး အကျိုးသက်ရောက်မှု ခံစားလာသော အချိန်မှာ အနည်းငယ်မျှ နားလည်သဘောပေါက်လာခြင်း ဖြစ်သည်။ ခရစ်တော်ထံ မလာမီ ဘုရားသခင်၏ နှုတ်ကပတ်တော်သည် ကျွန်ုပ် တို့၌ အဓိပ္ပါယ်မဲ့ နေသည် (၁ကော၊ ၂း ၁၄)။ ယခုတွင် ကျွန်ုပ်တို့သည် ဘုရားသခင်နှင့် ပြန်လည်အဆက်ရလာပြီး သန့်ရှင်းသော ဝိညာဉ်တော် ကို ကျွန်ုပ်တို့အား ပေးပြီးနောက်၊ ဘုရားသခင်၌ တွေ့ရသော နှုတ်က ပတ်တော် သမ္မာတရားကို ကျွန်ုပ်တို့အား အလင်းပေးကာ စတင်အသိ ပေးခြင်း ဖြစ်သည် (ယော၊ ၁၄း ၂၆)။

ကျွန်ုပ်တို့သည် ခရစ်တော်၌ ရှိပြီးဖြစ်သောကြောင့် စစ်မှန်သော ဇံဂေလိတရားသည် ပြောင်းလဲခြင်း မရှိတော့ပါ။ အဖိုးထိုက်စွာသော ကျေးဇူးတရားသည် ယနေ့တိုင်အောင် စင်ကြယ်လျက်ရှိသည်။ ထို့ ကြောင့် ယနေ့တိုင်အောင် ထိုဇံဂေလိတရားကို လက်ခံသူများအား အဖိုးအခမပါဘဲ ပေးနေတုန်း ဖြစ်သည်။ သမ္မာတရားရပ်တန့်သွားသည်

နှင့်တပြိုင်နက် ကျေးဇူးတော်တည်းဟူသော ဘုရားသခင်ထံက ဆုလက်ဆောင်နှင့် သူ့ကိုကိုယ်စားပြုသော သဘောသဘာဝသည်လည်း ရပ်တန့်သွားမည် ဖြစ်သည်။ အကြောင်းမူကား သူ၏ကရုဏာတော်သည် သူ၏အမျက်တော်လမ်း၌ ရပ်နေပြီး ဘုရားသခင်အတွက် တန်ဖိုးကြီးမားသော ကျေးဇူးတော်ကို ကမ်းလှမ်းနိုင်ခြင်း ဖြစ်သည်။ အဘယ်ကြောင့်ဆိုသော စုံလင်သော သိုးသငယ်၏ ပူဇော်ရာယဇ်ဖြစ်သောကြောင့် ခက်ခဲသော ခရီးလမ်းမှတဆင့် အမြဲလာမည် ဖြစ်သည်။ကျေးဇူးတော်သည် အခမဲ့အမြဲပေးလျက်ရှိသော အနန္တတန်ခိုးရှင် ဘုရားသခင်၏ ချစ်မြတ်နိုးသောမေတ္တာအကြောင်းကို ပြောနေခြင်း ဖြစ်ပြီး ယခုတွင် ခရစ်တော်၌ အရင်ကျင့်သောအကျင့်ထက် သာ၍များကြောင်းကို ကျွန်ုပ်တို့ သိလာသည်။ ထိုသို့ဖြစ်သောကြောင့် ဤသို့သော အသိပညာက လူတစ်ယောက်ကို အပြင်ထွက်ပြီး နံရံပေါ်မှာ ပန်းချီရေးခြစ်ဖို့ "ဘုရားသခင်သေပြီ" ဟု အော်ဟစ်၍ စေ့ဆော်မပေးနိုင်ပေ။ ထိုသို့ပြုမည့်အစား "ဘုရားသခင်သည် အသက်ရှင်တော်မူ၏"ဟူ၍သာ ဝမ်းမြောက်စွာ အော်ဟစ်နိုင်မည် ဖြစ်သည်။ ကျွန်ုပ်တို့ကို နံရံဆေးသုတ်သည်ဟု စွပ်စွဲမည့်အစား ကျွန်ုပ်တို့ကောင်းကောင်း ဆေးသုတ်နေသည်ကို စွပ်စွဲနိုင်သည် (တမန်၊ ၂း ၁၅)။

အသက်တာပိုမိုကြီးထွားလာခြင်းသည် အနန္တတန်ခိုးရှင်၊ စကြဝဠာကို ဖန်ဆင်းသူ၊ ကျေးဇူးတော်ကို ပေးသနားသော ဘုရားသခင်အကြောင်းကို ပို၍နားလည်လာသည်သာမက ကျွန်ုပ်တို့ကို မည်မျှလောက် နက်ရှိုင်းစွာ ချစ်မြတ်နိုးပြီး ကျွန်ုပ်တို့အား ကျေးဇူးတော်၌ မွေ့လျော် စေလိုသည်ကို နားလည်ရန်နှင့် ပညတ်တော်အတိုင်း အသက်ရှိ လိုသောဆန္ဒရှိရန် ဖြစ်သည်။ ကျွန်ုပ်တို့သည် တစ်ခါက ဘုရားသခင်၏ ရန်သူများ ဖြစ်ကြပြီး (ရော၊ ၅း ၁ဝ)၊ ယခုတွင် ကျွန်ုပ်တို့သည် ဘုရားသခင်ကို အလွန်ဆာငတ်သောသူများ၊ သူ၏မျက်ဆံ(ဆာ၊ ၁၇း ၈)၊ သူ၏ အလွန်ထူး ဆန်းသောသူများ(ဆာ၊ ၁၆း ၃)၊ သူအလွန်ချစ်မြတ်နိုးသော

သူများ ဖြစ်လာကြပြီ။ ထိုကဲ့သို့သော အသိဉာဏ်နှင့် နားလည်မှုတို့သည် လူတစ်ဦးကို ပညတ်တရားမဲ့ဘဝသို့ ဦးတည်စေရန် ခက်ခဲသည်။ သို့ သော် နက်ရှိုင်းသော ကျေးဇူးတင်မှု ရှိသင့်သည်။ ကျွန်ုပ်တို့၏ ဖန်တီး နိုင်စွမ်း၊ စိတ်အားထက်သန်မှုနှင့် သူ့အကြောင်း၊ ကိုယ့်အကြောင်း ပြော ပြရန် နည်းလမ်းသစ်များ ရှာဖွေတွေ့ရှိခြင်းတို့အတွက် ကျေးဇူးတင်ရန် ဖြစ်သည်။ ဘုရားသခင်အား သိစေရန် ကျွန်ုပ်တို့၏ ပြင်းပြသောစိတ်နှင့် သာသနာပြုခြင်းတို့ကို ရှာတွေ့ရန်၊ ကျွန်ုပ်တို့ ပြုလေသမျှတို့၌ ကိုယ် တော်၏ ဘုန်းတော်ကို ချီးမွမ်းကြွေးကြော်ရန် ဖြစ်သည် (၁ကော၊ ၁၀း ၃၁)။

ကျွန်ုပ်သည် မကြာသေးမီက ဘမ်ဘာစတစ်ကာကို မြင်ပြီး ဖတ်သည်မှာ - "ဘုရားသခင်က သင့်ကို ချစ် တယ်။ ဒါပေမယ့် သင့်ရဲ့ ခေါင်းပေါ် မသွားစေနဲ့"။ ထို အရာကဘာလဲ? ဟုတ်ပါသည်။ သင့်ဦးခေါင်းကို သွား ခွင့်ပြုသင့်ပါသည်။ အကယ်၍ ဘုရားသခင်ကသင့်ကို ချစ်နေလျှင် သင့်ခေါင်းပေါ်ကနေ သွားမှာမဟုတ်၊ သင်နားမလည်လို့ ဖြစ်မည်။ အကယ်၍ စကြာဝဠာ၏ အရှင် ဘုရားသခင်သည် သင့်ကို နှစ်သက်သည်ဆိုပါ က အရာရာကို ရှုထောင့်တစ်ခုထဲထားသင့်သည်။ ထို ရာသည် သင့်အားများစွာသော ဝမ်းမြောက်ပျော် ရွှင်ခြင်းနှင့် ရယ်မောစေသင့်သည်။ ထိုအကြောင်းကို နားမလည်သောသူများသည် တမန်တော်များ အ ကြောင်း သူတို့ပြောခဲ့သည့်စကားကို သင့်အားပြောပြ

ရန်ပင် တတ်နိုင်စေသည် (တမန်၊ ၂း ၁၃ ကို
ကြည့်ပါ)[2]

ကျွန်ုပ်အား ဘုရားသခင်အမှုတော်ဆောင်ရန် လှုံ့ဆော်သော အရာက ဘာလဲ၊

တိရစ္ဆာန်ဉယျာဉ်တစ်ခုဆီသို့သွားပြီး တိရစ္ဆာန်များ၏ နူးညံ့သိမ်
မွေ့ဟန်များကို မကြည့်ဖူးပါ။ အရိုင်းစိုင်းဆုံးသားရဲများကတောင် ယဉ်
ကျေးနေပုံကိုလည်း မကြည့်ဖူးပါ။ ကျွန်ုပ်တို့သည် တောထဲမှာ တိရစ္ဆာန်
များကို သွားကြည့်မည်ဆိုပါက သူတို့သည်လွတ်လပ်စွာ ဟောင်ချင်
တိုင်းဟောင်ပြီး သံချိန်းကြီးမဲ့၊ သံဇကာမဲ့ဖြင့် လွတ်အောင်ပြေးကြ ပေ
လိမ့်မည်။ ဤသည်မှာ လူ သို့မဟုတ် ဘုရားသခင် လက်ခံမှုကို ရရှိရန်
ဘုရားသခင်ထက်ငယ်သောအရာ (ရုပ်တုကိုးကွယ်ခြင်း)အားဖြင့်သူတို့
ဘဝကို ရှင်သန်ရန် လှုံ့ဆော်ခံရသူတစ်ဦးနှင့်တစ်ဦး ခြားနားချက် ဖြစ်
သည်။ ဘုရားသခင်သည် မည်သို့တုန့်ပြန်သည် ဖြစ်စေ၊ ပြုမူသည်
ဖြစ်စေ၊ သူတို့ကို ချစ်တော်မူကြောင်း ရှာဖွေတွေ့ရှိသောသူ တစ်ဦးနှင့်
နိုင်းယှဉ်ပြနိုင်သည်။

အမှန်စင်စစ် အခမဲ့ပေးထားသော ချစ်ခြင်းမေတ္တာနှင့် ကျေးဇူး
တော်သည် ကြီးမားသောလှုံ့ဆော်သူ ဖြစ်သည်။ သို့သော် ကြီးမားသော
လှုံ့ဆော်သူသာမဟုတ်ပါ။ ရှူသွင်းရမည့် သန့်ရှင်းလတ်ဆတ်သော
လေကိုရှူသွင်းသောသူများအား အခမဲ့လွတ်လပ်စွာ ရှူရှိုက်စေသည်။
မည်သည့်အရာကနေ လွတ်မြောက်ခြင်းလဲ? သူတစ်ပါး၏ ခြင်းပယ်ခြင်း
မှ လွတ်မြောက်ခြင်း၊ ကျရှုံးခြင်းကို ကြောက်ရွံ့ခြင်း၊ မိမိကိုယ်ကို အားရ
ကျေနပ်စေရန် သူများထံမှ ထောက်ခံမှုလိုအပ်ခြင်း၊ သို့မဟုတ် ဘုရား

---

[2] Brown, Steve. *Three Free Sins: God's Not Mad at You*. Howard Books.
2012.

သခင်ထက် သေးငယ်သည့်အရာများမှနှစ်သိမ့်မှု၊ ပျော်ရွှင်မှုနှင့်သက်သာ
မှုကို ရှာဖွေရန်လိုအပ်ခြင်း တို့ဖြစ်သည်။ မည်သို့သော လွတ်လပ်ခွင့်
နည်း? လွတ်လပ်စွာပြေးပိုင်ခွင့်၊ တော့သို့လွတ်လပ်ခွင့်၊ စွန့်စားမှု၊ ဖန်တီး
မှု၊ သူတို့က သင့်ကို မထီမဲ့မြင်ပြုသော အကြည့်ဖြင့် ကြည့်နေလျှင်ပင်
လွတ်လပ်စွာ ကခုန်နိုင်မှု (၂ရာ၊ ၆း ၁၆)၊ ထို့နောက် အခြားသူများက
သင့်အား "တိတ်ဆိတ်စွာနေ၊ ငါနားဦးလို့ နားနာနေပြီ"ဟု ပြောနေရင်း
ပင်၊ သီချင်းကို သီဆိုနိုင်ခြင်းတို့ ဖြစ်သည် (ဆာ၊ ၁၀၄း ၃၃)။ အားလုံး
လိုလို၊ လွတ်လပ်ခွင့်ဟူသည်မှာ ဖန်ဆင်းခြင်း၏ ရည်ရွယ်ချက်အတိုင်း
ဖြစ်ရမည်။ ကျွန်ုပ်တို့သည် ဘုရားသခင်၏ဘုန်းတော်ကို ရောင်ပြန်ဟပ်
စေရန် ဖန်ဆင်းခံများ ဖြစ်ကြသည်(ကမ္ဘာ၊ ၁း ၂၆–၂၇၊ ၁ကော၊ ၄း ၁၆)၊
သူ့ကို ကိုးကွယ်ရန် (ချီးမွမ်းခံထိုက်သော ဘုရားဖြစ်ခြင်း၊ ကိုယ်တော်မှ
တစ်ပါး အခြားမရှိခြင်း) (ဆာ၊ ၂၉း ၂။ ဆာ၊ ၄၀း ၃)နှင့် သူ့ကိုလူများသိ
အောင် လုပ်ရန်(ရော၊ ၁၅း ၉)တို့ ဖြစ်သည်။

ကျွန်ုပ်တို့၏ဘ၀များတွင် တည်ဆောက်ခဲ့သော ရုပ်တုများဖြင့် ပြု
လုပ်ထားသော လှောင်အိမ်များ (ကျွန်ုပ်တို့ ရှာဖွေသမျှ၊ လုံခြုံမှု၊ ပျော်ရွှင်
မှု၊ နှစ်သိမ့်မှု၊ ထောက်ခံမှုများသည် ဘုရားသခင်ထက် မဟုတ်ပါ)၊
ကျွန်ုပ်တို့ဘ၀များကို တည်ဆောက်ခဲ့ပြီး၊ ထိုလှောင်အိမ်တစ်လုံးချင်းစီ
နှင့် ချိတ်ဆက်ထားသည်။ ချိန်ကြီးတည်းဟူသော စိတ်ဖိစီးမှုကင်းသော
ဘ၀ကို ပိုင်ဆိုင်လိုခြင်း၊ သူတစ်ပါး၏ နှစ်သက်လက်ခံမှုကို ရရှိရန်လိုအပ်
ခြင်း၊ (အခြားသူများ သဘောကျရန်၊ အခြားသူများက ကျွန်ုပ်တို့ကို
ကောင်းစွာထင် မြင်စေရန်)လိုအပ်သည်။ အရာခပ်သိမ်းသည် သူ့နေရာ
နှင့်သူ၊ အစီအစဉ်တကျ သေချာစေရန် လိုအပ်သည်။ ၎င်းလှောင်အိမ်များ
နှင့် ချိတ်ဆက်ထားသော ကွင်းဆက်စာရင်းသေးသေးလေးသာ ဖြစ်
သည်။ ပိုဆိုးသည်မှာ ၎င်းလှောင်အိမ်အချို့ (ကျွန်ုပ်တို့သည် ရုပ်တုများ
လုပ်ခဲ့သည်ကို သတိရပါ)က ကောင်းသောအရာဟု ထင်ရသည့်အပြင်
အမှန်တကယ်မှာ သူတို့ထဲက တစ်ချို့ (ကောင်းသောအရာများက ရုပ်ပုံ

များသာ ဖြစ်နိုင်သည်)သာ ဖြစ်သည်။ တစ်ခါတစ်ရံမှာ ကျွန်ုပ်တို့သည်
လျောင်အိမ်အတွက် ခက်ရင်းစွာ လုပ်ကိုင်နေခြင်းသာမဟုတ်၊ ပြဿနာမှာ
သန့်ရှင်းရေး၊ လေးစားကြည်ညိုစွာ ထိန်းသိမ်းရေးတို့ ဖြစ်သည်။ သို့
သော် ဤအရာများသည် တည်ရှိခြင်း၏အဓိကအကြောင်းရင်း၊ ကျွန်ုပ်
တို့ဘဝ၏ ဦးတည်ရာ၊ ကျွန်ုပ်တို့အသက်ရှင်မှု ဖြစ်နေသည်။ ဤလျောင်
အိမ်များကို ထိန်းသိမ်းနေရခြင်းမှာ ကျွန်ုပ်တို့ဘဝ၏ လုံ့ဆော်မှုဖြစ်
သည်။

ခရစ်တော်မှတစ်ဆင့် ကမ်းလှမ်းသော ကျေးဇူးတော်အားဖြင့် ဤ
လျောင်အိမ်များမှ ကျွန်ုပ်တို့အား လွတ်မြောက်စေသည်။ ကြာရှည်စွာ
ဖမ်းဆီးခြင်းခံရသော တိရစ္ဆာန်များကဲ့သို့ (သို့မဟုတ်) အပြင်းအထန်
ဒါက်ရာရသောသူ (အပြစ်တရားက ကျွန်ုပ်တို့ကို အနာတရဖြစ်စေသည်၊
လူဟောင်းကို အဘယ်ကြောင့် သတ်ရမည်၊ ကျွန်ုပ်တို့အား အဘယ်
ကြောင့် အသစ်သောစွမ်းရည်ကို ပေးအပ်ရ သနည်း) ကို ကျွန်ုပ်တို့က
စာနာထောက်ထားမှု ရှိလာပြီး၊ ထိုလွတ်လပ်မှုကို မည်ကဲ့သို့ကိုင်တွယ်
ရမည်ကို မသိတော့ပါ။ ထိုကြောင့် ကျွန်ုပ်တို့သည် လွတ်လပ်ခွင့်ကို
စောင့်ကြည့်ဖို့၊ ရှုထောင့်အမြင်အားဖြင့် ကြည့်မည်ဆိုပါက ဤသို့လွတ်
လပ်မှုကို ကျွန်ုပ်တို့ကို ကြောက်လန့်စေမည့်အရာများကို ရှာဖွေတွေ့ရှိ
သည်။ ထိုကြောင့် ကျွန်ုပ်တို့သည် တစ်ချိန်က သက်တောင့်သက်သာ
ရှိပြီး ထိန်းချုပ်နိုင်ဖွယ်ရှိသော လျောင်အိမ်ကို စတင်ကြည့်ရှုကြသည်။
ထိုကြောင့် ဘုရားသခင်၏ ချစ်ခြင်းမေတ္တာတော်နှင့် ကျေးဇူး တော်သည်
သူ့အတွက်အသက်ရှင်ရန် လုံ့ဆော်မည့်အစား ကျွန်ုပ်တို့သည် အပြစ်
တရားအားဖြင့် (ယခင်ဘဝဟောင်းအတိုင်း ဆက်လက်အသက်ရှင်ခြင်း၊
တူညီသောရွေးချယ်မှုများ ပြုလုပ်ခြင်း၊ လျောင်အိမ်များကို အတူတကွ
ထိန်းသိမ်းခြင်း) သို့မဟုတ် ရှာဖွေခြင်းအားဖြင့်လည်းကောင်း၊ အကျဉ်း
တဝင်ရှိသော နည်းလမ်းဟောင်းများသို့ ပြန်သွားကြသည်။ ကျွန်ုပ်တို့၏
အားသာချက်များနှင့်အညီ ဘုရားသခင်၏ ပညတ်တော်အတိုင်း နေထိုင်

လာကြသည်။ ယုံကြည်ခြင်းမရှိဘဲ လုပ်ဆောင်သောအရာ အားလုံးသည် အပြစ်ဖြစ်သည် (ဟောရှဲ၊ ၁၁း ၆)။ ကျွန်ုပ်တို့ကို ရွေးနုတ်သော ယုံကြည် ခြင်းဖြစ်ပြီး၊ လွတ်ခြင်းအခွင့်ရပြီဖြစ်သည်။ ကျွန်ုပ်တို့ကိုလက်ခံရန် သဘောတူညီမှုအတွက် အသက်ရှင်ရန် မလိုအပ်တော့ပါ။ အဘယ် ကြောင့်ဆိုသော် ကျွန်ုပ်တို့သည် ကယ်တင်ပြီးပြီ ဖြစ်သောကြောင့်ဖြစ် သည်။ ဘုရားသခင်၏မျက်နှာတော် သို့မဟုတ် လက်ခံမှုကို ရရှိရန် သို့မဟုတ် သူ၏မေတ္တာပါသော ကျေးဇူးတော်ကို ရယူရန် ကြိုးစားခြင်း သည် တရားဝင်ပုံစံတစ်ခုခု (ဘုရားသခင် သို့မဟုတ် အခြားသူတစ် ဦးဦး ၏ လက်ခံမှုကိုရရှိရန် စံနှုန်းများနှင့်အညီအသက်ရှင်ခြင်း)မျှသာ ဖြစ် သည်။ သို့သော် အခြားပုံစံအမျိုးမျိုးဖြင့် တည်ရှိခြင်းမရှိသော ဘုရားရုပ် တုများကို ပြုလုပ်ဖန်တီးခြင်း (ရုပ်တုနှင့် ဘုရားငယ်များကို ပြုလုပ်ခြင်း) ပုံစံမျှသာ ဖြစ်သည်။ ဤသို့ပြုလုပ်ခြင်းသည် ကျွန်ုပ်တို့၏ လွတ်လပ်မှုကို ထိန်းချုပ်ဟန့်ရှိပြီး၊ ကျွန်ုပ်တို့၌ ဂုဏ်တာရှိစေကာ၊ အနိုင်ကျင့်ခြင်းမရှိစေ ရန် သေချာစေရမည်။ သို့သော် ပြဿနာအမှန်မှာ ကယ်တင်ခြင်းမှုရရှိ သော ပျော်ရွှင်မှုများကို ခိုးယူခြင်း၊ အခြားသူများထံမှ ဂုဏ်သွေးစုပ်ခြင်း နှင့် ခိုးယူ ခြင်းတို့ကိုလည်း ဖြစ်စေသည်။ ကျွန်ုပ်တို့သည် ဘုရားသခင်၏ ချစ်ခြင်းမေတ္တာကို ချစ်မြတ်နိုးကြောင်း သိရှိခြင်းမှ ရရှိသော ဂမ်းမြောက် မှုကို ပြသရန်မတတ်စွမ်းနိုင်ပါ။

ထိုသို့ဆိုသော် ဘုရားသခင်၏ ခေါ်တော်မူခြင်းမှ လွတ်မြောက် ခြင်းကို ဆီးတားခြင်းမှ ကျွန်ုပ်တို့သည် မည်သို့လွတ်မြောက်နိုင်မည် နည်း? လှောင်အိမ်သေးသေးလေးများ၏ ဖမ်းဆီးခြင်းကို မခံရဘဲနေမည် လော။ ဘုရားသခင်၏ ချစ်ခြင်းမေတ္တာနှင့် ကျေးဇူးတော်အားဖြင့် အမှန် တကယ် မည်သို့ဖမ်းဆီး ခံရနိုင်မည်နည်း? ထိုသို့သော လုံ့ဆော်မှုသည် မည်သည့်အရာနှင့်တူပြီး၊ သူတစ်ပါးအသက်တာထဲသို့ ကူးစက်ရန်ကျွန်ုပ် တို့ကို မည်သို့သွန်းလောင်းသနည်း? ထိုသို့သောအားဖြင့် သူတို့သည်

ဘုရားသခင်ကို အလုပ်ကြီးကြပ်မှူးအဖြစ်မဟုတ်ဘဲ သူတို့ကို နှစ်သက်တော်မူသော ဘုရားသခင်အဖြစ် မြင်နိုင်စေ ရန် ဖြစ်သည်(ဆာ၊ ၁၈း ၂)။

ကျွန်ုပ်တို့သည် လျောင်အိမ်များ၏ တောင်းဆိုချက်အရ ကျွန်ုပ် တို့သည် သူတို့ကိုအစေခံပြီး၊ ရလဒ်အနေဖြင့် ထိုသို့ပြုလုပ်ရန် ကျွန်ုပ် အား လုံ့ဆော်မှုပေးသော အချက်ဖြစ်သည်။ ဘုရားသခင်သည် လူ့ လက်ဖြင့် ကျွေးမွေးခြင်းကို ခံတော်မူသည်မဟုတ် (တမန်၊ ၁၇း ၂၄-၂၆)။ သူသည် ကျွန်ုပ်တို့ အမှန်တကယ်လွတ်မြောက်ရန်အတွက် ခေါ်တော်မူ သည်။ ထို့နောက် နောက်လာမည့်အရာနှင့် ပတ်သက်၍မေးခွန်းမရှိ တော့ပါ။ သို့မဟုတ် ဘုရားသခင်နှင့်အတူ ပျော်ရွှင်စေရန် ကျွန်ုပ်တို့ မည် သည့်အရာကို လုပ်ရန်လိုအပ်သနည်း၊ အဘယ်ကြောင့်နည်း? ကျွန်ုပ် တို့ကို ဆန့်ကျင်သော အဘယ်အပြစ်မျှ မပေးနိုင်တော့ပါ။ အရှက်ရစေ သောအကြောင်းရင်းများကြောင့်၊ ကျွန်ုပ်တို့ကို ပျောက်ဆုံးပြီဖြစ်သော ကာကွယ်ခြင်းအမှုကို အဘယ်ကြောင့် ပြန်လည်ဂတ်ဆင်ရန် လိုအပ်သ နည်း? ကျွန်ုပ်တို့ ရှေ့မှာ မည် သည့်အရာကမျှ ဆီးတားလို့မရတော့ပါ။ ကျွန်ုပ်တို့ မည်မျှလောက်ကျဆုံးသွားသည်ကို ပြောပြရန် ကျွန်ုပ်တို့အား လက်ညှိုးထိုးကြသည်။ သို့သော် ကျွန်ုပ်တို့မည်သည့်အရာ လုပ်ဆောင် စရာလိုသနည်း (ရော၊ ၈း ၁၊ ၃၄)။ ၎င်းသည် ကျွန်ုပ်တို့အား စက်ဂိုင်း အပြည့်နှင့် မူလမေးခွန်းသို့ ပြန်သွားစေသည်။ ရှင်ပေါလုသည် (၂ကော၊ ၅း ၁၄-၁၅)တွင် လုပစွာပြန်လည်ဖြေကြားသည်မှာ -

ကျွန်ုပ်တို့သည် ခရစ်တော်၏ ချစ်ခြင်းမေတ္တာက အုပ် စိုးသည်။ တစ်ယောက်သော သူသည် လူအပေါင်းတို့ အတွက်ကြောင့် အသေခံသည်မှန်လျှင် လူအပေါင်း တို့သည် သေလျက်နေကြသည်ဟု၍လည်းကောင်း၊ ခရစ်တော်သည် ကျွန်ုပ်တို့အားလုံး အတွက် အသေခံ တော်မူသည်။ သူသည် အသေခံတော်မူသောကြောင့်

ကျွန်ုပ်တို့ သည် ကိုယ့်အတွက် အသက်မရှင်တော့ဘဲ
ကျွန်ုပ်တို့အသက်ကို ရှင်ပြန်ထမြောက် စေတော်မူ
သော အရှင်အတွက် အသက်ရှင်ရမည် ဖြစ်သည်။

ကျွန်ုပ်တို့သည် ကျွန်ုပ်တို့၏ အသက်ကို ယူပြန်၍အသက်ရှင်ခွင့်
ကို ပေးသနားတော်မူသော တစ်ယောက်သောသူ၊ လှောင်အိမ်များကို
ဖွင့်ပေးသောသူ၊ သူ့အသက်ကိုစွန့်ပြီး လွတ်ခြင်းအခွင့်ကို ပေးသနား
တော်မူသောသူအတွက် အသက်ရှင်ကြသည်(ဟေရှာ၊ ၆၁း၁)။ အဘယ်
ကြောင့်ဆိုသော် ထိုအရာသည် ကျွန်ုပ်တို့အား တောင်းဆိုခြင်းမပြု၊
ဘုရားသခင်၏ ကျေးဇူးတော်သည် ကျွန်ုပ်တို့၏ တုန့်ပြန်မှုအပေါ် တွင်
မှီခိုခြင်းမရှိပါ။ ထိုသို့ ဘုရားသခင်သည် ကျွန်ုပ်တို့ကို ရှေ့ဦးစွာ ချစ်တော်
မူသောကြောင့် ကျွန်ုပ်တို့သည် ဘုရားသခင်ကို ချစ်ကြသည်(၁ယော၊ ၄း
၁၉)။

ကျွန်ုပ်တို့သည် တစ်ဦးပြီးတစ်ဦး ပြောင်း၍ရအောင် လှောင်အိမ်
များကို မဖွင့်ဘဲထားသည်။ တိတိကျကျ ပြောမည်ဆိုပါက အဘယ်
အရာကိုမျှမလိုဘဲ၊ အစေခံနိုင်ရန်အတွက် ဖြစ်သည်။ ကျွန်ုပ်တို့သည်
မည်သည့်အခါ၌မှ ပြန်၍မချစ်နိုင်လျှင်လည်း ဘုရားသခင်၏ ချစ်ခြင်း
မေတ္တာကို အမှန်တကယ် ပြသနိုင်မည့် မေတ္တာမျိုးရှိပြီ ဖြစ်သည်။ အရာ
ခပ်သိမ်းသည် လုံခြုံမှုရှိပြီး စိုက်ချရသော ပိုက်ကွန်ကို မလိုအပ်ပါ။ ယခု
ကျွန်ုပ်တို့၏ အန္တရာယ်များကို စွန့်စားပြီး လုပ်နိုင်ပါပြီ။ ကျွန်ုပ်တို့သည်
အိတ်ကပ်ထဲ၌ အပေါက်များရှိသည်အထိ မပေးနိုင်ပါ။ တစ်ဦးခြင်းစီအ
နေဖြင့် ကျွန်ုပ်တို့နှင့် အကျွမ်းတဝင်ရှိသောသူများမှ ကျွန်ုပ်တို့နှင့် လုံးဝ
ဆိုင်သောသူများသို့ (ကျေးဇူးတော်မှ စတင်)ခံစားရရန် ပြုလုပ်နိုင်ပါ
သည်။ ယခု ကျွန်ုပ်တို့သည် အခြားသူများ၏ စိတ်ဝင်စားမှုကို ရှာဖွေနိုင်
သည်။ ဤကဲ့သို့လုပ်ဆောင်ခြင်းအားဖြင့် ကျွန်ုပ်တို့ ခွင့်လွတ်နိုင်ကြောင်း
ကို ပြောပြစရာပင် မလိုတော့ပါ။ အခြားသူများအပေါ် ကျွန်ုပ်တို့၏ တုန့်

ပြန်မှုသည် ဘုရားသခင်၏ ချစ်ခြင်းမေတ္တာနှင့် ကျေးဇူးကရုဏာအပေါ်၌ မူတည်သည်။

ရှင်ပေါလုက ရောမ ၁၂း ၂ တွင် မည်သို့ပြုလုပ်ရမည်ကို ပြောပြသည်။ "*သင်တို့သည် လောကီပုံသဏ္ဌာန်ကို မဆောင်ကြနှင့်။ ကောင်းမြတ်သောအရာ၊ နှစ်သက်ဖွယ်သောအရာ၊ စုံလင်သောအရာတည်းဟူသော ဘုရားသခင်အလိုတော်ရှိသောအရာသည် အဘယ်အရာ ဖြစ်သည်ကို သင်နိုင်မည်အကြောင်း၊ စိတ်နှလုံးကို အသင့်ပြင်ဆင်၍ ပုံသဏ္ဌာန် ပြောင်းလဲခြင်းသို့ ရောက်ကြလော့*"။ ထို့ကြောင့် ကျွန်ုပ်တို့သည် မည်သို့ လှုံ့ဆော်ခံရမည်ကို မည်သို့လေ့လာကြမည်နည်း? ကျွန်ုပ်တို့၏ စိတ်နှလုံးကို မကြာခဏ အသစ်ပြု ပြင်ရမည် (ဧဖက်၊ ၄း ၂၃)။ မည်ကဲ့သို့ အသစ်ပြုပြင်ခြင်း ဖြစ်ပေါ်သနည်း? ဤနေရာ၌ မည်သို့သော အားဖြင့် မဖြစ်ပေါ်ဘဲ နေသနည်း? စောင့်ထိန်းရန်လိုအပ်သည်ဟု ကျွန်ုပ်တို့ ထင်မြင်ခံစားရသော ပညတ်ချက်များဖြင့် ဖွဲ့စည်းထားသော လှောင်အိမ် အသစ်ဖြင့် ဖန်တီးခြင်းအားဖြင့် ဖြစ်သည်။ ကျွန်ုပ်တို့သည် ဘုရားသခင် ၏ နှုတ်ကပတ်တော်ကို အချိန်ယူပြီး လေ့လာသောအခါ(ရော၊ ၁၀း ၁၇)၊ သန့်ရှင်းသော ဝိညာဉ်တော်က သတိပေးသည်။ ကျွန်ုပ်တို့ကို အလင်းပေး၍ သမ္မာတရားသစ်သို့ ညွှန်ပြသည် (ယော၊ ၁၄း ၂၆)။ ကျေးဇူးတရား၌တွေ့ရသော သမ္မာတရားသစ် (ကျွန်ုပ်တို့သည် ကိုယ့်ကိုကိုယ် မချစ်နိုင်သော်လည်း ဘုရားသခင်သည် ကျွန်ုပ်တို့ကို ချစ်သည် သို့မဟုတ် ချစ်ဖို့ရန်မထိုက်တန်သော်လည်း ခရစ်တော်ကို ငါတို့အတွက် အသေခံစေခြင်းအားဖြင့် ကျွန်ုပ်တို့ကို ရွေးနှုတ်တော်မူပြီး သူ့အဘို့ ဖြစ်စေတော်မူသည်)။ သန့်ရှင်းသော ဝိညာဉ်တော်သည် ခွင့်ပြုတော်မူသော အခါ သံကြိုး၏ ချည်နှောင်ခြင်းများ ပြုတ်ကျသွားပြီး၊ လှောင်အိမ်၏ နံရံများလည်း ပြိုလဲကာ၊ ကျွန်ုပ်တို့၏ အာရုံစူးစိုက်မှုသည်လည်း ကျွန်ုပ်တို့၏ သမိုင်းကြောင်းကို ရေးသားနေသည်သာမက ရေးသားနေဆဲ ဖြစ်ကာ ပြီးစီးအောင်ရေးသားမည့် ခရစ်တော်၌ ထားရှိတော့မည်ဖြစ်

သည် (ဟေဗြဲ၊ ၁၂း ၂)။ သန့်ရှင်းသော ဝိညာဉ်တော်၏ လုပ်ဆောင်မှု အားဖြင့် ကျွန်ုပ်တို့ မမြင်နိုင်သော လှောင်အိမ်များကို မြင်လာနိုင်သည်။ တစ်ချိန်က ကျွန်ုပ်တို့ ယုံကြည်ခဲ့သည့် လိမ်လည်မှုများကို ယခုသိမြင် လာပြီး စာတန်သည် ကျွန်ုပ်တို့ကို မျက်စိကန်းအောင် မလုပ်နိုင်တော့ပါ (၂ကော၊ ၄း ၄)။

ဘုရားသခင်သည် မည်သူမည်ဝါအမှန်ဖြစ်ကြောင်း၊ ကျွန်ုပ်တို့ကို မည်မျှလောက် ချစ်မြတ်နိုးကြောင်း၊ မည်မျှလောက် ကျေးဇူးပြုခဲ့ကြောင်း တို့ကို မြင်လာအောင် မျက်စိပွင့်သွားခြင်း ဖြစ်သည်။ ထို့နောက် ကျွန်ုပ် တို့သည် အရင်ကအသက်ရှင်မှု၊ ရွေးချယ်ဆုံးဖြတ်မှု၊ လှောင်အိမ်၌ကျော့ မိခံရမှုတို့မှ စစ်မှန်သော လွတ်မြောက်ခြင်းကို အမှန်တွေ့ရှိပြီး လွတ် လပ်မှု၌ ပျော်ရွှင်ရန်တတ်နိုင်စေသည်။ ကျွန်ုပ်တို့၏ ကိုယ်ခန္ဓာအား ဘုရားသခင်ထံ ပြန်လည်ဆက်ကပ်ရန်မလိုအပ်ခြင်းသည် ကျွန်ုပ်တို့ အနည်းဆုံးလုပ်နိုင်သောအရာမဟုတ်ကြောင်းကို နားလည်လာသည်။ သို့သော် ဘုရားသခင် တောင်း ဆိုသောအရာများကို နာခံခြင်းရှိရန် တစ်ခုတည်းသော လှုံ့ဆော်မှု ဖြစ်သည်။ သူ၏တရားတော်၌ ကျွန်ုပ်တို့ မွေ့လျော်ကြသည် (ရော၊ ၇း ၂၂)။ ကျွန်ုပ်တို့သည် အရာရာတိုင်း နား လည်သဘောပေါက်လာသည်နှင့်အမျှ ကျွန်ုပ်တို့အား လွတ်လပ်ခွင့်ကို ဆုံးရှုံးစေပြီး လှောင်အိမ်ထဲသို့ ပြန်ပို့လိုက်သည် (ရော၊ ၁၂း ၁)။

ကျွန်ုပ်သည် ဘုရားသခင်၏ ကျေးဇူးတော်ကို ပိုမိုခံထိုက် ကြောင်း ပြောပါသည်။ ထိုစကား မှန်ပါသလား?

အမှန်အားဖြင့် ဤအချက်အတွက် တစ်ခုတည်းသော အဖြေရှိပါ သည်။ "ကျွန်ုပ်တို့သည် ကျေးဇူးတော်ကို ရိုးရိုးရှင်းရှင်း မထိုက်တန်သူ များ ဖြစ်ပါသည်"။ ကျွန်ုပ်တို့၏ လုပ်ဆောင်ခြင်း၊ နာခံခြင်း၊ သန့်ရှင်းခြင်း ကျွန်ုပ်တို့လုပ်နိုင်သည်ဟု ထင်ရသောအရာ မည်သည့်အရာမဆိုကျေးဇူး တော်ကို ခံရနိုင်ဖို့ အရည်အချင်း မမီပါ။ လေတိုက်နေသည့် စိတ်အ

တွက် အယူအဆက မည်သို့နည်း။ ကျွန်ုပ်တို့က အရည်အချင်းပြည့်မီပြီး သားပါ၊ ကျွန်ုပ်တို့က ဖြစ်နိုင်သူများပါ။ ကျေးဇူးတော်ကို ရရှိရန်သာမက ခရစ်တော်၏ သတို့သမီးအဖြစ် ခေါ်ထားတော်မူခြင်းခံရသောသူများ အတွက် သိုထားတော်မူသော အမွေကိုပါ ခံစားရန် ဖြစ်သည် (ကော၊ ၁း ၁၂-၁၄)။ ဘုရားသခင်၏ ကျေးဇူးတော်ဖြစ်သော ဆုကျေးဇူးကို လက် ခံပြီး ဘုရားသားဖြစ်လာသူသည် ဘုရားသခင်၏ ကျေးဇူးတော် ဆုကျေး ဇူးကို အလွဲသုံးစားပြု ခြင်း၊ တာဝန်မဲ့ခြင်းများ လုံးဝမဖြစ်နိုင်ပါ။

ကျွန်ုပ်တို့သည် မိမိကိုယ်ကို ကျေးဇူးတော်နှင့် ထိုက်တန်အောင် မပြုလုပ်နိုင်သော်လည်း၊ ကျွန်ုပ်တို့နေထိုင်ပြုမူပုံအားဖြင့် ကိုယ်တော်အား ကျေးဇူးတင်ကြောင်း (သို့) ကျေးဇူးမတင်ကြောင်းကို ပြောရန် ရွေးချယ်မှု ပြုနိုင်ပါသည်။ ဤအရာသည် ကျွန်ုပ်တို့ ဟိုအရင်က မရှိခဲ့ဖူးသော လွတ် လပ်မှု ဖြစ်သည်။ သို့တိုင်အောင် ဤအမှု၌ပင် ကျေးဇူးတော်ကို ထိုက် တန်အောင်ပြုလုပ်ရန် ရွေးချယ်မှု မပြုလုပ်နိုင်ပါ။ ကျေးဇူးတော်(ဘုရား သခင်၏ မျက်နှာတော်နှင့်ခွန်အား)ကို ထိန်းသိမ်းရန် သို့မဟုတ် ကျေးဇူး တော်ဖြင့် တုန့်ပြန်ရန် ရွေးချယ်မှု မပြုလုပ်နိုင်ပါ။ ထိုရွေးချယ်မှုများသည် ကျေးဇူးတော်အားဖြင့် ဘုရားသခင်က ခွန်အားပေးသောကြောင့် ဖြစ် သည် (ကော၊ ၁း ၁၁ ESV)။ သူတို့သည် ဘုရားသခင်၏ ကျေးဇူးတော် အားဖြင့် ခွန်အားအရှိန်ရရှိရုံသာမက သူတို့သည် ယုံကြည်ခြင်း၌မတည် လျှင် ဒုစရိုက် အပြစ် ဖြစ်သည် (ရော၊ ၁၄း ၂၃ ESV)။ ကျွန်ုပ်တို့သည် ကျေးဇူးတော်နှင့် ထိုက်တန်သည်ဖြစ်စေ၊ မထိုက်တန်သည်ဖြစ်စေ၊ ကျေးဇူးတော်ကို တုန့်ပြန်တတ်သည်ဖြစ်စေ၊ မတုန့်ပြန်တတ်သည်ဖြစ် စေ၊ ကျွန်ုပ်တို့ အသက်ရှင်နေထိုင်ပုံအားဖြင့် ဘုရားသခင်သည် တရား စီရင်တော့မည် မဟုတ်ပေ။ သို့သော် ခရစ်တော်သည် ကျွန်ုပ်တို့အတွက် ကြောင့် အပြစ်ရှိလာပြီး၊ ရလဒ်အဖြစ် ကျွန်ုပ်တို့သည် ပညတ်တော် အ တိုင်း နာခံနိုင်ခြင်းအားဖြင့်မဟုတ်၊ ခရစ်တော်၏ စုံလင်သောနာခံခြင်း

အားဖြင့် ယခုရှုမြင်တော်မူပြီ ဖြစ်သည် (သမ္မာကျမ်းစာက လုပ်ဆောင်
ရမည့်အရာအားလုံးကို ပြောပြသည်) (၂ကော၊ ၅း ၂၁)။

ကျွန်ုပ်တို့သည် ကျေးဇူးတော်နှင့် ထိုက်တန်သူဖြစ်လျှင် ကျေးဇူး
တော်သည် ကျေးဇူးတော် မဟုတ်တော့ပေ (ရော၊ ၁၁း ၆)။ အကြောင်း
မူကား ကျေးဇူးတော်သည် ထိုက်တန်ခြင်းမရှိ၊ အမျက်တော်နှင့်သာ
ထိုက်တန်သော သူတို့ကို အခမဲ့ပေးရသော ဘုရားသခင်ရှေ့တော်၌မျက်
နှာရခြင်း ဖြစ်သည်။ သူတို့သည် ဘုရားသခင်၏ အလိုတော်ကို သိရှိရန်
အတွက် သူတို့ကိုသူတို့ ကယ်တင်နိုင်သောကြောင့်မဟုတ်၊ သို့သော်
သူတို့သည် မည်သည့်အခါ၌မျှ မတတ်နိုင်သောကြောင့်သာ ဖြစ်သည်။
ဘုရားသခင်၏ ကရုဏာတော်နှင့် ချစ်ခြင်းမေတ္တာတော်၌ ဆက်ကပ်ပါ။
သို့မှသာ တစ်နေ့တွင် သူသည်မိမိ၏ကျေးဇူးတော်နှင့် ကောင်းမြတ်ခြင်း
ကို ပြသနိုင်မည် ဖြစ်သည် (ဖေက် ၂း ၇)။ အမှန်အားဖြင့်၊ ကျွန်ုပ်တို့
သည် ကျေးဇူးတော်ကို မခံထိုက်ရုံသာမက ဆန္ဒကိုမှ မရှိသောကြောင့်
ဖြစ်သည်။ ကျွန်ုပ်တို့၏ အသက်ရှင်နေထိုင်လိုမှုသည် မာဒီကရပ်စ်ပွဲ
တော်နှင့် နေ့ရက်တိုင်း တူနေပါသည် (ဖေက် ၂း ၃)။ ကျွန်ုပ်တို့သည်
ကျေးဇူးတော်အားဖြင့် ဤကျေးဇူးတော်လမ်းစဉ်သို့ ရောက်ခဲ့လျှင်
ကျွန်ုပ်တို့သည် ထိုကျေးဇူးတော်အတိုင်း ဆက်လက်လျှောက်လှမ်း အ
သက်ရှင်ရပါမည် (ဂလာ၊ ၃း ၃-၅)။ ခရစ်တော်၏ နာခံခြင်းကြောင့်ဘုရား
သခင်သည် ကျွန်ုပ်တို့အား ဖန်ဆင်းခြင်း၏ ရည်ရွယ်ချက်အတိုင်း
ဖန်ဆင်းခြင်း မဟုတ်။ သူ၏ပြန်လည်ဖန်ဆင်းခြင်းအားဖြင့် သန့်ရှင်း
သောဝိညာဉ်တော် ကျွန်ုပ်တို့အထဲ၌ အလုပ်လုပ်ပြီး နာခံခြင်းအကျိုး
အကြောင်းကို တတ်နိုင်စေတော်မူသည် (၁ပေ၊ ၂း ၅)။

ကျေးဇူးတော်သည် အခမဲ့ပေးသောအရာဖြစ်ပြီး၊ ကျွန်ုပ်တို့ထံ
စီးဆင်းလာပါသည်။ ကျွန်ုပ်တို့၏ သန့်ရှင်းစွာအသက်ရှင်နိုင်ခြင်း (ဘုရား
သခင်၏ စိတ်တော်ကို ပျော်ရွှင်စေသော အသက်ရှင်ခြင်း)ကြောင့်
မဟုတ်ပါ။ လူတစ်ဦး၏ သန့်ရှင်းခြင်းကြောင့်(ဘုရားသခင်အား နှစ်သက်

စေခဲ့ပြီ)ပေးသောအရာ ဖြစ်သည်။ ထိုကြောင့် ကျွန်ုပ်တို့သည် ယခုလွတ်
ခြင်းအခွင့်ရခြင်း ဖြစ်ပြီး (ရော၊ ၃း ၂၄)၊ ခရစ်တော်၌ ရှိသောသူများ
အတွက် မည်သည့် အပြစ်စီရင်ခြင်းကိုမျှခံရမည် မဟုတ်တော့ပါ (ဘုရား
သခင်၏ အမျက်တော်နှင့် တရားမျှခြင်းဖြင့် စီရင်ခြင်း) (ရော၊ ၈း ၁၊ ၃၄)။
ဘုရားသခင်၏ စိတ်တော် နှင့်တွေ့ရန် ကျွန်ုပ်တို့၏ အသက်ရှင်နေထိုင်မှု
ပျက်ကွက်မှုကြောင့် အရှက်ကွဲခြင်းကို ကျွန်ုပ်တို့ ဖုံးကွယ်ထားရန်လိုအပ်
သည်ဟု မှတ်ယူနိုင်စွမ်းမရှိတော့ပါ။ ကျွန်ုပ်တို့သည် ထိုတန်ခိုးကိုပိုင်ဆိုင်
ရန် ရွေးချယ်ခဲ့လျှင် ရရှိနိုင်မည်မဟုတ်ပါ။ သို့ဖြစ်သောကြောင့်
ကျွန်ုပ်တို့သည် မည်သို့ပြောင်းလဲ သည်ဟူသောအချက်ကြောင့် မဟုတ်၊
ဝိညာဉ်ရေးရာတောင်အချို့ကို မည်သို့တက်ပြီး အောင်မြင်ခဲ့သည်၊ သို့မ
ဟုတ် ကျွန်ုပ်တို့သည် မည်မျှလောက် အဝေးကနေ လိုက်လာနေသည်
စသည်တို့နှင့်လည်း ပတ်သက်ခြင်း မရှိပါ။ ထိုအရာများနှင့် ပတ်သက်၍
ကျွန်ုပ်တို့ပြောသောအခါ ခရစ်တော်သည် ကျွန်ုပ်တို့အတွက် လုပ်ပေး
သောအရာများကို တစ်နေရာရာမှာ ဂုဏ်ယူရလိမ့်မည် (ဂလာ၊ ၂း ၁၉-
၂၁)။ ကျွန်ုပ်တို့သည် အနားမှာ ထိုင်ပြီးခရစ်တော်သည် သွားနေစဉ်
"ကိုယ်တော် ၌ျလမ်းမှထွက်သွား တော့မှာလား?"ဟု မေးသည်ကို ဆို
လိုခြင်း မဟုတ်ပါ။ ဆိုလိုသည်မှာ (ကျွန်ုပ်တို့သည် လွတ်လပ်မှု မရှိသော
လည်း) ကျွန်ုပ်တို့သည် ကျွန်ုပ်တို့၏ ကိုယ်ပိုင်လက္ခဏာအသစ်ဖြစ်သော
(ဘုရားသားဖြစ် ခြင်း၊ ဘုရားသခင်ကို ရောင်ပြန်ဟပ်ခြင်း၊ ခရစ်တော်၏
သတို့သမီးဖြစ်ခြင်း)နှင့် ဘုရားသခင်အား နေ့တိုင်းကျေးဇူးတင်လေး
မြတ်စိတ်ကို ထင်ဟပ်စေသော ရွေးချယ်မှုပြုလုပ်ခြင်း စသည်တို့ကို
ဆိုလိုသည်။ နေ့ရက်စဉ်တိုင်း ရွေးချယ်မှုကို ပြုလုပ်နိုင်ရန် ဘုရားသခင်
၏ ခွန်အားနှင့် တတ်နိုင်စေသည် (ဖိ၊ ၂း ၁၃)။

ထို့ကြောင့် ကျေးဇူးတော်နှင့်ယှဉ်သော ဧဝံဂေလိတရား၏ သမ္မာ
တရားနှင့် ကျွန်ုပ်တို့တစ်ဦး ချင်းစီအပေါ် ဘုရားသခင်ထားရှိသည့် ချစ်
ခြင်းမေတ္တာကို ကျွန်ုပ်တို့သည် အချိန်တိုင်း သတိရရန် အရေးကြီးသည်။

ထို့ကြောင့် ကျွန်ုပ်တို့သည် ထိုရွေးချယ်မှုများကို မှန်ကန်သော အ
ကြောင်းပြချက်များဖြင့် ရွေးချယ်နိုင်ပါသည်။ ကျွန်ုပ်တို့သည် မှန်ကန်
သောရွေးချယ်မှုကို ပြုလုပ်ရန်မအောင်မမြင် ၁၀% နှုန်းခန့်သာ မှန်ကန်
ခဲ့သော ရွေးချယ်မှု ပြုလုပ်နိုင်ခဲ့သော်လည်း၊ ဘုရားသခင်၏ကျေးဇူး
တော်သည် လုံလောက်စွာ ဖုံးအုပ်ထားသည်။ ကျွန်ုပ်တို့၏ အပြစ်များ၊
ဆုံးရှုံးမှုများကို ၀န်ချပါက ခွင့်လွှတ်ခြင်းနှင့် ပြန်လည်လက်ခံရန် စောင့်ကြို
နေသည် (၁ယော၊ ၁း၉)။ ကျွန်ုပ်တို့သည် ခွင့်လွှတ်ခြင်းရရှိရန် ၀န်ချ
တောင်းပန်ခြင်းမဟုတ်၊ အဘယ်ကြောင့်ဆိုသော် ဤနေရာ၌ ကျွန်ုပ်တို့
သည် ထိုသို့ပြုရန် ထိုက်တန်သောသူမဟုတ်၊ သို့သော်လည်း ကျွန်ုပ်
တို့အား ခွင့်လွှတ်ပြီးသား ဖြစ်သောကြောင့် ကျွန်ုပ်တို့ကို စောင့်ကြို နေ
ကြောင်း လက္ခဏ်ရုံမျှ ဖြစ်သည်။ သူ၏ချစ်ခြင်းမေတ္တာသည် ကျွန်ုပ်တို့ကို
လက်တော်ဖြင့် ပတ်ရစ်ပွေ့ ဖက်ရန် စိတ်အားကြီးစွာ စောင့်ကြို နေသည်။

အကယ်၍ ကျွန်ုပ်တို့သည် ကိုယ်တိုင်ပိုမိုထိုက်တန်အောင်လုပ်
နိုင်လျှင် ကျွန်ုပ်တို့သည် ဘုရားသခင်ရှေ့တော်မှောက်၌ သေချာစွာ
ထုတ်ဖော်နိုင်မည်ဖြစ်သည်။ ကျွန်ုပ်တို့၏အောင်မြင်မှုများ၊ မှတ်တမ်းစာ
အုပ်များကို တင်ပြခြင်းနှင့် ထိုသို့ပြုလုပ်ရန် ဖြစ်နိုင်ခြေရှိသည်များကို
ထုတ်ဖော်လာနိုင်သည်။ ရှင်ပေါလုက "ဘုရားသခင်သည် ဤသို့သော
အငြင်းပွားမှုများကို ရပ်တန့်စေသည်"ဟု ပြောပါသည်။ ဖေါက် ၈း ၉ တွင်၊
ရှင်ပေါလုက "ကိုယ်ကုသိုလ်ကြောင့် ကယ်တင်တော်မူခြင်းသို့ ရောက်
သည်မဟုတ်၊ သို့ဖြစ်၍ အဘယ်သူမျှ ဂါကြွားစရာအခွင့်မရှိ"ဟု ပြော
သည်။ ကျွန်ုပ်တို့သည် မည်သည့်အရာဖြစ်ဖြစ်၊ ထိုအပေါ်၌ ဂါကြွားခြင်း
ရှိနိုင်မည်မဟုတ်ပေ။ ကျွန်ုပ်တို့၌ ရှင်ပေါလုထက် တူညီသောအချက်
ပိုနေပါသည်။ ကျွန်ုပ်တို့သည် ဘုရားသခင်ရွေးချယ်တော်မူသော သား
သမီးတစ်ဦးအနေဖြင့် ဂုဏ်လက္ခဏာများကို နေ့စဉ်အသက်ရှင်၍ရှင်းကန်
နေရကြောင်း ကျွန်ုပ်တို့ ၀န်ခံရန်လိုအပ်သည် (ရော၊ ဂု၁ ၁၈)။ ကျွန်ုပ်
တို့ကို အသုံး၀င်စေမည့်အစား၊ မကြာခဏထက်တောင် အကျင့်မပြောင်း

လဲဘဲ နေသောကြောင့် ရှင်ပေတရုက "သင်၏အပြစ်များကို ခွင့်လွှတ်ပြီ ဟူသောစကားကို မွေ့လျော့သောသူ" (၂ပေ၊ ၁း ၉)ဟု ပြောခဲ့သည်။ ထို့ကြောင့် ကျွန်ုပ်တို့သည် နေ့ရက်စဉ်တိုင်းသည် နေ့ရက်သစ် ဖြစ်သည် ဟု ကျေးဇူး တော်သက်သက်ကြောင့်ဟူ၍ ရှီးမွမ်းနိုင်ရုံမျှမက (တိတု၊ ၂း ၁၁-၁၂ ESV)၊ ကျွန်ုပ်တို့၏ ကိုယ်ပိုင်ဖြစ်ခြင်း (လက္ခဏာ)၌ မည်သို့ရွေး ချယ်မှုပြုမည်ကိုလည်း ကျေးဇူးတရားကို တန်ခိုးပေးနိုင်သည် (၂တိ၊ ၂ း ၁ ESV). မိမိကိုယ်ကို အစေခံရန်မဟုတ်ဘဲ ဘုရားသခင်အား ၀တ်ပြု ကိုးကွယ်ရန်နှင့် သူတစ်ပါး၏ အစေကိုခံရန် ကျွန်ုပ်တို့ရွေးချယ်သည်။ ကျွန်ုပ်တို့သည် သူ၏ချစ်ခြင်းမေတ္တာကို ပို၍ခံထိုက်သောသူ များဖြစ်ရန် မဟုတ်ဘဲ ကျွန်ုပ်တို့ကို ဦးစွာချစ်သောကြောင့် ဖြစ်သည်။

ထို့ကြောင့် ယခုတွင် ကျွန်ုပ်တို့သည်လုပ်သင့်လုပ်ထိုက်သော သမ္မာကျမ်းစာက ပြောသောအရာများကို နာခံလိုက်လျှောက်ပြီ ဖြစ် သည်။ ကျွန်ုပ်တို့သည် ကိုယ်၌ရှိပြီးသောအရာ တစ်စုံတစ်ခုကို ရရှိရန် မဟုတ်ဘဲ၊ ကျေးဇူးတော်ကို ချီးမွမ်းနေသရွေ့ကာလပတ်လုံး ဘုရား သခင်၏ မျက်နှာသာပေး ခြင်းခံရမည်။ သို့သော် ကျွန်ုပ်တို့၏ နူးညံ့ သိမ်မွေ့ခြင်းသည် ဘုရားသခင်နှင့်အခြားသူများရှေ့၌ မျက်နှာသာရရန် အမြဲလုပ်ဆောင်ဖို့ ဖြစ်သည်။ ကျွန်ုပ်တို့သည် အမှန်တကယ် ကျဆုံး နေသောသူများ နှင့်တူသည် သို့မဟုတ် ကျွန်ုပ်တို့၏ ကျဆုံးမှုကို ဖုံးကွယ် ရန် အလုပ်လုပ်နေသောသူများ ဖြစ်ကြသည်။ ထို့ကြောင့် ကျွန်ုပ်တို့သည် ကာကွယ်ဖို့ အမြဲတမ်း ကြိုးစားနေသော ကာကွယ်ရေးရှေ့နေများနှင့် တူကြသည်။ ကျွန်ုပ်တို့သည် ကျွန်ုပ်တို့၏အမှားများအစား မှန်ကန်စွာ လုပ်နေသည်ကို အခြားသူများက မြင်လျှင် သူတို့သည် ထောက်ခံမှုဖြင့် တုန့်ပြန်မည်ဟု ကျွန်ုပ်တို့မျှော်လင့်ပါသည်။ ကျွန်ုပ်တို့သည် အခြားသူ များနှင့် ဘုရားသခင်၏ သဘောကျမှုကို ရရှိပြီး ဘုရားသခင်၏ အလုည့် ရောက်သောအခါ သူက "ဤအရာသည် သင်၏အလှည့်မဟုတ်"ဟု မိန့် တော်မူမည်။ အမှန်မှာ ထိုအရာသည် ကျွန်ုပ်တို့ အားမဟုတ်ဘဲ၊ ခရစ်

တော် အလုပ်ဖြစ်သည်ဟု လက်ခံရန် သင်ယူခြင်းဆီသို့ ဦးတည်သော ပထမခြေလှမ်းဖြစ်ပြီး၊ ကျွန်ုပ်တို့အဆင်ပြေနေသည်ဟု အခြားသူများ အား သက်သေပြရန် ကြိုးစားခြင်းကို ရပ်တန့်ခြင်း ဖြစ်သည် (၂ကော၊ ၃၊ ၄-၅)။ အမှန်မှာ ကျွန်ုပ်တို့ အဆင်မပြေပါ။ ကျွန်ုပ်တို့သည် ဘုရားသခင် ၏ ကျေးဇူးတော်ကို တုန့်ပြန်ရန်တာဝန်ရှိသည်ဟု မိမိကိုယ်ကို ယုံကြည် ရန် ကြိုးစားခြင်းကို ရပ်တန့်လိုက်သောအခါ နေ့စဉ်နေ့တိုင်း ဘုရားသခင် ၏အသစ်သော ကျေးဇူးတော်ကို ကျွန်ုပ်တို့ ခံယူနိုင်မည် ဖြစ်သည် (ယာ၊ ၄း ၆)။

အခမဲ့လက်ကမ်းစာစောင်များမရှိသော ကမ္ဘာကြီး၊ အရာအားလုံး ဆုလာဘ်များနှင့် တည်ဆောက်ထားသော ကမ္ဘာကြီး၊ လူတစ်ဦးကိုအတူ အကွ ထိန်းသိမ်းထားနိုင်ကြောင်း စီရင်ဆုံးဖြတ်နိုင်သည့် ကမ္ဘာကြီးတွင် ကျေးဇူးတရားသည် အမှန်ပင် သူစိမ်းဆန်အယူအဆ ဖြစ်သည်။ ကျေးဇူး တော်သည် မျက်နှာလိုက်ခြင်းကို ချိုးဖျက်ပြီး တံခါးကို ကျယ်စွာဖွင့်နေပါ သည်။ သင်တို့ကို နက်ရှိုင်းစွာမေတ္တာနှင့် လက်ခံတော်မူသကဲ့သို့ (ရော၊ ၁၅း ၇)၊ ဘုရားသခင်၏ အလွန်ထူးဆန်းသောသူများ ဖြစ်သည်ကို (ဆာ၊ ၁၆း ၃ ESV) နေ့ရက်တိုင်း သတိပေးနေပါသည်။ ကျေးဇူးတော်သည် လွတ်လပ်စွာ ရွေးချယ်ပိုင်ခွင့်ကို ယူဆောင်ပေးသည်မှာ ပို၍ထိုက်တန် သူဖြစ်လာရန် မဟုတ်ပါ။ ထိုသို့လုပ်ရန် ကျွန်ုပ်တို့မတတ်နိုင်ပါ။ ထိုသို့ ဖြစ်မည့်အစား ကျွန်ုပ်တို့၏ အသစ်သောဂိုဏာသာလက္ခဏာဖြင့် အသက် ရှင်ခြင်းနှင့် အသီးသီးခြင်းတို့ကို ရွေးချယ်ခွင့်ပြုသည် သို့မဟုတ်ပါက ထိုသို့ရွေးချယ်နိုင်မည်မဟုတ်ပါ (ဂလာ၊ ၅း ၁၆-၂၂)။ သို့သော်လည်း ကျွန်ုပ်တို့သည် လွတ်လပ်ခြင်းကို မရွေးချယ်သောကြောင့် ကျွန်ပြုခြင်း ကို ပြန်ခံနေရခြင်း ဖြစ်သည်။ ကျွန်ပြုခြင်း၌ အသက်ရှင်ခြင်း၊ စဉ်းစား တွေးခေါ်ခြင်းသည် လူဟောင်းအားဖြင့် ဖြစ်ပြီး၊ လူသစ်လက္ခဏာနှင့်မ ဆိုင်ပါ။ ထိုသို့ပြုခြင်းအားဖြင့် ကျွန်ုပ်တို့သည် ဘုရားသခင်နှစ်သက်တော် မူသောသူ ဖြစ်ခြင်း၌ မွေ့လျော်ခြင်း ရှိကြသည်။ အဘယ်ကြောင့်ဆို

သော် ကျွန်ုပ်တို့သည် ဘုရားသခင်ထက် ပို၍သေးငယ်သောအရာများ ဖြင့် မျက်နှာသာရရန် ကြိုးစားနေကြဆဲ ဖြစ်သောကြောင့် ဖြစ်သည်။ ၎င်းသို့အသက်ရှင်ခြင်းက အားမလိုအားမရဖြစ်ခြင်း၊ ပမ်းနည်းကြောကွဲ ခြင်းနှင့် စိတ်ပျက်အား ယဲ့ခြင်းတို့ကို ယူဆောင်ပေးသည်။ ကျွန်ုပ်တို့ သည် ဘုရားသခင်၏ အထူးပြုသူ တန်ဆာပလာအဖြစ် အသက်ရှင်ရန် (၁ပေ၊ ၂း ၉)ရွေးချယ်အသက်ရှင်သောအခါ ထိုအရာက ကျွန်ုပ်တို့အား ကျေးဇူးတော်အားဖြင့် ရရှိသောလွတ်ခြင်းအမှု၌ အသက်ရှင်စေရုံမက အခြားသူများအတွက် ကျေးဇူးတော် တန်ဆာပလာများ ဖြစ်လာစေ သည်။ ဘုရားသခင်၏ ကျေးဇူးတော်သည် လက်ကိုမဆန့်ဘဲနေသော် လည်း တစ်နေကုန်နေပူထဲမှာချွေးထွက်ပြီးလုပ်နေသူကဲ့သို့ နေ့တွက်ခ အတူတူ မျှော်လင့်သော ပျင်းရိသော အလုပ်သမားကို ထွက်လုပ်စေ သည်(မဿဲ ၂၀း ၁-၁၆)။ မင်္ဂလာပွဲ၌ ခေါ်ဖိတ်ထားခြင်းမခံရသော် လည်း ထိုမင်္ဂလာပွဲနှင့်ထိုက်တန်သူများအဖြစ် နောက်ဆုံး၌ခေါ်ဖိတ်ခြင်း ခံရသူများမှာ လမ်းဘေးက အိုးမဲ့အိမ်မဲ့များ ဖြစ်ကြသည်(မဿ ၂၂း ၁- ၁၄)။ ခရစ်တော်ယုံကြည်သူများကို ဘုရားသခင်၏နိုင်ငံတော်အတွက် အဖိုးတန်သောတန်ဆာပလာဖြစ်ရန် လျှောင်ပြောင်းခြင်း၊ ကျောက်ခဲနှင့် ပစ်ပေါက်ခြင်း၊ အခြားသူများကိုပုံးရမ်းကာ အနိုင်ကျင့်သတ်ဖြတ်စေခြင်း များကို ဖြစ်စေသည် (တမန်၊ ၃း ၃။ ၉း ၁။ ၂၂း ၂၀)။ ၎င်းသည်မှာ ကျေး ဇူးတော်၏အခြေခံအရင်းအမြစ် ဖြစ်သည်။ မည်မျှပင်ကြိုးစားနေပါစေ၊ တစ်ခါတုန်းက အပြစ်များပြီး ဒုစရိုက်၌သေလျှက်ရှိကြသည်ဖြစ်၍ ကိုယ် ကိုကိုယ် ကယ်တင်ရန် မည်သို့မျှလုပ်၍မရပါ (ဖက်၊ ၂း ၁)။ ကျေးဇူး တော်က ကျွန်ုပ်တို့ကို စကြာဝဠာကို ဖန်ဆင်းသောအရှင်နှင့် ဆက်ဆံ ရေးတွင် အမှန်တကယ်ပျော်မွေ့ရန် ခွင့်ပြုထားသည်။ ကျွန်ုပ်တို့သည် အမြဲမပြတ်သူ့ကို တုန့်ပြန်နိုင်သောကြောင့် မဟုတ်၊ ဆက်နွယ်မှုရှိရန် ထိုက်တန်သောကြောင့်လည်းမဟုတ်ပါ။ သို့သော် ခရစ်တော်သည် ရှိနှင့် ပြီးသောကြောင့် ဖြစ်သည်။

ထို့ကြောင့်၊ သင်သည် ထိုက်တန်သူဖြစ်ရန် ကြိုးစားနေပါက ရပ်
တန့်လိုက်ပါ။ သင်သည် တာဝန်ယူလုပ်ဆောင်နိုင်ပါမည်လားဟူသည်
ကို စဉ်းစားနေပါက သင်တာဝန်ယူလုပ်ဆောင်နိုင်မည်မဟုတ်ပါ။အကယ်
၍ သင်သည် အခြားသူများအား သူတို့မလုပ်နိုင်သောအရာတစ်ခုခုကို
လုပ်ရန်တောင်းဆိုပါက သင်သည် Make Believe ဒေသ (မြေ)ပေါ်တွင်
နေထိုင်သော ပီတာပန် (Peter Pan)ထက် ခရစ်တော်၏ အုံ့ဖွယ်ရွေး
ချယ်ထားသော သတို့သမီးဖြစ်ခြင်း၌ အတူနေထိုင်သည် သာ၍ကောင်း
သည်။

ကောင်းသောတရားဟောဆရာများသည် ဆိုးသော
ကလေးများနှင့်တူသင့်သည်ဟု ကျွန်ုပ်ထင်ပါသည်။
သူတို့သည် အသင်းတော်များကို နှိုးဆော်ရန်၊ဘာသာ
ရေးဆေးပြားများ၏ ပုလင်းများကို ခိုးယူရန်နှင့် ၄င်းတို့
ကို ရေနတ်မြောင်းထဲမှဆွဲတင်ရန် မဖြစ်မနေလုပ်
ဆောင်သင့်သည်။ အသင်းတော်သည် များသော
အားဖြင့် လူ့သဘာဝ၏အပြုအမူသည် ဘုရားသခင်
နှင့် ဆက်နွယ်မှု၏သော့ချက်ဖြစ်သည်ဟူသော အ
တွေး၌ယစ်မူးခဲ့သည်။ တရားဟောဆရာများသည်
မည်သို့မျှ လုပ်၍မရသော ငမိုက်သားများကို အတင်း
အကြပ်လုပ်ရန် လိုအပ်သည်။ သို့သော်လည်း (အ
သင်းသူ၊အသင်းသား)များက ရှောင်ဖယ်ကာ သွားနေ

ကြချိန်မှာ တရားဟောဆရာများသည် သူတို့ကို ကား
တိုင်း၏တရားဖြင့် သတ္တိရှိစွာ ချည်ကပ်ရမည်။[3]

ကျွန်ုပ်သည် ဘုရားသခင်၏ ကျေးဇူးတော်ကို ပိုမိုရရှိနိုင်ပါ သလား?

ဤမေးခွန်းသည် ဖြစ်နိုင်ဟန်ရှိသည်၊ မရှိသည်ကို သဘောထားမှ
ထွက်ပေါ် လာသော အခြားမေးခွန်တစ်ခုကို ကြည့်သော်... "ကျွန်ုပ်သည်
ကျေးဇူးတော်၌ လျှောက်လှမ်းအသက်ရှင်သည့်အတိုင်း ဘုရားသခင်ကို
ပိုမိုနာခံမှုရှိကာ သန့်ရှင်းခြင်းရှိလာသည်နှင့်အမျှ (ဘုရားသခင်နှင့်ပို၍
တူလာသည်နှင့်အမျှ)၊ ကျွန်ုပ်ကို ဘုရားသခင်က ပို၍ကျေးဇူးပြုမည်
လော?"

ရှင်ပေါလုက ဖော်က ၁း ၂ တွင် *"သခင်ယေရှုခရစ်နှင့် ငါတို့အဘ
တည်းဟူသော ဘုရားသခင် အထံတော်က ကျေးဇူးတော်နှင့် ငြိမ်သက်
ခြင်းသည် သင်တို့၌ရှိပါစေသော (ESV)"*။ ထို့ကြောင့် ရှင်ပေါလုက
ကျွန်ုပ်တို့သည် မမျှော်လင့်ဘဲ ဂိဏာဉ်ရေးရာ ကောင်းကြီးများကို ယေရှု
ခရစ်တော်အားဖြင့် ခံစားခဲ့ပြီဟု ပြောပါသည်။ ရှင်ပေတရုကလည်း ဤ
အရာနှင့်တူညီသော သမ္မာတရားကို ၂ပေ၊ ၁း ၃ တွင် ပြောသည်မှာ *"ထို
သို့နှင့်အညီ ငါတို့ကို ဘုန်းတန်ခိုးတော်နှင့် ခေါ်တော်မူသော ဘုရားကို
သိသောဉာဏ်အား ငါတို့အား အသက်ရှင်ခြင်း၊ ဘုရားဝတ်၌ မွေ့*

---

[3] Capon, Robert. *The Foolishness of Preaching: Proclaiming the Gospel Angainst the Wisdom of the World.* Wm. B. Eerdmans Publishing Company. First Edition. 1997.

လျှော်ခြင်းနှင့် စပ်ဆိုင်သောအရာရှိသမျှတို့ကို ဘုရားတန်ခိုးတော်သည် ပေးသနားတော်မူပြီ"။ ထို့ကြောင့် ပေတရု၏ စကားများအရ ကျွန်ုပ်တို့ ခရစ်ယာန် အသက်တာ၌ အသက်ရှင်ရန် လိုအပ်သမျှကို အမှန်ပင် ပေးအပ်ထားကြောင်း တွေ့ရသည်။ ထို့ကြောင့် ကျွန်ုပ် တို့သည် ဘုရား သခင်၏ ကျေးဇူးတော်အားလုံးကို ရရှိထားပြီး ဖြစ်သည်။ ထိုထက်မက ကျွန်ုပ်တို့ အားလုံးကို ဘုရားသခင်က နေ့ရက်စဉ်တိုင်း ပြည့်စုံလုံ လောက်သော ကောင်းချီများပေးသည်ကို ယုံကြည်စိတ်ချနိုင်သည် (မြည်၊ ၃း ၂၃)။

အဘယ်ကြောင့်ဆိုသော် ကျေးဇူးတော်သည် လက်ဆောင်တစ်ခု တည်းသာမက ကျွန်ုပ်တို့ဘဝ၌ ဘုရားသခင်ဖော်ပြသော လက်တော်ကို မြင်တွေ့ရသည့် အမြင့်ဆုံးအရည်အသွေး ဖြစ်သည်။ ထိုအရာသည် အလွန်သန့်ရှင်းတော်မူကြောင်းကို ငါတို့သိကြ၏။ ဘုရားသခင်သည် မည်သူနည်းဟု ပြောနေစဉ်ကတည်းက သူသည် ကောင်းအမှန် သန့်ရှင်း တော်မူကြောင်း ထင်ရှားသည်။ သို့မဟုတ်ပါက ကိုယ်စားပြု၍ မရပါ။ ဘုရားသခင်ထံမှ ဆုကျေးဇူးတစ်ခုလည်း မဖြစ်နိုင်ပါ။ ကျွန်ုပ်တို့သည် စင်ကြယ်ခြင်း မရှိသောကြောင့် (ယောဘ၊ ၂၅း ၄) ကျွန်ုပ်တို့၏ လက် များ သို့မဟုတ် အပြုအမူများကို ကျေးဇူးတော်နှင့် ရောနှော၍မရပါ (ရော၊ ၁၁း ၆ ESV)။ ထို့ကြောင့် ၎င်းကို မထိုက်တန်ရုံမျှမက မထိုက်တန် နိုင်သောသူများအား ကျေးဇူးတော်ကို အမြဲတမ်းအခမဲ့ပေးအပ်တော် မူသည်။ ကျွန်ုပ်တို့သည် ခရစ်တော်ထံသို့ မရောက်လာမီ(ဖော်၊ ၂း ၁-၃) မထိုက်တန်သည်ကို မသိရုံမျှမက ထိုအရာကို ကျွန်ုပ်တို့လိုအပ် ကြောင်း ကိုပင် မသိကြပါ။ မနက်ဖြန် ကလေးငယ်တစ်ဦးသည် သူ၏လက်ကို လျှပ်စစ်မီးခုံပေါက်ထဲသို့ လျှိုသွင်းရန် အဆင်သင့်ဖြစ်နေပြီဆိုပါစို့။ သူတို့ မလုပ်ခင် မိဘများက သူ့လက်ကိုဆုပ်ကိုင်ကာ ရပ်တန့်လိုက်မည် ဖြစ် သည်။ ကလေးများက သူတို့လက်များကို ဆုပ်ကိုင်ရန် လိုအပ်သည် ကိုပင် မသိပါ။ သူတို့သိသည်မှာ သူတို့လုပ်လိုသောအရာကို သူတို့မ

လုပ်ရသည်ကိုသာ သိကြပြီး၊ ကိုယ်ကိုပစ်လဲကာ ''ငါတို့ထိချင်ပြီ''ဟု အော်ဟစ်စေသည်။ ဤသည်မှာ ဘုရားသခင်က မိနစ်ပိုင်းအတွင်း သူ၏ ဘုံ (အများနှင့်ဆိုင်သော) ကျေးဇူးတော်၊ သူ၏ပြုပြင်ပြောင်းလဲစေသော ကျေးဇူးတော်နှင့် ကယ်တင်စေသောကျေးဇူးတော်များကို သိစေသော ဥပမာ ဖြစ်သည်။ ကျွန်ုပ်တို့ မသိသည့်တိုင်အောင် ကျွန်ုပ်တို့အား ထိခိုက် နစ်နာစေမည့် ရွေးချယ်မှုတစ်ခုပြုလုပ်ရန် ကိုယ်တော်က ဆီးတားသည်။ သူသည် သူနှင့်အတူ ပြန်၍ဆက်နွယ်မှုရှိရန် ခေါ်ဆောင်သောသူများ အတွက်သာ လုပ်ဆောင်မဟုတ်ဘဲ၊ လူသားအားလုံးအတွက် လုပ် ဆောင်ခြင်း ဖြစ်သည်။ အကျိုးကျေးဇူးခံစားရသူသည် မထိုက်တန်သည် ဖြစ်စေ၊ ထိုက်တန်သည်ဖြစ်စေ၊ ဤလုပ်ဆောင်မှုများကို အမြဲတမ်းပေး လေ့ရှိသည်။

ကျေးဇူးတော်သည် သန့်ရှင်းသောကြောင့် ကျွန်ုပ်တို့၏ တုန့်ပြန်မှု သည် မည်သို့ပင်ဖြစ်စေ၊ သို့မဟုတ် ကျွန်ုပ်တို့မည်သို့တုန့်ပြန်သည်ကို မထိုက်တန်လျက်ပင် ဘုရားသခင်သည် ကျွန်ုပ်တို့ကို အမှန်ပင် မျက်နှာ သာ ပေးသည်။ ကျွန်ုပ်တို့သည်သေခြင်း (ထာဝရခွဲခွာခြင်း)မှ ကယ်တင် ခြင်းသို့ ရောက်ရန် လိုအပ်သည်ကို မသိသောအချိန်၌ပင် ဘုရားသခင် က ကယ်တင်ပေးခဲ့ပြီ။ ထို့ကြောင့် ယခုတွင် ကျွန်ုပ်တို့သည် အံ့ဖွယ် သော ဘုရားသခင်၏ ကျေးဇူးတော်နှင့် ပို၍ထိုက်တန်သည်၊ လျော့၍ ထိုက်တန်သည်ဟုဆိုရာ၌ ကျွန်ုပ်တို့၏ လုပ်ခြင်း၊ မလုပ်ခြင်းနှင့် မဆိုင်ပါ။ ကျွန်ုပ်တို့သည် ဂိညာဉ်ရေးရာ ကောင်းချီးများအားလုံး၊ ခရစ်တော်မှတစ် ဆင့် ဘုရားသခင်ပေးထားသော တန်ခိုးအာဏာအားဖြင့် ရှင်သန်ရန် လို အပ်သောအရာများဟု ပြောသောအခါ နှုတ်ကပတ်တော်ကို ယုံကြည်နိုင် ပါသည် (ကော၊ ၁း ၁၁)။

ကျွန်ုပ်တို့မှာ လိုအပ်သည့်အရာအားလုံးရှိသော်လည်း ကျွန်ုပ်တို့ မှာ ရှိသောအရာအားလုံးကို သုံးနေသည်ဟု မဆိုလိုပါ။ များသောအား ဖြင့် ကျွန်ုပ်တို့သည် ဘုရားသခင်၏ ကျေးဇူးတော်ကို ပို၍ရရှိ ကြသည်မ

ဟုတ်ပါ (၎င်းသည် မမှန်ကန်ကြောင်း ကျွန်ုပ်တို့တွေ့ခဲ့ရပြီ) သို့သော်
ကျွန်ုပ်တို့သည် သူ၏ကျေးဇူးတော်ကို ပိုမိုအသုံးချနိုင်ခြင်း ဖြစ်သည်။
ထို့ကြောင့် ဘုရားသခင်ပေးသနားတော်မူသော ဆုကျေးဇူးအမျိုးမျိုးကို
ကျွန်ုပ်တို့အား အဘယ်အရာက ဆီးတားနိုင်သနည်း? တိုတိုပြောမည်ဆို
ပါက မာနထောင်လွှားခြင်း ဖြစ်သည်(ယာ၊ ၄း ၆)။ အကြောင်းမူကား
သူတစ်ပါး၏ထင်မြင်ချက်များသည် ဘုရားသခင်၏ နှုတ်ကပတ်တော်
ထက် ကျွန်ုပ်တို့အတွက် ပို၍အရေးကြီးသောကြောင့် ဖြစ်သည်။ ကျွန်ုပ်
တို့သည် ဘုရားသခင် သို့မဟုတ် အခြားသူများ နှစ်သက်သည့်နည်း
လမ်းအတိုင်း အသက်ရှင်နေထိုင်ရန် ပျက်ကွက်ခဲ့ခြင်းကို အခြားသူများ
မမြင်နိုင်စေရန် နှုတ်ကပတ်တော်ကို မျက်နှာစာများ၊ အလွှာများအဖြစ်
မကြာခဏ တပ်ဆင်ကာ ကျွန်ုပ်တို့ ကာကွယ်ကြလိမ့်မည်။ ကျွန်ုပ်တို့
သည် အခြားသူများ၏ ငြင်းပယ်ခံရခြင်းကို ကြောက်ရွံ့သောကြောင့်
ဘုရားသခင်ကို ချစ်ကြောက်ရိုသေစေသော နည်းလမ်းအတိုင်း ပျက်
ကွက်သည်ဟု ၀န်ခံကြသည်။ ဤသို့ပြုမည့်အစား၊ ကျွန်ုပ်တို့ လုပ်နေကြ
သော အရာများအားလုံးကို မည်သို့မှားသည်၊ မည်သို့မှန်သည်ဟု စာရင်း
းပြုစုထားရန် လိုသည်။ ကျွန်ုပ်တို့ ထင်သည့်အတိုင်း ကျွန်ုပ်တို့မှန်သည်
ဟု ထင်သောအရာများကို ကိုင်စွဲထားပြီး အခြားသူများ၏ အမှားများကို
တိုက်ခိုက်ခြင်းဖြင့်၊ ကျွန်ုပ်တို့ စိတ်ကို အမြဲချမ်းသာစေ ကြသည်။

ကျွန်ုပ်တို့သည် အခြားသောကလေးများနည်းတူ ရိုင်းစိုင်းစွာ
ပြုခြင်းထက် ကလေးများကို စားသောက်ဆိုင်ရှေ့တွင် တန်းစီစောင့်
ရှောက်ပေးသော မိ�’ဘများဖြစ်ကြသည်။ ကျွန်ုပ်တို့သည်နှစ် ပတ်လည်
နေ့နှင့် မွေးနေ့တိုင်းကို သတိရအောက်မေ့တတ်သော လင်ယောက်ျား
သည် အခြားမိတ်ဆွေများ လုံး၀ရှုတ်သွပ်နေချိန်တွင် မည်သည့်အခါ၌မျှ
အလုပ်များလွန်းခြင်းမရှိသူ ဖြစ်သည်။ ကျွန်ုပ်တို့သည် ပြီးပြည့်စုံသော
အိမ်ကိုကောင်းမွန်စွာ ထိန်းသိမ်းထားသောဇနီးများနှင့်မိခင်များဖြစ်ကြပြီး
ကျွန်ုပ်တို့၏ ကလေးများအား သေချာစွာ၀တ်စားဆင်ယင်ပေးခြင်း၊

ခင်ပွန်း၏နေ့လည်စာကို အပြည့်အစုံထုပ်ပိုး ပေးခြင်းများကို လုပ်ဆောင်
သူများ ဖြစ်ကြသည်။ ကျွန်ုပ်တို့ ချစ်မြတ်နိုးသူများကို နှစ်သက်စေရန်
ကြိုးစားခြင်းသည် အလွန်စိုးရိမ်စရာ ဖြစ်သည်။ သူတို့ကို ကျွန်ုပ်တို့
လုပ်ဆောင်ပေးလိုသောကြောင့် မဟုတ်ဘဲ ကျွန်ုပ်တို့နှင့်ပတ်သက်၍
ကိုယ်တိုင်ခံစားရသော ခံစားချက်သည် သူတို့၏ကျေနပ်မှုအပေါ် မူတည်
သောကြောင့် ဖြစ်သည်။ ကျွန်ုပ်တို့သည် သမ္မာကျမ်းစာကို သစ္စာရှိစွာ
ဖတ်ပြီး ဘုရားသခင်နှင့် တစ်ဦးချင်းအချိန်ယူခြင်းကို သေချာအောင်
လုပ်ရန် အားစိုက်လုပ်ဆောင်ရပါမည်။ ထို့ကြောင့် ကျွန်ုပ်တို့သည်
ကယ်တင်ခြင်း၏ ဂုဏ်မြောက်ခြင်းကို လက်တွေ့ခံစားရန် ဆုံးရှုံးသော
အချိန်၌ ကျွန်ုပ်တို့ ကိုယ်ကိုကိုယ် ကန့်ထုတ်ပြီး ချွေးထွက်အောင် လုပ်
ဆောင်ကြသည်။ ကြီးမားသော ဂုဏ်မြောက်ခြင်းကို တွေ့ရဖို့ ကျွန်ုပ်တို့
သည် အရှက်ကွဲခြင်းမှ ကယ်တင်တော်မူခြင်းကိုခံပြီး၊ ကျွန်ုပ်တို့သည်
ဘုရားသခင်အားဖြင့် အမှန်ဖြစ်ကြောင်းနှင့် ဘုရားသခင်၏ လက်ခံခြင်း
ကိုခံရရန် အသက်ရှင်သွားလာဖို့ လိုအပ်သည်ကို သိလာကြသည်။ သို့
တိုင်အောင် ကျွန်ုပ်တို့ ၌ပျော်ရွှင်မှုကို မည်သည့်အခါကမှ မခံစားရပါ။
အဘယ်ကြောင့်ဆိုသော် ကျွန်ုပ်တို့သည် အလုပ်များသောအားဖြင့် ၄င်း
တို့ကို အတုတ္တုသိမ်းထားရန် ကြိုးစားနေသောကြောင့်သော်လည်း
ကောင်း၊ ကျွန်ုပ်တို့သည် လုံး၀၉သုံ့ကျဆုံးနေသည်ကို အခြားသူ များ
သိခြင်းမှ ကာကွယ်ရန် ကြိုးစားနေရခြင်းကြောင့် ဖြစ်သည်။ ကျွန်ုပ်တို့
သည် ၌သို့ပြုလုပ်သောအခါ မျက်နှာသာရရှိသောနေရာမှ ကျွန်ုပ်တို့၏
အသက်တာထဲ တစ်စုံတစ်ခုကို နေရာပေးလေ့ရှိသည်။ ထိုသို့ပြုခြင်း
အားဖြင့် ကျွန်ုပ်တို့သည် ဘုရားသခင်ထက် သေးငယ်သောအရာသည်
ပို၍အရေးကြီးကြောင်း ပြောကြသည်။ ရလဒ်နေဖြင့် ကျွန်ုပ်တို့သည်
ရုပ်တု ကိုးကွယ်မှုနှင့် ဂါကြားခြင်း၏ အပြစ်များကို ကျေပွန်စွာ ထမ်း
ဆောင်ရုံမျှမကဘဲ အခြားသူများကိုလည်း ကျွန်ုပ်တို့ကို မှတ်မိလာရန်နှင့်
ကျွန်ုပ် တို့ကဲ့သို့လုပ်ဆောင်ရန် ကြိုးစားကြသည်။ ရုပ်တုကိုးကွယ်ခြင်းက

ကျွန်ုပ်တို့ကို ဘုရားသခင်၏ ကျေးဇူးတော်ကို လက်တွေ့ခံစားခြင်းမှ
ဆီးတားနေပါသည်။ အဘယ်ကြောင့်ဆိုသော် ကျွန်ုပ်တို့သည် ဘုရား
သခင်၏ နှုတ်ကပတ်တော်ကို လက်ခံရန်ငြင်းဆန်သောကြောင့် "ငါသည်
သင်တို့ကို ချစ်သည်။ သင်မည်သည့်အရာကိုမျှ လုပ်ဆောင်ရန်မလိုပါ"
ဟု ပြောပါသည်။ ဘုရားသခင်ကို လက်ခံမည့်အစား၊ ကိုယ့်ကိုယ်ကို
မည်သို့သဘောထားသင့်သည်ကို ရုပ်တုအား ပြောခွင့်ပြုလိုက်ကြ
သည်။ ရုပ်တုကိုးကွယ်ခြင်းသည် ဘုရားသခင်ထက် ပို၍ သေးငယ်သော
သို့မဟုတ် အခြားအရင်းအမြစ်တစ်ခုမှ နှစ်သိမ့်မှု၊ လုံခြုံမှုပေးသည်ဟု
ခံစားသောကြောင့် ဖြစ်သည်။ အမှန်အားဖြင့် ဘုရားသခင်ကသာလျှင်
ဤအရာများကို ကျွန်ုပ်တို့အား အမှန်တကယ်ပေးတော်မူ၏။

သို့သော် ဤနေရာတွင် ကျွန်ုပ်တို့သည် ဘုရားသခင်ထက် ပို၍
သေးငယ်သောအရာတစ်ခုကို ပြုလုပ်သော်လည်း ဘုရားသခင်ကကျွန်ုပ်
တို့အား ကျေးဇူးတော်ဖြင့် တုန့်ပြန်သည်။ ထိုသို့ဆိုသော် သူ၏တုန့်
ပြန်မှုသည် နာကျင်မှုမရှိဟု ဆိုလိုခြင်းမဟုတ်ပါ။ အကြောင်းမှုကား
ဘုရားသခင်က ကျွန်ုပ်တို့ ကိုင်တွယ်နေသောအရာတစ်ခုကို အမြဲတမ်း
နာကျင်စေတတ်သည်ကို ဘုရားသခင်၏ ဆုံးမပဲ့ပြင်ခြင်း ဟုခေါ်ပါသည်
(ဟေဗြဲ၊ ၁၂း ၆)။ သူသည် ကျွန်ုပ်တို့ကို ချစ်သောကြောင့်၊ ကျွန်ုပ်တို့
အတွက် အကောင်းဆုံးသောအရာများကို ကျေးဇူးတော်အားဖြင့် အမြဲ
တမ်း လုပ်ဆောင်ပေးပါသည် (၁ကော၊ ၁၅း ၁၀)။ မိဘက သုံးနှစ်အရွယ်
ကလေးငယ်၏ လက်မှသူအရမ်းလိုချင်သော ပစ္စည်းကို လုယူလိုက်
သောအဖြစ်ကို မြင်ယောင်ကြည့်ပါ။ ထိုအချိန်တွင် သုံးနှစ်သားသည်
မိဘများအပေါ် ကောင်းသော အတွေးများကို မစဉ်းစားတော့သလို ပျော်
ရွှင်မှုလည်း မရှိတော့ပါ။ ဘုရားသခင်သည် ကျွန်ုပ်တို့က တင်းတင်းကျပ်
ကျပ် ကိုင်တွယ်ထားသည့်အရာများကို ဖယ်ရှားသောအခါ ကျွန်ုပ်တို့
သည်လည်း ထိုနည်းတူ ခံစားရလိမ့်မည်။ အကြောင်းမှာ သူသည် ကျွန်ုပ်
တို့ကို အလွန်ချစ်သောကြောင့် သူ့အားဖြင့် မည်သည့်အရာမဆို ပြုလို

သောကြောင့် ဖြစ်သည်။ ကျွန်ုပ်တို့သည် ထိုကဲ့သို့သောအရာအဘို့ အခြေ ချသောအခါ အမြဲတမ်းအပြစ် ဖြစ်၍ ကျေးဇူးတော်အားဖြင့် ကြီး သောအခွင့်ကို ပေးသနားတော်မူသဖြင့် ဘုရားသခင်ကို ကျွန်ုပ်တို့အ သက်တာ၌ ပထမပြန်လည်ထားရန် ညွှန်ပြပေးသည် (ရောမ၊ ၅း ၂၁)။ ထိုသို့ဖြစ်သောကြောင့် ကျွန်ုပ်တို့သည် ဘုရားသခင်၏ ကျေးဇူးတော်ကို ပိုမိုရရှိကြသည် မဟုတ်သော်လည်း ကျွန်ုပ်တို့အသက်တာတွင် ပို၍ အတွေ့အကြုံရရှိသည်။

ထိုသို့တူညီသော ဂါ၀ကြားခြင်းက ကျွန်ုပ်တို့အား ဘုရားသခင့် ကျေးဇူးတော်ကို ပိုမိုခံစားရရန် ကိုယ်ကိုကိုယ်နှိမ့်ချခြင်းမှ အဟန့်အ တားဖြစ်စေပြီး ကျွန်ုပ်တို့အား ရှုံးနှိမ့်ခြင်းကို ၀န်ခံခြင်းမှလည်း ဆီး တား သည်။ ကျွန်ုပ်တို့သည် ကျွန်ုပ်တို့၏ ကျဆုံးမှုများကို မမြင်နိုင်သမျှကာလ ပတ်လုံး ဘုရားသခင်သည် ကျွန်ုပ်တို့အားပေးအပ်ရန် ကြီးစွာသော မေတ္တာဖြင့် စောင့်မျှော်နေသော ကျေးဇူးတော်ကို အပြည့်အ၀ ဆုပ်ကိုင် နိုင်လိမ့်မည်မဟုတ်ပေ။ ကျွန်ုပ်တို့သည် မည်မျှကျရှုံးသည်ကို ကျွန်ုပ်တို့ ၀န်ခံလေလေ၊ ဘုရားသခင်၏ ကျေးဇူးတော်ကို အစဉ်ခံစားနိုင်ရုံသာမက ထိုကျေးဇူးတော်ကိုအပြည့်အ၀ ခံစားနိုင်လေလေ ဖြစ်သည်။ ဤအရာကို ရှင်ပေါလုက တိမောသေအား ပြောပြသည်ကို (၁တိ၊ ၁း ၁၅ ESV)၌ တွေ့ရသည်။ "ယေရှုခရစ်သည် အပြစ်ရှိသောသူတို့ကို ကယ်တင်ခြင်းငှါ ဤလောကသို့ ကြွလာ တော်မူသည်ဟူသော စကားသည် သစ္စာစကား ဖြစ်၏။ အကြွင်းမဲ့ခံယူအပ်သော စကားလည်း ဖြစ်၏။ အပြစ်ရှိသော သူတို့တွင် ငါသည် အကြီးဆုံးဖြစ်၏"။ ရှင်ပေါလုသည် ရှေ့တန်းတင် ခြင်းနှင့် မဆက်သွယ်တော့ပါ။ သို့သော် ထိုသို့ပြုမည့်အစား "ငါသည် ဆုံးရှုံးသောသူ တစ်ယောက်ဖြစ်သည်"ဟု ၀မ်းမြောက်စွာ ဆက်ကပ် လိုက်သည်။ ထိုသို့ပြုခြင်းအားဖြင့် သူသည် ဘုရားသခင်၏ကျေးဇူး တော်ကို အပြည့်အ၀ ခံစားနိုင်သည်။

ထို့ကြောင့် ကျွန်ုပ်တို့သည် ပိုမို၍လုပ်ခြင်းအားဖြင့် ဘုရားသခင်၏
ကျေးဇူးတော်ကို ပို၍ရရှိကြ သည်မဟုတ်ပါ။ မိမိကိုယ်ကို မိမိတစ်ခုခု
လုပ်ရန် ကြိုးစားခြင်းကို ရပ်တန့်လိုက်ခြင်းဖြင့် ကျွန်ုပ်တို့သည် မိမိကိုယ်
ကို မပြုပြင်နိုင်ပါ (ကျွန်ုပ်တို့သည် ကိုယ့်ကိုကိုယ် အပြစ်ကင်းအောင်
မလုပ်နိုင်ပါ)။ ကျွန်ုပ်တို့သည် ရှုံးနိမ့်သူဟု အခြားသူများ မြင်မည်ကို ဆီး
တားခြင်းမှ ရပ်တန့်လိုက်ပြီး ကြီးမားသော ရှုံးနိမ့်မှု အမှန်ဖြစ်ကြောင်း
ဝန်ခံသည်။ သို့ဖြစ်လျှင် ကျွန်ုပ်တို့သည် ဘုရားသခင်၏ ကျေးဇူးတော်ကို
ပိုမိုခံစား နိုင်သည်။ ဘုရားသခင်၏ ကျေးဇူးတော်ကို ကျွန်ုပ်တို့တွေ့ကြုံ
ခံစားရသည်နှင့်အမျှ ကျွန်ုပ်သည် ကိုယ်တော်၏ချစ်ခြင်းမေတ္တာကိုကျွန်ုပ်
လိုမှန်းတောင် မသိခဲ့ပေ။ ကျွန်ုပ်တို့ ပိုမို၍ပြီး ကျေးဇူးတော်ခံစားရစေခြင်း
က အပြန်အလှန်အကျိုးသက်ရောက်မှုကို ဖြစ်စေသည်။

ယခုတွင် ကျွန်ုပ်တို့ မတတ်နိုင်သော တန်ခိုးကို တွေ့
ပြီ။ ကျွန်ုပ်တို့ လိုအပ်သည့် အခါတိုင်းတွင် ကျွန်ုပ်တို့
ကို လွတ်လပ်စွာ ပေးထားပြီး၊ ပညတ်တော်အထက်၌
ကျွန်ုပ်တို့ကို ချီးမြှောက်တော်မူသည်။ ခရစ်တော်၌
ဖွက်ထားလျက်ရှိသော ပညတ်သစ်ကိုပေးပြီ။ ထို
ပညတ်သစ်သည် သူ၏ကရုဏာအပြည့်ဖြင့် ကျွန်ုပ်
တို့ကို ချစ်သော ချစ်ခြင်းမေတ္တာဖြစ်သည်။ ယခုတွင်
ကျွန်ုပ်တို့သည် ကောင်းသောအမှုများကို လုပ်ရန်
မကြိုးစားတော့ပါ။ အကြောင်းမှာ ကျွန်ုပ်၏ တာဝန်
ဖြစ်သောကြောင့်ဖြစ် သည်၊ အဘယ်ကြောင့်ဆိုသော်
ကျွန်ုပ်တို့၏ ဝမ်းမြောက်ခြင်းသည် ကျွန်ုပ်တို့အား
မေတ္တာတော်အားလုံးကို ပုံအပ်ပေးထားသော ဘုရား
သခင် စိတ်တော်တွေ့ရန် ဖြစ်သည်။ ယခုကျွန်ုပ် တို့

၏ အသက်ရှင်မှုသည် အဓိပ္ပာယ်များနှင့် ပြည့်စုံနေ
ပြီ။[4]

ကျွန်ုပ်၏ သစ္စာရှိခြင်းသည် ခရစ်တော်၌ မည်သူမည်ဝါဖြစ်ကြောင်း တည်ဆောက်ခြင်း၊ အတည်ပြုခြင်း၊ ထိန်းသိမ်းခြင်း တို့အတွက် ကူညီရာရောက်ပါသလား?

ရိုက်စပီးယားပြဇာတ် "နွန်နရီစကင် (Nunnery Scene)" ဖွင့်ပွဲ
တွင် စိတ်ပျက်အားလျော့နေသော မင်းသား ဟမ်းလက် (Hamlet)က
"ဖြစ်ရန် (သို့) မဖြစ်ရန်" ဟူသော စကားလုံးများကို မြွက်ဆိုခဲ့သည်။
ဘဝ၏နာကျင်မှုများက သူ့ကိုရိုက်နက်ပြီး အသက်ရှင်ရန်ပင် ထိုက်တန်
သလားဟူ၍။ ကျွန်ုပ် တို့သည် ဤအရာကို ပွဲတင်ထပ်ကာ မေးလိမ့်မည်။
ခရစ်တော်ကို မိမိ၏ကယ်တင်ရှင်အဖြစ် ရွေးချယ်ခဲ့သူတစ်ဦးစီသည်
ခရစ်တော်၏အဘို့ ဟုတ်မဟုတ် ဆုံးဖြတ်ပြီးအသက်ရှင်နေထိုင်ရမည်။
ခရစ်တော်အတွက် အသက်ရှင်ရန် ဟုတ်မဟုတ်၊ ဘုရားသခင်ရွေးချယ်
ထားသည့် အထူးတန်ဆာပလာတစ်ခု အနေဖြင့် အသက်ရှင်၊ မရှင်။
ကျွန်ုပ်တို့သည် "မဖြစ်ရန်"ကို ရွေးချယ်ပါက ကျွန်ုပ်တို့သည် ရှူးသွပ်မှု
တစ်ခုဘဝကို ရွေးချယ်ခြင်း ဖြစ်သည်။

ခရစ်တော်သည် သေခြင်းမှအမှန်ထမြောက်တော်မူပြီဟု ယုံကြည်
သူတစ်ဦး အဖြစ်နေထိုင်ရန် ရွေးချယ်မှုမပြုခြင်းသည် မှန်ကန်သော ရွေး
ချယ်မှု မဟုတ်ပါ။ အကြောင်းမူကား၊ ခရစ်တော်သည် သေခြင်းမှထ
မြောက်တော်မမူလျှင်၊ ခရစ်တော်အတွက် အသက်ရှင်ခြင်းသည် အလွန်
စိတ်သောက ရောက်ရလိမ့်မည်ဟု ရှင်ပေါလု ပြောရာ၌မှန်သောစကား

---

[4] Thomas Merton, *Seasons of Celebration: Meditations on the Cycle of Liturgical Feasts*. Ave Maria Press. 2009.

ဖြစ်သည်။ အမှန်စင်စစ် ကျွန်ုပ်တို့သည် ဟမ်းလက် (Hamlet)က အလွန်
စိတ်ပျက်အားငယ်သကဲ့သို့ ထပ်တူခံစားခဲ့ရသည့် နေရာ၌ပင် ရှိနေမည်
ဖြစ်သည်(၁ကော၊ ၁၅း ၂၁-၂၄)။

မည်သို့ပင်ဆိုစေ၊ ခရစ်တော်သည် ထမြောက်တော်မူပြီ (လု၊ ၂၄း
၃၄)။ ထို့ကြောင့် ကျွန်ုပ်တို့၌ မျှော်လင့်ခြင်း အမှန်ရှိသည်။ ထိုမျှော်လင့်
ခြင်းသာမက ကတိထားရာအမွေကို မျှော်လင့်လျက်ရှိပါသည် (ဟေဗြဲ၊
၉း ၁၅-၁၇)။ ငါတို့မူကား၊ ကောင်းကင်၌ ဖောက်ပြန်ခြင်း၊ ညစ်စွန်းခြင်း၊
ညှိုးနွမ်းခြင်းနှင့် ကင်းသော အမွေကို ထားပေးပြီ ဖြစ်သည်။ ကျွန်ုပ်တို့၏
လူဟောင်းစွမ်းဆောင်မှုအားဖြင့် မဟုတ်ဘဲ၊ စုံလင်သောသိုးသငယ်
(ယေရှု)၏ အသေခံခြင်း၊ သင်္ဂြိုဟ်ခြင်းနှင့် ရှင်ပြန်ထမြောက်ခြင်းအားဖြင့်
ကျွန်ုပ်တို့သည် လူသစ်ဖြစ်ခြင်းတည်းဟူသော ဂီသေသလက္ခဏာကို
ရရှိကြသည်။ ဤဂီသေသလက္ခဏာသစ်တွင် နေထိုင်ရန် သင်ယူခြင်း
သည် ကျွန်ုပ်တို့မည်မျှ သစ္စာရှိကြောင်းနှင့် တိုက်ရိုက်သက်ဆိုင် သော်
လည်း ကျွန်ုပ်တို့၏ သစ္စာရှိမှုသည် ကျွန်ုပ်တို့၏ ဂီသေသလက္ခဏာအ
ပေါ် သက်ရောက်မှုမရှိပါ။ တစ်နည်းအားဖြင့် ပြောမည်ဆိုပါက ကျွန်ုပ်တို့
သည် ဂီသေသလက္ခဏာအသစ်ကို ရထားပြီဖြစ်သောကြောင့် သစ္စာရှိ
သင့်ပါသည်။ ကျွန်ုပ်တို့၏ ဂီသေသလက္ခဏာသည် ကျွန်ုပ်တို့၏ဖြစ်
တည်ခြင်း၌ သစ္စာရှိခြင်းနှင့် လုပ်ရပ်အပေါ် မူတည်ခြင်း မပြုပါ။ ထိုအရာ
သည် ကျွန်ုပ်တို့၏ သစ္စာရှိမှုအပေါ် တည်ဆောက်မည့်အစား၊ ခရစ်တော်
၏ ကျောပြင်ပေါ်၌တည်ဆောက်ခြင်း ဖြစ်သည်။ သူ၏ကျောပြင်ကို
နှင့်တံဖြင့် (ခရစ်တော်သည် ကားတိုင်သို့သွားရာလမ်း၌ ရိုက်နက်ခြင်း
ခံခဲ့သည်) ရိုက်ခြင်းနှင့် ကျွန်ုပ်တို့၏ အပြစ်များကို ယူတင်ပေးခဲ့သည်
(ဟေရှာ၊ ၅၃း ၅)။ သူ၏အသွေးတော်ဖြင့် ကျွန်ုပ်တို့၏ လူသစ်ဖြစ်ခြင်း
ကို ရွေးဝယ်ပေးခဲ့သည် (၁ပေ၊ ၁း ၁၉)။

ခရစ်တော်၌ ကျွန်ုပ်တို့၏ ဂီသေသလက္ခဏာသည် ကျွန်ုပ်တို့၏
တုန့်ပြန်မှု၊ လုပ်ဆောင်မှု (သို့) ကျွန်ုပ်တို့၏ သစ္စာရှိမှုအပေါ် မူတည်ပါက

ပေတရုသည် မှန်ကန်လိမ့်မည် မဟုတ်ပေ။ မိနစ်ပိုင်းအတွင်းမှာ ကျွန်ုပ်
တို့သည် ထိုကဲ့သို့သော ဂိဝေဿလက္ခဏာတစ်ခုအတွက် တာဝန်
အနည်းငယ်သာ ထမ်းဆောင်နိုင်သည့်အတွက် ပျက်စီးသွားနိုင်သော
အရာထက် သာလွန်ကောင်းမွန်သောအရာမဟုတ်သောကြောင့် ထို
အရာသည် ညစ်ညူးခြင်းရှိသည်ဖြစ်၍ ရေရှည်တည်တံ့မည်မဟုတ်ပါ။
သို့သော် ကျွန်ုပ်တို့သည် ခရစ်တော်၌ မည်သူဖြစ်ကြောင်း သိခြင်းက
ကျွန်ုပ်တို့အား မည်မျှနက်ရှိုင်းစွာ ချစ်မြတ်နိုးသည်၊ တန်ဖိုးထားသည်၊
မည်မျှတန်ဖိုးရှိကြောင်းနှင့်ကျေးဇူးတော်ကို ကျွန်ုပ်တို့အားမည်မျှလောက်
ပေးကမ်းသည်ကို သိရန်ခွင့်ပြုသည် (ဆာ၊ ၁၀၃၊ ၃-၄)။ ယခု ခရစ်တော်
၌ ကျွန်ုပ်တို့၏ ဂိဝေဿလက္ခဏာသည် ကျွန်ုပ်တို့အတွက် ပို၍မှန်ကန်
လာသည်နှင့်အမျှ အသွင်အပြင်များကို ဆက်လက်ထိန်းသိမ်းရန်၊ လုံခြုံ
မှုရှိရန်၊ သက်တောင့်သက်သာရှိရန်၊ ထိန်းချုပ်ရန်နှင့် ဘုရားသခင်၏
စိတ်တော်နှင့်တွေ့စေရန် ကျွန်ုပ်တို့၏ လိုအပ်ချက်မှတစ်ဆင့် ကျွန်ုပ်တို့
ပြုလုပ်ခဲ့သော လှောင်အိမ်များမှ လွတ်မြောက်စေသည်။သို့မှသာ ကျွန်ုပ်
တို့သည် ပိုမိုကြီးမြတ်သော လွတ်ခြင်းအခွင့်သို့ ပြောင်းကာ ထိုဂိဝေဿ
လက္ခဏာသစ်အတွက် ကျေးဇူးတင်စိတ်ဖြင့် နေထိုင်ရန် ရွေးချယ်နိုင်
သည် (ယောဟ၊ ၈း ၃၂)။

ယခုတွင် ကျွန်ုပ်တို့သည် ခရစ်တော်၌ မည်သူမည်ဝါဖြစ်သည်ကို
သိရှိပြီး၊ အခြားတစ်စုံတစ် ယောက်၏ ထိန်းချုပ်မှုမလိုအပ်ကြောင်းကို
လည်း သိစေသည်။ ကိုယ့်ကိုကိုယ် စိတ်ကျေနပ်မှုရဖို့မလို အပ်တော့ပါ။
လုံခြုံမှုမရှိခြင်းသည်လည်း ထိုနည်းတူပင် အဓိပ္ပါယ်သက်ရောက်ပါသည်။
ကျွန်ုပ်တို့၏ လုံခြုံမှုသည် ကျွန်ုပ်တို့ပြီးမြောက်ခဲ့သည့်အရာများ၊ ကျွန်ုပ်
တို့မှာ ရှိသောအရာများအပေါ်မူတည်သည် မဟုတ်၊ ခရစ်တော်သည်
ကျွန်ုပ်တို့အား သူပေးအပ်ထားသည့်အတိုင်း ပြုမူခဲ့သည် (ဖော၊ ၁း ၆-
၇)။ ကျွန်ုပ်တို့၏ မျက်နှာသာရခြင်းသည် သူတစ်ပါး၏ နှုတ်ထွက်စကား
များမှ မဟုတ်ဘဲ၊ ဘုရားသခင်၏ စကားတော်မှလာခြင်း ဖြစ်သည်

(ကော၊ ၁း ၁၂)။ ရလဒ်အနေဖြင့် ကျွန်ုပ်တို့သည် မည်သူမည်ဂါ ဖြစ်ကြောင်းကို ဖော်ပြသောကြောင့်၊ လက်ခံသူက မည်သို့တုန့်ပြန်သည်ကို မစဉ်းစားဘဲ ချစ်ခြင်း၊ အစေခံခြင်းနှင့် ပေးကမ်းခြင်းတို့ကို ပြုလုပ်နိုင်သည်။ ထိုအရာကို ကျေးဇူးတော်ဟုခေါ်ပြီး ယခုတွင် ကျွန်ုပ်တို့သည် ကျေးဇူးတော်ကို သယ်ဆောင်သောသူများ ဖြစ်ကြပြီ။ အဘယ်ကြောင့်ဆိုသော် ကျွန်ုပ်တို့သည် ထိုကျေးဇူးတော်ကို ပထမဦးစွာခံယူခဲ့ပြီ ဖြစ်သည်။

ကျွန်ုပ်တို့သည် ကျွန်ုပ်တို့အား ချုပ်နှောင်ခဲ့ဖူးသော လှောင်အိမ်များမှ လွတ်လာပြီးပို၍ဝေးရာသို့ လျှောက်သွားကြသောအခါ ကျွန်ုပ်တို့၏ အသစ်သောဝိသေသလက္ခဏာအားဖြင့် ကျွန်ုပ်တို့၏ သာသနာနှင့် ရည်ရွယ်ချက်များကို ရှာဖွေတွေ့ရှိရန် သင်ယူကြခြင်း ဖြစ်သည်။ ကျွန်ုပ်တို့ရရှိထားသည့် အကြီးမြတ်ဆုံးသော ဘဏ္ဍာသည် ကျွန်ုပ်တို့အား အသစ်ပေးခဲ့သော ဝိသေသလက္ခဏာဖြစ်ပြီး ထိုအသစ်သောလက္ခဏာဖြင့် ဆက်ဆံလျက်အသက်ရှင်နေထိုင်သင့်သည်ကို ကျွန်ုပ်တို့ နားလည်လာသည်။ ကျွန်ုပ်တို့သည် **အနန္တတန်ခိုးရှင် ဘုရားသခင်၏သားသမီး တစ်ဦး(ယော၊ ၁း ၁၂)** ဖြစ်ပြီး၊ ကျွန်ုပ်တို့၏ ဝိသေသလက္ခဏာနှင့်အညီ အသက်ရှင်ရန် သင်ယူနေကြသည်၊ မင်းစည်းစိမ်ရှိသော ယဇ်ပုရောဟိတ်အမျိုး (၁ပေ၊ ၂း ၉)၊ ဘုရားသခင် ရွေးတော်မူသောသူ (ကော၊ ၃း ၁၂)၊ ခရစ်တော်၏ ကိုယ်အင်္ဂါ (၁ကော၊ ၁၂း ၂၇)၊ ဘုရားသခင်၏ ဘုန်းအသရေနှင့် ကျေးဇူးတော်၏ တန်ဆာပလာ(၂ကော၊ ၄း ၇)၊ ခရစ်တော်၏ သတို့သမီး(ဖေက်၊ ၅း ၂၅)၊ ခရစ်တော်၏ မိတ်ဆွေ(ယော၊ ၁၅း ၁၅)၊ ကောင်းကင်နိုင်ငံ သား(ဖိ၊ ၃း၂၀)၊ ဘုရားသခင်၌ ခရစ်တော်နှင့်အတူ ဖွက်ထားလျက်ရှိသူ(ကော၊ ၃း ၃)၊ သန့်ရှင်းပြီး အပြစ်တင်ခြင်းနှင့် ကင်းလွတ်သူ (ဖေက် ၁း ၄)၊ သန့်ရှင်းသူ(ဖေက် ၁း ၁၈)၊ ဘုရားသခင် မွေးစားခြင်းခံရသူ(ဖေက် ၁း ၅)၊ ဘုရားသခင်အတွက်၊ ဘုရားသခင်နှင့် အတူ လုပ်ဆောင်သူ(၂ကော၊ ၆း ၁)၊ ကြေအေးစေခြင်း၏ သံတမန်

(၂ကော၊ ၅း ၁၇-၂၀)၊ ဘုရားသခင်၏ လုပ်ဖော်ဆောင်ဖက်(ဖက်၊ ၂း
၁၀)၊ သန့်ရှင်းသော ဝိညာဉ်တော်၏ ဗိမာန်တော်(၁ကော၊ ၆း ၁၉)၊ ခရစ်
တော်၏ တပည့်တော်(ယော၊ ၁၃း ၁၅)၊ ဘုရားသခင်၏ အိမ်တော်သား
(ဖက်၊ ၂း ၁၉)နှင့် အသစ်သောဖန်ဆင်းခြင်းခံရသူ(၂ကော၊ ၅း ၁၇)၊
ကျွန်ုပ်တို့အတိတ်သည် ကျွန်ုပ်တို့ကို အရှက်မခွဲတော့ပါ၊ ကျွန်ုပ်တို့ကို
လည်း တံဆိပ်ခတ်ပြီ။ ဤအရာများသည် ကျွန်ုပ်တို့အား အစိုးရကပေး
သော ကိုယ်ပိုင်အိုင်ဒီ (ID)ကဲ့သို့ ဖြစ်သည်။ ခရစ်တော်၌ ကျွန်ုပ်တို့၏
အသစ်သော ကိုယ်ပိုင် အိုင်ဒီ(ID)၊ ဂိသေသလက္ခဏာ ဖြစ်သည်။ ရလဒ
အနေဖြင့် ကျွန်ုပ်တို့သည် ဖန်ဆင်းတော်မူခြင်း၏ ရည်ရွယ်ချက်အရ
အမှန်တကယ်လွတ်ခြင်းကို(ဘုရားသခင်အား မိမိကိုယ်ကို ရောင်းပြန်
ဟပ်ခြင်း[ကော၊ ၃း ၁၂-၁၄]) ရရှိ၍၊ (ဘုရားသခင်၏ ဘုန်းတော်ထင်ရှား
စေရန်၊ ဘုရားသခင်ကို ကိုးကွယ်ရန်နှင့်သူ့အား လူများကိုသိစေရန်
[ရော၊ ၁၁း ၃၆]) ဖန်ဆင်းခြင်း၏ ရည်ရွယ်ချက်အတွက် အသက်ရှင်ရန်
ဖြစ်သည်။

ကျွန်ုပ်တို့မည်သူမည်ဝါဖြစ်ကြောင်း ယခုသိရန် အလွန်အရေးကြီး
သောအကြောင်းရင်းမှာ ကျွန်ုပ် တို့သည် ခရစ်တော်၌ ရှိနေခြင်းကြောင့်
ထိုအရာက ကျွန်ုပ်တို့ကို ပြောင်းလဲစေရုံသာ မဟုတ်ပါ။ ဘုရားသခင်၏
သားသမီးများနှင့် ကျွန်ုပ်တို့၏ ဆက်ဆံပုံကိုလည်း ပြောင်းလဲစေသည်။
အခြားသူများကို မည်သို့ တုန့်ပြန်မည်၊ လူများနှင့်ဆက်ဆံမည်၊ ပြောဆို
မည် စသည်တို့ကို ဆင်ခြင်ပြီး၊ အကယ်၍ သူတို့သည် ဘုရားသခင်နှစ်
သက်သောသူ(ဇခ၊ ၂း၈)၊ ခရစ်တော်၏ သတို့သမီး၊ အထူးရွေးချယ်
တော်မူသော တန်ဆာများထဲမှ တစ်ဦးဖြစ်နိုင်သည်ဟု မှတ်ယူပါက
သူတို့နှင့်စကားပြောပုံကို မြင်ယောင် ကြည့်နိုင်ပါသည်။ ထိုအရာသည်
ကျွန်ုပ်တို့အား ရပ်တန့်စေပြီး ဘုရားသခင်က ကျွန်ုပ်တို့ကို ဤနည်းအ
တိုင်း ဆက်ဆံမည်လော၊ "ဘုရားသခင်က သူ၏မျက်ဆန်ဖြစ်သော(ဆာ၊
၁၇း ၈)၊ သူ၏ထူးဆန်းသော(ဆာ၊ ၁၆း ၃)သူ"ကို ဤသို့ဆက်ဆံမည်

လော။ အကြောင်းမှာ ကျွန်ုပ်တို့၏ ဂိသေသလက္ခဏာသည် ခရစ်တော်
ပေးဆပ်ခြင်းအားဖြင့် ဘုရားသခင်၏ ကျေးဇူးတော်နှင့် ချစ်ခြင်းမေတ္တာ
ကြောင့်ဖြစ်လာသောအရာ ဖြစ်သည်။ ကျွန်ုပ်တို့သည် ထိုက်တန်သူ
ဟုတ်သည်ဖြစ်စေ၊ မဟုတ်သည်ဖြစ်စေ (ကျွန်ုပ်တို့သည် မည်သည့်အခါ
၌မျှ မဖြစ်နိုင်) ဘုရားသခင်သည် ကျွန်ုပ်တို့ကိုဦးစွာချစ်ကြောင်း (၁ယော၊
၄း ၉) ဖော်ပြသည်။ ရလဒ်နေနှင့် ကျွန်ုပ်တို့၏ ဂိသေသလက္ခဏာသစ်
အတွက် ကျေးဇူးတင် တတ်သောစိတ်ဖြင့် အသက်ရှင် နေထိုင်လိုသော
စိတ်ဆန္ဒကို အတွင်း၌ဖွန်ဆင်းပေးသည်။ ကျွန်ုပ်တို့သည် ခရစ်တော်၏
မေတ္တာနှင့် ကျေးဇူးတော်ကို သူတစ်ပါးအား အစေခံခြင်းအတွက် ခရစ်
တော်၏ နိုင်ငံသားများ ဖြစ်သည်။ ကျွန်ုပ်တို့၏ ကြိုးစားအားထုတ်မှုအား
ဖြင့် ကျွန်ုပ်တို့၏ ဂိသေသလက္ခဏာကို တည်ဆောက်ရန် ကြိုးစားနေ
သမျှကာလပတ်လုံး ကျွန်ုပ်တို့သည် ဘုရားသခင်ဘဏ္ဍတော်ဖြစ်ခြင်း၌
မည်သည့်အခါမျှ ပျော်မွေ့နိုင်မည် မဟုတ်ပေ။ ကျွန်ုပ်တို့သည် ဘုရား
သခင် ချစ်တော်မူ့ခြင်းကို ခံထိုက်သူဟု မှတ်ယူရန်လုံလောက်သော
အရာများကို ပြုလုပ်နိုင်လိမ့်မည်ဟု အမြဲမျှော်လင့်နေမည် ဖြစ်သည်။
ကျွန်ုပ်တို့သည်လည်း ကျေးဇူးတရား၏ တန်ဆာပလာများနှင့် မတူတော့
ဘဲ ဖါရိရှဲများကို လက်ညှိုးထိုးစွပ်စွဲရန် တောင်းဆိုသောသူများနှင့်သာ
တူပေလိမ့်မည်။

ခရစ်တော်၌ ရှိသောကျွန်ုပ်တို့သည် မည်သူမည်ဂါဖြစ်ကြောင်း
ဖော်ပြရန် ကျွန်ုပ်တို့တွင် တစ်ဦးတစ်ယောက်သည် မည်သည့်အခါ၌မျှ
အမှန်တကယ်သစ္စာရှိပြီး လုံလောက်သောနာခံမှုရှိမည်မဟုတ်ပေ။ ဤ
သို့ဖြစ်သောကြောင့် ရှင်ပေါလုက ဖိလိပ္ပိ ၃း ၉တွင် "မောရှေ၏ ပညတ်
တရားကို နာခံခြင်းအားဖြင့် ဘုရားသခင်၏ နှစ်သက်လက်ခံမှုကို ရရှိခြင်း
မဟုတ်ဘဲ၊ ခရစ်တော်ကို ယုံကြည်ခြင်းအားဖြင့် ဘုရားသခင်သည်
ကျွန်ုပ်ကို လက်ခံတော်မူ၏"။ မည်သည့်အရာကို ယုံကြည်သနည်း?
ကျွန်ုပ်တို့သည် ခရစ်တော်၏ ယဇ်ပူဇော်ခြင်းကို လက်ခံပြီး ကျွန်ုပ်တို့

အတွက် အသေခံတော်မူသောအရှင်ကို ယုံကြည်သောကြောင့်၊ ခရစ်
တော်၌ ရှိသောသူများအား အပြစ်စီရင်စရာအကြောင်းမရှိပြီဟု ယုံကြည်
ကြသည်(ရော၊ ၈း ၁)။ ၍အရာက ကျွန်ုပ်တို့အား ကျွန်ုပ်တို့အတွက်
အသက်ပေးတော်မူသော ခရစ်တော်ကို ချစ်ခြင်းနှင့်တကွ ကိုးကွယ်ရန်
မိမိတို့အသက်ကို အသက်ရှင်သောယဇ်အဖြစ် အပူဇော်ခံရန် အတင်း
အကျပ် ကမ်းလှမ်းနေပါသည်။ ကျွန်ုပ်တို့သည် မည်သူမည်ဝါဖြစ်ကြောင်း
(သို့) မိမိကိုယ်ကို ပိုမိုအဖိုးတန်စေရန် ကျွန်ုပ်တို့မပြုလုပ်ပါ။ ကျွန်ုပ်တို့၏
တန်ဖိုးသည် ကျွန်ုပ်တို့မှ လာခြင်းမဟုတ်ဘဲ မိမိကိုယ်ကို စွန့်တော်မူ
သောသူ တစ်ယောက်ထံမှ ကျွန်ုပ်တို့၏တန်ဖိုး ဖြစ်ပေါ်လာခြင်း ဖြစ်
သည် (တိတု၊ ၃း ၄-၇)။

သို့သော်လည်း ကျွန်ုပ်တို့၏ ဂိသေသလက္ခဏာအသစ်နှင့်အညီ
အသက်မရှင်ရန် ရွေးချယ်သောအခါ ကျွန်ုပ်တို့၏ ဂိသေသလက္ခဏာနှင့်
အတူ ဘုရားသခင်နှင့်ကျွန်ုပ်တို့၏ နေ့စဉ်ဆက်ဆံရေးကို ထိခိုက်သည်
(ဆာ၊ ၅၁း ၄ ESV)။ ဘုရားသခင်သည် သန့်ရှင်းတော်မူသည်ဖြစ်၍
အပြစ်ကို မကြည့်နိုင်ပါ (ဟဗ၊ ၁း ၁၃)၊ ဒုစရိုက်အပြစ်ကို လုံးဝမုန်းတော်
မူ၏။ အပြစ်သည် ဘုရားသခင်က ပေါ့ပေါ့တန်တန် ထားသောအရာ
မဟုတ်ပါ။ သို့သော်လည်း ဘုရားသခင်သည် ကျွန်ုပ်တို့၏ အပြစ်အ
လျှောက် စီရင်တော်မူသည်မဟုတ်။ သူ၏ကျေးဇူးတော်နှင့်အညီ အမြဲစီ
ရင်တော်မူသည် (ဆာ၊ ၁၀၃း ၁၀-၁၄)။ ကျွန်ုပ်တို့၏ ဂိသေသလက္ခဏာ
သစ်၏ သွင်ပြင်လက္ခဏာနှင့် ဘုရားသခင်က ကျွန်ုပ်တို့ကို ဘုရားသခင်
မြင်သောအခါ သူသည် ခရစ်တော်၏ စုံလင်သောနာခံမှုကို ကျွန်ုပ်တို့၌
တွေ့မြင်သည်(၂ကော၊ ၅း ၂၁)။ ကျွန်ုပ်တို့သည် ခရစ်တော်၌ ရှိနေသူတို့
ဖြစ်သည်နှင့်အညီ အသက်မရှင်ခြင်းက သစ္စမရှိခြင်းကို ပြသသကဲ့သို့၊
ကျေးဇူးတင်မှုမရှိခြင်းနှင့် ဘုရားသခင်သည် မည်သူဖြစ်ကြောင်း၊ ခရစ်
တော်အားဖြင့် ကျွန်ုပ်တို့အား ပေးအပ်ထားသောအရာတို့ကို နားလည်မှု
မရှိကြောင်း ပြသခြင်းလည်း ဖြစ်သည်။ ကျွန်ုပ်တို့ကို ထိန်းချုပ်ခဲ့ဖူးသော

လှောင်အိမ်များဆီသို့ ပြန်သွားရန် ရွေးချယ်သောအခါ ဒွင်းသည် ကျွန်ုပ်
တို့၏ ဂိသေသလက္ခဏာအသစ်၌ရှိသည့် လွတ်လပ်မှုကိုလည်း ဖျက်ရှား
ပေးသည်။ ဘုရားသခင်နှင့် ကျွန်ုပ်တို့၏ ဆက်ဆံရေးကို ထိခိုက်စေသည့်
အကြောင်းရင်းမှာ ဘုရားသခင်သည် သူ၏လက်များကို မေတ္တာပါလျက်
ကျယ်စွာဖွင့်သော်လည်း ကျွန်ုပ်တို့က ရွေးချယ်ထားသော လှောင်အိမ်
ဟောင်းထဲ၌ ဆက်လက်ရှိနေရန် ရွေးချယ်ခြင်းကြောင့် ဖြစ်သည်။ တစ်
နည်းအားဖြင့် ကျွန်ုပ်တို့သည် မိမိတို့အတွက် စီစဉ်တော်မူသည့် အရာနှင့်
ဆန့်ကျင်သော လှောင်အိမ်တစ်ခု၏ နေထိုင်မှုပုံစံအတိုင်း ရွေးချယ်မှု
များကို ကျွန်ုပ်တို့နှစ်သက်သောကြောင့် ဖြစ်သည်။ ကျွန်ုပ်တို့သည် ၌
သက်တောင့် သက်သာရှိသော (ကျွန်ုပ်တို့သိသောအရာဖြစ်သော)
လှောင်အိမ်ထဲတွင် ရှိနေစဉ်တွင် ဘုရားသခင်သည် အပြင်ဘက်တွင်
စောင့်နေသည်။ ကျွန်ုပ်တို့သည် လှောင်အိမ်၏ ပြန်လည်ဖမ်းဆီးခြင်းခံရ
အောင် ရွေးချယ်နေသရွေ့၊ ဘုရားသခင်သည် လှုပ်ရှားခြင်းမရှိပါ (ဟော
ရှာ၊ ၆း ၁)။ ထို့ကြောင့် တံခါးဖွင့်သည် ဖြစ်စေ၊ ပိတ်သည်ဖြစ်စေ၊ကျွန်ုပ်
တို့နှင့် ဘုရားသခင်အကြား ထိုအရာကို အတားအဆီးအဖြစ် ခွင့်ပြု နေရ
သည်။ ကျွန်ုပ်တို့၏ ဂိသေသလက္ခဏာအသစ်ဖြစ်သည့် အင်္ဂါရုပ်များ (ပါး
စပ်၊ လက်နှင့်ခြေ)တို့ကို ဘုရားသခင်၏ ဘုန်းတော်(သူ၏ဘုရားဖြစ်
တော်မူခြင်း၊ သူ၏ဂုဏ်အင်္ဂါ၊ သူ၏ဆုကျေးဇူးများ)အတွက် (ရော၊ ၆း
၁၃) တန်ဆာပလာဖြစ်ရန်ဟူသောအချက်ကို အမြဲသတိပြုအောက်မေ့
ရန် လိုအပ်သည်။ ထို့အတွက်ကြောင့် ဘုရားသခင်၏ အလိုတော်နှင့်
အညီအသက်ရှင်ရန် အကြီးမားဆုံးရွေးချယ်မှုကို ပြုသင့်သည့်အကြောင်း
ရင်းမှာ အနန္တတန်ခိုးရှင် ဘုရားသခင်၏ ချစ်ခြင်းမေတ္တာကို ရောင်ပြန်
ဟပ်နိုင်ပြီး၊ သူ့အားဝတ်ပြုကိုးကွယ်ခြင်း၌ နက်ရှိုင်းသော ပျော်မွေ့ခြင်း
ကို တွေ့ရှိအောင် ခွင့်ပြုတော်မူမည် (ဆာ၊ ၁၄၇း ၁၁)။ သို့မှသာ ကျွန်ုပ်
တို့သည် ၌သို့ပြုလုပ်ပေးခြင်းအတွက် ကျေးဇူးတော်ချီးမွမ်းနိုင်မည် ဖြစ်
သည်။ သို့သော်လည်း ကျွန်ုပ်တို့၏ ဂိသေသလက္ခဏာ အခြားရှုထောင့်

တစ်ခုမှာ ကျွန်ုပ်တို့သည် ခရစ်တော်မပါဘဲ အသက်ရှင်သကဲ့သို့ ရှုပ် ထွေးမည် မဟုတ်ပါ။ ရလဒ်အနေဖြင့် ဘုရားသခင်သည် ကျွန်ုပ်တို့ကို ချစ်လျှင်၊ ကျွန်ုပ်တို့သည် ကျွန်ုပ်တို့၏အသစ်သော ဂိသေသလက္ခဏာကို ကိုယ်စားမပြုနိုင်ပါက ဘုရားသခင်သည် ကျွန်ုပ်တို့ကို ချစ်မည်မဟုတ် ပေ။ ဒေါက်တာနေးလ် အန်ဒါးဆန်း (Neil Anderson)က သူ၏"မှောင် မိုက် အပေါ် အောင်မြင်ခြင်း Victory over the darkness" စာအုပ်တွင် "ခရစ်တော်၌ မည်သူဖြစ်သည်ကို သင်ထပ်မံအတည်ပြုလေလေ၊ သင်၏ အပြုအမူသည် သင်၏စစ်မှန်သော (ဖြစ်ခြင်း)ဂိသေသလက္ခဏာကို ပိုမို ထင်ဟပ်ပြလေလေ ဖြစ်သည်"ဟု ဆိုသည်။ "အာမင်"ဟု ရိုးရိုးလေးပြော ရပါမည်။

နာခံမှုရှိပါက မည်သို့နည်း?

စစ်ပွဲများ ပြင်းထန်လာသည့်အကြောင်းကို စာစောင်များ၊ ဘလော့ များ၊ အင်တာနက်သတင်းစာများတွင် ဖတ်ရသည်။ သတင်းများသည် လက်ရှိဖြစ်ပျက်မှုအခြေအနေနှင့် တစ်နေရာရာတွင် စစ်ပွဲတစ်ခု (သို့) နှစ်ခုဖြစ်နေသည့် ယနေ့ကမ္ဘာ့ဖြစ်ရပ်များနှင့် ပြည့်နက်နေသည်။ သို့တိုင် အောင် ပြင်းထန်သောစစ်ပွဲတစ်ခု ဖြစ်ပွားနေဆဲ။ ဤသတင်းခေါင်းစဉ်ကို အထူးမြှုပ်နှံထားခြင်းမရှိပါက စာစောင်များ၊ ဘလော့ဂ်များ၊ အီး-သတင်း စာများ (E-News)သို့မဟုတ် သတင်းစာများတွင် သင်မကြားရဟု ကျွန်ုပ် တို့အာမခံပါသည်။ သတင်းတစ်ခုမှာ ဘုရားသခင်၏ သားသမီးတစ်ဦး စီတွင် စစ်ပွဲတစ်ခုဖြစ်ပွားနေသည်ဟူသော သတင်းဖြစ်သည်။ ထိုအရာ သည် ကျွန်ုပ်တို့၏ အတွင်းစစ်ပွဲ၌သာမက နေ့စဉ်နေ့တိုင်း လမ်းလျှောက် နေစဉ် ကျွန်ုပ်တို့အား အမည်မရှိသောအရာ(သို့)ရှိသောအရာများက ကိုယ်ထိလက်ရောက် တိုက်ခိုက်တတ်ပါသည်။

သို့သော် ဤသည်မှာ သွေးသားစစ်ပွဲမဟုတ်ဘဲ ကျွန်ုပ်တို့မမြင် နိုင်သော အင်အားစုများကို ဆန့်ကျင်သော စစ်ပွဲဖြစ်သည်။ ဤစစ်ပွဲ

သည် ရှင်ပေါလုပြောသော (ဖက် ၆း ၁၂)က ဖြစ်သည်။ "အကြောင်း
မူကား၊ ငါတို့သည် အသွေးအသားရှိသော ရန်သူတို့နှင့် ဆိုင်ပြိုင်တိုက်
လှန်ရကြသည် မဟုတ်။ အထွဋ်အမြတ် တို့နှင့်လည်းကောင်း၊ အာဏာ
စက်တို့နှင့်လည်းကောင်း၊ လောကီမှောင်မိုက်၌ အစိုးတရ ပြုလုပ်သော
မင်းတို့နှင့် လည်းကောင်း၊ မိုးကောင်းကင်၌နေသော မင်းတို့နှင့်လည်း
ကောင်၊ ဆိုင်ပြိုင်တိုက်လှန်ရကြ၏။ ထို့ကြောင့် ခဲယဉ်းဆိုးယုတ်သော
နေ့ရက်ကာလ၌ ဆီးတားနိုင်သဖြင့် ကိစ္စအလုံးစုံတို့ကို ပြီးစီး၍ ခံရပ်နိုင်
မည်အကြောင်း ဘုရားသခင်ပြင်ဆင်တော်မူသော လက်နက်စုံကို
ယူဆောင်ကြလော့"။ ကျွန်ုပ်တို့သည် သခင်ဟောင်းအား အစေခံရန်
(ရော၊ ၆း ၁၂-၁၃)သို့မဟုတ် သူ၏မျက်ဆန်၊ ထူးဆန်းသောသူ၊ အလွန်
နှစ်သက်သူ၊ အလွန်ချစ်မြတ်နိုးသူ၊ ရွေးချယ်တော်မူသောသား၊ ကျေးဇူး
တော်၏ တန်ဆာပလာ၊ မင်းစည်းစိမ်ရှိသော ယဇ်ပုရောဟိတ်များ ဖြစ်ရန်
ရွေးကောက် တော်မူသောသူကို နေ့တိုင်းရွေးချယ် အစေခံရမည်။ (၁
ပေတရ ၁း၉)၌ "သင်တို့မူကား မှောင်မိုက်ထဲမှအံ့ဘွယ်သော အလင်း
တော်သို့ ခေါ်သွင်းတော်မူသော သူ၏ဂုဏ်ကျေးဇူးများကို ဖော်ပြစေခြင်း
ငှါ၊ ရွေးချယ်တော်မူသော အမျိုးဖြစ်ကြ၏။ မင်းစည်းစိမ်ရှိသော ယဇ်ပု
ရောဟိတ်မျိုး၊ သန့်ရှင်းသောလူမျိုး၊ ပိုင်ထိုက်တော်မူသော အပေါင်း
အသင်းဖြစ်ကြ၏"ဟု တွေ့ရသည်။ ကျွန်ုပ်တို့သည် စစ်ပွဲထဲတွင် အမှားမ
လုပ်မိအောင် စစ်တိုက်နေရပြီး၊ ရရှိထားသော အမှန်ထက်အမှား ပိုပြီး
များနေသည်။ ကျွန်ုပ်တို့ ရှုံးနိမ့်ရသည့်အကြောင်းရင်းမှာ ကျွန်ုပ်တို့၏
စိတ်ခံစားမှုဆိုင်ရာ နားနှင့်ကျွန်ုပ်တို့၏ ဟောင်းနွမ်းသောဘဝက အော်
ဟစ်သံကို ကြား၍ မှတ်မိနေဆဲဖြစ်သောကြောင့် ဖြစ်သည်။

"ပျော်ရွှင်စရာ ဘယ်လောက်များများ ရှိခဲ့ဖူးသလဲဆိုတာ မှေးနေပြီး
လား? "သင် ကိစ္စမရှိတော့ပါ။" "သင်ကိုင်တွယ်နိုင်သည်" "သင်ရနိုင်
သည်၊ မည်သူ့ကိုမှ သင်အလိုမရှိပါ။" ထို့အပြင် စာတန်နှင့်သူ၏ မှောင်
မိုက်တမန်များသည် သံယောင်လိုက်ခြင်း၊ အော်ဟစ်ခြင်း၊ ပူးတွဲပါဝင်

၁၇၄

ခြင်းများနှင့် သန့်ရှင်းသောဝိညာဉ်တော်အသံကို ကြားရန်ခက်ခဲစေ
သည်။ ထိုအသံများကို နားမထောင်ရန် မဖြစ်နိုင်သယောင် ထင်ရသည်။
ဘုရားသခင်အား နာခံရန် မရွေးချယ်ဘဲ၊ ကျွန်ုပ်တို့အား အသံကျယ်စွာ
ပြောသောမည်သည့်အသံမဆို ရွေးချယ်ပါ။ ဤသည်မှာ (ရောမ ၇း ၁၄-
၂၄)တွင် ရှင်ပေါလုနှင့် ကျွန်ုပ်တို့တွေ့မြင်ရသော ရန်းကန်ခြင်းဖြစ်သည်။
ထို့ကြောင့် မည်သည့်အချိန်၌မဆို ကျွန်ုပ်တို့ ရွေးချယ်ရမည့်အရာမှာ
ဘုရားသခင်၏ ကျေးဇူးတော်နှင့် ချစ်ခြင်းမေတ္တာကို ကျွန်ုပ်တို့အား သတိ
ရစေရန် ဖြစ်သည်။ ထို့ကြောင့် ရှင်ပေါလုက ကျွန်ုပ်တို့၏စိတ်ကို အသစ်
ပြုပြင်ရန် (ရော၊ ၁၂း ၂)နှင့် သမ္မာ ကျမ်းစာဖတ်ခြင်းကို ရွေးချယ်မှု ပြုရန်
တိုက်တွန်းထားပါသည်။ ထိုသို့ဖြင့် သန့်ရှင်းသော ဝိညာဉ်တော်သည်
သမ္မာတရားအဟောင်းနှင့်အသစ်ကို ညွှန်ပြသည် (ယော၊ ၁၄း ၂၆)။ သန့်
ရှင်းသော ဝိညာဉ်တော်၏ အသံသည်ကြားသမျှတို့တွင် အကျယ်
လောင်ဆုံး ဖြစ်သည်။

ကျွန်ုပ်တို့သည် ခရစ်တော်ထံသို့ မရောက်မီ ကျွန်ုပ်တို့တွင် ထိုသို့
သော ရွေးချယ်မှုများ မရှိခဲ့ပါ။ ယခုတွင် ကျွန်ုပ်တို့ ရွေးချယ်ခဲ့ပြီ (ရော၊ ၆း
၁၅-၁၉)၊ သို့တိုင်အောင်၊ အချို့သောသူများ ပြောသည့်အတိုင်း ကျွန်ုပ်
တို့သည် ဘုရားသခင်နှင့်ဆက်နွယ်မှုရှိရန် ထိုကဲ့သို့သော ရွေးချယ်မှုမျိုး
မလုပ်ဆောင်ခဲ့ပါ။ "အမှုပြီးပြီ"ဟု ခရစ်တော်ပြောသောအခါ သူ၏နှုတ်က
ပတ်တော်ကို လက်ခံဖို့ ရိုးရိုးရှင်းရှင်း ရွေးချယ်ရန် ဖြစ်သည်။ ကျေးဇူး
တော်အားဖြင့် ပေးသနားတော်မူသော ဆက်နွယ်မှုသည် ကျွန်ုပ်တို့၏
စွမ်းဆောင်မှုအပေါ် မူတည်လျှင် ထိုအရာသည် ကျေးဇူးတော် မဟုတ်ပါ
(ရော၊ ၁၁း ၆)။

ကျွန်ုပ်တို့၏ ပထမဦးဆုံးချစ်ခြင်းထက် လုံ့ဆော်သောနာခံမှု
(၁ယော၊ ၄း ၉)နှင့် ယုံကြည်ခြင်းအားဖြင့် ရရှိသောကယ်တင်ခြင်း ဆု
ကျေးဇူးအတွက် ကျေးဇူးတင်ခြင်းသည် တရားဝင်ဖြစ်ပြီး မှားယွင်းသော
အရာ ဖြစ်သည် (ဟေဗြဲ၊ ၁၁း ၆)။ ထိုသို့သော လုံ့ဆော်မှုကြောင့် ခရစ်

တော်၏လုပ်ဆောင်မှုသည် ကျွန်ုပ်တို့အတွက် အမှန်တကယ်ထက်လျော့ နည်းစေသည်။ ခရစ်တော်၏ လုပ်ဆောင်မှုသည် ကိုယ်၌လုံလောက် လျက်ရှိပါသည် (ရော၊ ၅း ၁-၂)။ လုပ်ဆောင်စရာ မည်သည့်အရာမျှမလို အပ်တော့ပါ သို့မဟုတ်လျှင် လုပ်ဆောင်ရန် လိုအပ်ပါလိမ့်မည် (ရော၊ ၅း ၁၈-၂၁)။ ခရစ်တော်၏ လုပ်ဆောင်ခြင်းသည် ဘုရားသခင်၏ တရားမျှ တမူက တောင်းဆိုသောအချက်ကို ဖြည့်ဆည်းပေး (ကျေနပ်စေ)သည် (ရော၊ ၅း ၉)။ အမှန်မှာ ကျွန်ုပ်တို့သည် ကျရှုံးခြင်းသာမက ဘုရားသခင် နှစ်သက်သော နည်းလမ်းအတိုင်း နေထိုင်ခြင်းမဟုတ်ကြောင်းကိုလည်း အသိအမှတ်မပြုခဲ့ပါ။ အမှန်အားဖြင့် ကျွန်ုပ် တို့သည် ဘုရားသခင်အား အပြင်းအထန်တိုက်ခိုက်ခဲ့ကြသော(ကော၊ ၁း ၂၁ ESV)၊ ရန်သူများ(ရော၊ ၅း ၁၀) ဖြစ်ခဲ့ဖူးကြသည်။ ခရစ်တော်သည် ကျွန်ုပ်တို့ ကောင်းသော ကြောင့် အသေခံတော်မူသည် မဟုတ်ပါ။ သို့မဟုတ်လျှင် ကျွန်ုပ်တို့ ကိုယ်တိုင် ဘုရားသခင်အား ရိုသေလေးမြတ်ခြင်းကို ပြုလုပ်နိုင်ကြ လိမ့် မည် ဖြစ်သည်။ သို့သော် ကျွန်ုပ်တို့က မလုပ်နိုင်ခဲ့ပါ(ရော၊ ၅း ၆-၈)။ ထိုသို့ဆိုလျှင် ယခုပိုမို လုပ်ဆောင်ရန်လိုသည်ဟု ပြောစရာဖြစ်သည်။ ကျွန်ုပ်တို့ ပိုမိုလုပ်ဆောင်ရန် လိုအပ်သည်မှာ ယေရှုအကြောင်း အဟုတ် ပါ။ ထို့နောက် ရလဒ်အနေဖြင့် ကျွန်ုပ်တို့သည် ဘုရားသခင်အား ပိုမိုနီး ကပ်စွာ ချဉ်းကပ်နိုင်ရန် မည်သို့မျှ မလုပ်ဆောင်နိုင်ပါ။

ကျွန်ုပ်တို့သည် ခရစ်တော်ထံသို့မလာမီ ထိုကဲ့သို့သော အကျင့်မ လိုအပ်ပါက သူတို့နောက်မှလည်း မလိုအပ်ပါ။ ဘုရားသခင်သည် ကျွန်ုပ် တို့ထံမှ မည်သည့်အရာမျှ မလိုအပ်ပါ (တမန်၊ ၁၇း ၂၄-၂၈)။ ကျွန်ုပ်တို့ သည် ခရစ်တော်အားဖြင့် အခမဲ့ကမ်းလှမ်းခဲ့သော ဘုရားသခင်၏ ကျေး ဇူးတော်နှင့် ဆက်ဆံခြင်းသို့ ရောက်ခဲ့ကြပြီ။ ကျွန်ုပ်တို့မှတစ်ဆင့် လုပ် ဆောင်သော သန့်ရှင်းသောဝိညာဉ်တော်၏ တန်ခိုးနှင့်ခွန်အားအောက်၌ ထိုအခမဲ့ဆက်ဆံခြင်း ဆက်ရှေ့သွားသည် (ဂလာ၊ ၃း ၁-၄။ ကော၊ ၁း ၁၁)။ ကျွန်ုပ်တို့သည် ဘုရားသခင်ကို နှစ်သက်စေရန် လုပ်ဆောင်သည့်

အရာ တစ်ခုခုကို လုပ်ရမည်ဟု ပြောခြင်းသည် ကျွန်ုပ်တို့၏ မာနထောင်လွှားခြင်းသာဖြစ်ပြီး၊ ကျွန်ုပ်တို့အား ထောက်ခံရန်လိုအပ်သည်ဟု ကျွန်ုပ်တို့အား ဆက်လက်တွေးတောစေခြင်းသည် ကျွန်ုပ်တို့ကို ယဇ်မူးစေခြင်းသာ ဖြစ်သည်။ ဤသို့သော မာနထောင်လွှားခြင်းက ကျွန်ုပ်တို့၏ ကယ်တင်ခြင်းအတွက် ခရစ်တော်၏အသွေးတော်၌ လုံးလုံးလျားလျားအမှီပြုရမည့်အရာကို ကာကွယ်ပေးသည်။ ထို့နောက် ခရစ်တော်ထံပါးသို့ ရောက်ရှိ လာပြီးနောက်တွင် လုပ်ဆောင်ရန် ကျန်ရှိနေသေးသောအရာ မရှိ (တကယ်မရှိ)ကြောင်း၊ ယုံကြည်လက်ခံခြင်းကိုလည်း ထိန်းထားပေးသည်။ ထိုသို့ဆိုသောကြောင့် ကျွန်ုပ်တို့သည် နာခံမှုမရှိသင့်ဟု ဆိုလိုခြင်း မဟုတ်ပါ။ သို့မဟုတ် ကျွန်ုပ်တို့၏ အသက်တာကို အပြစ်တရားတန်ခိုးအားပေးရန် ရွေးချယ်သင့်ပါသလား။ မဟုတ်ပါ။ ထို့ပြင် ကျွန်ုပ်တို့သည် အတွေးအခေါ် (သို့) နေထိုင်မှု (သို့) ကျွန်ုပ်တို့ကို သေစေသောအသက်တာဟောင်းကို အသိအမှတ်ပြုရန် မရွေးချယ်သင့်ပါ။

မည်သည့်အရာကို ဆိုလိုသနည်းဟူမူကား ကျွန်ုပ်တို့သည် ဘုရားသခင်၏ စကားနားထောင် ကြောင်းကို ထင်ဟပ်စေခြင်း၊ ဘုရားသခင်၏ ရှေ့တော်၌ မျက်နှာသာရခြင်းတို့ကို ရွေးချယ်ခြင်းမလုပ်ရဟု ဆိုလိုသည်။ ကျွန်ုပ်တို့သည် ထိုကဲ့သို့သော ရွေးချယ်မှုကို ပြုသည့်အခါ ကျွန်ုပ်တို့သည် အဘယ်ကြောင့် ဤကဲ့သို့ ရွေးချယ်မှုပြုရန် လိုအပ်သည်ကို အမြဲတမ်း မမေးဘဲမနေနိုင်သကဲ့သို့ ဤရွေးချယ်မှုများကို ပြုလုပ်ရန် ကျွန်ုပ်တို့ကို တွန်းအားပေးသောအရာက မည်သည့်အရာနည်း။ ရောမ အခန်းကြီး (၅)အဆုံး၌ သူ၏စာကို ဖတ်ပြီးသည်နှင့် စာဖတ်သူများသည် ထပ်တူမေးခွန်းများ မေးမည်ဟု သိသောအခါ ပေါလုသူက "ကောင်းကင်ကို တားမြစ်သောအရာ"ကို ဆိုလိုခြင်း ဖြစ်သည်(ရော၊ ၆း ၁)။ ကျွန်ုပ်တို့၏ လမ်းဟောင်းသည် သေခြင်းဖြစ်သည်ဟု အသိအမှတ်ပြုရန်နှင့် ယခုကျွန်ုပ်တို့သည် ဘုရားသခင်နှင့် ဆက်ဆံရေးတွင်ရှိကြောင်းထင်ဟပ်သော ရွေးချယ်မှုများကို ပြုလုပ်ရန် သမ္မာကျမ်းစာက ရှင်းရှင်းလင်း

လင်း သိမြင်စေသည် (ကော၊ ၃)။ ကျွန်ုပ်တို့သည် တစ်ချိန်က စာတန်၏ ကျေးကျွန် များဖြစ်ကြောင်း ဖော်ပြရန် လမ်းဟောင်းအတိုင်းအသစ်ရှင် ခဲ့ပုံနှင့် ခရစ်တော်၌ ကျွန်ုပ်တို့အသက်ရှင် သင့်ပုံတို့ကို ရှင်ပေါ်လုက နိုင်းယှဉ်ပြသည် (ဖော်၊ ၂း ၂)။ ယခုမူကား ဘုရားသခင်၏ ကျွန်ဖြစ်ကြ သည်ကို ကြည့်မြင်သင့်သည် (ရော၊ ၆း ၁၁-၂၂)။ ခရစ်တော်က ငါ့ကို ချစ်သောသူသည် ငါ့ပညတ်တို့ကို စောင့်ရှောက်၍ သန့်ရှင်းသောဝိညာဉ် တော်၏ရည်ရွယ်ချက်မှာ ထိုခရစ်တော်၏ပညတ်များကို ပြန်လည်အမှတ် ရစေရန်နှင့် ကျွန်ုပ်တို့ကျရှုံးသောအခါ နှလုံးသားထဲတွင် ငြိမ်သက်ခြင်း ရှိရန် ဖြစ်သည် (ယော၊ ၁၄း ၂၃-၃၁)။

သို့ဖြစ်လျှင် ယခုအဘယ်ကြောင့်နာခံမှုရှိရမည်နည်း? တစ်ခါ တစ်ရံတွင် လုံး၀မဖြစ်နိုင်ဟန်ရှိ သောအရာများကို လုပ်ရန်အဘယ် ကြောင့် ရွေးချယ်ရသနည်း? သမ္မာတရားက သန့်ရှင်းသောဝိညာဉ်တော် မပါဘဲ အဘယ်ကြောင့် အခြားအရာများ မည်သို့လုပ်မည်နည်း?အဘယ် ကြောင့်ဆိုသော် ကျွန်ုပ်တို့သည် ထိုသို့လွတ်လပ်စွာ လုပ်နိုင်သော ကြောင့်ဖြစ်သည် (ဂလာ၊ ၅း ၁)။ လှောင်အိမ်များ ဖျက်ဆီးပြီ။ တံခါးများ ဖွင့်ပြီ။ ကျွန်ုပ်တို့သည် လွတ်ခြင်းရပြီ (ဟေရှာ၊ ၆၁း ၁)။ ဘုရားသခင်က ကျွန်ုပ်တို့အား ရည်ရွယ်ထားသည့်အတိုင်း ဖြစ်လာရန် ကျွန်ုပ်တို့ လွတ် မြောက်ခဲ့ပြီ။ ဘုရားသခင်ကို ကိုးကွယ်ခြင်းနှင့် ထိုကိုးကွယ်ခြင်းမှ ထွက် လာသော နာခံခြင်းတို့နှင့်အတူ ရှိခြင်းဖြစ်သည်။ သူ၏ ချစ်ခြင်းမေတ္တာကို ကျွန်ုပ်တို့ ရရှိရန် နာခံခြင်းမရှိသော်လည်း၊ ကျွန်ုပ်တို့တွင် ရှိနေသော ချစ်ခြင်းမေတ္တာကြောင့် ယခုတွင် ဘုရားသခင်ကို နာခံနိုင်ပြီ ဖြစ်သည် (၁ယော၊ ၅း ၂-၃)။ ကျွန်ုပ်တို့၏ နာခံမှုဖြင့် အခြားသူများကို အသက်တာ အားဖြင့် ပြောပြသည်။ ရလဒ်အားဖြင့် ကျွန်ုပ်တို့၏ သစ္စာရှိမှုကို (၁ယော၊ ၂း ၃-၆) သက်သေပြပြီး သူ့ကိုလူ များသိအောင် ကျွန်ုပ်တို့ ပြောပြခြင်း ဖြစ်သည် (၁ပေ၊ ၂း ၁၂)။

တိမောသေကယ်လာ(Timothy Keller)က ကျွန်ုပ်တို့ကို တွန်း အား ပေးသောအရာနှင့် နာခံမှုအကြောင်းရင်းများကို ဤသို့ပြောခဲ့ သည်။

ဘုရားသခင်သည် ဣသရေလအမျိုးသားတို့အား ပညတ်တော် (ပညတ်တော် ဆယ်ပါး)ကို ပေးခဲ့စဉ်က "ကျွန်ုပ်တို့သည် ဘုရားသခင်ပြောမည့်အရာအားလုံး ကို နာခံပါမည်"ဟု ပြော၍ ဘုရားသခင်က "ဟုတ်ပြီ၊ ယခုသင်တို့ကို ငါကယ်တင်မည်၊ အဲဂုတ္တုပြည်မှ ရွှေ လင်းယုန် အတောင်ပံဖြင့် ကယ်တင်မည်"ဟု မိန့် တော်မူပြီး သူတို့အား ပညတ်တော်ကို ပေးခဲ့ခြင်း မဟုတ်။ ထိုသို့ပြုမည့်အစား၊ ဘုရားသခင်သည် သူ တို့ကို အရင်ဦးဆုံးကယ်တင်ပြီး "ယခု ငါသည်သင်တို့ ကို ကယ်တင်ပြီ...င့်ပညတ်ကို နာခံလော"ဟု မိန့် တော် မူသည်။

ထို့ကြောင့် ကျွန်ုပ်တို့သည် နာခံသင့်ပါသည်။ အဘယ်ကြောင့် ဆိုသော် ဘုရားသခင်သည် ကျွန်ုပ်တို့ထံမှ မည်သည့်တုန့်ပြန်မှမှ မရှိသော်လည်း အကြောင်းမဲ့ဖြင့် ဦးစွာကယ်တင်ခဲ့ပြီ၊ ကယ်တင်နေ သည်၊ ကယ်တင်တော်မူဦးမည်။ သူက အစပြုပြီးသောအရာကို သူပြီး စီးစေတော် မူမည် (ဖိ၊ ၁း ၆)။ ရှင်ပေါလုက ခရစ်တော်ကို သူ့နာခံရ သည့်အကြောင်းရင်းမှာ ခရစ်တော်က အရင်ချစ်သောကြောင့်ဖြစ် သည် ဟု (၂ကော၊ ၅း ၁၄)တွင် ပြောပါသည်။ "ခရစ်တော်၏ ချစ်ခြင်းမေတ္တာ သည် ကျွန်ုပ်တို့ကို အနိုင် အထက်ပြုတော်မူ၏၊ အကြောင်းမူကား တစ်ယောက်သောသူသည် လူအပေါင်းတို့အတွက်ကြောင့် အသေခံ သည်မှန်လျှင် လူအပေါင်းတို့သည် သေလျက်နေကြသည်ဟု၍"။

ထို့ကြောင့် ကျွန်ုပ်တို့ ရွေးချယ် ရမည့် အချိန်ကာလတစ်ခုချင်းစီတိုင်းက ကိုယ့်အစွမ်းအစနှင့် သွားရန် အဆင်သင့် ဖြစ်ဖို့အတွက် ကိုယ့်ဖိနပ် ကြိုးကို တင်းကျပ်စွာချည်ရန် မဟုတ်ပါ သို့သော်လည်း ကျွန်ုပ်တို့မတတ် နိုင်ကြောင်းကို ဝန်ခံရန် ဖြစ်သည်။ ကျွန်ုပ်တို့ကို သူပေးသနားတော် မူသော ကျေးဇူးတော်မပါဘဲ ဘုရားသခင်နှစ်သက်သော နည်းလမ်းဖြင့် အသက်မရှင်နိုင်ပါ။ ဒုတိယ ရွေးချယ်ရမည့်အရာမှာ နေ့စဉ်အစေခံရန် တောင်းဆိုသောသူအား ကျွန်ုပ် တို့သည် အစေခံရန် တောင်းဆိုခြင်းကို ဖြစ်စေ၊ ကြင်နာစွာ တုန့်ပြန်မှု ရှိစေကာမူ ယခုကျွန်ုပ်တို့အား ချစ်သော သူက အစေခံရန် ရွေးချယ်ရမည် ဖြစ်သည်။

ကျွန်ုပ်တို့သည် တစ်ချိန်တုန်းက ဘုရားသခင်၏ ရန်သူများဖြစ် ကြောင်းကို ဖော်ပြသည့် ရွေးချယ်မှုများကို ရွေးချယ်ရန်မှာ နောက်တစ် ဖန် ကျွန်ဘဝသို့ ရောက်ခြင်းဖြစ်သည်။ ယခုကျွန်ုပ်တို့အား ဘုရားသခင် ပေးသနားတော်မူသော လွတ်လပ်မှုကို ကိုယ်စားပြုသော တစ်ခုတည်း သော ရွေးချယ်မှုမှာ ဘုရားသခင်သည် ကျွန်ုပ်တို့အား ဟမ်းစတား ဘီး (Hamster Wheel)မှ ဖယ်ထုတ်လိုက်ခြင်း ဖြစ်သည်။ ကျွန်ုပ်တို့ ယခုပင် လွတ်လပ်ခွင့်ရှိသည့်အတွက် ကိုယ်ကိုကိုယ် အမှန်မချစ်နိုင်သေးခင်က ပင် ကိုယ်တော်သည် ကျွန်ုပ်ကို ချစ်ခဲ့သောကြောင့် ကျေးဇူးတင်ပါသည် ဟု လွတ်လပ်စွာပြောရသောအခွင့်ကို ပေးတော်မူပြီ။ ထို့နောက် ကျွန်ုပ် တို့၏ ကိုယ်ခန္ဓာကို ခရစ်တော်သည် ကျွန်ုပ်တို့အတွက် ခံတော်မူသည် ဖြစ်၍ အခြားသူများအား ဘုရားသခင်၏ ဘုန်းတော်နှင့် လက်ဝါးကပ် တိုင်ကို ပြရန် ဖြစ်သည်။ နာခံမှုရှိသင့်ပါသလား? ဟုတ်ပါသည်၊ နာခံ မှုရှိရပါမည်။ ကျေးဇူးတော်ကို အခမဲ့ပေးပြီဖြစ်၍ ယခုတွင် ယခင် ကထက် ပို၍နာခံရပါမည်။ အလွန်တန်ဖိုးကြီး၍ စုံလင်သော သိုးသငယ် ၏ အသွေးတော်အားဖြင့် ရွေးဝယ်ပြီဖြစ်သောကြောင့် ယခုကျွန်ုပ်တို့ လုပ်နိုင်သော အရာသည် အလွန်သေးငယ်လှပါသည် (ရော၊ ၁၂၊ ၁)။

ကျွန်ုပ်အသက်တာ၌ မကောင်းသောအရာတစ်ခုခု ဖြစ်ပျက် နေသည် (သို့) ဖြစ်ပျက်ခဲ့သည်။ ဘုရားသခင်က ကျွန်ုပ်ကို ဒါဏ်ပေးနေသလား?

သင့်ကို ကျွန်ုပ်တို့လုံးပအာမခံနိုင်သည့်အရာတစ်ခုမှာ၊ ဘုရား သခင်သည် သင့်အား သင်လုပ်သမျှအရာများအတွက် အပြစ်ပေးခြင်း မဟုတ်သကဲ့သို့ ဆုပေးခြင်းလည်း မဟုတ်ပါ။ သင်လုပ်ခဲ့သော အရာများ အတွက် အပြစ်ရှိသည်ဟု သင်ခံစားရခြင်းသည် ယခုနောက်ထပ်မေးခွန်း ဖြစ်သည်။

ကျွန်ုပ်တို့သည် မကြာခဏဆိုသလို ကိုယ့်ကိုယ်ကိုသော်လည်း ကောင်း၊ အခြားသူများကိုသော်လည်းကောင်း သက်တောင့်သက်သာ မဖြစ်စေသော သို့မဟုတ် စိတ်ပျော်ရွှင်မှု မဖြစ်စေသော မိုက်မဲသောလုပ် ရပ်၊ နာကျင်စေသော လုပ်ရပ်များကို ကျူးလွန်တတ်ကြသည်။ ကျွန်ုပ် တို့၌ ဖြစ်ပျက်နေသော အရာများသည် ကျွန်ုပ်တို့ ပြုလုပ်ခဲ့သည့်အရာ၏ ရလဒ်ဖြစ်ကြောင်း ကျွန်ုပ်တို့သိရလျှင်ပင် ဘုရားသခင်သည် ကျွန်ုပ်တို့ အား မိမိကိုယ်ကို မကယ်တင်ခဲ့သောကြောင့် အမျက်တော်ကို ဖော်ပြ လေ့ရှိသည်။ အကြောင်းမလှစွာဖြင့် လူအများက ဘုရားသခင်သည် သူ၏ ကျေးဇူးတော်အတွက် ကျွန်ုပ်တို့ထံမှ ငွေပေးချေရန် တစ်စုံတစ်ရာ လိုအပ်သည်ဟု ယုံကြည်ကြသည်။ သို့မဟုတ် ကျွန်ုပ်တို့သည် ဘုရား သခင်၏ ကျေးဇူးတော်ဆုကျေးဇူးများကို အလွဲသုံးစားမပြုရန် အတိတ် က အမှားများအတွက် ဘုရားသခင်သည် ကျွန်ုပ်တို့ကို အပြစ်ပေးနေ သည်ဟု သူတို့ပြောလိုကြသည်။

ဤသို့ပြောဆိုသူများစွာတို့သည် (ဟေဗြဲ ၁၂း ၆)ကို ရေခံမြေခံ နောက်နှင့်မညီဘဲ ဆွဲယူကြသည်။ "ထာဝရဘုရားသည် ချစ်တော်မူ သောသူကို ဆုံးမတော်မူတတ်၏။ လက်ခံတော်မူသမျှသော သားတို့ကို ဒဏ်ခတ်တော်မူတတ်၏"။ ဤနေရာတွင် သမ္မာကျမ်းစာက ရည်ညွှန်း

ထားသော ဆုံးမခြင်းအမျိုးအစားမှာ ဒုက္ခရောက်နေသော ကလေးနှင့်
အဖေကဲ့သို့ မဟုတ်ပါ။ သို့သော် ပြိုင်ပွဲဝင်ရန် ကိုယ်ခန္ဓာကို ပြင်ဆင်
နေသော အပြေးသမားတစ်ဦးအား အာရုံစူးစိုက်သကဲ့သို့ ဖြစ်သည်။

ကျွန်ုပ်တို့ကို ဖန်ဆင်းရာ၌ ဖန်ဆင်းခြင်း၏ မူလအကြံအစည်ထား
သူမှာ ၁၀၀% ဘုရားသခင် ဖြစ်သည်။ ဤအကြံအစည်၌ ကျွန်ုပ်တို့သည်
တစ်စိတ်တစ်ပိုင်းမျှ မပါဝင်သကဲ့သို့ ကျွန်ုပ်တို့တွင် တစ်စိတ်တစ်ပိုင်းမှ
လည်းမရှိပါ။ ဘုရားသခင်သည် ကျွန်ုပ်တို့ကို နှစ်သိမ့်မှုဇုန်များမှ ဖယ်
ထုတ်ပြီး ငြိမ်းချမ်း တည်ငြိမ်မှုလုံးဝပျက်စီးသွားပုံရသော နေရာ၌ထား
သော်လည်း ထိုအရာသည် ကျွန်ုပ်တို့အတွက် သူလုပ်ဆောင်ခြင်းမဟုတ်
ပါ။ သူ၏ဘုန်းတော်ထင်ရှားဖို့ရန် လုပ်ဆောင်ခြင်း ဖြစ်ပါသည် (ဟေရှာ၊
၄၈း ၁၀)။

အခက်အခဲတစ်ခု သို့မဟုတ် ကြေကွဲဖွယ်အဖြစ်ဆိုးတစ်ခုကြောင့်
ကျွန်ုပ်တို့ကို ဘုရားသခင်ဒဏ်ခတ်ခြင်းဖြစ်သည်ဟု ကျွန်ုပ်တို့ကကောက်
ချက်ချသောအခါ ကျွန်ုပ်တို့သည် ဘုရားသခင်၏ ကယ်တင်ခြင်းကို
ကျွန်ုပ်တို့၏ လုပ်ဆောင်မှုအဖြစ်သတ်မှတ်ခြင်းဖြစ်ပြီး၊ ကျွန်ုပ်တို့၏ စုံလင်
သော စွမ်းဆောင်မှုအပေါ် မှီခိုအသက်ရှင်နေခြင်းလည်း ဖြစ်သည်။ကျွန်ုပ်
တို့သည် ဘုရားသခင်ကို ဆန့်ကျင်ပုန်ကန်သောအခါ သူသည် ကြမ်း
တမ်းစွာ မတုံ့ပြန်ဘဲ သူ၏ကြီးမားသော မေတ္တာတော်အတိုင်း တုံ့ပြန်
တော်မူတတ်သည်။ ထိုသို့ဆိုလျှင် အဘယ်ကြောင့် ယခုကွဲပြားစွာ တုံ့
ပြန်မည်နည်း? ဘုရားသခင်သည် ကျွန်ုပ်တို့၏ ဆင်းရဲဒုက္ခကြောင့်
မဟုတ်ဘဲ ကျွန်ုပ်တို့သည် ခရစ်တော်၏ ပုံသဏ္ဌာန်ဖြစ်လာရန် ပို၍စိတ်
ဝင်စားကြောင်း အောက်မေ့သတိရပါ။

ဘုရားသခင်သည် မည်သူမဆို သို့မဟုတ် မည်သည့်အရာကိုမဆို
ဒုတိယဆော့ကစားခြင်း အတွက် အဆင်သင့်မဖြစ်သေးပါ။ ထို့ကြောင့်
ကျွန်ုပ်တို့၏ ပင်ကိုယ်စရိုက် တိုးတက်စေရန် သို့မဟုတ် ဘုရားသခင်
သည် ကျွန်ုပ်တို့အား ပထမနေရာ၌ထားရန် သူလုပ်လိမ့်မည်ကို စိတ်ချ

ပါ။ သတိပြုရန်- အသက်တာ၌ ရပ်တန့်နေမှုများကို ကျွန်ုပ်တို့သည် ဘုရားသခင်နှင့်မိတ်သာဟာယဖွဲ့ခြင်း၊ ကိုယ်တော်ကို ချီးမွမ်းခြင်းနှင့် သူ၏ ဂုဏ်အင်္ဂါများကို ထင်ဟပ်စေသောသူ အသီးသီးဖြစ်ခြင်းတို့ဖြင့် ဖန်ဆင်းရှင်နှင့် ပိုမိုနီးကပ်စွာ ရောက်ရှိလာစေရန် ဘုရားသခင်သည် ပုံ သွင်းရှင် ဖြစ်သည်။

ဆင်းရဲဒုက္ခသည် အမြဲတမ်း ရည်ရွယ်ချက်တစ်ခုနှင့် လာလျက်ရှိ ပါသည်။ ကျွန်ုပ်တို့သည် ဆင်းရဲဒုက္ခများကို ဘုရားသခင်ထံမှလာသည် ဟုမှတ်ယူလျှင် ဘုရားသခင်သည် ကျွန်ုပ်တို့အား ပို၍နက်ခဲ့သောနား လည်မှုနှင့် သူ၏ချစ်ခြင်းမေတ္တာကို မည်မျှသိရှိကြောင်း ကျွန်ုပ်တို့အား နိုး ကြားစေသည်ကို တွေ့ရသည်။

ထိုချစ်ခြင်းမေတ္တာကို ကျွန်ုပ်တို့မနှစ်သက်သောအရာများ သို့မ ဟုတ် ကျွန်ုပ်တို့ကို ဘုရားသခင် အမျက်တော်ထွက်စေသောအရာများ လုပ်ခြင်းဖြင့် ဖော်ပြသည်။ သို့သော်လည်း ကျွန်ုပ်တို့တည်ရှိရခြင်း အကြောင်းရင်းနှင့်လည်း ပို၍နီးကပ်စေသည်။ ဆင်းရဲဒုက္ခ၊ ခက်ခဲမှုများ ကို ကိုယ်တွယ်ဖြေရှင်းရန်အဖြေမှာ နာကျင်မှုမှ လွတ်မြောက်ရန် သို့မ ဟုတ် ဖယ်ရှားရန် နည်းလမ်းတစ်ခုကို ရှာဖွေရန်မဟုတ်ပါ။ ထိုသို့ပြုမည့် အစား၊ ကျွန်ုပ်တို့၏ အခက်ခဲဆုံးအချိန်တွင် ကျွန်ုပ်တို့လိုအပ်သောအရာ ကို ခံရပ်နိုင်ရန် ခွန်အားပေးသော ခမည်းတော်၏ မေတ္တာတော်ကို တက် ကြွစွာ ရှာဖွေရန် ဖြစ်သည်။ ထိုခွန်အားသည် ကျွန်ုပ်တို့အား ထိုအချိန်ကို ကျော်ဖြတ်နိုင်ရန် အမှန်တကယ် မျှော်လင့်ချက် ပေးလိမ့်မည်။ ယေရှုက *"ငါ့ကျေးဇူးသည် သင့်အဘို့လောက်ပေ၏။ ငါ့တန်ခိုးသည် အားနည်းခြင်း အဖြစ်၌ စုံလင်တတ်သည်"* ဟု မိန့်တော်မူသည် (၂ကော၊ ၁၂း ၉)။

အသက်တာသည် ဘွေစ်ဘောရိုက်တံကို ယူဆောင်လာသည်ဟု ခံစားရသော ထိုမည်းမှောင် သော ချိုင့်ဝှမ်းများမရှိပါက ပျောက်ဆုံးသော မျှော်လင့်ချက်များ ပျောက်ဆုံးနေသောအချိန်၌ သူ၏ ချစ်ခြင်းမေတ္တာကို ကျွန်ုပ်တို့အား ပေးတော်မူသောခမည်းတော်ဘုရားသခင်၏ မေတ္တာကို

ကျွန်ုပ်တို့ အပြည့်အ၀ ခံစားနိုင်မည် မဟုတ်ပါ။ သင်၏အသက်တာ
သည် ပြောင်းလဲခြင်း မဖြစ်မချင်း ယေရှု၏နှစ်သိမ့်မှု သိရှိခြင်းကို အပြည့်
အ၀ နားလည်နိုင်မည်မဟုတ်ပါ။ အကြောင်းမှာ စိတ်ဖိစီးမှုများသောကာ
လ၌ အမြစ်စွဲနေသော သစ်ပင်ကဲ့သို့ပင် ကျွန်ုပ်တို့အသက်တာ၏ အခက်
ခဲဆုံးကာလများအတွင်း ကျွန်ုပ်တို့၏ အသက်တာသည်လည်း ပိုမိုနက်
ရှိုင်းလာသည်။ ကျွန်ုပ်တို့၏ အကောင်းဆုံးအတွက် အရာရာသည်အကျိုး
ဖြစ်ထွန်းမည်ဟု ဘုရားသခင်ကတိပေးထားသည်ကို စိတ်ချနိုင်သည်။
ကျွန်ုပ်တို့အတွက် အကောင်းဆုံးအရာနှင့် ပတ်သက်၍ သူ၏ပုံသဏ္ဌာန်
နှင့်အညီ အကောင်းဆုံးအတုယူခြင်းပင် ဖြစ်သည်။ ဆင်းရဲဒုက္ခရောက်
လာသောအခါ ထိုအရာကို စိတ်ထဲထား၍ သင်ကိုယ်တိုင်နှင့်အခြားသူ
များကို ဂုဏ်အားအပြည့်အ၀ခံစားခွင့်ပြုပါ။ သို့မဟုတ်လျှင် သင်က ဇာတ်
ကောင်ဖွံ့ဖြိုးတိုးတက်မှုကို အဟန့်အတားဖြစ်စေနိုင်သည်။

ဘုရားသခင်သည် ငါတို့ကို ခရစ်တော်၏ဘုန်းတော်
အတွက် အသက်ရှင်ရန်နှင့် ဆင်းရဲဒုက္ခခံခြင်းအားဖြင့်
လုပ်ဆောင်ရန် ခေါ်တော်မူခြင်း ဖြစ်သည်။ ခရစ်
တော်သည် ဆင်းရဲဒုက္ခကို ရွေးချယ်ခဲ့သော်လည်း
သူ့အပေါ် ချက်ချင်းရောက်လာခြင်း မဟုတ်ပါ။ သူက
ထိုအရာကို အသင်းဇကက်ကို ကညီဆောက်ရန်နှင့်
ပြီးပြည့်စုံ အောင်ပြုလုပ်ရန်အတွက် နည်းလမ်းအဖြစ်
ရွေးချယ်ခဲ့သည်။ ယခုသူသည် ကျွန်ုပ်တို့အား ဆင်းရဲ
ဒုက္ခကို ရွေးချယ်ရန် ခေါ်တော်မူခဲ့သည်။ ဆိုလိုသည်
မှာ သူက ကျွန်ုပ်တို့ကို ကိုယ့်လက်ဝါးကပ်တိုင်ထမ်း
ပြီး ကရာနီလမ်းပေါ်တွင် လျှောက်ကာ သခင်ယေရှု
နောက်တော်သို့ လိုက်ရန်နှင့် မိမိကိုယ်ကို ငြင်းပယ်
ရန်၊ ထို့နောက် အသင်းတော်အတွက် အမှုတော်

ဆောင်ပြီး မိမိအသက်တာကို အပူဇော်ခံရန်နှင့်သူ၏ ဆင်းရဲဒုက္ခကို လောကလူတို့အား ဖော်ပြရန် ဖြစ် သည်။[5]

ကျွန်ုပ်၏ ကျမ်းစာဖတ်ရှုခြင်းနှင့် ဆုတောင်းခြင်းက ကျွန်ုပ်ကို ကျေးဇူးတော်၌ တိုးပွါးရန် ကူညီမည်လား?

တစ်ယောက်ယောက်က မျှော်လင့်ထားသော အဖြေမှာ နာကျင် စေမှုမရှိ။ ဟုတ်ကဲ့၊ မခံစားရပါ။ အမှန်မှာ၊ တိကျသော ရှင်းလင်းချက်မရှိ ဘဲ ထိုအဖြေနှစ်ခုစလုံးသည် မှားနိုင်သည်။ ယုံကြည်ဖို့တော့ ခက်ခဲပါ လိမ့်မည်။ သမ္မာကျမ်းစာ ဖတ်ရှုခြင်းနှင့် ဆုတောင်းခြင်းသည် သင့်အား ကျေးဇူးတော်တိုးပွါး စေမည်မဟုတ်ပါ။ ထိုကျမ်းစာဖတ်ခြင်း (သို့) ဆု တောင်းခြင်းက သင့်ကို မနာကျင်စေနိုင်ပါ။

ပထမဦးစွာ မေးခွန်း၏ မှန်ကန်သောအဖြေကို ဆုံးဖြတ်ရန် ထို အရာ၏ မှန်ကန်ရသည့် အကြောင်းရင်းကို နားလည်ရန်လိုအပ်သည်။ လူအများ၏ ထင်မြင်ယူဆချက်နှင့် ဆန့်ကျင်စွာ ကယ်တင်ခြင်း စိတ်ချ ရဖို့အတွက် ယေရှုခရစ်တော်ကို ယုံကြည်သောသူများသာလျှင် ခမည်း တော်ဘုရားထံ ဆုတောင်နိုင်ကြောင်း ကျမ်းစာက ပြောထားသည်။ "ဘုရားသခင်ကို ရိုသေလေးမြတ်၍ အလိုတော် သို့လိုက်သော သူဖြစ်လျှင် ထိုသူ၏ စကားကိုနားထောင်တော်မူ၏။ လူဆိုးတို့ စကားကို နားထောင်တော် မမူသည်ကို ငါတို့သိကြ၏" (ယော၊ ၉း ၃၁)။ "ထာဝရဘုရားသည် မတရား သောသူတို့နှင့် ဝေးတော်မူ၏။ ဖြောင့်မတ်သောသူ၏ ပဌနာစကားကိုကား နားထောင်တော်မူ၏။ ဆုတောင်းခြင်းသည် ဘုရားသခင်၏သားသမီးများအ တွက် ဆုလက်ဆောင် ဖြစ်သည်" (သု၊ ၁၅း ၂၉)။ ဆုတောင်းခြင်းသည်

---

[5] John Piper, *Desiring God: Meditations of a Christian Hedonist*. The Doubleday Religious Publishing Group. 2011, p 286.

ကျွန်ုပ်တို့လိုချင်သမျှသော စာရင်းကို ဘုရားသခင်ထံ ယူဆောင်
ခြင်းလည်း မဟုတ်ပါ။ ထိုသို့သော အတွေးခေါ်များသည် ဘုရားသခင်
မည်သူမည်ဝါဖြစ်ကြောင်း နားလည်မှု နည်းပါးသူများ ဖြစ်ကြသည်။
ယေရှုခရစ်တော်က "ငါ၏ နာမကိုအမှီပြု၍ ဆုတောင်းသမျှတို့သည်" ဟု
မိန့်တော်မူသောအခါ သူသည် သုံးပါးတစ်ဆူ ကုမ္ပဏီ၏ ချက်စာအုပ်ကို
ဖွင့်လှစ်ခြင်းမဟုတ်သောကြောင့် ကုန်ကျစရိတ်များလည်ပတ်မှုများကို
ကျွန်ုပ်တို့ စိတ်ဆန္ဒနှင့်အညီ ဖုံးအုပ်ကာ အသက်ရှင် ခွင့်ပြုလိုက်သည်။
ထိုသို့ဖြစ်မည့်အစား သခင်ယေရှုပြောလို သည့်အကြောင်းရင်းမှာ ဘုရား
သခင်သည် စိတ်အားထက်သန်စွာ စောင့်ဆိုင်းနေသည်ဟု ယုံကြည်၍
သူအား ရိုသေလေးမြတ်ခြင်းရှိသူများ၏ စကားကို နားထောင်နေသည်
ဟု ဆိုလိုခြင်းဖြစ်သည်။ အဘယ်သို့သော စိတ်ဆန္ဒများသည် ဘုရား
သခင်ကို ရိုသေလေးမြတ်ခြင်း ရှိသနည်း? ဤနေရာ၌ နောက်တစ်ဖန်
လူများ၏အကြိုက်ထင်မြင်ယူဆချက်နှင့် ဆန့်ကျင်ပြန်သည်။ ထိုဆန္ဒများ
သည် ကျွန်ုပ်တို့၏ အသက်တာ ကျန်းမာ၊ ချမ်းသာရေး၊ သာယာပျော်ရွှင်
ရေးနှင့် ငြိမ်းအေးချောင်လည်မှုတို့နှင့် အနည်းငယ်မျှ ပတ်သက်မှု မရှိပါ။
သူတို့သည် သူတစ်ပါး၏ အကျိုးကို ဆောင်ခြင်းအားဖြင့် ရက်ရောခြင်း၊
ကောင်းမြတ်ခြင်း၊ သနားခြင်းကရုဏာနှင့် အထူးအသုံးတော်ခံဖြစ်ခြင်း
တို့အတွက် ဘုရားသခင်ကို ချီးမွမ်းရန် ဖြစ်သည်။ ကျွန်ုပ်တို့သည် ခရစ်
တော်ကို သူ၏သာကို့သာမီးအဖြစ် ရွေးချယ်ခဲ့ကြောင်းကို ယုံကြည်ခြင်း
နှင့်အသိဉာဏ်တို့၏ နှလုံးသားထဲမှ လာခြင်းမဟုတ်ဘဲ ဆုတောင်းချက်
မှန်သမျှသည် အပြစ်ဖြစ်သည် (ရော၊ ၁၄း ၂၃)။ ကျွန်ုပ်တို့သည် ထိုယုံ
ကြည် ခြင်းကို နားလည်ခြင်းနှင့် လက်ခံခြင်းတို့ ဖြင့် ပုံသွင်းခံရသောအခါ
အဖဘုရားသခင် ကိုးကွယ်ရန်၊ ဘုန်းတော်ထင်ရှားရန်နှင့် ရိုသေလေး
မြတ်ရန် ဖြစ်လာပြီး ကျွန်ုပ်တို့၏အသက်တာ၌ ခမည်းတော်၏အလို
တော်ကို ရှာဖွေရန်၊ ဘုန်းတော်ထင်ရှားဖို့ တန်ဆာပလာနှင့် နိုင်ငံတော်
တည်ဆောက်ဖို့ရန် အသုံးတော်ခံ တန်ဆာပလာများ ဖြစ်လာသည်။

ထိုသို့သော စိတ်နှလုံးသည်ခမည်းတော်ကို အမြဲတမ်းရှိသေလေးမြတ် သောသဘောဖြင့် ဆုတောင်း၍ အဖြေပေးရန်စောင့်မျှော်နေသော ခမည်းတော်ထံ ယူဆောင်သော ဆုတောင်းနည်းလည်း ဖြစ်သည်။

အခြားသော မည်သည့်နည်းဖြင့်မဆို ဆုတောင်းခြင်းသည် အမှန် တကယ် အန္တရာယ်ဖြစ်သည်။ ထိုအပြင်ကြမ်းကြုတ်သော စိတ်နှလုံး၊ မိမိကိုယ်ကို ဗဟိုပြုသော စိတ်နှလုံးတို့သည် ကျွန်ုပ်တို့၏အလိုဆန္ဒများ ဘုရားသခင် ပေးသနားတော်မူမည့်အရာများကို ဆီးတားသည်။

ကျွန်ုပ်တို့၏ ကျမ်းစာဖတ်ခြင်းနှင့် ပတ်သက်၍ အန္တရာယ်ဖြစ်စေ သော နည်းလမ်းများလည်း ရှိသည်။ ကျွန်ုပ်တို့သည် သမ္မာကျမ်းစာမှ အခန်းငယ်တစ်ပိုဒ်ကို ကောက်ယူကာ ကျွန်ုပ်တို့၏အသက် တာအတွက် လက်တွေ့လိုက်နာရန် ကြိုးစားနေပါက ထိုအရာသည်လည်း အမှန်ပင် အန္တရာယ်ရှိနိုင်သည်။ တစ်ယောက်ယောက်က သူ့ကို ဘုရားသခင်သည် ယခုကျွန်ုပ်ကို မည်သည့်အရာ ခိုင်းမည်နည်းဟု သိရန် ကျမ်းစာကိုဖွင့်ပြီး ဖတ်လိုက်သည့်အဖြစ်ကို စဉ်းစားကြည့်ပါ။ ထိုအခါ မဿဲ ၂၇း ၅ ရောက် သွားသည်။ "ယုဒသည် ထွက်သွားပြီး သူ့ကိုယ်သူ လည်ကြိုးတပ်၍ သေ လေ၏"ဟူသော ကျမ်းပိုဒ် ဖြစ်သည်။ "ဟုတ်ပြီ၊ ကိုယ်တော်၊ အကယ်၍ ထိုသို့ ကျွန်ုပ်ပြုရန် အလိုတော်ရှိလျှင်"၊ ယခု သူသည် စိတ်ပျက်ပုံရပြီ။ ဘယ်သူမှ ထိုသို့လုပ်လိမ့်မည်မဟုတ်။ များစွာသောသူတို့သည် ထိုကဲ့သို့ ပြင်းထန်သော အစွန်းရောက်မှုများသို့ မသွားနိုင်သော်လည်းများစွာ သောသူတို့သည် ကျမ်းစာဖတ်ရန် အချိန်မပေးဘဲ ထိုကျမ်းစာ၏ နောက် ခံအခြေအနေဆိုလိုရင်း သိအောင်မလေ့လာကြပါ။ ထိုကြောင့် သူတို့ သည် ကျမ်းပိုဒ်များကို နောက်ခံအခြေအနေ၏ ဆိုလိုရင်းမှ လမ်းလွဲ၍ မမှန်မကန် အသုံးပြုနေသည်ကို တွေ့ရသည်။

ဤသို့သော ဖြစ်ရပ်များကြောင့် လူတစ်ဦးချင်းစီကိုသော်လည်း ကောင်း၊ ခရစ်တော်၏အသင်း တော်ကိုသော်လည်းကောင်း၊ ဂိုဏ်းညီရေး ရာ၌ များစွာထိခိုက်အနာတရဖြစ်စေပါသည်။ ဘုရားသခင်၏ နှုတ်က ပတ်တော်ကို တော်လျော်စွာ ကိုင်တွယ်ရန် လိုအပ်သည်ကို ချဲ့ထွင်ပြော ၍ မရပါ။ ရှင်ပေါလုက ၂တိ၊ ၂ ၁၅ မှာ "*သင်မူကား ဂုန်ခံတော်မူသောသူ၊ ရှက်ကြောက်စရာအကြောင်းမရှိဘဲ၊ သမ္မာတရားကို မှန်ကန်စွာ ပိုင်းခြားတတ် သော ဆရာသမားဖြစ်လျက် ဘုရားသခင့်ရှေ့တော်၌ ကိုယ်ကိုကိုယ်ဆက် သခြင်းငှါ ကြိုးစားအားထုတ်ကြလော့။*" ဟု ပြောထားသည်။ ဘုရားသခင်၏ နှုတ်ကပတ်တော်သည် အသက်ရှင် ခြင်းနှင့်တန်ခိုးနှင့်ပြုပြင်ခြင်းရှိရုံမက အသွားနှစ်ဖက်ထက်သော သန်လျက်ကဲ့သို့ ဖြစ်သည် (ဟေဗြဲ၊ ၄း ၁၂)။

ပတ်ပတ်လည်၌ လူအများပိုင်းထားသော လူတစ်ယောက်က ပတ်ဝန်းကျင်ကို ဂရုမစိုက်စွာဖြင့် အသွားနှစ်ဖက်ထက်သော သံလျက်ကို ကိုင်ပြီး ရမ်းကားနေမည်ဆိုလျှင်၊ သင်စဉ်းစားကြည့်ပါ။ သူ့အတွက်တစ်စုံ တစ်ဦးကို ထိခိုက်နာကျင်စေနိုင်သော အခွင့်အလမ်းကောင်း ရှိလိမ့်မည်။ ဘုရားသခင်၏ နှုတ်ကပတ်တော်ကို ကိုင်တွယ်ရာ၌လည်း ထို့အတူပင် ဖြစ်သည်။ မမှန်မကန်ကိုင်တွယ်သည့်အခါ သင်နှင့်အတူ တစ်စုံတစ်ဦး သည် အမှန်ပင် နာကျင်မှု ခံစားနိုင်သည်။ ထို့ကြောင့် ကျမ်းစာသင်ကြား ခြင်းကောင်းသည့် အသင်းတော် (ဘုရားကျောင်း)တွင် ရှိရန်နှင့် ကျွန်ုပ် တို့ထက် ခရီးပိုသွားနေသောသူ များ၏စကားကို နားထောင်ရန်နှင့် ကျမ်း စာကို ဖတ်ရန်အလွန်အရေးကြီးပါသည်။

သင်သည် သန့်ရှင်းသောဝိညာဉ်တော်ကို ယုံကြည်ကိုးစားသည် နှင့်အမျှ သူသည် သမ္မာတရားကို ပိုင်းခြားသိမြင်နိုင်ရန်နှင့် ကောင်းသော အရာကို မည်သို့ကိုင်စွဲထားကြောင်း ပြောရန်ကူညီပါလိမ့်မည်(၁သက်၊ ၅း ၂၁)။ ဤအချက်ကို စိတ်ထဲမှာ မှတ်ထားပါ။ သမ္မာကျမ်းစာသည်ပါးမျိုး ရန်မဟုတ်သလို ဂဝုတ္တုကဲ့သို့ အောင်မြင်ခြင်း စာအုပ်လည်းမဟုတ်ပါ။ ကျမ်းစာသည် ဘုရားသခင်မှုတ်သွင်းတော်မူသော နှုတ်မြွက်စကားတော်

ဖြစ်ပြီး၊ ကြေညက်အောင်ဝါးပြီး (ဖတ်ရှုတ်လေ့လာပြီး) အသက်တာ၌ လိုက်လျှောက်ရန် ဖြစ်ပါသည်။

လူအများက တစ်နှစ်တာ ကျမ်းစာဖတ်ခြင်း အစီအစဉ်အတိုင်း ဖတ်ရှုရန် ကြိုးစားကောင်း ကြိုးစားကြပေလိမ့်မည်။ သို့သော်လည်း ကျမ်းစာ၏ အဓိကအချက်အလက်များကို မှတ်မိရန်လေ့လာ ဖတ်ရှုပါက သုံးနှစ်မှ ငါးနှစ်အတွင်း ပို၍ကျိုးကြောင်းဆီလျော်သော ပန်းတိုင်တစ်ခု ဖြစ်နိုင်သည်။ ကျွန်ုပ်တို့သည် သမ္မာကျမ်းစာကို ဖတ်ရှုသောအခါ ကျွန်ုပ် တို့ တွေ့မြင်လိုသောအရာများကို နှုတ်ကပတ်တော်၌ ရှာဖွေဖတ်ရှုခြင်း ကို သတိပြုရပါမည်။ ကျွန်ုပ်တို့သည် ဘုရားသခင်ထံမှ ရှာဖွေခြင်းနှင့် အ ဖြေရှာခြင်းများကို ပြုလုပ်သောအခါ အကြောင်းအရာအပြည့်အစုံနှင့် စပ်လျှင်း၍ ကျမ်းပိုဒ်များကို ကြည့်ရှုဖတ်ရှုတ်ရန် လိုအပ်သည်။ သန့်ရှင်း သော ဝိညာဉ်တော်သည် ကျွန်ုပ်တို့အား ဘုရားသခင်၏ နှုတ်ကပတ် တော်မှတစ်ဆင့် အမြဲတမ်း စကားပြောမည်ဖြစ်သော်လည်း အမှားအ ယွင်းများ ဖြစ်ပေါ်စေတတ်သော ကျမ်းပိုဒ်တစ်ပိုဒ်တည်းသာ ဖတ်ရှုခြင်း မဟုတ်ဘဲ ကျမ်းစာတစ်အုပ်လုံးကို အမြဲဖတ်ရှုရမည် ဖြစ်သည်။ စိတ်န လုံးထဲမှာ မှတ်ထားရမည့်နောက်တစ်ချက်ကား ဘုရားသခင်၏ နှုတ်က ပတ်တော်သည် ကျွန်ုပ်တို့အားရေးသားခြင်းမဟုတ်ဘဲ ဘုရားသခင်၏အ ကြောင်းနှင့် ဘုရားသခင့် အလိုတော်နှင့်အညီ ကျွန်ုပ်တို့အကြောင်းကို ရေးသားခြင်း ဖြစ်သည်။

နောက်ထပ် စဉ်းစားရမည့်အချက်တစ်ချက် ရှိသေးသည်။ ကျွန်ုပ် တို့၏ ဖန်ဆင်းခြင်း ရည်ရွယ်ချက်သည် သန့်ရှင်းသောဝိညာဉ်တော်အား ဖြင့် ဘုရားသခင် ပြီးပြည့်စုံစေတော်မူသော အလုပ်တစ်ခု ဖြစ်သည်။ သမ္မာကျမ်းစာကို ဖတ်ရှုခြင်း၊ ဆုတောင်းခြင်းတို့သည် သန့်ရှင်းသော ဝိညာဉ်တော် လုပ်ဆောင်ခြင်းမပါဘဲ ဝိညာဉ်ရေးရာ ကြီးထွားခြင်း၊ ပြောင်းလဲခြင်းနှင့် ဖွံ့ဖြိုးခြင်းများ မရှိနိုင်ပါ။ သင်သည် လက်ထပ်လိုက်ပြီ ဆိုပါစို့။ သင့်အိမ်ထောင်ဖက်ကို စကားပြောရန်၊ နားထောင်ရန် မည်

သည့်အခါ၌မျှ အချိန်မဖြုန်းပါနှင့်။ သင်အမှန်တကယ် ဆက်ဆံရေးအ
များကြီး ရှိလိမ့်မည်မဟုတ်လော။ ထို့ကြောင့် ထိုမှန်ကန်သောအရာနှင့်
အတူ ဘုရားသခင်နှင့်ကျွန်ုပ်တို့ဆက်ဆံရေး ဖြစ်သည်။ ကျွန်ုပ်တို့သည်
ဆုတောင်းခြင်းဖြင့် ဘုရားသခင်နှင့် ဆက်သွယ်ပြီး သူ၏နှုတ်ကပတ်
တော်ကို ဖတ်ရှုသောအခါ ဘုရားသခင်သည် ကျွန်ုပ်တို့ကို သန့်ရှင်းသော
ဝိညာဉ် တော်မှတစ်ဆင့် ဆက်သွယ်သည်။ သူသည် မည်သူမည်ဝါဖြစ်
ကြောင်း ကျွန်ုပ်တို့ကို မည်မျှချစ်ကြောင်းတို့ကို ဖွင့်ပြသည်။ ထိုကဲ့သို့
သောအံ့ဖွယ် သမ္မာတရားများကို အမြဲတမ်းဖွင့်ပြသော အသက်တာဖြင့်
အခြားသူများကိုလည်း ဖွင့်ပြသည်။ ထိုအရာသည် သမ္မာကျမ်းစာဖတ်
ရှုခြင်းနှင့် ဆုတောင်းခြင်းတို့၏ ရည်ရွယ်ချက် ဖြစ်သည်။

ကျွန်ုပ်တို့သည် သမ္မာကျမ်းစာကို မည်သို့ ဖတ်ရမည်နည်း?

သမ္မာကျမ်းစာကို ဖတ်ရှုရန် အကောင်းဆုံးသော ဖတ်ရှုနည်း
နည်းလမ်းပေါင်း ထောင်နှင့်ချီရှိသည်။ ၀တ်ပြုကိုးကွယ်ခြင်းနှင့် ဆိုင်
သော နည်းလမ်းများလည်းရှိပြီး ဖတ်ရှုရန် စိတ်အားထက်သန်သူများ
အတွက် လမ်းပြလည်းရှိကြသည်။ ပထမဦးစွာ လုပ်ရမည့်အရာမှာ သမ္မာ
ကျမ်းစာသည် အလျင်အမြန်ဖတ်ရှု မျိုချ၍ရသော စာအုပ်တစ်အုပ် မ
ဟုတ်၊ အိပ်ရာဘေး စားပွဲပေါ်မှာ ပေါ့ပေါ့တင်ထားသော ၀တ္ထုစာအုပ်လို
မျိုးလည်းမဟုတ်သလို၊ ဖြေရှင်းရန် သို့မဟုတ် ဆက်လက်ဖြစ်ပွားနေ
သော အကြပ်အတည်းများ သို့မဟုတ် ယနေ့ပြသနာများကို ဖြေရှင်းရန်
အနီးဆုံးအဖြေရှာဖွေဖို့ ကိုယ်တိုင်ပြေးရသော စာအုပ်တစ်အုပ်လည်း
မဟုတ်ပါ။

ဒုတိယအချက်မှာ ခရစ်တော်ကို သူတို့၏ ကယ်တင်ရှင်အဖြစ်
မသိသောသူ သို့မဟုတ် ခရစ်တော်မပါဘဲ သမ္မာကျမ်းစာကို ဖတ်ခြင်း
သည် အဓိပ္ပါယ်မရှိ ဖြစ်နေသည်။ သင်လေ့လာလိုသော နိုင်ငံခြားသား
ဘာသာစကား၏ နောက်ဆုံးရေးခြစ်ထားသော မှတ်စုများကို သင်က

ကောက်ရွေးလိမ့်မည်။ အမှန်မှာ သင်သည် စာဖတ်လိုသည့် အကြောင်း အရာကို ရှာဖွေနေသည်ဆိုပါက ပိုပြီးအဓိပ္ပာယ်ရှိ အောင်လုပ်ရမည်။

သမ္မာကျမ်းစာသည် လူကြိုက်များသော စာအုပ်ဖြစ်သောကြောင့် ကိုယ့်အလိုအတိုင်း၊ ကိုယ်သွားလိုသည့်အတိုင်း သို့မဟုတ် ကိုယ်ပိုင်လို အပ်မှု အကူအညီကို ရှာဖွေရန်ရည်ရွယ်ချက်ဖြင့် ကျမ်းစာကို မဖတ်ပါ နှင့်။ သင်၏အသက်တာအတွက် အဖြေများ၊ အဓိပ္ပာယ်နှင့် ဦးတည်ချက် နှင့်ကိုက်ညီအောင် ရှာဖွယ်ရန် ကျမ်းပိုဒ်တစ်ပိုဒ်တည်းကို ကွက်၍ မဆွဲပါ နှင့်။ သမ္မာကျမ်းစာသည် ရေးသားသမျှ စာအုပ်များအနက် အကြီးမြတ် ဆုံးသော ဖြစ်ပျက်ခဲ့သောသမိုင်းကြောင်းများကို ရေးသားသောစာအုပ် ဖြစ်သည်။ ကျွန်ုပ်တို့၏ သမိုင်းဇာတ်ကြောင်းကို ရေးသားသော စာအုပ်မ ဟုတ်ပါ။ ဤသမိုင်းကြောင်း၌ စကြာဝဠာကို ဖန်ဆင်းသောအရှင်သည် ကျွန်ုပ်တို့ကို မည်ကဲ့သို့ဖန်ဆင်းကြောင်း၊ ကျွန်ုပ်တို့သည် မည်ကဲ့သို့ အပြစ်ထဲ ကျရောက်မည်အကြောင်း၊ ကျွန်ုပ်တို့ကိုလည်း သူ့အတွက် မည်ကဲ့သို့ ပြန်လည် ရွေးနုတ်မည်အကြောင်း ကမ္ဘာမတည်မရှိမီကပင် ကယ်တင်ခြင်းနည်းလမ်းကို ပြင်ဆင်တော်မူနှင့်ပြီ။

ငှင်းသည် သမိုင်းကြောင်းမှတစ်ဆင့် ထိုအစီအစဉ်၏ ဇာတ်လမ်း ဖြစ်ခဲ့သည်။ ကျွန်ုပ်တို့သည် ကျဆင်းပြီးနောက် ကျွန်ုပ်တို့ ကိုယ်ပိုင်နှစ် သက်သောလမ်းကို ရှာခြင်းဖြင့် ဘုရားသခင်သည် မည်သူမည်ဝါ ဖြစ် ကြောင်း ကိုယ်စားပြုသောအရာကို မပြုနိုင်ခဲ့ပါ။ သမိုင်းကြောင်း များကို သိခြင်းဖြင့် သူသည် ကျွန်ုပ်တို့ကို မည်သို့ဆက်လက် လိုက်လံပုံ၊ သူသည် ကျွန်ုပ်တို့အား ချစ်မြတ်နိုးပုံ၊ တစ်နေ့တွင် သူ၏ နာမတော်နှင့် ဂုဏ်တော်ကို ထင်ရှားစေရန် သူ၏အကြံအစည်တော်နှင့် လုပ်ဆောင်မှု က ပြသခဲ့သည်။ ကျွန်ုပ်တို့သည် ဘုရားသခင်၏ နှုတ်ကပတ်တော် ဖတ် သမျှကို ထိုအလင်းတော်နှင့် ထိုအကူကြည့်မှန်ပြောင်းအောက်တွင် ဖတ်သင့်သည်။

သမ္မာကျမ်းစာတွင် ကျေးဇူးကရုဏာနှင့် ပြည့်စုံသော ဩဝါဒ များ ပါရှိသည်။ ဘုရားသခင်၏ တရားတော်က ကျွန်ုပ်တို့အား အဘယ် သို့ စီရင်သည်ကိုလည်းကောင်း၊ ကျွန်ုပ်တို့သည် ပြောင်းလဲရန် လိုအပ် ကြောင်းကိုလည်းကောင်း၊ ဘုရားသခင်အား နာခံလျက်အသက်ရှင်ခြင်း ကိုလည်းကောင်း၊ သူ၏ချစ်ခြင်းမေတ္တာတော်က ကျွန်ုပ်တို့ကို ကျေးဇူး တော်သာလျှင်ပြသပေးသည်သာမက သူ၏ပြည့်စုံသော တရားတော် ကိုလည်း ပြသရာ၌ သံသယရှိစရာ တစ်ခုမျှချန်မထားခဲ့ပါ။

ဘုရားသခင်သည် ကျွန်ုပ်တို့ကို အမှန်တကယ်ချစ်၍ ဂရုစိုက်ပြီး ကျွန်ုပ်တို့အတွက် အကောင်းဆုံးသောအရာကို အလိုတော်ရှိသည်။ ၎င်း သည် ကျွန်ုပ်တို့အား သူ၏ကောင်းမြတ်ခြင်းကို ပြသောပညတ်တရား အားဖြင့် ဖြစ်သည်။ ဘုရားသခင်၏ကျေးဇူးတော်သည် ကျွန်ုပ်တို့အား အဘယ်မျှလောက် ကျေးဇူးပြုတော်မူသည်ကို ကြည့်ရှုဆင်ခြင်ကြလော့။

ကျေးဇူးတော်သည် မျိုးစေ့ကို မွေးဖွားပြီးရင့်ကျက်ခြင်းသို့ ရောက် စေသော အံ့ဖွယ်ကျေးဇူးတော်မြေဆီ ဖြစ်သည်။ ပညတ်တော်က ကျွန်ုပ် တို့ကို မည်မျှအထိ ခရီးသွားရန်လိုအပ်ကြောင်းကို ပြသပြီး ကျေးဇူး တရားက ထိုနေရာသို့ ရောက်ရှိရန်ကူညီသည်။

ကျွန်ုပ်အရာသည် ဘုရားသခင်၏ နှုတ်ကပတ်တော်၊ သမ္မာကျမ်းစာ ဖြစ်သည်။ ကျွန်ုပ်ရှုထောင့်နှင့် ချဉ်းကပ်သောအခါ အနက်နှင့်အဓိပ္ပါယ်ဖွင့်ဆို ချက်အမှားများသည် အမြဲတမ်းလျော့နည်းသွားသည်။ အကြောင်းမှာ ဘုရားသခင်၏ နှုတ်ကပတ်တော်သည် ကိုယ်တိုင် သူ့ကိုသူမှတ်သွင်း ထားပြီး ထိုသမ္မာကျမ်းစာကို ကျွန်ုပ်တို့ဖတ်ရှုခြင်း၊ ကြားနာခြင်းများ ပြု သောအခါ သန့်ရှင်းသောဝိညာဉ်တော်သည် အလုပ်လုပ်သည်။ ကျွန်ုပ် တို့ကို သန့်ရှင်းစေခြင်းငှါလည်းကောင်း၊ တစ်နေ့တွင် ဘုရားသခင်၏ လက်ရာ ဖြစ်သော ကျွန်ုပ်တို့ကို ဆက်သစေခြင်းငှါလည်းကောင်း ကူညီ လုပ်ဆောင်ပေးသည် (၂တိ၊ ၃း ၁၆)။ အကြီးမြတ်ဆုံးသောအရာသည် "ချစ်ခြင်းမေတ္တာအားဖြင့် ဖော်ပြသော ယုံကြည်ခြင်း" ဖြစ်ပြီ (ဂလာ၊ ၅း

၆)၊ "ယုံကြည်ခြင်းသည် ကြားနာခြင်းအားဖြင့် ဖြစ်သည်" (ရော၊ ၁၀း ၁၇) သို့မဟုတ် ယေရှု၏ နှုတ်ကပတ်တော်ကို နားထောင်ခြင်းသည် ဘုရားသခင့် နှုတ်မြွက်စကားတော်ကို ကြားနာခြင်းနှင့် ဖတ်ရှုခြင်းသာ အဓိပ္ပါယ်ရှိသည်။ ဘုရားသခင်၏ နှုတ်ကပတ်တော်သည် ကျွန်ုပ်တို့၏ ခမည်းတော်နှင့် အခြားသူများကို ချစ်ခြင်းမေတ္တာတိုးပွားစေရန် သော့ ချက်ဖြစ်သည်။

ထိုအရာအားလုံးကို နားလည်သဘောပေါက်ခြင်းက သမ္မာကျမ်း စာကို တစ်နှစ်အတွင်း ဖတ်ရှုခြင်းသည် အဘယ်ကြောင့် မဖြစ်နိုင်သော အရာဖြစ်သည်ကို နားလည်ရန် အထောက်အကူ ပြုသည်။ ကျွန်ုပ်တို့ သည် နှလုံးသားနှင့် ဖတ်ရှုရန် ဆန္ဒရှိလာသောအခါ ဘုရားသခင်၏ အ ကြောင်းကို ပိုမိုနက်ရှိုင်းစွာ နားလည်လာပြီး ထိုမှတစ်ဆင့် လူတစ်ဦးချင်း စီအား ပြောစရာရှိလာခြင်း ဖြစ်သည်။ သို့သော် သုံးနှစ်မှ ငါးနှစ်စီမံကိန်း ဖြင့် ၄င်းကို ပြင်ဆင်ဖတ်ရှုရန်ကြိုးစားခြင်းသည် အမှန်တကယ် ဖြစ်နိုင် ပါသည်။

စနစ်တကျဖတ်ရှုခြင်းက အထက်ဖော်ပြပါ သမ္မာတရားသည် စိတ်ထဲ၌နက်ရှိုင်းသောစနစ် ဖြစ်နေသမျှကာလပတ်လုံး ရည်ရွယ်ချက် တစ်ခုဖြင့် ဖတ်ရှုခြင်းသည် ကျွန်ုပ်တို့ အထောက်အကူ ဖြစ်လိမ့်မည်။ သို့ သော်လည်း ကျွန်ုပ်တို့သည် နေရာတိုင်း၊ အချိန်တိုင်း စိတ်ရှိတိုင်း လွတ် လပ်စွာ ဖတ်ရှုနိုင် ပါသည်။

နေ့စဉ်ဂုဏ်ပြုကိုးကွယ်ရန် ရည်ရွယ်ချက်ဖြင့် သမ္မာကျမ်းစာကို ဖတ်ရှုခြင်းသည် ဘုရားသခင် အပေါ် ကျွန်ုပ်တို့၏ မှီခိုမှုကို မဖယ်ရှားပေး နိုင်သည့်အပြင် တစ်စုံတစ်ရာကို ကြိုတင်ပြင်ဆင်ခြင်း သို့မဟုတ် မြင့်မား သောနေ့ရက်ကို ယူဆောင်ပေးသည်။ အကြောင်းမှုကား ဘုရားသခင် အား မှီခိုမည့်အစား ကျွန်ုပ်တို့၏ ကိုယ်ပိုင်စည်းကမ်းများနှင့် သက်ဆိုင် လာသောကြောင့် ဖြစ်သည်။ ကျွန်ုပ်တို့ကို သူ၏ချစ်မြတ်နိုးသူဟု ခေါ် သောသူကို ကျွန်ုပ်တို့အမှန်တကယ်လွတ်လပ်စွာ ကိုးကွယ်ခွင့်ရှိသည်။

သမ္မာကျမ်းစာအားဖြင့် သူ့ကိုချဉ်းကပ်ပြီး ရောင်ပြန်ဟပ်သည်ထက် သာ၍ကြီးသော ချဉ်းကပ်နည်း မရှိပါ။

ဘဝသည် တစ်ခါတစ်ရံတွင် အရှိန်အဟုန်ဖြင့် ရောက်ရှိလာပြီး ကျွန်ုပ်တို့သတိမထားမိမိ တစ်ရက်၊ နှစ်ရက်၊သုံးရက် သို့မဟုတ် ထိုထက် မကသော နေ့ရက်များကို လွဲချော်ခဲ့ကြသည်။ ယေရှုခရစ်၌ရှိသော သူ တို့ကို အပြစ်စီရင်စရာအကြောင်း တစ်စုံတစ်ခုမျှမရှိသည်ကို သတိပြု အောက်မေ့ပါ။ သင်သည် အဆင်သင့်ဖြစ်လျှင် တစ်မိနစ်အချိန်ယူပြီး ဘုရားသခင်ကို သင်၏ဦးစားထားရာအဖြစ် ပျက်ကွက်ကြောင်း ဝန်ခံပြီး သူ့ကို စောင့်နေခြင်းကိုတွေ့ရလိမ့်မည်။ သူသည် ကျွန်ုပ်တို့အား ယုံ ကြည်ခြင်းနှင့် ရှင်လန်းသောစိတ်နှလုံးဖြင့် ချဉ်းကပ်စေလိုသည်။ ဘုရား သခင်ကို အချိန်ပေးခြင်းသည် မိမိကိုယ်မိမိအတွက် အချိန်ပေးခြင်းပင် ဖြစ်သည်။

ဤအရာသည် အားပေးအားမြှောက်ခြင်းမဟုတ်။ ဂရုမစိုက်မှု သို့ မဟုတ် ရိုသေလေးမြတ်မှုကင်မဲ့ခြင်းလည်းမဟုတ်ပါ။ သို့သော် တကယ့် ကို ဆန့်ကျင်ဘက်ဖြစ်နေသည်။ ယုံကြည်ခြင်း၏ လှုံ့ဆော်မှုကို အခြေခံ ၍ မလုပ်ဆောင်သောအရာသည် အပြစ်ဖြစ်သည် (ဟောရှေ၊ ၁း၆)။ ယုံ ကြည်ခြင်း၏ လှုံ့ဆော်မှုသည် စွန့်ပစ်ထားသော မျှော်လင့်ချက်နှင့် ပြည့် နေသော ထာဝရကမ္ဘာဆိုးမှ လွတ်မြောက်ရန် နည်းလမ်းတစ်ခုအတွက် ဘုရားသခင်ကို ကျေးဇူးကင်သည့်နှလုံးသားအပေါ် အခြေခံသည်။

ကျွန်ုပ်တို့သည် ဘုရားသခင်၏ နှုတ်ကပတ်တော်ကို ဖတ်ရှုစဉ် ကျွန်ုပ်တို့အား မည်သို့ဖြစ်ရန် ဖန်ဆင်းခဲ့သည်၊ မည်သို့အသက်ရှင်နေ ထိုင်ရမည်တို့ကို ပြောပြသောဘုရားသခင်၏ တရားတော်ကို ရှာဖွေတွေ့ ရှိကြခြင်း ဖြစ်သည်။ ကျေးဇူးတော်သည် ပညတ်တော်က ညွှန်ပြသော အပြောအလဲများကို ဖန်တီးပေးသည်နှင့်အမျှ ၎င်းတို့သည် ကျွန်ုပ်တို့၏ အလိုဆန္ဒများ၊ လုပ်ဆောင်ချက်များနှင့် အတွေးအခေါ်များကို ရောင်ပြန် ဟပ်ပြသသည်။ ၎င်းက ဖန်ဆင်းပေးမည့် အဓိကအပြောင်းအလဲများထဲမှ

တစ်ခုမှာ အခြားသူများအား ဘုရားသခင်၏ နှုတ်ကပတ်တော်ကို မျှဝေဖို့ ဆန္ဒပင် ဖြစ်ပါသည်။

ဤသို့ ထိထိရောက်ရောက်ပြိုင်နိုင်ရန်အတွက် ကျွန်ုပ်တို့သည် ဘုရားသခင်၏ နှုတ်ကပတ်တော်ကို လေ့လာသူများနှင့် လက်မှုပညာ ရှင်များ ဖြစ်လာရန် လိုအပ်ပါလိမ့်မည်။ ထို့ကြောင့် ကျွန်ုပ်တို့ ယုံကြည် သောအကြောင်းရင်းကို ကျွန်ုပ်တို့အား မေးမြန်းသောလူတိုင်းအတွက် အဖြေရှိစေရန် ဖြစ်သည်။ ထို့ကြောင့် ဘုရားသခင်၏ နှုတ်ကပတ်တော် ကို ကောင်းသောတန်ဆာဖြင့် လေ့လာခြင်းသည် အကောင်းဆုံးဖြစ် သည်။

မည်သည့် လုပ်ကွက်၌မဆို လက်မှုပညာသည်တစ်ဦးသည် သူ ၏လက်မှုပညာကို လုပ်ဆောင်နိုင်သည့် ကိရိယာများရှိသကဲ့သို့ ဘုရား သခင်နှုတ်ကပတ်တော်ကို လေ့လာသောသူတစ်ဦး သို့မဟုတ် လက်မှု ပညာသည်လည်း ပြုလုပ်နိုင်သည်။ ကောင်းမွန်သော အက္ခရာစဉ် ကျမ်း ညွှန်းစာအုပ်၊ သမ္မာကျမ်းစာအဘိဓါန်၊ အနက်ဖွင့်ကျမ်းနှင့် စွယ်စုံကျမ်း များသည် ကျွန်ုပ်တို့အား ထိုအဖြေများကို ရရှိရန်များစွာ လမ်းပြ လိမ့်မည်။

များသောအားဖြင့် ကျွန်ုပ်တို့သည် နားလည်ရန်ခက်ခဲသောကျမ်း ပိုဒ်ကို တွေ့ရတတ်သည်။ သမ္မာကျမ်းစာသည် ကိုယ်တိုင်လုံလောက် လျက်ရှိကြောင်း၊ ကိုယ်တိုင်ပင် အနက်ဖွင့်ကြောင်း၊ သင်သည် ထိုသမ္မာ ကျမ်းစာကို လွယ်ကူစွာ ပိုမိုနားလည်ရန် နှုတ်ကပတ်တော်၏ အကြောင်း အရာများကို သန့်ရှင်းသောဝိညာဉ်တော်က ကူညီလိမ့်မည်ကို အမြဲ သတိရပါ။ ကျမ်းစာ၏ အနက်အဓိပ္ပါယ်ကို ဖွင့်ဆိုခြင်းမတိုင်မီ ကျွန်ုပ်တို့ သည် အမြဲပင်လုံခြုံနေလိမ့်မည်။ ဘုရားသခင်သည် သူကိုယ်တိုင်နှင့် သူ၏နှုတ်ကပတ်တော်သည် မည်သည့်အခါ၌မှ ဆန့်ကျင်ခြင်းမရှိ ကြောင်းကို ကျွန်ုပ်တို့ သတိပြုနိုင်ပါသည်။

ဘုရားသခင်၏ နှုတ်ကပတ်တော်သည် အသွားနှစ်ဘက်ထက်
သော သန်လျက်ကွဲသို့ ထက် သည်ကို စိတ်ထဲမှာသိုထားပါ (ဟေဗြဲ၊ ၄း
၁၂)။ အခြားလူများ ဝိုင်းကြည့်နေကြချိန်မှာ ဖွေ့ယှမ်းလိုက်သောအရာ
ကို သတိထားပါ။ သင်သည် တစ်စုံတစ်ဦး၏ မျက်လုံးကို ထုတ်ပစ်လိုက်
နိုင်သည်။ ဂရုတစိုက်ကိုင်တွယ်ခြင်းမခံရသောကြောင့် ပြင်းထန်သော
ဒါဏ်ရာများ ရရှိခဲ့သည်။ ထို့ကြောင့် ၎င်း၏ ကိုယ်ပိုင်ဘုရားသခင် အတွေ
ထွေသတိပေးချက်နှင့်တကွ ရောက်လာသည်။

ဆောင်းပါးတစ်ပုဒ်ကို တစ်ယောက်ယောက်က ဖတ်ပြီး၊ သူဖတ်
သော ဆောင်းပါးအကြောင်းကို ပြောပြဖူးပါသလား? ၎င်းနောက် သင်
သည် ထိုဆောင်းပါးကို ထိုင်ဖတ်သောအခါ "ဤဆောင်းပါးကို သူတို့
ဘယ်နေရာကနေ ဘယ်လိုရခဲ့သလဲ"ဟု သင်စဉ်းစားဖူးသလား? ကျွန်ုပ်
တို့ရှိသမျှသည် ထိုစာကို ဖတ်သည့်အခါ ကျွန်ုပ်တို့ ကိုယ်ပိုင်ကောက်
ချက်ချခြင်းကို ထည့်သွင်းခြင်း သို့မဟုတ် ဘက်လိုက်မှုရှိ ခြင်းကို ကျွန်ုပ်
တို့လိုရာသို့ ဆွဲခေါ်ခြင်းဟု ခေါ်သည်။ သမ္မာကျမ်းစာကို လေ့လာသည့်
အခါ ကြိုတင်ကြံ စည်ထားသော စဉ်းစားတွေးခေါ်မှု၊ ဘက်လိုက်မှု
သို့မဟုတ် စိတ်စွန်းကွက်မှုတို့ကို သတိထားပါ။ သန့်ရှင်းသောဝိညာဉ်
တော်က ကျွန်ုပ်တို့အား ဖွင့်ပြလိုသောအရာများကို ပွင့်လင်းသောစိတ်
ဖြင့် ဖတ်ပါ။ ထိုမှသာ ဘုရားသခင်၏ အခြေခံမှုသည် ပိုမိုရှင်းလင်းလာ
မည် ဖြစ်ပြီး ပုဂ္ဂိုလ်ရေးအကျင့်စရိုက်သည် ခရစ်တော်နှင့် သင်၏အ
သက်တာကို အားလုံးပေးသောအရှင်အား ချစ်ရန်ပိုမိုလှုံ့ဆော်လာလိမ့်
မည်။ သန့်ရှင်းသော ဝိညာဉ်တော်၏ အဓိကအလုပ်မှာ ခရစ်တော်အား
လူသိများစေရန်နှင့် သခင်ယေရှုအပေါ် သင်၏အာရုံစူးစိုက်မှုကို အမြဲ
တမ်းလွှဲပြောင်းရန် ဖြစ်သည်။ ထိုအခါ ဘုရားသခင်၏နှုတ် ကပတ်တော်
၏ ရည်ရွယ်ချက်သည် ကျွမ်းကျင်ပိုင်နိုင်ခြင်း မဟုတ်ဘဲ လေ့လာရမည့်
အသက်တာတစ်ခု ဖြစ်ကြောင်း သင်တွေ့ရှိလိမ့်မည် ဖြစ်သည်။ ကွက်
မျက်ခံရသော စုံလင်သောသိုးသငယ်၏ အသက်တာကို သင်သည်

လေ့လာသောအခါ သင်၏အသက်တာသည် သူ့အသက်တာနှင့်
သဏ္ဌာန်တူသည်ကို သင်တွေ့ရလိမ့်မည်။

ကျွန်ုပ်တို့သည် ဘုရားသခင်နှင့် ရည်ရွယ်ချက်ရှိရှိ တွေ့ဆုံရန်
အချိန်ရောက်လာသည့်အချိန်များ ရှိခဲ့သည်။ ကျွန်ုပ်တို့သည် ဆုတောင်း
ခြင်းနှင့် နှုတ်ကပတ်တော်ကို ဖတ်ခြင်းအားဖြင့် ကျွန်ုပ်တို့၏ ခမည်းတော်
နှင့် ပိုမိုရင်းနှီးခြင်းဖြင့် ဆက်ဆံလိုသောဆန္ဒသည် သူနှင့်ပိုမို၍ တူလာ
သည်။ ဤအချိန်များသည် ကျွန်ုပ်တို့ကဲ့သို့ပင် အစမူလဖြစ်လိမ့်မည် ဖြစ်
ပြီး အမျိုးမျိုးသော တီထွင်ဖန်တီးမှု အမွေးအကြိုင်များဖြင့် လုပ်ဆောင်
သင့်သည်။ အကယ်၍ အစီစဉ်တစ်ခုရှိပါက အချိန်ဇယားသတ်မှတ်ထား
ရှိခြင်းက ထိုရည်ရွယ်ချက်ရှိရှိဖြင့် ကူညီလိမ့်မည်ဖြစ်ပြီး ၎င်းနောက်စိတ်
ကြိုက်မဟုတ်ဘဲ လွပ်လပ်စွာရွေးချယ်သော နှလုံးသားဖြင့် လုပ်ဆောင်
ပါ။

ဘုရားသခင်၏ နှုတ်ကပတ်တော်ကို ချဉ်းကပ်သောနည်းလမ်း
များစွာရှိသည်။ များပြားစွာ နားလည်မှုများကဲ့သို့ နည်းလမ်းများသည်
အရေးမကြီးပါ။ ဘုရားသခင်သည် ကျွန်ုပ်တို့အား သူနှင့်ပတ်သက်၍မည်
မျှအရှုးအမှုးပြောပြနေသည်ကို ဘုရားသခင်၏ နှုတ်ကပတ်တော်အားဖြင့်
ဖော်ပြသည်။ နှုတ်ကပတ်တော်သည် နေ့စဉ်လန်းဆန်းနေသောကြောင့်
အမြဲတမ်းအသစ်ပြုပြင်နေပါသည်။ ထိုအဖိုး တန်သောစကားလုံးများကို
တွေးတောဆင်ခြင်သောအခါ သန့်ရှင်းသောဝိညာဉ်တော်သည် ကျွန်ုပ်
တို့အပေါ် စီးဆင်းသောရေတံခွန်ကဲ့သို့ အလုပ်လုပ်သည်။ ကျွန်ုပ်တို့
သည် မည်သူမည်ဝါဖြစ်သည်၊ ယေရှုသည်မည်သူဖြစ်သည်ကို ဘုရား
သခင်မှုတ်သွင်းတော်မူသော နှုတ်ကပတ်တော်အားဖြင့် ရှာဖွေတွေ့ ရှိပြီး
ကျွန်ုပ်တို့သည် မည်သူဖြစ်သင့်သည်ကိုလည်း တွေ့ရှိရပါသည်။

ကျွန်ုပ်တို့ကြားရသော စကားလုံးနှင့်ပတ်သက်၍ ကျွန်ုပ်တို့
မည်သို့မျှ မလုပ်နိုင်သော်လည်း ထိုစကားလုံးသည် ကျွန်ုပ်

တို့အား တစ်ခုခုလုပ်ပေးလိမ့်မည်ဟု မည်သည့်အခါ၌မှ မမျှော်ပါနှင့်။ တူညီသော နေရောင်ခြည်သည် ရေခဲကို အရည်ပျော်စေပြီး၊ ရွှံ့စေးကိုလည်းမာစေကဲ့သို့ ဘုရား သခင်၏ နှုတ်ကပတ်တော်သည် လူ၏နှလုံးကို နိမ့်ချစေ သကဲ့သို့ ခိုင်မာစေသည်။ သမ္မာတရားကိုကြားပြီး လိုက် လျှောက် ခြင်းမရှိလျှင် အန္တရာယ်ဖြစ်သည်။ အသက်တာ အတွက် ဘာသာပြန်ခြင်းမရှိသော ဝိညာဉ်ရေးရာ လှုံ့ ဆော်မှုများသည် ဆုံးဝါးသော တုန့် ပြန်မှုများဖြစ်သည်။[6]

ကျွန်ုပ်သည် မည်သို့ ဆုတောင်းမည်နည်း

တစ်စုံတစ်ဦးက "ကျွန်ုပ်သည် မည်သို့ဆုတောင်းမည်နည်း"ဟု မေးသော အခါ တစ်စုံတစ်ယောက်က (မဿဲ ၆း ၉-၁၃)၌ ယေရှု၏ ဆုတောင်း ချက်ကို ညွှန်ပြပါလိမ့်မည်။ ထိုနေရာတွင် "သင် ဤသို့ဆုတောင်းသင့် သည်..."။ သူသည် ဤဥပမာကို ပေး၍ဆုတောင်း ခြင်းသည် တစ်ခု တည်းသော ဆုတောင်းချက်ဖြစ်သည်။ ၎င်းသည် အလွန်ကျဉ်းမြောင်း သောအာရုံစူးစိုက်မှုကို ပေးသည်။ ကျမ်းချက်တစ်ပိုဒ် တည်းနှင့် ကျမ်းစာ တစ်အုပ်လုံးကို ဖယ်ထုတ်လိုက်သည်။ ဤသို့ဖြစ်လျှင် ကျွန်ုပ်တို့သည် အဆက်ပြတ်ခြင်းနှင့် အဆုံးသတ်သွားပြီး နောက်ဆုံး ကျမ်းပိုဒ်သာမက ဘုရားသခင်၏ နှုတ်ကပတ်တော်များကိုပါ တွေ့မြင်နိုင်သည်။ မမှန် ကန်သောအဖြေတစ်ခုနှင့်အတူ၊ ယေရှု၏ ဆုတောင်းချက်သည် ဘုရား သခင်ထံ မည်သို့ချဉ်းကပ်ရမည်ကိုသာ အကျဉ်းချုပ်ဖော်ပြခြင်းသာ ဖြစ်ပြီး၊ ကျွန်ုပ်တို့ ဆုတောင်းသင့်သည့်အဓိကအချက်များလည်း ပါဝင် သည်။

ခရစ်တော်၏ ဆုတောင်းခြင်း ဥပမာ၌နည်းအမျိုးမျိုးရှိသည်။ (လုကာ ၁၈း ၉-၁၄)တွင် သခင်ယေရှုသည် အပြစ်သား၏ ဆုတောင်း

---

[6] Vance Havner, *Jesus Only*. F. H. Revell Company. 1969, Chapter 11.

ခြင်းနှင့် ဖာရိရှဲတစ်ဦး၏ ဆုတောင်းခြင်းအကြား ခြားနားချက်ကို ညွှန်ပြ
သည်။ သူက အပြစ်သား၏ဆုတောင်းပဌနာကို ကြားလိမ့်မည်ဟု မိန့်
တော် မူ၏။

ဆုတောင်းခြင်းနှင့် ကျေးဇူးတော်သည် ဘုရားသခင်ထံမှလာ
သော ဆုကျေးဇူးများဖြစ်ကြပြီး ယေရှုကြောင့်သာ ကျွန်ုပ်တို့သည် ဆု
တောင်းခြင်းအားဖြင့် ဘုရားသခင်ရှေ့တော်၌ ထင်ရှားနိုင်ပြီး၊ ဆုတောင်း
ခြင်းသည် ယုံကြည်သူများအားဖြင့် အခမဲ့ပေးသော ဆုကျေးဇူးဖြစ်သည်။

ကျွန်ုပ်တို့သည် ဘုရားသခင်ထံ ဆုတောင်းသောအခါ အမှန်တ
ကယ်ရှိကြောင်း အသိအမှတ်ပြုပြီး ကျေးဇူးတင်စိတ်နှင့်နိမ့်ချသော စိတ်
ဖြင့် ဆုတောင်းပြီး ဘုရားသခင်ကို ချဉ်းကပ်သင့်သည်။ သို့တိုင်အောင်၊
ဤနေရာ၌ အဘယ်သူမျှ မစုံလင်ကြပါ။ ကျွန်ုပ်တို့ရှိသမျှသည် ကျွန်ုပ်တို့
၏အကျိုးစီးပွားကိုသာ ရှာဖွေနေကြဆဲဖြစ်ပြီး "ဟေး၊ ဘုရားသခင်၊ကျွန်ုပ်
ဒီမှာ ကျွန်ုပ်ဘာလုပ်ခဲ့တာလဲသိလား?" ဘုရားသခင်က "ဟုတ်ကွဲ၊ သင်
လုပ်တာ ငါ့ကိုအထင်ကြီးစေသည်။ ငါ့မျက်နှာသာရစေသည်။ သင်အ
မှတ်လွဲချော်သောကြောင့် သည်အရာမလိုအပ်ပါ။ သင့်ကိုသတိပြုမိဖို့
ငါ့အကြောင်းမဟုတ်ပါ။ သို့သော် ငါသည်ဘုရားသခင်ဖြစ်ကြောင်း၊ ဖန်
ဆင်းရှင်နှင့် အသက်ပေးပိုင်သူဖြစ်ကြောင်း သင်သတိရပါ။ သင့်ဆီက
မည်သည့်အရာကိုမျှ ငါမလိုအပ်၊ မတောင်းဆို၊ လိုချင်သောအရာ
အမှန်တကယ်လုံး၀မရှိပါ"

ကျွန်ုပ်တို့သည် "မည်သည့်အရာ လုပ်နေသနည်း"ဟု မေးမြန်း
ခြင်း၊ အော်ဟစ်ခြင်း၊ ခေါင်းမာခြင်းနှင့် "ကျွန်ုပ်တို့ မည်သည့်အရာ လုပ်
နေကြသနည်း" ဟူသည့် မေးခွန်းများလည်း ကျွန်ုပ်တို့တွင် ရှိလိမ့်မည်။
သင်၏ခံစားချက်များ၊ အမျက်ဒေါသနှင့် စိတ်ရှုပ်ထွေးမှုများကို ဘုရားသ
ခင်အား ၀န်ချတောင်းပန်ရန် မတွန့်ဆုတ်ပါနှင့်။ ဓမ္မဟောင်းကျမ်းကို
ကြည့်သောအခါ ပရောဖက်များသည် ဘုရားသခင်အား သူတို့၏အမျက်

ဒေါသကို ထုတ်ဖော်ခြင်း (ယောန၊ ၄း၁-၅)၊ သူတို့၏ တစ်ဦးတည်းသေ လိုသောဆန္ဒများ (ၓရာ၊ ၁၉း ၁-၁၈)၊ ဘုရားသခင်ကို မေးခွန်းထုတ်ခြင်း (ယောဘ၊ ၁၀း၁-၇)၊ ခရစ်တော်ပင်လျှင် ဝေဒနာအတွက် ဘုရားသခင် ထံ အော်ဟစ်ငိုကြွေးခဲ့သည်(လု၊ ၂၂း၄၁-၄၆)၊ ဆုတောင်းခြင်းတွင် နောက်ထပ်လိုအပ်ချက်မှာ ရိုးသားခြင်း ဖြစ်သည်။ ဘုရားသခင်သည် အလုံးစုံကို သိတော်မူသော ဘုရားဖြစ်တော်မူကြောင်း၊ ထို့ကြောင့် ကျွန်ုပ်တို့သည် ထိုနာမတော်ကို ခေါ် ဆိုနိုင်မည် ဖြစ်သည်။ သင်၏ဘဝ၌ သင်၏ခေါင်းကို ဇောက်ထိုးဖြင့် နှစ်ကြိမ်မှ လေးကြိမ်တိုင်အောင် ထိုခြင်း ဖြင့် ရှုပ်ထွေးတွေဝေခြင်းကို ခံစားလာသောအခါ ဘုရားသခင်အား ရိုး သားစွာ ဝန်ခံအသိပေးလိုက်ပါ။ လူအများစုက လျှို့ဝှက်စွာ တိုင်တန်းသူ များ၊ ပုန်းလျှိုးပုန်ကွယ် ဆင်ခြင်းသုံးသပ်သူများ ဖြစ်ကြသောကြောင့် လူသားများဖြစ်ခြင်းသည် ထိုခံစားချက်များကို အသိအမှတ်မပြုခြင်းမှာ အဆင်ပြေမည်ဟု သူတို့စိတ်ထဲတွင် တွေးထင်တတ်ကြသည်။ ထိုသို့ဖြင့် သူတို့သည် လျှို့ဝှက်ခြင်း၌ ပုန်းကွယ်လျှက်၊ အပြောအဆို ၌သော်လည်း ကောင်း၊ ဖိနှိပ်ရန်ကြိုးစားခြင်း၌သော်လည်းကောင်း လူသားများ၏မဖြစ် နိုင်သောအရာများကို ဆုပ်ကိုင်၍ သိမ်းထားတတ်ကြသည်။

ဘုရားသခင်သည် ကျွန်ုပ်တို့ကို စိတ်ဆိုးရန်၊ စိတ်ဓာတ်ကျရန်၊ မေးခွန်းများနှင့်အော်ဟစ်ငိုကြွေးရန်ကိုပင် မျှော်လင့်လျှက်ရှိသည်။ အ သက်တာသည် ကျွန်ုပ်တို့ကို ပင်ပန်းနွမ်းနယ်စေပြီးစိတ်ပျက်အား လျော့ စေနိုင်သည်။ ဝန်ထုပ်ဝန်ပိုးများသည် အလွန်ကြီးမားပြီး ကျွန်ုပ်တို့အ တွက် အလွန်ပင်ဝန်းစေပါသည်။ သူသည် ကျွန်ုပ်တို့ လူသားဖြစ်ကြောင်း သိပြီး ကျွန်ုပ်တို့အား ဖန်ဆင်းပြီးနောက် သနားခြင်း ကရုဏာရှိတော်မူ သည် (ဆာလံ ၁၀၃ ၁၀-၁၄)ကို ဖတ်ပါ။

ရိုးရိုးသားသားပြောခြင်းအားဖြင့် ကျွန်ုပ်တို့သည် ကျေးဇူးတော်၌ လွတ်လပ်စွာ သွားလာနိုင်ကြောင်း သတိရပါ။ သို့သော်လည်း အပြစ်ဝန် ချတောင်းပန်ခြင်းမရှိသော အသက်တာဖြင့် ဆုတောင်းခြင်းသည်

အချည်းနှီးအချိန်ဖြုန်းခြင်းသက်သက်ဖြစ်ပြီး ခမည်းတော်၏စကားကို နား
ထောင်ခြင်းနှင့် ကြားနာခြင်း၌ အတားအဆီးဖြစ်စေသည်။ ကျွန်ုပ်တို့၏
အမှားများအတွက် စိတ်နှလုံးပြောင်းလဲခြင်းရှိလာသောအခါ ကျေးဇူး
တော်ကြောင့် ခမည်းတော်သည် သည်းခံစွာစောင့်နေလျက် ခွင့်လွှတ်
ခြင်းကို လက်ခံရရှိခြင်း ဖြစ်သည်။ ဤအရာသည် နှိမ့်ချခြင်း၏အစိတ်
အပိုင်းတစ်ခုလည်း ဖြစ်သည်။ သူသည် ကျွန်ုပ်တို့ကို ရွေးကောက်တော်
မူသည်ဖြစ်၍ ကျွန်ုပ်တို့က သူ့ကိုမရွေးချယ်ခဲ့ပါ။

အပြစ်တရားက ဘုရားသခင်ထံတော်သို့ မလာခြင်း၊ သို့မဟုတ်
ဘုရားသခင်သည် ကျွန်ုပ်တို့၏ စကားကို နားမထောင်ဟု သွန်သင်ခြင်း
မှာ မှားယွင်းသည်။ ဘုရားသခင်အား တစ်စုံတစ်ရာပြုခြင်းကို တားဆီး
သော ကျွန်ုပ်တို့၏အပြစ်များသည် ကျွန်ုပ်တို့၏ ဆုတောင်းခြင်းကိုအဟန့်
အတားဖြစ်စေသော်လည်း ခရစ်တော်ကို သူတို့၏ ကယ်တင်ရှင်အဖြစ်
လက်ခံသူတို့၏ ဆုတောင်းချက်ကို ဘုရားသခင်အမြဲနားညောင်းတော်
မူသည်။ ကိုယ်ပိုင်ဖူလုံခြင်းတည်းဟူသောအပြစ်သာ ဖြစ်သော်လည်း
ကျွန်ုပ်တို့တွင် ထိုအပြစ်ကို မကျူးလွန်သူ၊ အပြစ်၌ဆက်လက်မတည်ရှိ
သူ မည်သူမျှမရှိကြပါ။ ကျွန်ုပ်တို့သည် အပြစ်မရှိဘဲ အချိန်တစ်ခဏမျှ
ကျွန်ုပ်တို့ ဖြတ်သန်းနိုင်ခြင်း မရှိကြပါ။ 'အိုကေ'ဟု ဘုရားက ပြောပါ
သည်။ ထို့ကြောင့် ကျွန်ုပ်တို့ ပြောနိုင်သော အခြားအရာတစ်ခုရှိသေး
သည်။ ကျွန်ုပ်တို့ အပြစ်မရှိဟူသည် မရှိ။

ဆုတောင်းမီတိုင်း အပြစ်တိုင်းကို ၀န်ချရမည်ဟု ထင်မြင်ယူဆ
ခြင်းမှ လမ်းလွဲမသွားပါနှင့်။ ထိုသွန်သင်ချက်သည် အစိတ်အပိုင်းတစ်ခု
မှားယွင်းနေပါသည်။ အမှန်တရားမှာ ကျွန်ုပ်တို့၏အပြစ်အားလုံးကို
ထိုက်တန်စွာ ၀င်ချရန်လုံလောက်သော တောင်းပန်ခြင်းကို မည်သည့်
အခါ၌မျှ မလုပ်နိုင်ပါ။ ထိုသို့မဟုတ်လျှင် ဘုရားသခင့်ထံသို့ ချဉ်းကပ်ရ
သောအခွင့်အရေးကို ရရှိနိုင်ပါသည်။ ကျွန်ုပ်တို့သည် ခမည်းတော်ထံ
သို့မလာ၊ အဘယ်ကြောင့်ဆိုသော် ကျွန်ုပ်တို့ပြုခဲ့သော အမှုကြောင့်

မဟုတ်ဘဲ ခရစ်တော်ပြီးမြောက်ခဲ့သောအရာများကြောင့် လာခြင်းဖြစ်
သည်။ ဘုရားသခင်၏ မျက်မှောက်တော်၌ ကျွန်ုပ်တို့သည် ကိုယ့်တိုင်
ပြုလုပ်(ဖန်ဆင်း)သောကြောင့် ခမည်းတော်သည် ကျွန်ုပ်တို့၏ ဆု
တောင်းခြင်းကို နားညောင်းတော်မမူပါ။ သို့သော်ခရစ်တော်သည် ကျွန်ုပ်
တို့ အပြစ်ကြွေးကို ဆပ်ပေးတော်မူခဲ့ပြီ။ ယခုတွင် ယေရှုသည် ခမည်း
တော်ရှေ့တွင် ကျွန်ုပ်တို့၏ဖျန်ဖြေသူ၊ ကျွန်ုပ်တို့အတွက် ကြားခံဆု
တောင်းပေးသူအဖြစ် အမှုထမ်းဆောင်နေပါသည် (ရော၊ ၈း ၃၄)။

အမှန်မှာ ကျွန်ုပ်တို့ ဆုတောင်းသောအခါ ကျွန်ုပ်တို့၏စကားလုံး
တိုင်းကို သန့်ရှင်းသော ဝိညာဉ်တော်က ဘာသာပြန်ဆိုရမည်(ရော၊ ၈း
၂၆)။ ဤနေရာ၌ သူသည်ဘုရားသခင်ဖြစ်ကြောင်း ဝန်ချခြင်း၊ နှိမ့်ချခြင်း
နှင့် အသိအမှတ်ပြုခြင်းတို့၏ အရေးကြီးပုံကို တွေ့ရှိရသည်။ ခမည်း
တော်ထံသို့ ကျွန်ုပ်တို့၏ စိတ်နှလုံးကို ဒူးတိုင်အောင်ကွေးညွတ်ကာ သူ
သည် မည်သူမည်ဝါဖြစ်ကြောင်း လက်ခံရန်နှင့် ကျွန်ုပ်တို့ အဘယ်သူမှ
မဟုတ်ကြောင်းကို ဝန်ခံရန်အရေးကြီးပါသည်။ ကျွန်ုပ်တို့၏ အပြစ်များ
ကို ဝန်ချတောင်း ပန်ခြင်း၊ ဘုရားသခင်ဖြစ်သည့်အတိုင်း လက်ခံခြင်းဖြင့်
အသိအမှတ်ပြုခြင်းအားဖြင့် ကျွန်ုပ်တို့အတွက် မဟုတ်ဘဲ ဘုရားသခင်
အတွက်သာ ဖြစ်သည်ကို ဝန်ခံရမည်။

ဆုတောင်းရန်အတွက် အကောင်းဆုံးသောအချိန်သည် ဘုရား
သခင်နှင့် သက်သက်မှတ်မှတ် ရည်ရွယ်ချက်များအတွက် တွေ့ဆုံရန်
ထိုင်နေသောအချိန်ပင် ဖြစ်သည်။ ကျွန်ုပ်တို့သည် ကမ္ဘာဂြိုဟ်ပေါ် တွင်
နေထိုင်စဉ် ကျွန်ုပ်တို့ ခံစားနေရသော ဒါက်ရာများကို နက်ရှိုင်းစွာ အနာ
ပျောက်ကင်းစေနိုင်သည်အထိ၊ နှိမ့်ချခြင်း၊ ကျေးဇူးတင်လေးမြတ်ခြင်းနှင့်
ရိုးသားခြင်း၊ ကျိုးပဲ့ခြင်းနှင့် နက်ရှိုင်းစွာ မျှဝေခြင်းတို့ ဖြစ်ပေါ် လာပါက
ထူးခြားသော ကောင်းချီးကို ဆောင်ကြဉ်းလိမ့်မည် ဖြစ်သည်။

ဆုတောင်းခြင်းသည် အပြန်အလှန် စကားပြောဆိုခြင်းဖြစ်သည်
ကို သတိရပါ။ ထို့ကြောင့် သန့်ရှင်းသောဝိညာဉ်တော်၏ သတိပေးချက်

များကို နားထောင်ပါ။ ကျမ်းပိုဒ်တစ်ခုသို့ သတိရစေသည့် နူးညံ့သော၊ တိတ်ဆိတ်သောအတွင်းစိတ်အသံ သို့မဟုတ် ကျွန်ုပ်တို့ဆုတောင်းနေ စဉ် ဘုရားသခင်၏ အံ့ဖွယ်ရာနှင့် စရိုက်လက္ခဏာကို ရောင်ပြန်ဟပ်ရန် ကျွန်ုပ်တို့ကို အားပေးသည်။ ဤဆုတောင်းခြင်း သည် ဘုရားသခင်နှင့် ကျွန်ုပ်တို့၏ နက်ရှိုင်းသော ဆက်ဆံရေးကို ပိုမိုရရှိရန် တွန်းအားဖြစ်စေ သည်။

အရာအားလုံး တိုင်းထွာရန်ကြိုးစားခြင်း၏ အရေးကြီးမှုကို အမြဲ သတိရသင့်သည်။ ကျွန်ုပ်တို့သည် ဘုရားသခင်မှုတ်သွင်းသော နှုတ် ကပတ်တော်စကားကို ကြားရပြီး၊ ကျွန်ုပ်တို့ကြားရသောအရာသည် စကားလုံးကောင်းတစ်ခုဟု ထင်ရသော်လည်း ၎င်းသည် အစ္စမအမှန် တရား၏ အရင်းအမြစ်ကို ဆန့်ကျင်တတ်သည်ကို တွေ့မြင်နိုင်သည်။ ကျွန်ုပ်တို့၏ စိတ်ခံစားမှုဆိုင်ရာ နားများဖြင့် ကြားခဲ့သောအရာများ၊ ထင်မြင်ခဲ့သောအရာများကို ကျွန်ုပ်တို့မယူပါ။ ၎င်းကို ဘုရားသခင် နှုတ် ကပတ်တော်အဖြစ် ဖြည့်စွက်အသုံးမပြုပါ။ သို့သော်ကျွန်ုပ်တို့သည် ကြားခဲ့သောအရာများသည် တိကျမှန်ကန်မှုရှိမရှိ ဆုံးဖြတ်ရန် ဘုရား သခင်၏ နှုတ်ကပတ်တော်ကို ယူပါသည်။

ထိုင်လျက်၊ ရပ်လျက်၊ ပြပ်ၤပ်လျက်၊ မျက်စိဖွင့်လျက်၊ မျက်စိပိတ် လျက်၊ တစ်ယောက်တည်း သို့မဟုတ် လူအုပ်ကြီး၊ စသည်တို့သည် အ ကြောင်းမဟုတ်ပါ၊ လွတ်လပ်မှုရှိပါသည်။ အကယ်စင်စစ် ကျွန်ုပ်တို့သည် ဘုရားသခင်နှင့် လွတ်လပ်စွာ ဆက်သွယ်ခွင့်လုံးၤ၊ မရှိပါ။ သို့သော် လည်း ဆုတောင်း၏ ရည်ရွယ်ချက်မှာ ကျွန်ုပ်တို့ကို ခေါ်တော်မူသောသူ၊ ချစ်မြတ်နိုးတော်မူသောသူနှင့် ဆက်နွယ်မှုကို တည်ဆောက်ပေးဖို့ရန် ဖြစ်သည်။

ကျေးဇူးတင်လေးမြတ်မှု၏ စိတ်နှလုံးသည် မကောင်းဆိုးဝါး စုန်း မ၏ အောင်စမျှလောက် ကျော်ကြားခြင်းသည် (သင်သိပါလိမ့်မည်၊ ဒေါရသီ၏ အိမ်တော်အပေါ် ခြေချအလည်သွားခြင်း)ကျွန်ုပ်တို့ လုပ်နေ

သည်ထက် ပို၍ကောင်းသည်။ သို့သော်လည်း ဘုရားသခင်သည် ကျွန်ုပ်
တို့အား အခမဲ့ဆုကျေးဇူးကို လုံလောက်စွာပေးရန် သူသည် ကျွန်ုပ်တို့ကို
ယခုတိုင်အောင် ချစ်တော်မူပြီး အသိအမှတ်ပြုခဲ့၏။ ၎င်းသည် ကျွန်ုပ်တို့
လက်ထဲတွင် ဘုရားသခင်နှင့် ဆက်သွယ်ရုံသာမက မည်သူတစ်ဦးတစ်
ယောက်နှင့်မဆို အထူးသဖြင့် ဘုရားသခင်နှင့်နှစ်ဦးနှစ်ဖက် အပြန်
အလှန်စကားပြောဆိုမှုမှတစ်ဆင့် ဆက်သွယ်လိုသောဆန္ဒကို ဖြစ်ပေါ်
စေသည့် ထိုဆုကျေးဇူးကို ရရှိခြင်းဖြစ်သည်။

ထို့ကြောင့် ဆုတောင်းရန် သင့်လျော်သောနည်းလမ်းက ဘာလဲ?
ဖိလိပ္ပိ ၄း ၆-၇ သည် ကျေးဇူးတင်ခြင်း၊ နှိမ့်ချခြင်းများနှင့် ကျွန်ုပ်တို့၏
အတွေးများ၊ ပန်များ၊ ဂရုစိုက်မှုများ၊ နာကျင်မှုများ၊ ပြစ်မှုများ လိုအပ်
ချက်များနှင့် စိတ်ဆန္ဒအားလုံး ရိုးသားခြင်းဖြင့် ရည်ရွယ်ချက်ရှိရှိ နှလုံး
သားဖြင့် ဆုတောင်းသင့်သည်ဟု ဖော်ပြပြီးသောအရာအားလုံးကို ပွဲတင်
ထပ်နေပြီဖြစ်သည်။ ဘုရားသခင်သည် ကျွန်ုပ်တို့၏ လိုအပ်သော ဆု
တောင်းချက်များကို အဖြေပေးရန် စိတ်အားထက်သန်စွာ စောင့်ကြိုနေ
ပါသည်။

ဖိလိပ္ပိ ၂း ၁-၄ ၌ တွေ့ရသည့်အတိုင်း ကျွန်ုပ်တို့ လိုက်နာမည်
ဆိုပါက၊ ကျွန်ုပ်တို့၏ ဆုတောင်းချက်များသည် ကျွန်ုပ်တို့၏ ရည်ရွယ်
ချက်များသာမက အခြားသူများ၏ ရည်ရွယ်ချက်နှင့်လည်း ပြည့်စုံမည်
ဖြစ်သည်။ ခမည်းတော်နှင့် အခြားသူများအပေါ် ကျွန်ုပ်တို့၏ချစ်ခြင်း
မေတ္တာကြီးထွားလာသည်နှင့်အမျှ သူတစ်ပါး၏ ဂရုစိုက်မှုကို သူ့ထံသို့
ယူဆောင်လာခြင်းမှတစ်ဆင့် ကျွန်ုပ်တို့အကြီးမြတ်ဆုံး ကျေနပ်မှုရရှိမည်
ဖြစ်သည်။

ဆုတောင်းခြင်းသည် ယုံကြည်သူ၏ အခွင့်ထူးဖြစ်သည်။ ဘုရား
သခင်နှင့် ရင်းနှီးမှုရှိခြင်းနှင့် ကိုယ်တော်ကို ဖက်ပြုခြင်းမှ ပျော်ရွှင်မှုရှိ
ခြင်းသည် အမြင့်ဆုံးသော ကောင်းချီးတစ်ခု ဖြစ်သည်။ ၎င်းသည် ကျွန်ုပ်
တို့၏ ဆက်ဆံရေး၌ နက်ရှိုင်းသော၊ ရည်ရွယ်ချက်ရှိသော အစိတ်အပိုင်း

ဖြစ်သောကြောင့် လျှို့ဝှက်ဖော်ပြူလာ (သို့)မှားသည်၊ မှန်သည်ဟူ၍ နည်းလမ်းမရှိသော ကျွန်ုပ်တို့အား ယခုတွင် ပေးသနားတော်မူသော လွတ်လပ်မှု ဖြစ်သည်။

ကျွန်ုပ်တို့တွေ့ကောင်းတွေ့နိုင်မည်ဖြစ်သော ဆုတောင်းခြင်း နည်းလမ်းသည် ကျွန်ုပ်တို့၏ ထူးခြားစေသော ကိုယ်ရည်ကိုယ်သွေးနှင့် ကွဲပြားခြားနားနိုင်သည်။ ဘုရားသခင်သည် လူနှစ်ဦးကို တစ်ပုံစံတည်း မဖန်ဆင်းခဲ့သကဲ့သို့ လူနှစ်ဦးနှင့်လည်း တူညီသောနည်းဖြင့် ဆက်သွယ် မှုမရှိသလောက်ပင် ဖြစ်သည်။ ထို့ကြောင့် စစ်မှန်သော အတွေ့အကြုံ တစ်ခုလုံး၌ မှန်ကန်သော ဆက်နွယ်မှုနှင့် လွတ်လပ်သော ပျော်ရွှင်မှုကို ရှာဖွေရာတွင် စကြာဝဠာကို ဖန်ဆင်းသောအရှင်နှင့် အမှန်တကယ် ထူး ခြားစွာ နှစ်ဦးနှစ်ဖက် ပြောဆိုနိုင်သည့် စွမ်းရည်အားဖြင့် ရောက်လာ ကြောင်း တွေ့ရသည်။

> ဆုတောင်းခြင်းကို ထမ်းဆောင်ရမည့် တာဝန် တစ်ခု အဖြစ် မမှတ်ယူသင့်ပါ။ သို့သော် ခံစားခွင့်ရရှိရန် အခွင့် အရေးတစ်ခုဖြစ်ပြီး လှုပ်မှုအသစ်ကို အမြဲထုတ်ဖော်ပြသ သော ရှားပါးသောပျော်ရွှင်မှုတစ်ခုဖြစ်သည်။[7]

ကျွန်ုပ်နှင့် စကားပြောရန် ဘုရားသခင်က သမ္မာကျမ်းစာနှင့် ဆုတောင်းခြင်းကို မည်သို့အသုံးပြုသနည်း။ ကျွန်ုပ်နှင့် ဘုရားသခင်ဆက်သွယ်သော အခြားနည်းရှိပါသလား။

ဘုရားသခင်သည် ကျွန်ုပ်တို့အား စကားပြောနိုင်သည့်အခြား နည်းလမ်းများ အမှန်တကယ်ရှိ ကောင်းရှိနိုင်သည်။ သို့သော်သမ္မာကျမ်း စာသည် နောက်ဆုံးစကားလုံး ဖြစ်သင့်သည်။ အခြားအရာအားလုံး

---

[7] E.M. Bounds, *Purpose of Prayer.* Whitaker House. 1997, Chapter 7.

သည် ဘုရားသခင်၏ နှုတ်ကပတ်တော်နှင့်အညီ ဖြည့်စွက်သည်မဟုတ်
ဘဲ ဘုရားသခင်၏ နှုတ်ကပတ်တော်မှ စီရင်ခြင်းကို ခံရသည်။ တစ်စုံ
တစ်ဦးက ၎င်းတို့သည် ဘုရားသခင်ထံမှ ကျွန်ုပ်တို့အတွက် "စကားလုံး"
ရှိသည်ဟု ပြောသောအခါ သို့မဟုတ် ကျွန်ုပ်တို့သည် တစ်စုံတစ်ခုကို
ကြားရပြီဟု ထင်သောအခါ၊ ဘုရားသခင်သည် ထိုအရာအားလုံးနှင့်
ပတ်သက်၍ သူ၏နှုတ်ကပတ်တော် တွင် ပြောပြီး ဖြစ်လိမ့်မည်။

ရှင်ပေါလုက "ကောင်းသောအရာကို အမြဲကိုင်စွဲကြလော့"နှင့်
ရှင်ပေတရုက "မှားယွင်းသော သွန်သင်ချက်များစွာရှိသည်"ဟု ဆိုခဲ့
သည်(၂ပေ၊ ၂း ၁)။ သန့်ရှင်းသော ဝိညာဉ်တော်၏စိတ် တော်နားအား
ဖြင့် ကျွန်ုပ်တို့၏စိတ်ခံစားမှုကို အတွေးတစ်ခု သို့မဟုတ် အသံတစ်ခု
အဖြစ် ဘုန်းတော်၊ ဂုဏ်တော်များကို ကိုးကွယ်ရန်၊ ကျွန်ုပ်တို့၏ နေ့စဉ်
အသက်တာကို တန်ဆာပလာတစ်ခုအဖြစ် ကျွန်ုပ်တို့ကို ခေါ်ဆောင်
သည်။

ထိုအရာသည် ကျွန်ုပ်တို့ကြားသိသည်ကို ဘုရားသခင်ထံမှ သေ
ချာစေရန် နည်းလမ်းတစ်ခု ဖြစ်သည်။ ကောင်းကင်မှ ဖြစ်ပေါ်လာသော
အရာတစ်ခုခုကို ကျွန်ုပ်တို့သည် ဘုရားသခင်ထံ ပြန်အပ်သောအခါ ၎င်း
သည် တုန့်ပြန်မှုသည် ဘုရားသခင်က မျှော်လင့်ချက်ကြီးစွာ စောင့်ကြို
နေသော ဆုတောင်းချက် ဖြစ်သည်။ စာတန်သည် ကျွန်ုပ်တို့အား
ဘုရားသခင်အပေါ် လုံးလုံးအာရုံစိုက်ခြင်းမှ မိမိတို့၏ကိုယ်ပိုင်ဆန္ဒမပါဘဲ
ဝေးကွာသွားစေရန် ဆန္ဒမရှိကြောင်း သတိရပါ။

ဘုရားသခင်နှင့်အတူ တိုက်ဆိုင်မှုများ အံ့အားသင့်စကားများမရှိ၊
သို့မဟုတ် သူနှင့်အတူ လမ်းလွဲစေရန် မော်လီကျူးများ မရှိကြောင်းကို
သတိရပါ။ သူသည် မော်လီကျူးများအားလုံးကို ထိန်းချုပ်ထားသည်
(၁ရာ၊ ၂း ၆။ ၁ရာချုပ် ၂၉း ၁၁-၁၂။ ယောဘ ၁၂း ၂၃။ ၄၂း၂။ ဆာလံ
၁၁၅း ၃။ ဟေရှာ၊ ၄၆း ၉-၁၀။ ဒေါ၊ ၇း ၁၃-၁၄။ ဟေရှာ၊ ၄၅း ၇။ ဒံ၊ ၂း
၂၁။ တမန်၊ ၁၇း ၂၄-၂၈)။ ကျွန်ုပ်တို့၏ အသက်တာ၌ ပေါ်ပေါက်လာ

သော ထိုသွယ်ဝိုက်သောဖြစ်ရပ်များသည် ဘုရားသခင်က ကျွန်ုပ်တို့ကို
အသုံးပြုပြီး လူများကို ကျွန်ုပ်တို့၏ဘဝထဲသို့ ဘုရားသခင်သယ်ဆောင်
လာသော သူ၏လမ်းညွှန်မှု လက်တော်ဖြစ်သည်။ နမော်နမဲ့အဖြစ်
အပျက်များ၊ အခြေအနေများ၊ မတော်တဆအချိန်ကာလများ၊ ကံကြမ္မာ
များမရှိ။ ဘုရားသခင်သည် အမှန်ပင်အပြည့်အဝ ထိန်းချုပ်ထားပြီး ၎င်း
ကဲ့သို့ ပေါ်ထွက်လာ သည့်အရာများအားလုံးကို ဘုရားသခင်စီစဉ်ပေး
သည်။ ဤသို့သော အဖြစ်အပျက်များအားလုံးကို စီစဉ်ပေးထားသည်။
ဘုရားသခင်သည် သူတို့အတွက် ဆုတောင်းရန်၊ သူတို့အတွက် ၀န်
ဆောင်မှုပေးရန်၊ ကျွန်ုပ်တို့ကို သုံးနိုင်သည်။ ထို့ကြောင့် ဘုရားသခင်က
ကျွန်ုပ်တို့ နောက်တစ်နည်းဖြင့် စကားပြောမှာက ဘဝ၏ အခြေအနေမှ
တစ်ဆင့် ဖြစ်နိုင်သည်။

ကျွန်ုပ်တို့ ဆုတောင်းနေစဉ် သို့မဟုတ် အချိန်တစ်လျှောက်သွား
နေစဉ် အမည်နာမတစ်ခု သို့မဟုတ် ကျမ်းချက်တစ်ချက်သည် ကျွန်ုပ်တို့
စိတ်ထဲပေါ် လာပေမည်။ တစ်စုံတစ်ဦး သို့မဟုတ် အခြေ အနေအတွက်
၀န်ထုပ်၀န်ပိုးတစ်ခုသည် ကျွန်ုပ်တို့အား အလွန်အမင်း အလေးချိန်နှင့်
ဂရုစိုက်ခြင်းဖြင့် ဖိအားပေးလာနိုင်သည်။ ထိုအရာသည် သန့်ရှင်းသော
ဝိညာဉ်တော်အား ဆုတောင်းရန် တိုက်တွန်းခြင်း ဖြစ်နိုင်သည်။ ဆု
တောင်းခြင်းအားဖြင့် လူတစ်ဦး သို့မဟုတ် အခြေအနေတစ်ခုကိုမြှင့်တင်
ပါ။ ဘုရားသခင်သည် ကျွန်ုပ်တို့ အာရုံစိုက်ရန် လိုအပ်သော ကျမ်းချက်
တစ်ချက်ကို ကျွန်ုပ်တို့ဆင်ခြင်ရန် ယူဆောင်ပေးခြင်း ဖြစ်နိုင်သည်။
သို့သော် ထိုကျမ်းချက်ဖြင့် ဘုရားသခင်ထံဆုတောင်းခြင်းသည် ကောင်း
သောတုန့်ပြန်မှု ဖြစ်သည်။ ထို့နောက် ဘုရားသခင်သည် ထိုအခန်းငယ်
၏ အဓိပ္ပါယ်ကို ဘုရားသခင် မည်သို့ဖွင့်ပြကြောင်း အချိန်ရွှေ့လျားသည်
နှင့်အမျှ စောင့်မျှော်လျက်ရှိသည်။

ဘုရားသခင်၏ နှုတ်ကပတ်တော်၌ ပို၍အချိန်ပေးလေလေ၊
သန့်ရှင်းသောဝိညာဉ်တော်သည် ဘုရားသခင်၏ သမ္မာတရားကို ကျွန်ုပ်

တို့အား လင်းစေဖို့ရန် အချို့သောအခြေအနေအတွက် ကျမ်းပိုဒ်များကို
စိတ်ထဲမှာ စွဲမြဲစေခြင်းဖြင့် ပိုမိုအသုံးပြုလေလေ ဖြစ်သည်။ ဘုရားသခင်
နှင့် သင်၏ဆက်ဆံရေး တိုးမြင့်လာသည်နှင့်အမျှ သင်သည်နားလည်
သဘောပေါက်မှု၌ ရင့်ကျက်လာပြီး နှုတ်ကပတ်တော်ကို မှန်ကန်စွာ
အသုံးပြုရန် သင်၏စွမ်းရည်ကို တိုးပွါးစေလိမ့်မည်။ သင်သည် အခြားသူ
တစ်ဦးအား သူ့အကြောင်းကို ပြောပြစဉ်တွင် ကျမ်းပိုဒ်များကို သတိရ
စေလိမ့်မည်။ ထိုမှတစ်ဆင့် ဘုရားသခင်သည် သင့်အားအခြားသူများ
၏အသက်တာ၌ စကားပြောရန် သင့်ကိုအသုံးပြုမည်ဖြစ်ပြီး၊ သင့်
အသက်တာ၌လည်း စကားပြောရန် အခြားသူများကိုလည်း အသုံးပြု
လိမ့်မည်။ သို့သော်လည်း ကြိုရာကျပန်းကျမ်းပိုဒ်များကို မယူမိစေနှင့်။
သို့သော်လည်း သမ္မာတရားကိုရှာဖွေပါ။ ဘုရားသခင်၏နှုတ်ကပတ်
တော် တစ်အုပ်လုံးကို သူ၏အချိန်အခါနှင့်လျှော်စွာ လေ့လာအနက်
ဖွင့်ပါ။ အကယ်၍ သမ္မာတရားရှိလျှင် ဘုရားသခင်က ဖွင့်ပြလိမ့်မည်။

ကျွန်ုပ်တို့သည် ဘုရားသခင်၏နိုင်ငံတော်ကို တည်ဆောက်ခြင်း
၌ စာတန်သည် ကျွန်ုပ်တို့ကို ခဲယဉ်းစေလိမ့်မည်ဟု ကျွန်ုပ်တို့ စိတ်ချနိုင်
ပါသည်။ ဤအရာသည် သူ့ဘက်က မိုက်ရှူးရဲဆန်သော လုပ်ရပ်ဖြစ်
သည် မဟုတ်လား။ စိတ်အားထက်သန်မှုသည် လိုအပ်ချက်ကို တွေ့
မြင်ခြင်း သို့မဟုတ် တစ်စုံတစ်ခုသို့ ကျိုးကြောင်းဆီလျှော်စွာ ပါဝင်ခြင်း
သို့မဟုတ် ခံစားခြင်းနှင့်မတူသည်ကို စိတ်ထဲမှာ စွဲမှတ်ပါ။ စိတ်အား
ထက်သန်မှုဆိုသည်မှာ ကျွန်ုပ်တို့တွင် အလွန်ပြင်းပြစွာ၊ အလွန်တောက်
ပစွာ၊ ပြင်းထန်စွာ လောင်ကျွမ်းစေသောအရာတစ်ခုဖြစ်ပြီး ကျွန်ုပ်တို့
သည် အကြောင်းတစ်ခုခုကို မလုပ်မချင်း ကျွန်ုပ်တို့ကို လောင်ကျွမ်းစေ
သည်။ ဘုရားသခင်၏နိုင်ငံတော်၌ တစ်ခုခုလုပ်ဆောင်ရန် လောင်ကျွမ်း
သော စိတ်အားထက်သန်မှုကို ဖန်တီးပေးသောသူသည် တစ်ခုတည်း
သောစိတ်ထား သို့မဟုတ် အာရုံစူးစိုက်မှုကို ဖြစ်ပေါ်စေသောကြောင့်

စာတန်က ကျွန်ုပ်တို့အား များစွာသောလိုအပ်ချက်များကို ပေးခြင်းဖြင့် ပါဝင်လာနိုင်သည်။

ဘုရားသခင်အတွက် စိတ်အားထက်သန်မှုသည် သန့်ရှင်းသော ဝိညာဉ်တော်က ဖြစ်ပေါ်စေသော ဘုရားသခင့်နိုင်ငံတော် ရည်မှန်းချက် ကိုဦးတည်စေသည်။ ထိုအခါစာတန်သည် ကျွန်ုပ်တို့အတွက် အထူးရည် ရွယ်ချက် သို့မဟုတ် အစီအစဉ်ကိုပြသရန် အသုံးပြုလိမ့်မည်။ ဘုရား သခင်သည် ကျွန်ုပ်တို့အား တစ်စုံတစ်ခုဆောင်ရွက်ရန် စိတ်အားထက် သန်မှု သို့မဟုတ် ရည်ရွယ်ချက်တစ်ခုကို ဖြစ်ပေါ်စေသောအခါမည်သည့် အခါ၌မျှ သံသယ သို့မဟုတ် မသေချာခြင်းတို့ကို ပေါ်ပေါက်လာစေမည် မဟုတ်ပါ။

ဟုတ်ပါသည်။ ကျွန်ုပ်တို့ နားထောင်နေလျှင် ဘုရားသခင်၏ ဝိညာဉ်တော်သည် ကျွန်ုပ်တို့အား ဆက်သွယ်နိုင်မည့်နည်းလမ်းများစွာ ရှိပါသည်။ ကျွန်ုပ်တို့ ချစ်မြတ်နိုးရသူနှင့် ကျွန်ုပ်တို့၏ ဆက်ဆံရေးသည် ကြီးထွားလာသည်နှင့်အမျှ သူတို့စကားကို ကျွန်ုပ်တို့ပိုမိုနားထောင်သည် ကို တွေ့ရလိမ့်မည်။ သို့သော် သူသည် ကျွန်ုပ်တို့နှင့် မည်သည့်နည်း လမ်းဖြင့် ဆက်သွယ်သည်ဖြစ်စေ၊ နည်းလမ်းအားလုံးကို သူ၏နှုတ်က ပတ်တော်အားဖြင့် ဘုရားသခင်ထံမှ ဆက်သွယ်မှုဟု အမြဲသတ်မှတ် သင့်သည်။ ထို့ကြောင့် သူသည် သင့်ကိုချစ်မြတ်နိုးပြီး ရွေးချယ်ထား သည့် သတို့သမီးအဖြစ် ခေါ်တော်မူသော ခမည်းတော်ဘုရားကို သိ ကျွမ်းခြင်းရှိပါ။

စစ်မှန်သော ဆုတောင်းခြင်းသည် ဘုရားသခင်နှင့်မိတ် သဟာယဖွဲ့ခြင်းဖြစ်ပြီး ထိုသို့သောအားဖြင့် သူနှင့်ကျွန်ုပ် တို့၏ စိတ်နှလုံးထဲတွင် ဘုံအတွေးများရှိလာလိမ့်မည် ဖြစ် သည်။ ကျွန်ုပ်တို့၏ စိတ်နှလုံးကို သူ၏အတွေးများနှင့်ပြည့် စွက်ရန် လိုအပ်သည်။ ထို့နောက် သူ၏အလိုဆန္ဒများ

သည့် ကျွန်ုပ်တို့၏ အလိုဆန္ဒများဖြစ်လာပြီး၊ သူ့ထံသို့ပြန်လာသော ဆန္ဒများဖြစ်လာသည်။[8]

ကျွန်ုပ်တို့ ကိုင်တွယ်နိုင်သည်ထက် ပို၍ကျွန်ုပ်တို့ကို ဘုရားသခင်ပေးမည်လော?

ကျွန်ုပ်တို့သည် ဆင်းရဲဒုက္ခခံရချိန်တွင် "ဘုရားသခင်သည်ကျွန်ုပ်တို့တတ်နိုင်သည်ထက်ပို၍ ပေးတော်မမူ"ဟူသော စကားအသုံးအနှုန်းကို မကြာခဏပြောလေ့ရှိသည်။ ဤပြောကြားချက်ကို ကြားသောသူတစ်စုံတစ်ယောက်သည် ကျယ်လောင်သောအသံဖြင့် "ဘုရားသခင်သည် ငါ့ကို စူပါမင်းဟု ထင်နေသလား?"ဟု ပြောလိမ့်မည် သို့မဟုတ်စဉ်းစားလိမ့်မည်။ အကယ်၍တစ်စုံတစ်ယောက်က သင့်ကိုဤသို့လာပြောပါက လွတ်လပ်စွာရယ်မောလိုက်ပါ။ သို့မဟုတ်ပါက သင်သည်နောက်မှတစ်စုံတစ်ခုကို ပြုမိပြီး နောင်တရလိမ့်မည်။ အကယ်၍ သင့်ကိုတစ်စုံတစ်ယောက်က ဤသို့မပြောခဲ့ပါက ကိုယ်ကိုကိုယ် ကောင်းချီးမင်္ဂလာခံစားသည်ဟုသာ မှတ်ယူလိုက်ပါ။

ထိုသို့သော ဖော်ပြချက်သည် စာအုပ်ထဲ (သို့) ယောဘ၏အဖြစ်အပျက်များကဲ့သို့ အဓိပ္ပါယ် ပြည့်ဝသော မိတ်ဆွေများ(သို့)ကျွန်ုပ်တို့သိသောလူများထံမှ လာခြင်းဖြစ်သည်။ ဤကဲ့သို့သော မိတ်ဆွေများကို ကျွန်ုပ်တို့သိကြသည်။ ယခုအချိန်တွင် ကျွန်ုပ်တို့၏ဘဝသည်မည်မျှပင် လောင်ကျွမ်းစေကာမူ အစဉ်အမြဲနှိုင်းယှဉ်ချက်တစ်ခု သို့မဟုတ် အကြံဉာဏ်ရယူရန် မတတ်နိုင်သည့် အကန့်အသတ်မဲ့ ဖြစ်နေပုံရသည်။ ထိုသို့သော စကားလုံးများက ကျွန်ုပ်တို့အား ပိုမိုခွန်အားပေးသောအကျိုး သက်ရောက်မှုမရှိသော စကားပင် ဖြစ်သည်။ ကျွန်ုပ်တို့နှင့်အတူအကြီးအကျယ်မှားယွင်းနေသောအရာ တစ်စုံတစ်ခု အမှန်တကယ်ရှိ

[8] Arthur W. Pink, *Sovereignty of God.* Wilder Publications. 2009, p 216

သည်ဟု ခံစားပါသည်။ ကျွန်ုပ်တို့အနေဖြင့် လုံးဝလွဲချော်ပြီး သဘော
ပျက်ပြီဟု ခံစားရပါလိမ့်မည်။ တစ်ချိန်တုန်းက လေ့ပျောက်ဆုံးရှုံးမကာဘဲ
သဘော်တစ်စင်း ထပ်မံရောက်ရှိလာပြီး ထိုသဘော်နှင့်လည်း ကျွန်ုပ်တို့
လွဲချော်နေဆဲ ဖြစ်သည်။ "ကျွန်ုပ်တို့မှာ ယုံကြည်ခြင်း ပိုမိုရှိခဲ့လျှင်" ဟု
ကျွန်ုပ်တို့စဉ်းစားသည်။ ယောဘ၏ သူငယ်ချင်းများကို သူ့ကို ဤကဲ့သို့
ခံစားစေပြီး၊ ဆင်းရဲဒုက္ခခံစားနေရသောအချိန်များတွင် သူ၏အကောင်း
ဆုံးသူငယ်ချင်းများသည် အဘယ်ကြောင့် အသံတိတ်နေရသည့်အ
ကြောင်းရင်းကို သမ္မာကျမ်းစာက ဖော်ပြထားသည်။ ထို့ကြောင့် ဤ
စကားလုံးများသည် ပိုရှုံးသွင်းပန်းနှိပ်စက်သော စကားဖြစ်တတ်ပါသည်။
သို့တည်းမဟုတ် ဆင်းရဲဒုက္ခကို ဖြေလျှော့ပေးမည့်အစား ပိုပြီးဖိနှိပ်ခြင်း
ဖြင့် ပေါင်းထည့်သကဲ့သို့ ဖြစ်သည်။ သူတို့သည် အပြစ်ကို ယူဆောင်လာ
သကဲ့သို့ မျှော်လင့်ချက်ကင်းမဲ့သလို ခံစားခြင်း၊ နက်ရှိုင်းစွာစိတ်ပျက်
အား ငယ်ခြင်းများ ဖြစ်စေနိုင်သောကြောင့် နာကျင်မှုများစွာထက် ပိုရှုံနာ
ကျင်မှု များစေလိမ့်မည်။

ဤသို့သော အကြံဉာဏ်များမှတစ်ဆင့် အခြားအကျိုးသက်
ရောက်မှုတစ်ခု ရှိပါသည်။ ကျွန်ုပ်တို့ ၏လုပ်ဆောင်မှုနှင့် နာကျင်မှုများကို
မြှုပ်နှံနေသောကြောင့် ထိုအရာကျွန်ုပ်တို့ကို ပုန်းကွယ်ထားနိုင်သည်။
ကျွန်ုပ်တို့သည် ကျွန်ုပ်တို့၏ နာကျင်မှုများကို အဆုံးအထိဆက်ထိန်းထား
နိုင်သည်။ ကျွန်ုပ်တို့သည် ခံစားနေရသောအရာကို တကယ့်လက်တွေ့
မဟုတ်သကဲ့သို့ ဟန်ဆောင်ရန်ပင် ကြိုးစားလိမ့်မည်။ ကျွန်ုပ်တို့သည်
မည်သူတစ်ဦးတစ်ယောက်ကိုမျှ မလိုအပ်ဘဲ မိမိကိုယ်တိုင်ဖြေရှင်းနိုင်
သည်ဟု မှားယွင်းစွာ ယုံကြည်ကြသည်။ ကျွန်ုပ်တို့သည် ထိုသို့သော
စကားလုံးများကို ပြောဆိုခြင်း သို့မဟုတ် "ကျွန်ုပ်ဖြေရှင်းနိုင်သည်"
သို့မဟုတ် "ကျွန်ုပ်လုပ်နိုင်သည်"ဟုဤ့လည်းကောင်း စဉ်းစားတွေးခေါ်
လေ့ရှိသည်။ ဤသို့သော ခံစားချက်များ ပုန်းအောင်းနေခြင်း၊ လျစ်လျူရှု
ခြင်း၊ မြှုပ်နှံခြင်းတို့သည် ကိစ္စရပ်နှစ်ခုအနက်မှ တစ်ခုဖြစ်သည်။ ပထမ

က မာနထောင်လွှားခြင်းကြောင့်ဖြစ်ပြီး၊ မာနကြီးသူက "ကျွန်ုပ်တို့သည်
အရာတွေ့ရပြီ"ဟူ၍ ပြောခြင်းဖြစ်သည်။ ဒုတိယတစ်ခုက ရုပ်တုကိုးကွယ်
ခြင်း(မည်သည့်အရာပင် ဖြစ်ပါစေ၊ ကျွန်ုပ်တို့ကို နှစ်သိမ့်ခြင်း၊ လွယ်ကူ
ခြင်း (သို့) ပျော်ရွှင်ခြင်း စသောခံစားချက်များကို ယူဆောင်လာစေရန်)
မည်သည့်နေရာတွင်မဆို ဘုရားသခင်သာ ဖြည့်ဆည်းပေးနိုင်သည့် နေ
ရာတွင် (အစဉ်အမြဲသေးငယ်သော) အရာတစ်ခုကို နေရာချပေးခြင်း
ဖြစ်သည်။ ကျွန်ုပ်တို့၏အသက်တာ၌ ထိုကဲ့သို့သောအတိတ်က ခက်ခဲ
မှုများသည် ဘုရားသခင်၏ကျေးဇူးတော်သို့ ရွှေ့သွားခြင်းအားဖြင့် ခွန်
အားနှင့် တန်ခိုးပေးခြင်းကို(ကော၊ ၁း၁၁)ခံရပြီး ကျွန်ုပ်တို့ကို စောင့်ထိန်း
ပေးမည် ဖြစ်သည်။ မည်သူတစ်ဦးတစ်ယောက်ကိုမျှ မလိုအပ်ဟု ဆိုခြင်း
သည် ဘုရားသခင်ကို လိုအပ်ခြင်းဖြစ်သည်ဟူသော အဓိပ္ပါယ်သက်
ရောက်သည်။ ထို့ပြင် ဤသဘောထားနှင့် ခံစားချက်များက ကျွန်ုပ်တို့
အား ဆုတောင်းခြင်းဖြင့် အမှောင်ထုကာလအတွင်း ဘုရားသခင်ထံ
ချဉ်းကပ်ပြီးလျှောက်လှမ်းရန် ကျွန်ုပ်တို့ကို အမြဲထိန်းထားပေးလိမ့်မည်။
ရလဒ်နေဖြင့် ၎င်းတို့သည် သူတို့သွားသင့်သည်ထက် ပို၍ရှည်ကြာစွာ
သွားပုံ ရသည် သို့မဟုတ် မသွားဖူးပုံရသည်။

ထိုသို့ဆိုသော် ဤကိုးကားချက်က ဘယ်ကလဲ? သမ္မာကျမ်းစာ
က မဟုတ်ပါ။ (၁ကော၊ ၁၀း၁၃)သည် အခြားသူများအား ဤသို့ပြောရန်
အသုံးပြုသော ကျမ်းပိုဒ်ဖြစ်သည်။ ဤတွင် မကြာခဏရည် ညွှန်းထား
သော ကျမ်းပိုဒ်သည် "လူ၌ဖြစ်တတ်သော စုံစမ်းနှောင့်ရှက်ခြင်းကိုသာ သင်
တို့သည် ခံရကြ၏။ ဘုရားသခင်သည် သစ္စာနှင့်ပြည့်စုံတော်မူသည် ဖြစ်၍
သင်တို့မခံနိုင်သော စုံစမ်းနှောင့်ရှက်ခြင်းကို သင်တို့၌ ရောက်စိမ့်သောငှါ အခွင့်
ပေးတော်မမူ။ သင်တို့သည် ခံနိုင်မည်အကြောင်း စုံစမ်းနှောင့်ရှက် ခြင်းအရာ
နှင့်တကွ ထွက်မြောက်သောလမ်းကိုလည်း စီရင်ပြုပြင်တော်မူလိမ့်မည်"။
ရှင်ပေါလုသည် ဆင်းရဲဒုက္ခများနှင့် စုံစမ်းနှောင့်ရှက်ခြင်းများအကြား
ကြီးမားသော ခြားနားချက်ကို ပြသသည်ကို သိမှတ်ပါ။ ဆင်းရဲဒုက္ခသည်

ကျွန်ပ်တို့၏ ကိုယ်ပိုင်ရွေးချယ်မှုနှင့် လုပ်ရပ်များ၏ အကျိုးဆက်ဖြစ် သောအရာ ဖြစ်ကောင်းဖြစ်နိုင်သည် သို့မဟုတ် မဖြစ်နိုင်။ စုံစမ်းနှောင့် ယှက်ခြင်းကို လိုက်လျောရန်၊ မလိုက်လျောရန် ကျွန်ပ်တို့၏ ရွေးချယ်မှု ဖြစ်သည်။ စုံစမ်းသွေးဆောင်ခြင်းကြောင့် ဒုက္ခဆင်းရဲခံခြင်းသည် ဒုက္ခ ဆင်းရဲမဟုတ်ပါ။ သို့သော်လည်း ကျွန်ပ်တို့က ထိုစုံစမ်းသွေးဆောင်ခြင်း ကို မည်သို့ကိုင်တွယ်သည်ဟူသည့်အပေါ်မှာ မူတည်သည်။ တစ်နည်း ပြောရရင် ဆင်းရဲဒုက္ခ၏ရလဒ်အပေါ် ကျွန်ပ်တို့ ရွေးချယ်မှုအပေါ်မှာ မူ တည်နေသည်။

ကျွန်ပ်တို့သည် ထိုအရာကို ဖုက်ထားရန်၊ မိမိဘာသာကိုင်တွယ် ရန်၊ ဘုရားသခင်မှတစ်ပါး အခြားအရာတစ်ခုခုသို့လှည့်ရန်၊ ဘုရားသခင် ထက်ပို၍ သေးငယ်သောအရာတစ်ခုခုအားဖြင့် ကျွန်ပ်တို့ကို နှစ်သိမ့်မှု နှင့် သက်သာမှုရစေခြင်းငှ ရွေးချယ်ပါသလား? သို့မဟုတ် ကျွန်ပ်တို့ သည် မိမိကိုယ်ကို နိမ့်ချ၍ ကျွန်ပ်တို့အနေဖြင့် ဤကိစ္စကို မစွမ်းဆောင် နိုင်ကြောင်း ဝန်ခံ၍ ဘုရားသခင်၏ ကယ်တင်ခြင်းနှင့် ကျေးဇူးတော်အ တွက် ဘုရားသခင်ထံ ဆုတောင်းပါ။ ဆင်းရဲဒုက္ခကြုံတွေ့ရတိုင်း ကျွန်ပ် တို့သည် ဆုံးဖြတ်ချက်ချလျက်ရှိသည်။ အကြောင်းမှာ ဆင်းရဲခက်ခဲမှု များကို ကျွန်ပ်တို့ ကြုံတွေ့ရနိုင်သောကြောင့် ဖြစ်သည်။

ကျွန်ပ်တို့အပေါ် ထားရှိသော ကိုယ်တော်၏ကြီးမားသောချစ်ခြင်း မေတ္တာတော်ကြောင့် ဘုရား သခင်သည် ကျွန်ပ်တို့ကို နှစ်သိမ့်မှုဖွန်များမှ ထွက်ခွါသွားသည့်အထိ လိုအပ်သမျှကို သူပြုပေးလိမ့်မည်။ ထို့နောက် ကျွန်ပ်တို့၏ အစွမ်းခွန်အားကို အားကိုးခြင်းမဟုတ်ဘဲ ထိုအရာကို ဖြတ် သန်းရန် ကျေးဇူးတော်နှင့် ခွန်အားတောင်းခံခြင်းကို စတင်ရွေးချယ်ပါ။ ကျွန်ပ်တို့၏ သန့်ရှင်းစေခြင်း အသက်တာတွင် ကျွန်ပ်တို့ကို ဘုရားသခင် မှ ပြောင်းလဲစေခြင်း၊ ကျွန်ပ်တို့အား တိုးချဲ့စေခြင်းနှင့် ကျွန်ပ်တို့၏ နယ်နိ မိတ်များထက် ကျော်လွန်၍ ကျွန်ပ်တို့ကို တွန်းပို့ခြင်း၊ ငြိမ်ချမ်းခြင်းနှင့် လွယ်ကူသောအသက်တာကို ရှုပ်ထွေးစေရန် ဘုရားသခင်ရည်ရွယ်

တော်မူသည်။ ဘုရားသခင်သည် ကျွန်ုပ်တို့၏အသက်တာတွင် ထင်ရှား ကျော်ကြားသူ ဖြစ်လိုသည်။ ကျွန်ုပ်တို့သည် အဖြေမရှိဟု ခံစားရသော အခါ သူ့၌ ကျွန်ုပ်တို့ ခွန်အားလည်းမရှိတော့ပေ။ (၁ကော၊ ၁း၁၃)တွင် ရှင်ပေါလုပြောသောအရာသည် ဘေ့စ်ဘောရိုက်တံဖြင့် ကျွန်ုပ်တို့ကို ရိုက်နက်သောအချိန်တိုင်း ဘုရားသခင်သည် ကျွန်ုပ်တို့၏အစွမ်းခွန်အား ဖြစ် ကြောင်း ထင်ဟပ်ရန်နှင့် ရွေးချယ်မှုများပြုလုပ်ရန် ကျွန်ုပ်တို့အား ခွန်အားပေးလိမ့်မည်။ သို့သော်လည်း အရာအားလုံးသည် ချုပ်ရှိးမှာ ဆိတ်ကွယ်လာမည့်ပုံရသည့်အခါတိုင်း ကျွန်ုပ်တို့ လုပ်ရမည့်ရွေးချယ်မှု တစ်ခုဖြစ်ပါသည်။ ဤအရာသည် ဆင်းရဲဒုက္ခမဟုတ်ကြောင်း သတိရ အောက်မေ့ရန် ဖြစ်သည်။ သို့သော်လည်း ၎င်းကိုကျွန်ုပ်တို့ တုန့်ပြန်ပုံ သည် စုံစမ်းနှောင့်ယှက်ခြင်း ဖြစ်သည်။ တစ်ခါတစ်ရံမှာ ကျွန်ုပ်တို့ကို နစ်ဖွဲ့လောက် ကွဲသွားစေဟန် ရှိပေလိမ့်မည်။ တစ်နည်းအားဖြင့်ဆိုရ လျှင် သူ၏ရည်ရွယ်ချက်မှာ သူသည် ကျွန်ုပ်တို့အား ခွန်အားကို ချို့ဖျက် သည်အထိရောက်ရှိစေရန်ဖြစ်သည်။ ကျွန်ုပ်တို့သည် ခွန်အားနည်းသော အခါ သူသည်ခွန်အားနှင့် အမြင့်မြတ်ဆုံး ဖြစ်သည် (၂ကော၊ ၁၂ ၉)။

ဤသည်မှာ ဉယျာဉ်တော်၌ ငရဲမင်း၏ဆန္ဒကျင်ခြင်းကို ခံရစဉ်မှာ ပင် ခရစ်တော် ချမှတ်ခဲ့သော မှန်ကန်ပြည့်စုံသော၊ အတုယူထိုက်သော ရွေးချယ်မှုနှင့် ဆုံးဖြတ်ချက် ဖြစ်သည်။ မဿဲ ၂၆း ၃၉ တွင် ခရစ်တော် သည် ကရာနီလမ်းပေါ် (ကားကိုင်သို့ ဂို့ဆောင်မည့်လမ်း)လျှောက် လှမ်းရန်အဆင်သင့် မဖြစ်သေးမီ ကျွန်ုပ်တို့မြင်ရသောအရာ ဖြစ်သည်။ *"အကျွန်ုပ်အဘ၊ ဤခွက်သည် အကျွန်ုပ်ကို လွန်သွားနိုင်လျှင် လွန်သွားပါစေ သော။ သို့သော်လည်း အကျွန်ုပ်အလိုရှိသည့်အတိုင်း မဖြစ်ပါစေနှင့်။ ကိုယ် တော်အလိုရှိ သည့်အတိုင်းဖြစ်ပါစေသော"။* မခံမရပ်နိုင်သော အဖြစ်အပျက် များ တစ်ခုပြီးတစ်ခုကြုံတွေ့နေရသည် အသက်တာ၌မည်သို့ဆုတောင်း ရမည်ကို ခရစ်တော်က နမူနာထားပေးသည်။

ကျွန်ုပ်တို့သည် အဘယ်ကြောင့် ဆင်းရဲဒုက္ခကို ခံရသည်၊ အဘယ်ကြောင့် ခွင့်ပြုသည်၊ စသည် တို့ ရှင်ပေါလု၏ (၂ကော၊ ၁း ၈-၁၀) တွင် ရေးသားထားသောစကားတွင် တွေ့ရသည်။ ရှင်ပေါလု ပြောပြသောအရာမှာ သူတို့ခံစားနေရသောအရာများသည် သူတို့ခံရပ်နိုင်သည့်အရာထက်မက သေချင်သည့်အထိ ဖြစ်သည်ဟူ၍ ဖြစ်သည်။ ထို့နောက် သူက အခန်းငယ်(၉)၌ မှောင်မိုက်သော ဤအချိန်များကို သူတို့အဘယ်ကြောင့် ခွင့်ပြုခဲ့ရကြောင်း ပြောပြခဲ့သည်။ *"ငါတို့သည် မိမိကိုယ်ကို အစဉ်မကိုးစားဘဲ၊ သေသောသူတို့ကို ထမြောက်စေတော်မူသော ဘုရားသခင်ကို မကိုးစားမည်အကြောင်း သေစေဟု စီရင်ခြင်းကို ကိုယ်တိုင်ခံရသကဲ့သို့ ဖြစ်၏"*။ နောက်ဆုံးအပိုင်းကို ဆင်ခြင်ကြည့်သော် နှိုင်းယှဉ်ခြင်းသက်သက် ဖြစ်ကြောင်း တွေ့ရသည်။ သေချာသည်မှာ ကျွန်ုပ်တို့၏ ခွန်အားကို ကျွန်ုပ်တို့အားကိုး၍ရသည်။ သို့သော်လည်း သင်(သို့) သင်သိခဲ့သောသူ တစ်ယောက်ယောက်က သေခြင်းမှ တစ်စုံတစ်ဦးကို မည်သည့်အချိန်မှ ထမြောက်စေခဲ့သနည်း။

ထို့ကြောင့် ဘဝ၏အပူကို သင့်ကိုလောင်ကျွမ်းရုံသာမက တတိယ ဒီဂရီလောင်ကျွမ်းသည်ထိ ဖြစ်နေချိန်မှာ အဆုံးစွန်ဆုံးဖြတ်ရမည့်အရာ ဖြစ်သည်။ ဤအရာသည် မာနထောင်လွှားခြင်းနှင့် မိမိ ကိုယ်တိုင်ကိုင်တွယ်ဖြေရှင်းခြင်း သို့မဟုတ် ဘုရားသခင်ထက် ငယ်သောအရာတစ်ခုခုသို့ ပြောင်းလဲခြင်းကို စဉ်းစားရန် ဆုံးဖြတ်ခြင်း ဖြစ်သည်။ ကျွန်ုပ်တို့သည် ဘုရားသခင်ပေးသနားတော်မူသော ကျေးဇူးတော်အားဖြင့် ရှင်ပြန်ထမြောက်ခြင်း တန်ခိုးကိုကိုင်ဖမ်းနိုင်ပါသည်။ ထို့ကြောင့် ပေတရုက အရာအားလုံးကို ပေးကမ်းထားဖို့၊ ချထားဖို့၊ ဘုရားသခင်နှင့်အတူ ထားခဲ့ဖို့ ကျွန်ုပ်တို့ကိုခေါ်ခြင်း ဖြစ်သည် (၁ပေ၊ ၁း ၅-၇)။ ကျွန်ုပ်တို့ကို ခရစ်တော်ကဲ့သို့ ဖြစ်ရန် ဘုရားသခင်အပေါ်မှီခိုအားထားခြင်း ဖြစ်စေရန်မှာ ခရစ်ယာန်အသက်တာ၏ အဓိကသော့ချက် ဖြစ်သည်။ သို့မဟုတ် အခြားသူများအတွက် ကျွန်ုပ်တို့၏အသက်တာကို ပေးဆပ်ရန် ကျွန်ုပ်

တို့၏ အစွမ်းခွန်အားဖြင့် မပြုလုပ်နိုင်သည်ကို သိရှိရပါသည်။ သင်တို့
ကျဆင်းနေသည်ကို အခြားသူများမြင်ရန် ဆီးတားနေသော မျက်နှာစာ
များကိုလည်း တင်ခြင်းအားဖြင့် မဟုတ်ပါ။ သို့သော် ဘုရားသခင်သည်
ကျွန်ုပ်တို့ကို ကြွယ်ဝစွာပေးလိုသော ကျေးဇူး တော်ကို ရရန်မိမိကိုယ်ကို
နှိမ့်ချရမည်။ ကျွန်ုပ်တို့သည် နာခံမှုရှိပြီး ဘုရားသခင်ကို ကိုးကွယ်ရန်
သူတစ်ပါး၏အစေကိုခံရန် လိုအပ်သည်။

ထိုသို့အခက်အခဲများကို ခံနိုင်ရည်ရှိရန် ဘုရားသခင် ကူညီပေး
သည့်နည်းတစ်နည်းမှာ ခရစ်တော်၌ရှိသော ကျွန်ုပ်တို့၏ ညီအစ်ကိုများ
နှင့် မိတ်သဟာယဖွဲ့ခြင်းအားဖြင့် ဖြစ်သည်။ ဆင်းရဲဒုက္ခခံရသူများ
သို့မဟုတ် အခြားသူများကို ကျွန်ုပ်တို့နှင့်အတူ လာရန်ခွင့်ပြုသူများနှင့်
အတူ ကျွန်ုပ်တို့လာသောအခါ ဝန်ထုပ်ဝန်ပိုးသည် ပိုမိုပေါ့ပါးလာသည်
သာမက သခင်ယေရှုကိုယ်တိုင် ပို၍နီးကပ်လာပုံ ရသည်။ ကျွန်ုပ်တို့နှင့်နီး
ကပ်လာသူများ သို့မဟုတ် ကျွန်ုပ်တို့ကိုယ်တိုင်သည် အခြားသူများအား
သူတို့ မည်သို့ပြောဆိုသည်၊ သို့မဟုတ် ကျွန်ုပ်တို့သည် ကျဆုံးနေသည်
ဟူသော စကားလုံးများကို ယူဆောင် ခဲ့ကြသည်မဟုတ်။ ကျွန်ုပ်တို့သည်
ထိုသို့သော ချစ်ခြင်းမေတ္တာကို လိုအပ်ကြောင်း၊ ထိုချစ်ခြင်းမေတ္တာကို
ခံထိုက်ကြောင်း ကျွန်ုပ်တို့ကိုယ်တိုင်မသိသောအခါ အနန္တတန်းခိုးရှင်
ဘုရားသခင်က ကျွန်ုပ်တို့အား မည်မျှချစ်ကြောင်း အခြားသူများအား
ပြောသည့်စကားလုံးများကို ကျွန်ုပ်တို့ယူဆောင်လာကြ သည် (ဂလာ၊ ၆း
၁-၃)။

ဇံဂေလိတရားဖြစ်သော သမ္မာတရား (ကျွန်ုပ်တို့ကို အဆုံးဆုံး
သောအချိန်၌ပင် ဘုရားသခင်သည် ကျွန်ုပ်တို့ကို ချစ်၍သူနှင့်ပြန်လည်
ဆက်ဆံနိုင်ရန် လမ်းဖွင့်ပေးခြင်း)သည် ကျွန်ုပ်တို့အတွက် ပို၍ မှန်ကန်
လာသည်နှင့်အမျှ ထိုရွေးချယ်မှုကိုပြုလုပ်ရန် ပိုမိုလွယ်ကူလာလိမ့်မည်။
အလွန်အမင်း စိတ်ဖိစီးသည့်အချိန်၌ပင် သူတစ်ပါးအား ဘုရားသခင်
၏ချစ်ခြင်းမေတ္တာကို ဖော်ပြသည့်၊ တစ်စုံတစ်ခုကို တင်းတင်းကြပ်ကြပ်

ကိုင်တွယ်ခြင်း၊ ဘုရားသခင်ထက် သေးငယ်သောအရာမှနှစ်သိမ့်မှုရရန် အတွက် ကျေးဇူးချီးမွမ်းခြင်းသည် နှလုံးသားမှလာခြင်း ဖြစ်သည်။ သို့မဟုတ် ၎င်းကို ကျွန်ုပ်တို့က ကိုင်တွယ်ရန် ကြိုးစားခြင်း၊ စိတ်ဖိစီးမှု များသော ကာလများ၌ကျွန်ုပ်တို့ကို တစ်ဦးချင်းစီကို ကြွယ်ဝစွာ ဘုရား သခင်အား ချစ်မြတ်နိုးစေသည့် ထိုချစ်ခြင်းမေတ္တာနှင့် ကျေးဇူးတော် တန်ခိုးကို နားမလည်ခြင်းဖြစ်ကြောင်း ဖော်ပြသည်။

ကိုယ်တိုင်ဆင်ရဲဒုက္ခခံရခြင်းက သင့်ကို ရုပ်တုကိုးကွယ်ခြင်း၌ ပျော်မွေ့ခြင်းကို ထိခိုက်စေမည်မဟုတ်။ အကယ်၍ သင်သည် ဒုက္ခဆင်းရဲကို ခံစားနေရပြီး အမျက်ထွက်ခြင်း၊ ခါးသီးခြင်းနှင့် ပျော်ရွှင်မှုကင်းမဲ့နေခြင်း၊ ဆိုလိုသည်မှာ သင်သည်ရုပ်တုကို ကိုးကွယ်နေခြင်းကြောင့် အရာရာ၌ ဆုံးရှုံးသည်ဟု ဆိုလို သည်။ ကျွန်ုပ်တို့၏ ခံစားချက်သည်ချစ်ခြင်း မေတ္တာကို ရရှိ ခြင်း၊ အာရုံစိုက်ခြင်း၊ လေးစားခြင်းတို့ထက် ပိုမိုထိုက်တန် သည်ဟူသော ကျွန်ုပ်တို့၏ ယုံကြည်ချက် ရင့်ကျက်မှုနှင့်မိမိ ကိုယ်ကို သနားခြင်းတို့ ဖြစ်ပေါ်စေသည်။ မည်သို့ပင်ဖြစ်စေ၊ ဇံဂေဝလိတရားသည် ကျွန်ုပ်တို့၏ အသုံးစရိတ်များကို ထုတ် ဖော်ပြသရန် ကျွန်ုပ်တို့အား လွတ်လပ်မှုပေးသည်။ ကျွန်ုပ်တို့ သည် ဘုရားထက်ပို၍ တင်းကြပ်စွာ ဆုပ်ကိုင်ထားသည့် အရာ တစ်ခုခုကို ဆုံးရှုံးသောအခါ (သို့မဟုတ် ကျွန်ုပ်တို့သည် တစ်စုံတစ်ခုကို ထိုက်တန်သည်ဟု ထင်မြင်မိသောအခါ) နာ ကျင်မှုအတွင်းမှ ရှင်လန်းမှုကင်းမဲ့ခြင်းနှင့် ခါးသီးမှုကို ဖြစ်ပေါ် စေသည်။[9]

---

[9] Tchividjian, Tullian. (Blogpost) *The Gospel Caaition.* November 11, 2010, "Suffering Does Not Rob You Of Joy – Idolatry Does"

သန့်ရှင်းသောဝိညာဉ်တော်ကို မည်သို့ ပိုမိုရရှိနိုင်မည်နည်း?

အခြားသူများ သင်ကြားသကဲ့သို့ ကျွန်ုပ်တို့သည် သန့်ရှင်းသော ဝိညာဉ်တော်ကို ရရှိသင့်သည့် နေရာ၌ မရကြပါ။ အဘယ်ကြောင့်ဆို သော် သန့်ရှင်းသောဝိညာဉ်တော်သည် အနစ်သာရ သို့မဟုတ် သီးခြား ရုပ်တည်ခြင်း မဟုတ်သောကြောင့် ဖြစ်သည်။ သူသည် သုံးပါးတစ်ဆူ ထဲက တစ်ပါးသာ ဖြစ်သည်။ သန့်ရှင်းသောဝိညာဉ်တော်သည် ဘုရား သခင်ဖြစ်သည်ဟု ကျမ်းစာ၌ဖော်ပြထားသည်။

တမန်တော် ၊၊တ္တု၊တွင် ပေတရုက အာနနိအား သန့်ရှင်းသော ဝိညာဉ်တော်ကို လိမ်လည်ရန် သူ၏စိတ် နှလုံးကိုပြည့် စေပြီ (တမန်၊ ၅း ၃)၊ သူသည် လူကိုမဟုတ် ဘုရားသခင်ကို လိမ်ညာခဲ့သည်ဟု ပြောခဲ့ သည်။ ၂ကော၊ ၁၃း ၁၄ ၌ ကျွန်ုပ်တို့သည် ဘုရားသခင်ကိုသာမက သန့်ရှင်းသော ဝိညာဉ်တော်ကိုလည်း ကိုးကွယ်သည်ဟု ဆိုထားပါ သည်။ ၁ကော၊ ၂း ၁၀-၁၁ တွင် ဘုရားသခင်ကဲ့သို့ အရာအားလုံးကို တတ်စွမ်းနိုင်သော ဂုဏ်အင်္ဂါရှိသည်ဟု ဖော်ပြသည်။ အဘယ်ကြောင့် ဆိုသော် သူသည် ထာ၀ရတည်သည် (ဟေဗြဲ၊ ၉း ၁၄)၊ ဘုရားသခင်ဟု ရည်ညွှန်းသည် (၁ကော၊ ၆း ၁၉-၂၀)၊ သူ့၌ဘုရားသခင်၏ ဂုဏ်အင်္ဂါများ၊ အရည်အချင်းများကို ကျွန်ုပ်တို့တွေ့ရသည်။ ဤသက်သေ သာဓကမှာ သန့်ရှင်းသောဝိညာဉ်တော်သည် သုံးပါးတစ်ဆူ၌ တတိယပုဂ္ဂိုလ်ဖြစ် သည်ဟု သံသယဖြစ် စရာမလိုပါ။

ခရစ်တော်သည် သန့်ရှင်းသော ဝိညာဉ်တော်ကို မိမိကဲ့သို့ ပုဂ္ဂိုလ် တစ်ပါးပါးအဖြစ် ခွဲခြားသတ် မှတ်သောကြောင့် လူပုဂ္ဂိုလ်တစ်ဦး၏ အရည်အချင်းများရှိကြောင်း သက်သေပြသည်(ယော၊ ၁၄း ၂၆။ ၁၅း ၂၆။ ၁၆း ၇)။ ထိုသို့ဆိုသော်လည်း သမ္မာကျမ်းစာသည် ထိုနေရာတွင် မရပ်တန့်ပါ။ ပုဂ္ဂိုလ်တစ်ဦးတည်းသာ ပိုင်ဆိုင်နိုင်သောအရာ အရည် အချင်းများကို ဆက်လက်ဖော်ပြထားသည်။

- စဉ်းစားတွေးခေါ်သည် (၁ကော၊ ၂း ၁၀)
- သူက ၀မ်နည်းနိုင်သည် (ဖေက်၊ ၄း ၃၀)
- သူသည် ဆုံးဖြတ်ချက်များကို မိမိအလိုတော်နှင့်အညီ
- ဆုံးဖြတ်သည်(၁ကော၊ ၁၂း ၇-၁၁)

ကျွန်ုပ်တို့က ဘုရားသခင်ကို ရရှိသည်မဟုတ်၊ ဘုရားသခင်က ကျွန်ုပ်တို့ကို ရရှိသည်ကို ကျွန်ုပ်တို့ သိကြသည်။ ကျွန်ုပ်တို့သည်လည်း ဘုရားသခင်ထံသို့ ၀င်ရောက်လာခြင်း သို့မဟုတ် မရရှိခြင်းသည် သန့် ရှင်းသောဝိညာဉ်တော်နှင့် သက်ဆိုင်သည်။ အကယ်စင်စစ် လူတစ်ဦး သည် လူအများကိုမရ၊ သုံးပါးတစ်ဆူအ၀င်အားလုံးသည် ကျွန်ုပ်တို့၏ ကယ်တင်ခြင်းလုပ်ငန်းတွင် ပါ၀င်နေကြသည်။ သန့်ရှင်းသော ဝိညာဉ် တော်သည် ကျွန်ုပ်တို့၏ ကယ်တင်ခြင်းလုပ်ငန်းစဉ်နှင့် ကျွန်ုပ်တို့၏ အသက်တာ တွင် အောက်ပါအခန်းကဏ္ဍမှ ပါ၀င်သည်။

- သူသည် ဘုရားသခင်၏ သားသမီးများအတွက် အမွေအနှစ်အာမခံ ချက် ဖြစ်၏ (ဖေက် ၁း ၁၃-၁၄)။
  သန့်ရှင်းသောဝိညာဉ်တော်သည် ဘုရားသခင်နှင့်ကျွန်ုပ်တို့၏ ဆက် နွယ်မှုတွင် ထာ၀ရလုံခြုံမှုကို ထိန်းသိမ်းပေးသည်။ ကျွန်ုပ်တို့ လုပ်နိုင် သောကြောင့်မဟုတ်ပါ။
- သူသည် သမ္မာတရားအားလုံးကို အလင်းပေးသော (ယော၊ ၁၃း ၁၃-၁၄) သန့်ရှင်းသောဝိညာဉ်တော်အားဖြင့် ဘုရားသခင့်နှုတ်ကပတ် တော်သည် အသက်ရှင်သော သန်လျက်ဖြစ်လာသည်။
- သန့်ရှင်းသောဝိညာဉ်တော်သည် ကျွန်ုပ်တို့အား ဘုရားသခင်အလို တော်ရှိသည့်အတိုင်း အသက်ရှင်ရန် ကူညီ၍ ကျွန်ုပ်တို့ဖြစ်သင့်သော ဖန်ဆင်းခြင်း၏ ပုံစံအတိုင်းဖြစ်လာရန် ဖြစ်သည် (ရော၊ ၈း ၁၁)။

- ကျွန်ုပ်တို့သည် သန့်ရှင်းသောဝိညာဉ်တော်အားဖြင့် အပြစ်တရားကို တိုက်လှန်နိုင်လိမ့်မည် (ရော၊ ၆း ၅-၆)။

- သူ၏ကူညီခြင်းဖြင့် အပြစ်တရားကို တိုက်လှန်ခြင်းအားဖြင့် ဘုရား သခင်သည် ကျွန်ုပ်တို့ကို ပြောင်းလဲစေသည် (၁ပေ၊ ၁း ၂။ ၂သက်၊ ၂း ၁၃)။

- သူသည် ဘုရားသခင်၏ ချစ်ခြင်းမေတ္တာကို နှလုံးသားထဲ၌ ဖော်ပြပေး သည် (ရော၊ ၅း ၅)။

- သန့်ရှင်းသော ဝိညာဉ်တော်သည် ဘုရားသခင်၏ ဘုန်းတော်ထင် ရှားရန်နှင့် သူတစ်ပါး၏အစေကို ခံရန် ကျွန်ုပ်တို့မှတစ်ဆင့်လုပ်ဆောင် သည် (ဖိ၊ ၂း ၁၆)။

- သူသည် တစ်နေ့တွင် ကျွန်ုပ်တို့အား ကတိထားတော်မူသော ထာဝရ အသက် စိတ်ချမှုနှင့် ဝိညာဉ်သစ်ဖြင့် ခရစ်တော်နှင့်အတူရှိလာမည်ကို သေချာစေသည် (၂ကော၊ ၁း ၂၀-၂၂။ ရော၊ ၆း ၃၀)။

ယေရှုက "ကျမ်းစာအားဖြင့် ထာဝရအသက်ကို ရမည်ဟုစိတ်ထင်နှင့် သင်တို့သည် ကျမ်းစာကို စေ့စေ့ကြည့်ရှုကြ၏။ ထိုကျမ်းစာပင် ငါ၏သက်သေ ဖြစ်၏" (ယော၊ ၅း ၃၉)ဟု မိန့်တော်မူ၏။ သူက "ဝိညာဉ်တော်သည် ငါ့ဘုန်း ကို ထင်ရှားစေလိမ့်မည်။ အကြောင်းမူကား၊ ငါနှင့်စပ်ဆိုင်သောအရာကို ယူ၍ သင်တို့အား ဖော်ပြလိမ့်မည်" (ယော၊ ၁၆း ၁၄)ဟု မိန့်တော်မူ၏။

ကျွန်ုပ်တို့သည် သန့်ရှင်းသောဝိညာဉ်တော်၏ ထိန်းချုပ်မှု အောက်ရောက်သောအခါ ကျွန်ုပ်တို့၏အာရုံကို သခင်ယေရှုအပေါ် အမှန် အာရုံစိုက်လိမ့်မည်။ ဤအရာက သန့်ရှင်းသောဝိညာဉ်တော်၏ တာဝန်၊ လုပ်ငန်းနှင့် လုပ်ငန်းလည်ပတ်ခြင်း ဖြစ်သည်။ အကယ်၍ ကျွန်ုပ်တို့၏ အာရုံစိုက်မှုသည် သန့်ရှင်းသော ဝိညာဉ်တော်၏ လုပ်ဆောင်မှု၊ သူ၏ ဆုကျေးဇူး၊ သူကျွန်ုပ်တို့ကို လုပ်ပေးသောအရာနှင့် သူ့အားဖြင့် ကျွန်ုပ် တို့ လုပ်နိုင်သောအရာ၌သာ ရှိနေပါက သန့်ရှင်းသော ဝိညာဉ်တော်နှင့်

သူ၏လုပ်ငန်းအပေါ် ကျွန်ုပ်တို့၏အမြင်နှင့်သဘောထားသည် ဟန်ချက်
မညီ၊ မှားယွင်းပြီး နှုတ်ကပတ်တော်နှင့်မညီ ဖြစ်ကောင်းဖြစ်နိုင်သည်။
သန့်ရှင်းသောဝိညာဉ်တော်၏ အလုပ်ကသူ့ကိုယ်ပိုင်အလုပ်ကိုမီး မောင်း
ထိုးပြရန်မဟုတ်ဘဲ ခရစ်တော်နှင့် သူ၏ပြီးမြောက်အောင်မြင်မှုကို အမြဲ
အာရုံစိုက်ရန် ဖြစ်သည်။

နားထောင်သောသူသည် စကားပြောနေသူကို မွေ့သွားပြီး ခရစ်
တော်နှင့်လက်ဝါးကပ်တိုင်၏ သတင်းစကားကိုသာ ကြားသိသောအခါ
တစ်စုံတစ်ယောက်သည် ဝိညာဉ်တော်နှင့်လည်းကောင်း၊ သမ္မာတရား
နှင့်လည်းကောင်း စကားပြောနေကြောင်း ခိုင်မာသောအရိပ်ယောင်ကို
ဖော်ပြသည်။ ထို့ကြောင့် "ကမ်ပိန်း (campaign) မန်နေဂျာ"အား ရှာဖွေ
ခြင်း၊ မဲပေးခြင်း၊ လိုက်စားခြင်း သို့မဟုတ် မြှင့်တင်ခြင်းတို့ကို မပြုဘဲ
နေကြပါစို့။

ကျွန်ုပ်တို့သည် သန့်ရှင်းသောဝိညာဉ်တော်သည် မည်သူမည်ဝါ
ဖြစ်ကြောင်း၊ မည်သို့အလုပ် လုပ်ကြောင်းတို့ကို အချိန်ယူပြီးလေ့လာ
ပြီးပါပြီ။ ယခုကျွန်ုပ်တို့သည် "သန့်ရှင်းသောဝိညာဉ်တော်ကို မည်ကဲ့သို့
ရရှိနိုင်သနည်း" ဟူသောမေးခွန်းကို အပြီးသတ်ဖြေဆိုရန် လိုနေပြီဖြစ်
သည်။

အကယ်၍ ရှင်ပေါလုပြောသော ဖော်၁း ၂ "သခင်ယေရှုခရစ်နှင့်
ငါတို့အဘတည်းဟူသော ဘုရားသခင်အထံတော်က ကျေးဇူးတော်နှင့် ငြိမ်
သက်ခြင်းသည် သင်တို့၌ ရှိပါစေသော'ဟူသော ကျမ်းချက်ကို ယုံကြည်
နိုင်လျှင်၊ သန့်ရှင်းသောဝိညာဉ်တော်သည် ထိုကောင်းချီးများထဲက ဖြစ်
သည်ကို ကျွန်ုပ်တို့ လက်ခံနိုင်သည်။ ကျွန်ုပ်တို့၏ ကယ်တင်ခြင်းအတွက်
ယေရှုခရစ်တော်ကို ယုံကြည်သောအချိန်တွင် ကျွန်ုပ်တို့သည် ခရစ်
တော်၏ကိုယ်အင်္ဂါတစ်ခု ဖြစ်လာသည်။ ရောမ ၈း ၉ တွင် ရှင်ပေါလုက
"သို့သော်လည်း ဘုရားသခင်၏ ဝိညာဉ်တော်သည် သင်တို့အထဲ၌ ကျိန်းဝပ်
တော်မူလျှင်၊ သင်တို့သည် ဇာတိပကတိဘက်၌ ရှိကြသည်မဟုတ်။ ဝိညာဉ်

ပကတိဘက်၌ ရှိကြ၏။ ခရစ်တော်၏ ဝိညာဉ်ကို မရသောသူ မည်သည်ကား ခရစ်တော်နှင့်မဆိုင်"။

အထက်တွင် ဖော်ပြခဲ့သည့်အတိုင်း သန့်ရှင်းသောဝိညာဉ်တော် သည် ကျွန်ုပ်တို့အား အမွေကိုပေးသော ကတိတော် ဖြစ်သည် (ထာဝရ ဘဏ္ဍာ ဖြစ်သည်၊ ဖေက်၊ ၁း ၁၃-၁၄)။ သန့်ရှင်းသောဝိညာဉ်တော် သည် ကျွန်ုပ်တို့နှင့်အတူရှိပြီး ဘုရားသခင်သည် ကျွန်ုပ်တို့အား ကတိ ထားတော်မူသော ထာဝရအသက်သည် အမှန်ပင်ဖြစ်သည်ဟု ကျွန်ုပ် တို့အား အာမခံသည်။ သူသည် ကျွန်ုပ်တို့အား ဆက်လက် ပြောင်းလဲစေ ပြီး ဘုရားသခင်ရှေ့၊ ထာဝရကာလ၌ရှိ့ရှိရန် ပြင်ဆင်ထားသည်။ အချို့ သောသူများက သွန်သင်ထားသကဲ့သို့ ကျွန်ုပ်တို့သည် ရင့်ကျက်လာ သောအခါ သို့မဟုတ် ဘုရားသခင်အား ပိုမိုနာခံလာသောအခါ သန့်ရှင်း သောဝိညာဉ်တော်၌ မည်သို့တိုးပွားသည်ဟူသောအကြောင်း လုံးဝမ ဟုတ်ပါ။ ကျွန်ုပ်တို့သည် နာခံခြင်း၊ နောင်တရခြင်း သို့မဟုတ် ဘုရား သခင်ထံမှ တစ်စုံတစ်ခုကို ရရှိ့ရန် ထိုက်တန်ခြင်း လုံးဝမရှိနိုင်ပါ။သန့်ရှင်း သောဝိညာဉ်တော်သည် ခရစ်တော်၌ ကျွန်ုပ်တို့၏ကတိကဝတ်အပေါ်၌ လွတ်လပ်စွာ နေထိုင်သည် (၁ကော၊ ၆း ၁၉)။

သန့်ရှင်းသောဝိညာဉ်တော်သည် လိုက်လံရှာဖွေခြင်းကို မပြုရန် ဆန္ဒရှိသည်။ သူ၏အလိုဆန္ဒမှာ အပြစ်ကြွေးများကို အကုန်ဆပ်ပေး တော်မူသော ယေရှုကိုအာရုံပြုရန်ဖြစ်သည်။ အဘယ်ကြောင့်ဆိုသော် သူ့ကို တစ်နေ့တွင် ခပ်သိမ်းသော သတ္တဝါတို့သည် ဒူးထောက်ပြီး၊ ယေရှု ခရစ်သည် သခင်ဖြစ် တော်မူ၏ဟု နှုတ်နှင့် ဝန်ခံကြလိမ့်မည် (ဖိ၊ ၂း ၁၀- ၁၁)။

ဘုရားသခင်သည် သန့်ရှင်းသောဝိညာဉ်တော်အားဖြင့် ဝိညာဉ် ဆုကျေးဇူးများကို ပေးပြီး၊ သူသည် ကျွန်ုပ်တို့အား ပြောင်းလဲစေခြင်း အားဖြင့် ထိုလက်ဆောင်များကို မြင်နိုင်ရန်နှင့် အပြည့်အဝ အသုံးပြုရန်

ခွင့်ပြုသည်။ ၎င်းသည် သူ၏အလုပ်ဖြစ်ပြီး ကျွန်ုပ်တို့၏ အလုပ်မဟုတ် သကဲ့သို့ ကျွန်ုပ်တို့၌လည်း မမူတည်ပါ။

ကျွန်ုပ်တို့၏ ဆန္ဒသည် ဆုတောင်းခြင်း၊ နှုတ်ကပတ်တော်ကို ဖတ်ရှုခြင်းနှင့် နှုတ်ကပတ်တော် ကပြောသောအရာကို မိမိအသက်တာ၌ လိုက်လျှောက်နိုင်ကြောင်း ကျွန်ုပ်တို့ဆုံးဖြတ်နိုင်စွမ်း တိုးပွါးလာ သည်နှင့် အမျှ အခြားပြောင်းအလဲများလည်း ဖြစ်ပေါ် လာသည်။ ကျွန်ုပ်တို့သည် ဘုရားသခင်နှင့် ဆက်ဆံရေးကို တိုးတက်ဖို့တည်ဆောက်ရန်နှင့် သူ၏ နှုတ်ကပတ်တော်ကို အခြားသူများအား ဝေငှရန်ကြိုးစားရလိမ့်မည်။ ကျွန်ုပ်တို့၏ လိုအင်ဆန္ဒသည် ဘုရားသခင်ကို လေးစားကြည်ညိုသူ ဖြစ်လာပြီး၊ ကျွန်ုပ်တို့၏ စိတ်နှလုံးသည် ဘုရားသခင်နှင့် သူ၏ကျေးဇူး တော်မှလွဲ၍ မည်သည့်အရာကိုမျှ မသိရှိဘဲ၊ ဘုရားသခင်၏ နိုင်ငံတော် တည်ဆောက်ခြင်းတွင် တက်ကြွသောဆန္ဒများ ဖြစ်ပေါ် လာသည်။ သန့် ရှင်းသောဝိညာဉ်တော်သည် ကျွန်ုပ်တို့၏အတွင်း၌ကောင်းမွန်စွာရှင်သန် နေပြီး၊ တက်ကြွစွာအလုပ်လုပ် နေသည်ကို ကျွန်ုပ်တို့ စိတ်ချနိုင်ပါသည်။

ဤကျေးဇူးတော် လမ်းမပေါ်တွင် ကျွန်ုပ်တို့လျှောက်လှမ်းနေစဉ် ကျွန်ုပ်တို့၏အသက်တာတွင် ဘုရားသခင်၏ ဆုကျေးဇူးများနှင့် ၎င်း၏ အသီးများကို ပိုမိုထုတ်ဖော်ပြသနေခြင်း ဖြစ်သည်။ ၎င်းသည် သန့်ရှင်း သောဝိညာဉ်တော်အားဖြင့် ကျွန်ုပ်တို့၏ ရင့်ကျက်မှုမှတစ်ဆင့် ရရှိနိုင် သည့်အရာ ဖြစ်သည်။ သန့်ရှင်းသောဝိညာဉ်တော်သည် ကျွန်ုပ်တို့နှင့် လုံးလုံးလျားလျားတည်ရှိပြီး၊ ခမည်းတော်ဘုရားသခင် ရည်ရွယ်တော် မူသော ရည်ရွယ်ချက်နှင့်အညီ ကျွန်ုပ်တို့အတွက် လုပ်ဆောင်ပေးသည်။

၎င်းကို အနည်းငယ် ထပ်မံရှင်းပြရန် - လူယောက်ျားနှင့် မိန်းမတို့၏ သဘာဝအစိတ်အပိုင်းများမှာ ခန္ဓာနှင့်စိတ်သာ ဖြစ်သည်။ ဝိညာဉ်သည် လူသားတို့၏ အခြေခံသဘော သဘာဝ မဟုတ်ပါ။ သို့သော် ခရစ်ယာန်တို့၌သာတွေ့ ရ

သော ဘုရားသခင်၏ သဘာဝလွန် ဆုကျေးဇူး ဖြစ်
သည်။[10]

ဘုရားသခင် စကားပြောသည်ကို ကျွန်ုပ်တို့ ကြားနိုင်ပါသလား?

ဤမေးခွန်းနှင့်ပတ်သက်၍ ရှုပ်ထွေးမှုများနှင့် အကျယ်တဝင့်
ရေးသားချက်များစွာရှိခဲ့ပြီး ဤမေးခွန်းနှင့်စပ်လျဉ်း၍ မှားယွင်းသော
အဖြေများစွာရှိသည်။ လူအချို့က "ဘုရားသခင်က ကျွန်ုပ်တို့စကား
ပြောတယ်" သို့မဟုတ် "ဘုရားသခင်က မင်းအတွက် ကျွန်ုပ်တို့ကိုစကား
ပေးတယ်"ဟု မကြာမကြာ ပြောပေလိမ့်မည်။ ပို၍ဆိုးသည်မှာ "ဘုရား
သခင်က သင့်အားစကားမပြောရခြင်းအကြောင်းရင်းမှာ သင်သည်
ဘုရားသခင်ကို နာခံမှု မရှိခြင်းကြောင့် ဖြစ်သည်"ဟု ပြောလိမ့်မည်။

ကျမ်းစာရှိသမျှသည် ဘုရားသခင် မှုတ်သွင်းတော်မူခြင်း
အားဖြင့် ဖြစ်သည်။ ကျွန်ုပ်တို့အားလုံးသည် လူများကို
သင်ကြားခြင်းနှင့် ကူညီခြင်း၊ သူတို့ကို ပြုပြင်ခြင်းနှင့်မည်
သို့ အသက်ရှင်ရမည်ကိုဖော်ပြရန် အသုံးဝင်ကြသည်
(၂တိ၊ ၃း ၁၆)။

သမ္မာကျမ်းစာက ဘုရားသခင်အကြောင်းကို ကျွန်ုပ်တို့အား ပြော
ပြပြီး၊ ကမ္ဘာကိုမဖန်ဆင်းမီက ကြိုတင်ကြံစည်ထားသည့်အတိုင်း၊ မည်
သူက ထိုအကြံအစည်တို့ကို သယ်ဆောင်ခဲ့သည်၊ ၄င်းနှင့် ကျွန်ုပ်တို့
မည်သို့ဆက်စပ်ပုံတို့ကိုလည်း ဖော်ပြထားသည်။ ထို့ကြောင့် လူသား
တို့အား ဘုရားသခင် မိန့်တော်မူသောအရာနှင့်ပတ်သက်၍ ဘုရားသခင်
သည် အခွင့်အာဏာရှိသူ ဖြစ်သည်။ သူသည် ယုံကြည်ခြင်းနှင့်ကျင့်
ဝတ်ဆိုင်ရာအားလုံးအတွင် နောက်ဆုံးအခွင့်အာဏာရှိသည်။ ယုံကြည်
ခြင်းအတွက် ဘုရားသခင်၏ သတင်းစကားကို ပို့ဆောင်ရန် ကျမ်းစာက

---

[10] John Wesley, *How To Pray: The Best of John Wesley on Prayer*. Barbour Publishing, Inc. 2008.

လွဲပြီး အခြားမည်သည့်စာအုပ်မျှ ကျွန်ုပ်တို့ မလိုအပ်ပါ။ သမ္မာကျမ်းစာ သည် လုံလောက်မှုရှိသော နောက်ဆုံးကျမ်းစာဖြစ်ပါသည်။ သမ္မာကျမ်း စာက ရှင်းရှင်းလင်းလင်းဖော်ပြထားသည်ဟု ဆိုရာတွင် ၎င်းအထဲ၌ ရေးထားသမျှသည် လုံး၀ရှင်းနေသည်ဟု မဆိုလိုပါ။ သို့သော် ဘုရား သခင်က ကျွန်ုပ်တို့ သိရန်လိုအပ်သောအရာများကို ရေးသားထား ကြောင်း သံသယရှိစရာမလိုပါ။ အကယ်၍ စာပိုဒ်တစ်ပိုဒ်က မရှင်းလင်း ပါက အခြားကျမ်းပိုဒ်သည် ရှင်းလင်းပြတ်သားစွာနှင့် နားလည်သဘော ပေါက်ရန် ကျွန်ုပ်တို့အား ကူညီလိမ့်မည်။

ထို့ကြောင့် "ဘုရားသခင်က ကျွန်ုပ်အားပြောခဲ့သည်" ဟူသော ဆွေးနွေးမှုအားလုံးသည် ၤ၌အခြေခံသဘောတရားများနှင့် သမ္မာတရား များကို နားလည်ရန် လိုအပ်သည်။ အခြားသောအရာအားလုံး ထိုက် လျှောက်စွာ တရားသဖြင့်စီရင်တော်မူလိမ့်မည်။ တစ်စုံတစ်ဦးက သင့် အား ဘုရားသခင်ပြောသည်ဟူ၍ ပြောပြသောအရာအားလုံး သို့မဟုတ် ကျွန်ုပ်တို့အတွက် သူတို့ရသော "စကားလုံး"သည် ဘုရားသခင်၏ နှုတ် ကပတ်တော်ထဲ၌ ရှိပြီးသား ဖြစ်သည်။ ၤ၌ကိုယ်ကျိုးရှာသော ပြောဆို ချက်များသည် သူတို့ကိုယ်သူတို့ ဂုဏ်ကျက်သရေရှိရန်၊ သူတို့ကိုယ် သူတို့ အရေးကြီးသော (သို့) အရေးပါသော (သို့) အထူးထင်ရှားစေရန် ပြုလုပ်ခြင်း ဖြစ်သည်။ ဘုရားသခင်သည် သူ၏ဘုန်းအသရေတော်ကို အခြားသူများအား ပေးကမ်းခြင်း(သို့)ဝေမျှခြင်း မပြုပါ။ "ငါသည် ထာ၀ရ ဘုရားဖြစ်၏။ ထိုနာမသည် ငါ့နာမဖြစ်၏။ ငါ့ဘုန်းကို အခြားသောသူအား လည်းကောင်း၊ ငါ၌အသရေကို ရုပ်တုဆင်းတုတို့အား လည်းကောင်း၊ ငါမ ပေး" (ဟေရှာ၊ ၄၂း ၈)။ ကျမ်းစာကလည်း "ခပ်သိမ်းသောအရာကို စုံစမ်း၍၊ ကောင်းသောအရာကို မြဲမြံစွဲကြလော့" ဟု ဆိုထားပါသည်။ "... အကြောင်းမူကား မိစ္ဆာပရောဖက်အများတို့သည် ၤ၌လောကသို့ သွားကြပြီ" (၁ယော၊ ၄း ၁)။

ကျွန်ုပ်တို့သည် ဘုရားသခင် နှုတ်ကပတ်တော်ကို သိသည်ဟု ဆိုကြသော သမ္မာကျမ်းစာဆရာများအဖြစ် မိမိတို့ကိုယ်ကို ဖော်ပြမည့် သူများစွာကို တွေ့ကြုံရလိမ့်မည်။ နှုတ်ကပတ်တော် လေ့လာခြင်းသည် အထူးအရေးကြီးပါသည်။ သို့မှသာ ကိုယ်တိုင်တတ်ကျွမ်းသော ပညာရှင် များဖြစ်လာပြီး စစ်မှန်သောသူများနှင့် မစစ်မှန်သောသူတို့အကြားခြား နားချက်များကို ပြောပြနိုင်မည် ဖြစ်သည်။ "သင်မူကား၊ ဂုဏ်ခံတော်မူသော သူ၊ ရှက်ကြောက်စရာအကြောင်းမရှိဘဲ၊ သမ္မာတရားကို မှန်ကန်စွာ ပိုင်းခြား တတ်သော ဆရာသမားဖြစ်လျက်၊ ဘုရားသခင့်ရှေ့၌ ကြိုးစားအားထုတ်လော့" (၂တိ၊ ၂း ၁၅)။

ဘုရားသခင်၏ မိသားစုဝင်ဖြစ်ခြင်းဟူသည် အဘယ်နည်း?

ဘုရားသခင်၏ မိသားစုဝင် အစိတ်အပိုင်းတစ်ခု ဖြစ်ရန်၊ ကျွန်ုပ် တို့ကို ဘုရားသခင်ဖန်ဆင်းခဲ့ခြင်း၏ အကြောင်းရင်း ဖြစ်သည်။ အ ကြောင်းမလှစွာဖြင့် လူတစ်ဦး(အာဒံ)၏ အပြစ်ကြောင့် ထိုမိသားစု ပြိုကွဲ ခဲ့သည်။ ထိုကြောင့် သဘာဝအတိုင်း ဘုရားသခင်၏ မိသားစုဝင်ထဲသို့ မွေးဖွားလာမည့်အစား၊ ကျွန်ုပ်တို့သည် ဘုရားသခင်၏ မိသားစုဝင် အဖြစ်မှ ဖယ်ထုတ်ခြင်းခံလိုက်ရသည်။

ရောမ ၉း ၈ နှင့် ဖေက် ၂း ၃ က ပြောသည်မှာ "ကျွန်ုပ်တို့သည် အမျက်တော်သင့်ရန် မွေးဖွားသော သားများသမီးများ ဖြစ်ကြသည်"။ ကျွန်ုပ်တို့သည် ခရစ်တော်ကို ကယ်တင်ရှင်အဖြစ် လက်ခံ သောအခါ ကျွန်ုပ်တို့သည် ကမ္ဘာနှင့်ဆိုင်သော မိသားစုနှင့် ကောင်းကင်ကိုယ်ထဲ့ ဘုရားသခင်၏ သားသမီးများအဖြစ် ကြိုဆိုခြင်းကို ခံရသည် (ယောဟ၊ ၁း ၁၂။ ရော၊ ၈း ၁၆။ ၁ယော၊ ၃း ၁-၂)။ ထိုကြောင့် သင်တို့သည် ယခု ဘုရားသခင်၏ မိသားစုဝင် ဖြစ်ကြပြီး ကမ္ဘာတစ်ဝှမ်းမှာ ညီအစ်ကိုမောင် နှမများရှိလာကြပြီး ကျွန်ုပ်တို့အတွက် ဆုတောင်းပေး၍ ကျွန်ုပ်တို့ကို မေတ္တာပြရန် အဆင်သင့် ဖြစ်နေကြပြီ။

ကျွန်ုပ်တို့တွင် စွမ်းရည်အသစ်၊ နှလုံးသားအသစ်၊ စိတ်အသစ်နှင့် ဝိညာဉ်အသစ်ရှိသော်လည်း ကျွန်ုပ်တို့သည်ကျိုးပဲ့နေဆဲဖြစ်သည်။ တစ် ချိန်က ကျွန်ုပ်တို့ အသက်ရှင်ခဲ့သောအသက်တာ၊ ကျွန်ုပ်တို့ ရွေးချယ်ခဲ့ သောအရာများ၊ ဘုရားသခင်အား ဆန့်ကျင်ခဲ့သောအရာများတို့ကို ကျွန်ုပ်တို့ မှတ်မိနေဆဲ ဖြစ်သည်။ ထိုအရာများကို သမ္မာကျမ်းစာက အပြစ်ဟု သတ်မှတ်သည်။ ထိုသို့မှတ်မိခြင်းများသည် ကျွန်ုပ်တို့အထဲ ၌ရှိနေသေးသောကြောင့် ထိုသို့သောအရာများကို ထပ်ခါထပ်ခါပြုလုပ် ရန် ဆွဲဆောင်မှု အသစ်များ ဖန်တီးပေးသည်။ အဘယ်ကြောင့်ဆိုသော် ထိုအရာကသာ ကျွန်ုပ်တို့ကို စိတ်ချမ်းသာစေသောကြောင့် ဖြစ်သည်။ သူတို့နှင့် ကျွန်ုပ်တို့ ခံစားရသည့် ခံစားချက်များကြောင့် ၎င်းကို ကျွန်ုပ်တို့ နှစ်သက်နေဆဲပင်။ ထို့ကြောင့် အပြစ်တရားသည် ကျွန်ုပ်တို့အသက်တာ ကို လွှမ်းမိုးနိုင်ခြင်းမရှိသော်လည်း ၎င်းသည် အယူခံဝင်နေဆဲဖြစ်သော ကြောင့် ကျွန်ုပ်တို့သည် အပြစ်ပြုနေဆဲ ဖြစ်သည်။ ထို့ကြောင့် ကျွန်ုပ်တို့ ၏ နေ့စဉ်အသက်တာသည် တစ်ချိန်က လုပ်ဆောင်ခဲ့သည့်အတိုင်း သို့မ ဟုတ် သန့်ရှင်းသော ဝိညာဉ်တော်က ယခုအသက်ရှင်စေသည့်အတိုင်း ဆုံးဖြတ်၍ အသက်ရှင်ရန် ဖြစ်သည်။ ဤအရာကို ရှင်ပေါလုက သူ့အထဲ ၌ ရုန်းကန်နေရဆဲ ဖြစ်သည်ဟု ပြောခြင်းဖြစ်သည်။ ဤအရာကို လူအ များစုက လူဟောင်းနှင့် လူသစ်အကြားတိုက်ပွဲဟု ရည်ညွှန်းကြသည်။

ဤတိုက်ပွဲ အရှိန်မြင့်လာသည်နှင့်အမျှ သန့်ရှင်းသောဝိညာဉ် တော်သည် ကျွန်ုပ်တို့အထဲ၌ စိုးစံသောကြောင့် လုံးလုံးရှုံးနိမ့်ခြင်းဟု ခံစားရသည်။ သို့သော် ပို၍ရင်းနှီးကျွမ်းခြင်းနှင့် အမှတ်တရများကိုဆောင် ကြဉ်းပေးသည်။ ကျွန်ုပ်တို့၏မိဘများ၊ ချစ်မြတ်နိုးသူများ၊ မိတ်ဆွေသူ ငယ်ချင်းများ၏ သတ်မှတ်ထားသည့် စံနှုန်းများနှင့်မကိုက်ညီသော အမှတ်တရများနှင့် ရလဒ်များအရ သူတို့၏ခွင့်ပြုချက်ကို ကျွန်ုပ်တို့ ဆုံးရှုံး သွားလိမ့်မည်ဟု ခံစားမိသည်။ ထို့ကြောင့် ကျွန်ုပ်တို့ကိုယ်တိုင်နှင့်အခြား သူများအပေါ် ပြင်းထန်သော အလုပ်များသော သတ္တဝါများ ဖြစ်လာပြီး၊

၎င်းတို့နှင့်ကျွန်ုပ်တို့ ကိုက်ညီသည်ဟု ထင်ရသော စံနှုန်းများကို ကိုင်စွဲ ထားကြသည်။ ထို့ကြောင့် ကျွန်ုပ်တို့သည် အခြားသူများနှင့် မိမိကိုယ် ကို စနစ်တကျစီစဉ်ထားသော သန့်ရှင်းသပ်ရပ်သည့် အိတ်များ၌ ထိန်းသိမ်း ထားရန် ကြိုးစားသည့်အခါ ကျွန်ုပ်တို့သည် ကြမ်းကြုတ်သော တိရစ္ဆာန်ရုံ စောင့်ရှောက်သူများကဲ့သို့ ဖြစ်လာသည်။ လှောင်အိမ်များသည် အခြား သူများ၏ ထောက်ခံသဘောကျမှုကို ရရှိရန်လိုအပ်သည်။ ကျွန်ုပ်တို့ကို ဘုရားသခင်၏ မြတ်နိုးသောချစ်ခြင်းမေတ္တာအလင်းအောက်၌ ကိုယ့်ကို ကိုယ်ကြည့်ရှုခြင်းကို ရပ်တန့်ကြသည်။ သို့သော် ကျွန်ုပ်တို့သာလျှင် မဟုတ်ဘဲ အခြားသူများအားကြည့်ရှုခြင်းကိုပါ ရပ်တန့်လိုက်ကြသည်။ ကျွန်ုပ်တို့သည် ဘုရားသခင်၏ မေတ္တာတော်နှင့် ကရုဏာတော်အပေါ် အခြေခံမည့်အစား၊ ခရစ်တော်၌ရှိသော ကျွန်ုပ်တို့၏ ညီအစ်ကို၊ မောင် နှမများနှင့် သူတို့၏လုပ်ခြင်း၊ မလုပ်ခြင်းအပေါ်အခြေခံ၍အဆုံးသတ်ခဲ့ ကြသည်။

    ဘုရားသခင်၏ တောင်းဆိုချက်များကို လုပ်ဆောင်နိုင်စွမ်းမရှိ သို့မဟုတ် ဘုရားသခင်၏ အကျင့်စရိုက်တော်အတိုင်း အသက်မရှင်နိုင် ကြ။ ဘုရားသခင်၏ အမြဲစုံလင်ခြင်းရှိသည့်အတိုင်းလည်း သူတို့မတတ် နိုင်ကြ။ ကျွန်ုပ်တို့သည် ဤ"ညီအစ်ကို၊ မောင်နှမများ"ကို လက်စွဲနှုတ် ဆက်မည့်အစား၊ သူတို့ထက် ကိုယ့်အကြောင်းကိုသာ၍ ပြောလိုကြ သည်။ ဘုရားသခင်က ကျွန်ုပ်တို့ကို မည်သို့မြင်သည်၊ သုံးသပ်သည်၊ ချစ်သည် စသည်တို့ကို ပြောလိုကြသည်။ ကျွန်ုပ်တို့သည် ဘုရားသခင် ၏ ချစ်ခြင်းမေတ္တာတော်နှင့် ကျေးဇူးတော်ကို အခြားသူများအား ထို ကျေးဇူးတော်နှင့်ချစ်ခြင်းမေတ္တာ၌ နေထိုင်ခွင့်ပြုသည့် အတိုင်းအတာ အထိသာ နားလည်နိုင်မည် ဖြစ်သည်။ ခရစ်တော်က(မဿဲ ၇း၁-၃) တွင် အကြင်သူသည် သူတစ်ပါးကို စီရင်သည့်အတိုင်း၊ သင့်ကိုလည်း စီရင်မည်ဟု ပြောပါသည်။ ရောမ ၂း၁ ၌ ထပ်မံ၍ "သူတစ်ပါးကို စစ်ကြော စီရင်သောသူ၊ သင်သည် ကိုယ်အပြစ်ကို မဖုံးနိုင်ရာ။ အကြောင်းမူကား သင်

သည် စစ်ကြောစီရင်သောအမှုကိုပင် ကိုယ်တိုင်ပြုသည်ဖြစ်၍ သူတစ်ပါးကို စစ်ကြော စီရင်သည်တွင် ကိုယ်အပြစ်ရှိကြောင်းကို စီရင်ဆုံးဖြတ်ရာ ရောက်၏" ဟု ပြောပါသည်။

ကျွန်ုပ်တို့သည် အပြစ်တရားကို ခွင့်လွှတ်ခြင်း သို့မဟုတ် အခြား သူများကို ခရစ်တော်၌ရှိသူများ အသက်ရှင်သည့်အတိုင်း နေထိုင်ရန်စိန် ခေါ်ခြင်းမဟုတ်ပါ။ သို့သော်လည်း ဤအရာ၌ ဘုရားနှင့်ကျွန်ုပ်တို့ မည် သို့ ဆက်သွယ်သည်၊ ကျွန်ုပ်တို့၏ နှလုံးသားရှိသဘောထားသည် မည် သို့ရှိသည်တို့ကို ဖော်ပြသည်။ ကိုယ်ကိုကိုယ် ဖြောင့်မတ်သည်ဟု စီရင် သည့်အချိန်အများစုသည် "သင်မည်သို့မှားသည်ကို ကျွန်ုပ်ပြမည်" ဟု ပြောနေခြင်း ဖြစ်သည်။ အချိန်အနည်းငယ်ယူပြီး ဘုရားသခင်၏ ဆုံးမပဲ့ ပြင်ခြင်း လမ်းစဉ်ကို ဖော်ပြသည့် ဤကျမ်းပိုဒ်သုံးခုကို ဖတ်ပါ။ ၄င်းကျမ်း ပိုဒ်များတွင် မေတ္တာနှင့်နှိမ့်ချခြင်း ပါ၀င်သည် (မဿဲ ၁၈း၁၅-၁၈။ ဟောဗြဲ၊ ၃း ၁၃။ ၁သက်၊ ၅း ၁၁)။

ရှင်ပေါလုက ကျွန်ုပ်တို့သည် ခရစ်တော်၌ ညီအစ်ကို၊ မောင်နှမ များနှင့် မည်သို့ဆက်ဆံရမည်၊ ခရစ်တော်၏ကိုယ်အင်္ဂါအစိတ်အပိုင် းတစ်ခုအနေဖြင့် မည်သို့နေထိုင်ရမည်ဟူသော မေးခွန်း၏အဖြေနှင့် ပတ် သက်၍ အကြီးမြတ်ဆုံးသော သမ္မာတရားကို ဖော်ပြခဲ့သည်။ ဤ ကျမ်းပိုဒ်ကို ရရှိရန်ပျက်ကွက်ခြင်းသည် ကိုယ်ခန္ဓာ၌အပေါက်များစွာ၊ မိသားစုအတွင်း ပြိုကွဲခြင်း ခွဲခြားခြင်းများ ဖြစ်ပေါ် စေသည်။ ဂလာတိ ၆း ၁-၃ နှင့်ပတ် သက်၍ များစွာသော သူတို့သည် ကျွန်ုပ်တို့၏ညီအစ်ကို၊ မောင်နှမများ၏ ၀န်ထုပ်များကို မည်သို့ထမ်းဆောင်သင့်သည့်အကြောင်း ထောက်ပြကြ လိမ့်မည်။ သူတို့သည်အမှားကို ခလုတ်တိုက်မိသောအခါ သို့မဟုတ် အမှားတစ်ခုခုလုပ်မိသောအခါ ကျွန်ုပ်တို့၏ ညီအစ်ကိုများကို သတိပေး သင့်သည်ဟု ရှင်ပေါလုပြောသောအရာကို သူတို့က ထောက်ပြကြလိမ့်မည်။ သို့ဖြစ်သည့်တိုင်၊ ထိုကျမ်း၏ အကြောင်းအရာမှ အပိုဒ်ငယ် (၃)ကို မကြာခဏ ကျန်ရစ်ကြသေးသည်။ ဤအပိုဒ်

ငယ်သည် ကျန်နစ်ပိုဒ်ထက် ပို၍သော့ချက်ကျသော အပိုဒ်ငယ် ဖြစ်သည်။ *"အကြင်သူသည် ဘာမျှမဟုတ်ဘဲလျက် ဤမျှလောက် ငါဖြစ်သည်ဟု စိတ်ထင်လျှင် ထိုသူသည် ကိုယ်ကိုလှည့်ဖြားသောသူ ဖြစ်၏"*။

ကျွန်ုပ်တို့၏ ညီအစ်ကို၊ မောင်နှမများနှင့် ဆက်နွယ်သည့် ပထမခြေလှမ်းမှာ ကျွန်ုပ်တို့သည် ခရစ်တော်မရှိလျှင် အချည်းနှီးဖြစ်ကြောင်း နားလည်သဘောပေါက်ရန် မိမိကိုယ်တိုင် နှိမ့်ချခြင်း ရှိရမည်။ ကျွန်ုပ်တို့သည် ဘာမှမဟုတ်သောသူ ဖြစ်သော်လည်း ငါတို့သခင်ယေရှုခရစ်၏ အသွေးတော်အားဖြင့် ကြီးမြတ်သောသူများ ဖြစ်ကြသည်။ ဘုရားသခင်၏ ဂါကြွားလိုသောဆန္ဒတော်အတိုင်းလုပ်ရန် ကျွန်ုပ်တို့မှာ အစွမ်းအစ တစ်ခုမျှမရှိပါ။ ကျေးဇူးတော်သည် အခမဲ့ပေးသောလက်ဆောင် ဖြစ်သောကြောင့် (ဧဖက် ၂း ၉)တွင် ရှင်ပေါလုက ပြောသည့်အတိုင်း *"ကိုယ်ကုသိုလ်ကြောင့် ကယ်တင်တော် မူခြင်းသို့ရောက်သည်မဟုတ်။ အဘယ်သူမျှ ဂါကြွားစရာအခွင့်မရှိ။"* ရလဒ်အနေဖြင့် ခရစ်တော်၌ရှိသော ကျွန်ုပ်တို့၏ ညီအစ်ကို၊ မောင်နှမများကို မျှတသော ဂိမ်းတစ်ခုအဖြစ် သတ်မှတ်ခြင်း မပြုသင့်ပါ။ အဘယ်ကြောင့်ဆိုသော် သူတို့သည် ကျွန်ုပ်တို့ စံနှုန်းနှင့် မကိုက်ညီသောကြောင့် ဖြစ်သည်။ လိုအပ်သည့်အချိန်တွင် ကျွန်ုပ်တို့၏ ညီအစ်ကို၊ မောင်နှမများကို ကျွန်ုပ်တို့ ကူညီနိုင်သည့် တစ်ခုတည်းသော နည်းလမ်းမှာ ခရစ်တော်အတွက် ဘာမှမဟုတ်သူများ ဖြစ်လာရန်နှင့် သူတို့မခံမရပ်နိုင်ဖြစ်လျှင် ၎င်းကို ဆက်လက်သယ်ဆောင်ရန် ဖြစ်သည်။

ကျွန်ုပ်တို့သည် ဘုရားသခင်၏ မိသားစုဝင်များ၊ ဘုရားသခင် ဖန်ဆင်းထားသော တစ်စုံတစ်ဦးထဲက သူရဲကောင်းများ ဖြစ်ကြသည်။ ကျွန်ုပ်တို့သည် ထိုရှုထောင့်နှင့်အညီ အသက်ရှင်နေထိုင်သည် နှင့်အမျှ အခြားသူများကို ဘုရားသခင် ပေးသနားသည့် တူညီသော ကျေးဇူးနှင့် ကရုဏာဖြင့် ဆက်ဆံရန် သင်ယူကြသည်။ မိသားစုကြီး၏ အစိတ်အပိုင်း တစ်ခု ဖြစ်လာသည်နှင့်အမျှ ကျွန်ုပ်တို့သည် ဘုရားသခင်၏ သားသမီးများအဖြစ် မွေးစားခြင်း ခံရသည် (ရော၊ ၈း ၁၄-၁၇။ ဂလာ၊ ၄း ၅-၆။

ဖေက်၊ ၁း၅)။ ဤအခန်းငယ်များကို မှန်ကန်စွာထောက်ပြသကဲ့သို့ကျွန်ုပ် တို့သည် ယခုဘုရားသခင်၏ သားသမီးများ ဖြစ်ရုံမက "အဗ္ဗအဘ" ဟု ကြွေးကြော်နိုင်စွမ်းကိုလည်း ပေးအပ်ထားသည်။ ၎င်းသည် ဘုရားသခင် ကို "ဖေဖေ"ဟု ခေါ်ခြင်းနှင့် တူသည်။ ဘုရားသခင်၏ သားသမီးများ အနေဖြင့် ကျွန်ုပ်တို့၏ အမွေအနှစ်သည် ဘုရားသခင်၏ နိုင်ငံတော်၊ ကိုယ်တော်နှင့်ထာဝရနေအိမ်ဖြစ်သည့်အပြင် စွန့်ပစ်တော်မူခြင်းလည်း မရှိတော့ပါ (ဖေက် ၃း ၁။ ဟေဗြဲ၊ ၁၂း ၂၈)။

ယခုဘုရားသခင့်မိသားစုတွင် ရှိနေခြင်းသည်မြတ်သော ကောင်း ချီးတစ်ရပ် ဖြစ်သည်။

ယခုတွင် ကျွန်ုပ်တို့၏ ဂီသေသလက္ခဏာ ပေါ်လွင်အောင် အသက်ရှင်ကြပါစို့။

ဘုရားကျောင်းကို သွားဖို့လိုပါသလာ?

ဟေဗြဲ ၁၀း ၂၄-၂၅ တွင် အချင်းချင်းစည်းဝေးခြင်းအားဖြင့် တိုက်တွန်းအားပေးခြင်းကို မရှောင်မလွဲဘဲနေရန် ပြောပါသည်။ ဘုရား ကျောင်းတံခါးဖွင့်တိုင်း မတက်ရောက်နိုင်သည့်အတွက် အပြစ်ရှိ သည် ဟု ခံယူသောသူများအတွက် မှန်ကန်သော အစီစဉ်ဖြစ်သည်။ ခရစ် တော်ကို သူတို့၏ ကယ်တင်ရှင်အဖြစ် လက်ခံသောသူများသည်အသင်း တော်(ဘုရားကျောင်း) ဖြစ်ကြပြီး၊ သူတို့ကိုးကွယ်မည့်နေရာသည် အဓိ ကကျသောအရာ မဟုတ်ပါ။ ဘုရားကျောင်း (အသင်းတော်)သည် အဆောက်အဦ (သို့မဟုတ်) အဖွဲ့အစည်းတစ်ခု မဟုတ်ပါ။ သို့သော် လည်း ယေရှုခရစ်နှင့်ပတ်သက်၍ တူညီသော ယုံကြည်ချက်များနှင့် စိတ်သဘောထားတစ်မျိုးတည်းရှိကြသည့် အသက်ရှင်သောအုပ်စုတစ်စု ဖြစ်သည်။

ထို့ကြောင့် ပို၍နည်းလမ်းကောင်းတစ်ခုအဖြစ် ဘုရားကျောင်း မသွားဘဲနေခြင်းကို ရှာကြံကြသည်။ သို့သော်လည်း ကျွန်ုပ်တို့မှကား ခရစ်တော်၌ရှိသော ယုံကြည်သူ ညီအစ်ကို မောင်နှမတည်းဟူသော ယုံကြည်ခြင်းတူသော သူများနှင့် စုဝေးကြသည်။ ခန္ဓာကိုယ်အားဖြင့် စုဝေးဝတ်ပြုနိုင်ပြီး၊ တိုက်တွန်းခွန်အားပေးနိုင်ပြီး၊ အထူးသဖြင့် ယခု ခေတ်လို အင်တာနက်ခေတ်မှာ နည်းမျိုးစုံဖြင့် လူများကို တည်ဆောက် ပေးနိုင်ပါသည်။

ကမ္ဘာ့အနောက်ဘက်ခြမ်းရှိ ယုံကြည်သူများသည် အမှန်တကယ် တည်ရှိသော ရုပ်ပိုင်းဆိုင်ရာ အဆောက်အဦများတွင် သွားရောက် ဘုရားရှိခိုးကြသည်။ အရှေ့ပိုင်းခြမ်းရှိ ယုံကြည်သူများသည် ညှင်းပန်းနှိပ် စက်ခြင်းခံရမှာကို ကြောက်သဖြင့် ဘုရားကျောင်းသို့အသွားခြင်း အဆောက်အဦမရှိသောကြောင့် ဘုရားကျောင်းသို့မသွားပေ။ ထို့နောက် အငြိမ်းစားအိမ်များ၊ ကူညီစောင့်ရှောက်သည့် လူနေစင်တာများ၊ မသန် မစွမ်းသူများ သို့မဟုတ် သယ်ယူပို့ဆောင်ရေးအတွက် ခက်ခဲသူများ သည် ယုံကြည်သူများ ရုပ်ပိုင်းဆိုင်ရာ စည်းဝေးခြင်းကို ဆီးတားနိုင်ပါ သည်။ "အနောက်တိုင်း သာသနာပြုများမလာမချင်း အာဖရိက သားများ သည် ဘုရားကျောင်းများ၌ ဝတ်ပြုကိုးကွယ်ခြင်းနှင့် ပုံမှန်ဝတ်ပြု ကိုးကွယ်ခြင်း မပြုကြကြောင်း၊ မည်သည့်အခါ၌မှ ထိုသို့ဝတ်ပြုခြင်းကို မသိခဲ့ကြပါ။ ခြောက်၊ မဟုတ်ခေးပါဘူး။ သင်က မှားယွင်းစွာ လုပ်နေတာ ပါ။ အဆောက်အဦ (ဘုရားကျောင်း)တစ်ခု ဆောက်ပြီး ဝတ်ပြုရမည်" - ဒေါက်တာ ဟောင်းဝဒ်ဘရောင်း (Doctor Howard Brown)သည် ကမ္ဘာ့ဆုတောင်းအကြီးတန်း အဖွဲ့ဝင်နှင့်ကင်ညာနိုင်ငံ သာသနာပြု (၁၀) နှစ်ရှိသူ ဖြစ်ပါသည်။

အထက်ပါအချက်များ မှန်ကန်သော်လည်း အခြားအမှားများမှာ ကျွန်ုပ်တို့သည် မိမိကိုယ်ကို သီးခြားခွဲထား၍ အားပေးမှု မတောင်းခံခြင်း သို့မဟုတ် ခရစ်တော်၌ ညီအစ်ကို၊ မောင်နှမများနှင့် ရှိမနေခြင်းတို့ ဖြစ်

သည်။ ခရစ်ယာန် ယုံကြည်ခြင်းသည် တစ်ယောက်တည်း သီးခြားနေ ထိုင်ရန်မဟုတ်သကဲ့သို့ ကျွန်ုပ်တို့အားလုံးသည် သီးခြားနေရန် မရည် ရွယ်ပါ။ ဟေဗြဲ ၃း ၁၃ တွင် *"ဒုစရိုက်၏ လှည့်ဖြားခြင်းအားဖြင့် သင်တို့ စိတ်နှလုံးမခိုင်မာစေခြင်းငှါ ယနေ့ဟူ၍ ခေါ်ဝေါ်သောအချိန်၊ နေ့တိုင်းအစဉ် အချင်းချင်း တစ်ယောက်ကိုတစ်ယောက် တိုက်တွန်းနှိုးဆော်ကြလော့။* ကျွန်ုပ် တို့သည် အမှန်တကယ် ရှင်သန်ကြီးထွားရန် ဆက်နွယ်မှုတည်မြဲခြင်း ဖြင့် ခရစ်တော်နှင့်ပိုမို၍ တူညာရန် ဖြစ်သည်။ သာမန်လူများနေ့စဉ် ဝတ်ပြုခြင်း စာအုပ်ကို ရေးသားသူ၊ ဂျော်ဒီ နယူဖဲလ် (Jody Neufeld) က "ခရစ်တော်သည် သူ၏ ဘုရားရှိခိုးကျောင်းကို ကျောက်များမဟုတ်ဘဲ လူတို့အပေါ် တည်ဆောက်သည်ဟု ပြောပါသည်။ ခရစ်တော်က ရှမာရိ အမျိုးသမီးအား ဝတ်ပြုကိုးကွယ်မည့်နေရာသည် အဆောက်အဦ၌ မဟုတ်ဘဲ ကိုးကွယ်ရမည့်အချိန် ရောက်လိမ့်မည်ဟု ပြောဖူးသည်"။

ထို့ကြောင့် ကျွန်ုပ်တို့သည် နည်းအမျိုးမျိုးနှင့် ပုံစံအမျိုးမျိုးဖြင့် ကိုးကွယ်ခြင်းနှင့် စုဝေးခြင်းကို ပြုကြသောအခါ အဓိကရည်ရွယ်ချက်မှာ ၍သို့စုဝေးခြင်းအားဖြင့် အခြားသော ခရစ်ယာန်များအားဖြင့် ကျွန်ုပ် တို့ကို ထက်မြဲစေရန် ဖြစ်သည်။ ဒေသန္တရယုံကြည်သူများနှင့် တွေ့ဆုံရန် ရွေးချယ်ခြင်းအားဖြင့် ကျွန်ုပ်တို့သည် ဘုရားသခင်ကို အဓိကအာရုံစိုက် မည့်နေရာ၊ နှုတ်ကပတ်တော်ကို တစ်ခုတည်းသော အခွင့်အာဏာအဖြစ် သင်ကြားသင့်သည်။ ကျေးဇူးတော်နှင့်ယှဉ်သော ဧဝံဂေလိတရားကို ဟောပြော အသက်ရှင်ခြင်းနှင့် ပုံမှန်လေ့လာခြင်း၊ ဝိညာဉ်တော် ဆု ကျေးဇူးများကို တက်ကြွစွာအသုံးပြုခြင်း၊ ဝိညာဉ်ရေရာ စည်းကမ်းရှိ ခြင်းဖြင့် နှစ်ခြင်းခံခြင်း၊ ပွဲတော်ဝင်ခြင်းများခံယူကြသည်။ တစ်ချိန် တည်းမှာပင် ယုံကြည်သူများသည် သူတို့၏ ဒေသန္တရမိသားစုဝင်များကို စုရုံးရန်၊ အချင်းချင်း သိကျွမ်းရန်၊ ကျွန်ုပ်တို့အားလုံး၏ ဆုံးရှုံးမှုများကို အခြားသူများအား ပွင့်ပွင့်လင်းလင်းဖြင့်ပြောရန်နှင့် အားလုံးတို့သည် သတိရှိရန်နှင့် အားပေးအားမြှောက်ပြုသင့်သည်။ ဘုရားသခင်၏ကျေးဇူး

တော်သည် အမြဲလုံလောက်လျက်ရှိပြီး၊ သူသည် ကျွန်ုပ်တို့ကို နက်နက်
ရှိုင်းရှိုင်းချစ်တော်မူ၏။ ဘုရားသခင်၏ မျက်ဆန်တော်များလည်း ဖြစ်ကြ
သည် (ဇာခရိ၊ ၂း ၈)။

ကျွန်ုပ်တို့၏ ယုံကြည်ခြင်းအသစ်ကို ဖေမျှရန်အကောင်းဆုံး
နည်းလမ်းက ဘာလဲ?

အစပိုင်းတွင် ကျွန်ုပ်တို့၏ ယုံကြည်ခြင်းကို ဖေမျှလိုသောအခါ
၎င်းကို မည်သို့အတိအကျ လုပ်ဆောင်ရမည်ကို မသိခြင်း သို့မဟုတ်
အရည်အချင်းမပြည့်မီခြင်းကြောင့် သို့မဟုတ် တစ်နည်းနည်းဖြင့် ခံစား
နေရခြင်းတို့ကြောင့် ကျွန်ုပ်တို့ စိတ်ပျက်အားလျော့လာနိုင်သည်။ ၎င်း
သည် ဖြစ်ရိုးဖြစ်စဉ်ပုံမှန်ဖြစ်သော်လည်း ပြဿနာတစ်ခုမှာ ဘုရား
သခင်၏ နှုတ်ကပတ်တော်ကို ကျွန်ုပ်တို့မသိခြင်း ဖြစ်သည်။ ကျွန်ုပ်တို့
သည် ဘုရားသခင်၏ နှုတ်ကပတ်တော်နှင့် ပိုမိုရင်းနှီးကျွမ်းဝင်လာ
သောအခါ ဘုရားသခင်၏ နှုတ်ကပတ်တော် သမ္မာတရားကို ဖေမျှခြင်း
တွင် ပိုမိုအဆင်ပြေသွားပါလိမ့်မည် (၂တိ၊ ၂း ၁၅)။ ပေတရုက *"ငါတို့၌ရှိ
သော မျှော်လင့်စရာအကြောင်းကို မေးမြန်းသောသူတိုင်း အဖြေရှိသင့်
သည်"* ဟု ဆိုခဲ့သည် (၁ပေ၊ ၃း ၁၅)။

သင်သည် ဖေ့ရာတွင် အထောက်အကူဖြစ်စေမည့်အရာ သုံးခု
ရှိသည်။

၁) ခရစ်တော်မကြုလာမီ သင့်အသက်တာ မည်သို့အသက်ရှင်ခဲ့သည်
ဟူသော သင်၏အကြောင်းကို အကျဉ်းချုံးဖေမျှပါ။ သင်၏ဇာတ်
လမ်းကို ပြောပြရာတွင် သင့်အကြောင်းစိတ်ဝင်စားသူ အရေအ
တွက်ကို သင်သည် အံ့အားသင့်သွားလိမ့်မည်။

၂) ကျွန်သည့်ကိစ္စများကို လုပ်ဆောင်ရာတွင် ဘုရားသခင်အား ကိုး
စားသောအခါ သင်သိရှိထားသော နှုတ်ကပတ်တော်ကို အကျဉ်းချုံး

ဝေမျှပါ။ ရလဒ်များကို ချက်ခြင်းမမြင်ရလျှင်ပင် နှုတ်ကပတ်တော်သည် သူ၏ရည်ရွယ်ချက်များကို အမြဲပြီးမြောက်စေမည်။

၃) ကျွန်ုပ်တို့ ရှိသမျှသည် အက်ကွဲပြီး၊ ကျိုးပဲ့သော ဘုရားသခင်၏ တန်ဆာပလာများ ဖြစ်ကြောင်းကို သတိရပါ။ ကျွန်ုပ်တို့သည် မည်သူမျှ ဘုရားသခင်၏ နှုတ်ကပတ်တော်အကြောင်း ပိုမိုသိရှိနိုင်ရန် အစွမ်းအစ မရှိပါ။ ငါတို့ရှိသမျှသည် ဘုရားသခင်၏ နှုတ်ကပတ်တော်ကို သွန်သင်ပေးသော ထိုတူညီသော သန့်ရှင်းသောဝိညာဉ်တော်ရှိသည်။ အဘယ်ကြောင့်ဆိုသော် ဘုရားသခင်က ကျွန်ုပ်တို့အား ပေးတော်မူသော ဆုကျေးဇူးများကြောင့် အခြားသူများကို ဘုရားသခင်၏ နှုတ်ကပတ်တော်ဝေငှရန် သို့မဟုတ် သင်ကြားပေးရန် ပိုမိုလွယ်ကူလိမ့်မည်။ သို့သော် ကျွန်ုပ်တို့အားလုံးသည် ဘုရားသခင်၏ နှုတ်ကပတ်တော်ကို ဝေငှရန် တာဝန်ရှိသည်။ ထို့ကြောင့် ကျွန်ုပ်တို့သည် ထိုသို့လုပ်ဆောင်နိုင်ဖို့အလို့ငှါ သန့်ရှင်းသောဝိညာဉ်တော်ကို ပေးတော်မူခြင်း ဖြစ်သည်။ ရှင်ပေါလုက (၂ကော၊ ၁၂း၉)တွင် ဤသို့ပြောခဲ့သည်။ *"သို့သော်လည်း သူက၊ ငါ့ကျေးဇူးသည် သင့်အဘို့ လောက်ပေ၏။ ငါ့တန်ခိုးသည် အားနည်းခြင်းအဖြစ်၌ စုံလင်တတ်သည်ဟု မိန့်တော်မူ၏။ ထို့ကြောင့် ခရစ်တော်၏ တန်ခိုးသည် ငါ့ကိုယ်၌ အားနည်းခြင်းအဖြစ်ကို ဝမ်းမြောက်သော စိတ်နှင့်ဂါကြွားခြင်းငှါသာ၍ ငါအလိုရှိ၏"*

ကျွန်ုပ်တို့နှင့် အနီးဆုံးရှိလူများသည် ကျွန်ုပ်တို့၏အသက်တာတွင် ကြီးမားသောခြားနားချက်ကို သတိမပြုမိနိုင်သော်လည်း ထိုသူတို့သည် နားထောင်ရန် နှောင့်နှေးမည်မဟုတ်ကြောင်း သတိရပါ။ သူတို့နှင့်ခြားနားခြင်းမရှိသည်ကို တွေ့မြင်ကတည်းက ကျွန်ုပ်တို့၌ ရှိသောအရာသည် လိုချင်စရာ အကြောင်းမရှိသည်ကို တွေ့ရသည်။ ကျွန်ုပ်တို့၏ ယုံကြည်ခြင်းကို ဝေမျှရန် အကြီးမားဆုံးနည်းလမ်းမှာ ကျွန်ုပ်တို့၏ အသက်တာ၌ရှိသော ဘုရားသခင်၏မေတ္တာတော်ကို ပြသနိုင်ရန် ဘုရား

သခင် ယူဆောင်ပေးသော လမ်းခရီးနှင့် အသက်တာကို သူတို့ထံယူ
ဆောင် ပေးရပါမည်။ ဘုရားသခင်၏ မေတ္တာတော်ကို ဖေျမှုရန်အကြီး
မြတ်ဆုံးနည်းလမ်းမှာ နှုတ်ကပတ်တော်အားဖြင့်သာ မဟုတ်ဘဲ ရက်
ရောစိတ်ထား၊ ကြင်နာမှု လုပ်ရပ်များဖြင့် ဖြစ်ပြီး တစ်စုံတစ်ဦးက ကျွန်ုပ်
တို့အား မည်သို့ပြုမူဆက်ဆံခဲ့သည်ကို မတုန့်ပြန်ဘဲ ဘုရားသခင်၏
ကျေးဇူးတော်ကြောင့် ကျွန်ုပ်တို့ တစ်ဦးစီကို နေ့ရက်သစ်များ နေ့တိုင်း
ပေးတော်မူသည်။ ထို့ကြောင့် ကျွန်ုပ်တို့သည် ဖေျမှုခြင်းမပြုမီနှင့် ဖေျမှုပြီး
သည့်အချိန်တွင် ဖေျမှုလိုသောသူ၊ ဖေျမှုပြီးသောသူများအတွက် ဆု
တောင်းရန်မှာ အလွန်အရေးကြီးသောကိစ္စ ဖြစ်သည်။ ထိုနောက် ကျွန်ုပ်
တို့၏ ယုံကြည်ခြင်းကို မျှဖေလိုစိတ်ရှိရန်တောင်းဆိုနေချိန်မှာ သူတို့ကို
ပြောင်းလဲစေရန်မှာ ဘုရားသခင် ကိုယ်တော်တိုင်၏ အလုပ်ဖြစ်သည်ကို
နားလည်သဘောပေါက်ပါ။ သူတို့လက်မခံလျှင် ကျွန်ုပ်တို့၌ တာဝန်မရှိပါ
(၁ကော၊ ၃း ၅-၉)။

ကျွန်ုပ်၏ အသက်တာ၌ ဘုရားသခင်၏အလိုတော်ကို မည် သို့သိနိုင်မည်နည်း?

ဤမေးခွန်းသည် ဆယ်စုနှစ်များစွာ မေးလေ့ရှိသော မေးခွန်း
ဖြစ်ပါသည်။ ကယ်တင်ခြင်းရပြီး အချိန်ကြာမြင့်သူများပင်လျှင် ဤမေး
ခွန်းကို မေးနေကြဆဲဖြစ်ပြီး အဖြေသည် လက်လှမ်းမမှီနိုင်သည့် အလား
ပမာ ဖြစ်နေသည်။ မကြာခဏဆိုသကဲ့သို့ ကျွန်ုပ်တို့သည် ဤမေးခွန်းကို
မေးကြသည့်အခါမှာ ကျွန်ုပ်တို့သည် အလိုတော်မရှာကြကြောင်း သိသာ
ထင်ရှားသည်။ သို့သော် ဘုရားသခင်သည် အနာဂတ်ကို ပြောသူ
ဖြစ်သည်။ အကယ်စင်စစ်ဘုရားသခင်သည် အနာဂတ်ကို သိတော်မူ၏။
အကယ်၍ သူသည် ကျွန်ုပ်တို့အားပြောပါက ကျွန်ုပ်တို့၏ဘဝသည် ပိုမို
လွယ်ကူ ချောမွေ့ပြီး ပို၍သက်တောင့်သက်သာ ရှိလိမ့်မည်။

ဘုရားသခင်သည် ကျွန်ုပ်တို့ သက်တောင့်သက်တာရှိခြင်း၊ ကိုယ်တိုင်လုံလောက်မှုရှိခြင်း သို့မဟုတ် ကျွန်ုပ်တို့၏ဘဝ မလွယ်ကူခြင်း အတွက် ကုန်ကျစရိတ်ပို၍ လွယ်ကူခြင်း၊ သို့မဟုတ် ထိုအရာများအား ဖြင့် ဘုရားသခင်၏ပုံသဏ္ဌာန်တော်နှင့်တူအောင် ပုံသွင်းသောအရာများ ကို ခွင့်ပြုခြင်းများကို စိတ်မဝင်စားခဲ့ပါ။ သူစိတ်ဝင်စားသောအရာမှာ သူ့ကိုအမီပြု၍ သူ၏ဖန်ဆင်းချက်ရည်ရွယ်ချက် အတိုင်း ပိုမိုသဏ္ဌာန်တူ လာခြင်းသာလျှင် ဖြစ်သည်။ ဘုရားသခင်သည် ကျွန်ုပ်တို့ကို အလွန် အမင်း စိတ်ပျက်စေသော ဖြစ်ရပ်များ၏အခြေအနေများမှ အမြဲတမ်း ဆောင်ကြဉ်းပေးတော်မူလိမ့်မည်။ သူသည် ကျွန်ုပ်တို့အား ခေါ်ဆောင် လာသည်နှင့်အမျှ ကျွန်ုပ်တို့၏အသက်တာကို ရှင်သန်ရန် ကျွန်ုပ်တို့၏ ကိုယ်ပိုင်အစွမ်းသတ္တိနှင့် စွမ်းရည်များအပေါ် မှီခိုခြင်းကို ရပ်တန့်လိုက် သည်။ သန့်ရှင်းသော ဝိညာဉ်တော်အားဖြင့် ပေးသနားတော်မူသော ကိုယ်တော်၏ကျေးဇူးတော်သို့ ရောက်ရှိရန် ကျွန်ုပ်တို့၌ ဘုရားသခင် အသက်ရှင်ခြင်းကို ရောင်ပြန်ဟပ်ရန် ကျွန်ုပ်တို့နှင့် မခြားတော့ပါ။ တစ်ခါ တစ်ရံ ကျွန်ုပ်တို့အား ပေးတော်မူသော တစ်ခုတည်းသောအလင်းသည် ကျွန်ုပ်တို့ရှေ့ရှိနောက်ထပ်ခြေလှမ်းကို ထွန်းလင်းစေလိမ့်မည်။ ထို့ ကြောင့် ဆာလံ ၁၁၉း ၁၀၅ တွင် "နှုတ်ကပတ်တော်သည် အကျွန်ုပ်ခြေရှေ့ မှာ မီးခွက်ဖြစ်၍ အကျွန်ုပ်လမ်းခရီးကို လင်းစေပါ၏" ဟု ဆိုထားပါသည်။

ကျွန်ုပ်တို့ထံမှ ဘုရားသခင်က မည်သည့်အရာ အလိုတော်ရှိ သည်ကို သိရန်ကြိုးစားခြင်းသည် မခက်ခဲပါ။ ကိုယ်တော်၏ နည်းလမ်း တော်များသည် ကျွန်ုပ်တို့၏ နည်းလမ်းများထက်သာလွန်ကြောင်း၊ သူ၏ အကြံအစည်များသည် ကျွန်ုပ်တို့၏အကြံအစည်ထက် မြင့်သည်ကို သတိရပါ (ဟေရှာ၊၅၅း ၈-၉) ထို့ကြောင့် ဘုရားသခင်သည် ကျွန်ုပ် တို့အား သူအလိုတော်ရှိရာကို ရှာဖွေရာတွင် အခက်တွေ့စေလျှင် မည် သည့်အခါ၌မျှ ကျွန်ုပ်တို့ ရှာဖွေတွေ့ရှိနိုင်လိမ့်မည် မဟုတ်ပါ။

ဘုရားသခင် အလိုတော်ရှိရာများမှာ -

- သူ့ကို စိတ်နှလုံးအကြွင်းမဲ့ ချစ်ရန် (မဿဲ၊ ၂၂း ၃၆-၃၇)
- မိမိကိုယ်ကို ချစ်သလို သူတစ်ပါးကို ချစ်ရန် (မဿဲ၊ ၂၂း ၃၉)
- ကိုယ်ခန္ဓာကို အသက်ရှင်သော ယဇ်အဖြစ်ပူဇော်ရန် (ရော၊ ၁၂း ၁)
- လောက၏ နည်းလမ်းပုံသဏ္ဍာန်ကို မဆောင်ရန် (ရော၊ ၁၂း ၂)
- သူတစ်ပါးကို မိမိထက် ချီးမြှောက်ရန် (ရော၊ ၁၂း ၁၀)
- ကိုယ့်အမှုအရာကိုသာ မရှုမမှတ်ဘဲ၊ သူ့အမှုအရာကို အချင်းချင်းရှုမှတ်ကြရန် (ဖိ၊ ၂း ၄)
- သင်၏ ညီအစ်ကိုများ၏ ထမ်းရွက်စရာဝန်များကို အချင်းချင်းထမ်းရွက်ကြရန် (ဂလာ၊ ၆း ၂)
- တစ်ယောက်ကို တစ်ယောက် နူးညံ့သိမ်မွေ့စွာ ဆက်ဆံရန် (ဧဖက် ၄း ၁-၂)
- တစ်ယောက်ကို တစ်ယောက် ခွင့်လွှတ်ခြင်း ရှိရန် (ဧဖက် ၄း ၃၁)
- ဝိညာဉ်တော်၏ အသီးကို သီးရန် (ဂလာ၊ ၅း ၁၆-၂၆)
- အချင်းချင်းတည်ဆောက်ပေးခြင်း၊ နှစ်သိမ့်ခြင်းကို ပြုရန် (ဧဖက် ၄း ၂၉)
- ကျွန်ုပ်တို့၏ အသစ်သောအသက်တာနှင့်အညီ နေထိုင်ရန် (ဧဖက် ၄း ၂၄)
- သူတစ်ပါးကို ထောက်မနိုင်ဖို့ အလုပ်လုပ်ရန် (ဧဖက် ၄း ၂၈)
- မစိုးရိမ်ရန် (မဿဲ ၆း ၁၉-၂၀)
- ကောင်းကင်ဘုံ၌ ဘဏ္ဍာကို သိုထားရန် (မဿဲ ၆း ၁၉-၂၀)
- ကိုယ်ခန္ဓာကို သူစရိုက်လက်နက်အဖြစ် ပူဇော်ရန် (ရော၊ ၆)
- သူ၏ အစေခံ၊ တန်ဆာပလာများအဖြစ် အမှုတော်ဆောင်ရန် (၁ပေ၊ ၁း ၉)
- ဘုရားသခင်၏ နှုတ်ကပတ်ကို လေ့လာရန် (၂တိ၊ ၂း ၁၅)

- အရာရာတိုင်းကို ဘုန်းတော်ထင်ရှားဖို့ လုပ်ဆောင်ရန် (၁ကော၊ ၁၀း ၃၁)
- ခပ်သိမ်းသောအရာတို့ကို ရှုံးစေသောအရာအဖြစ် ထင်မှတ်ပြီး၊ ဘုရား သခင်ကို သိရန် (ဖိ၊ ၃း ၈)
- အချင်းချင်း တစ်ယောက်ကိုတစ်ယောက် တာဝန်ခံမှု ရှိရန် (ယာ၊ ၅း ၁၆)

ခရစ်တော်က ငါ့နောက်သို့လိုက်သောသူသည် မိမိအသက်ကိုပင် မုန်းရမည်ဟု ပြောသည်။ ဤသို့ ပြောဆိုခြင်းဖြင့် ကျွန်ုပ်တို့သည် ကျွန်ုပ် တို့အလိုဆန္ဒများနှင့် ရည်ရွယ်ချက်များကို ရှာဖွေသောနည်းလမ်းဖြင့် အသက်မရှင်ရန် လိုအပ်ကြောင်း ပြောပါသည်။ သို့သော် ဘုရားသခင်၏ ဘုန်းတော်၊ ဂုဏ်တော်ကို ထင်ရှားစေသည့် အလိုဆန္ဒများနှင့် ရည်ရွယ် ချက်များဖြင့် အသက်ရှင်ရမည်။ ထိုဆုကျေးဇူးတော်၏တန်ဖိုးကို တွေး တောဆင်ခြင်ခြင်းဖြင့် ဥပဓာဉ်တော်၌ ခရစ်တော်ကြုံတွေ့ရသော ဝမ်း နည်းပူဆွေးမှု၊ ဆင်းရဲဒုက္ခနှင့် ဆုံးရှုံးမှုများမှ သူခံစားခဲ့ရသော နာကျင် မှုက နက်ရှိုင်းသော ကျေးဇူးတင်ခြင်းကို ဖြစ်စေသည်။ ဤကျေးဇူးတင် လေးမြတ်မှုသည် စိတ်အားထက်သန်မှုနှင့် ရှင်လန်းမှုကို ခံစားစေသည်။ ထိုသို့ဖြစ်ခြင်းကြောင့် ဘုရားသခင်နှင့် အခြားသူများအား ကျွန်ုပ်တို့ လုပ် ဆောင်သည့်အရာများကို အထင်ကြီးစေရန် ကြိုးစားခြင်း မဟုတ်ပါ။ သို့သော် ခမည်းတော်ဘုရားသခင်အား ဝတ်ပြုကိုးကွယ်ခြင်းနှင့် သူတစ် ပါးအကျိုးဆောင်ပေးခြင်းအတွက် ကျေးဇူးတင်ကြောင်း ပြောပါ။ ဤသို့ ဖြင့် အသက်တာသည် မထင်မရှားဖြစ်သောအခါ ဘုရားသခင် လုပ်စေ လိုသောအရာများ လိုက်လျှောက်ခြင်းသည် အမြဲတမ်းပြဿနာ မဟုတ်ပါ။ ကျွန်ုပ်တို့၏ ဂိသေသလက္ခဏာနှင့် ထိုဂိသေသလက္ခဏာအတွက် အဖိုးအခကို ခရစ်တော်က ပေးပြီးသွားပြီ ဖြစ်သည်။

ကျွန်ုပ်တို့သည် ကိုယ့်ကိုယ်ကို မည်သူမည်ဝါဖြစ်ကြောင်း အာရုံ စိုက်ခြင်း ပျောက်ဆုံးသောအခါ ပိုမိုနာခံရန် အပြောခံရခြင်း၊ ထပ်ဆင့် ညွှန်ကြားခြင်းများပေးခြင်း၊ မည်သို့ပြုလုပ်ရမည်ဟု အပြောခံရခြင်း၊ ဘုရားသခင်သခင်၏ အလိုတော်ကြောင့် ချွေးထွက်အောင် ပူပန်ခြင်း၊ သန့်ရှင်းခြင်းရှိ၊ မရှိနှင့်ပတ်သက်၍ စိုးရိမ်ပူပန်ခြင်း စသည်တို့သည် ပြဿနာကို အမြဲတည့်မတ်ပေးလိမ့်မည် မဟုတ်ဘဲ၊ ပိုမိုဆိုးရွားစေနိုင် သည်။ ထိုသို့ပြုမည့်အစား ကျွန်ုပ်တို့သည် ဂေံဂေလိဖြစ်သော သမ္မာ တရားနှင့် သတင်းစကားကိုရပ်တန့်ပြီး စဉ်းစားရန်လိုအပ်သည်။ ကျွန်ုပ် တို့အားပြောပြသော ဂေံဂေလိအားဖြင့် ကယ်တင်ခြင်း ရရှိမည်ဟုသည် ကိုပင် ကျွန်ုပ်တို့ မသိခဲ့ပါ။ သို့သော်လည်း ခရစ်တော်သည် ကျွန်ုပ်တို့ အား ဘုရားသခင်၏ အမျက်တော်နှင့် အပြစ်စီရင်ခြင်းမှ ကယ်တင်ရန် ကြွလာခဲ့သည်။ ထိုသို့ပြုခြင်းဖြင့် ဘုရားသခင်က ကျွန်ုပ်တို့အား တောင်း ဆိုသော စုံလင်သောဖြောင့်မတ်ခြင်းသို့ ကယ်တင်ရုံသာမက ကျွန်ုပ်တို့ ကို ဖန်ဆင်းတော်မူသောအရှင်နှင့်ဆက်ဆံမှု ရှိစေခဲ့သည်။ ကျွန်ုပ်တို့ သည် ဤသမ္မာတရားကို မကြာခဏ သတိရရန် ရွေးချယ်သောအခါ ကျွန်ုပ်တို့၏အတွင်းစိတ်နှလုံး၌ ကျေးဇူးတင်တတ်ခြင်းနှင့် ချစ် တတ်ခြင်း ကို ဖြစ်ပေါ် စေသည်။ အကြောင်းမဲ့ ပေးခဲ့သောအရှင်ကို ချစ်ခြင်းသည် ကျွန်ုပ်တို့၏ တုန့်ပြန်မှု မည်သို့ပင်ရှိစေကာမူ မျက်နှာသာပေးတော်မူခဲ့ သည်။ ယခုကျွန်ုပ်တို့၌ နက်ရှိုင်းသော မွေ့လျော်ခြင်း ရှိသည်။ ထို ချစ်ခြင်းမေတ္တာသည် ကျွန်ုပ်တို့အတွင်း၌ တိုးပွါးလာသည်နှင့်အမျှ အခြား သူများ၏ဘဝသို့ ကျွန်ုပ်တို့ရောက်ရှိလာလိမ့်မည်။ ထိုသို့ပြုခြင်းဖြင့် ကျွန်ုပ်တို့သည် သူ၏ဘုန်းတော်ကိုသာမက သူ၏မေတ္တာတော်နှင့် ကရု ဏာတော်ကိုလည်း ရောင်ပြန်ဟပ်စေပါလိမ့်သည်။

ကျွန်ုပ်တို့သည် ကျေးဇူးတော်တည်းဟူသော ခရီးလမ်း၌လျှောက် ကြစဉ်အခါ သင်၏အထဲ၌ ထိတ်လန့်တုန်လှုပ်ဖွယ်ကောင်းသော ခံစားမှု များကို တွေ့ရလိမ့်မည်။ သူတို့ကို စူးစမ်းလေ့လာပါ။ ထိုသို့စူးစမ်းလေ့

လာ ခြင်းအားဖြင့် တံခါးများဖွင့်လှစ်ခြင်း၊ စိတ်အားထက်သန်မှု ကြီးထွား
လာခြင်း၊ ခရစ်တော်အတွက် လူများရောက်ရှိနေခြင်းတို့ကို တွေ့နိုင်
သည်။ ထို့နောက် ကျွန်ုပ်တို့အား "ခေါ်ခြင်း"ကို မကြာခဏ သတိရခြင်း
အားဖြင့် ကျွန်ုပ်တို့ကို ဖန်ဆင်းခြင်း၏ ရည်ရွယ်ချက်ကို တွေ့ရှိမည်ဖြစ်
သည်။ သို့သော် ဘုရားသခင်သည် ကျွန်ုပ်တို့အား ဖန်ဆင်းခြင်း၏ ရည်
ရွယ်ချက်ကို သိမှတ်တော်မူသည်။

ဉင်းနောက် ဇံဂေလိတရားသာလျှင် သမ္မာတရားဖြစ်ကြောင်း
ကျွန်ုပ်တို့ကို သတိရစေရန် ကျွန်ုပ်တို့အတွက် အလုပ်လုပ်သော သန့်ရှင်း
သောဝိညာဉ်တော်အားဖြင့် ဤ၌အရာများအားလုံးကို ယခုမြင်ရကြပြီ
တိုင်ပင်ဆွေးနွေးခွင့်ကို ဘုရားသခင် ပေးသနားတော်မူသည်။ သို့သော်
ဘုရားသခင်၏ အလိုတော်အတိုင်းကျင့်လျက်၊ သင်သည် မည်သည့်
အရာမဆို လုပ်ဆောင်ဖို့ အလိုရှိသည်တွင် တွေ့နိုင်သမျှကို - လုပ်
ဆောင်ပါ - တကယ်ပဲ - ပျိုသန်းလိုက်ပါ။ အသက်ရှင်ပါ။ ပျော်ရွှင်ပါ။
ကြီးစွာသော စွန့်စားခြင်းရှိပါ။ သေလုနီးပါးလူကဲ့သို့ အသက်ရှိပါ။
(အဘယ်ကြောင့်ဆိုသော် သင်သည်) ဆုံးရှုံးရမည့်အရာ မရှိပါ။ (သင်
သည် မလုပ်ဆောင်သောကြောင့်) ရလဒ်အဖြစ် - စွန့်စားစရာ မရှိပါ။
(တတ်နိုင်သောကြောင့်)။ ဘုရားသခင်သည် မည်သည့်အခါ၌မှ အပြစ်
ကို မလိုလားပါ။ အပြစ်ကို အမှန်တကယ် မုန်းသော်လည်း လျောင်
အိမ်များကိုဖွင့်၍ ကျွန်ုပ်တို့ကို လွတ်လိုက်ပြီ (ဟေရှာ၊ ၆း ၁) စွန့်စားသူ၊
ဖန်တီးနိုင်သူဖြစ်ရန် သူ့အတွက် ဘေးမဲ့လွတ်စေပြီ။ ဘုရားသခင်သည်
ကျွန်ုပ်တို့ကဲ့သို့သော သာမန်လူများကို ခေါ်ဆောင်ပြီး သူ၏ထူးခြားသော
လုပ်ဆောင်ခြင်းအားဖြင့် ကျွန်ုပ်တို့ကို သူ့အတွက် ထူးခြားသောနည်း
လမ်းများဖြင့် အသက်ရှင်ရန် တတ်နိုင်စေသည်။ သူ့အတွက်အသက်ရှင်
ခြင်းသည် စံသတ်မှတ်ချက်မှလွဲ၍ တစ်နေ့နှင့် တစ်သက်အတွက် ထူးကဲ
သည်။ သာမန်လူများကို အသုံးပြုခြင်းအားဖြင့် သူ၏ ရည်ရွယ်ချက်
အတွက် သူတို့ကိုအသုံးပြုခြင်းသည် အားနည်းသည်ဟု လောကလူ

တို့က အမြဲစဉ်းစားတတ်ကြသော်လည်း သူတို့သည် အထူးသဖြင့်ဘုန်း
တော်ထင်ရှားစေကြပြီး၊ မည်သည့်အခါမျှ သာမန်လူ မဟုတ်ကြတော့ပါ။
အကယ်စင်စစ် ယခုတွင်သင်၌ မည်သည့်အရာမလိုအပ်ဘဲ ဘုရားသခင်
အလိုတော်ရှိသည့်အတိုင်း ဤဘဝတွင် နေထိုင်ရန် သင်လိုအပ်သမျှရှိ
သည် (၂ ပေ၊ ၁ း ၃) ။ အခြားသူများအား အစေခံရန်နှင့် ချစ်ခြင်းမေတ္တာ
ကို မျှော်လင့်ချက်မထားဘဲ ပြန်၍ပေးသည် ဖြစ်စေ၊ မပေးသည်ဖြစ်စေ၊
ချစ်နိုင်ရန် ရွေးချယ်နိုင်ပါသည်။ အဘယ်ကြောင့်ဆိုသော် ဘုရားသခင်
သည် သင့်အတွက် လုံလောက်လျက်ရှိသောကြောင့် ဖြစ်သည်။ ကျွန်ုပ်
တို့သည် နောင်တရခြင်း၊ အရှက်ကွဲခြင်း၊ ကျရှုံးခြင်း သို့မဟုတ် အရည်
အချင်းမပြည့်မီခြင်းများဖြင့် အတိတ်၏ထိန်းချုပ်ခြင်းကို ကျွန်ုပ်တို့ခွင့်ပြု
ရန်မလိုအပ်တော့ပါ။ အကြောင်းမှာ ဘုရားသခင်က သူ၏စံနှုန်းများနှင့်
ကိုက်ညီခြင်း မရှိသော်လည်း ပြစ်တင်ရှုတ်ချတော့မည် မဟုတ်ပါ (ရော
၈ း ၃၃-၃၄)။ ငြင်းပယ်ခံရမည်ကို စိုးရိမ်ခြင်းမရှိဘဲ သင်လည်း အသက်
ရှင်နိုင်သည်။ ဘုရားသခင်သည် သင့်ကိုမည်သည့်အခါ၌မျှ စွန့်ပစ်မည်
မဟုတ်။ ထို့ကြောင့် မည်သည့်အရာ သို့မဟုတ် မည်သူသည် အရေးပါ
သည် (ရော ၅ း ၂) ။

သင်သည် အပြစ်ကျူးလွန်သောအခါ ဘုရားသခင်က သင့်အား
စောင့်ဆိုင်းနေသည့် ကျေးဇူးတော်နှင့်ခွင့်လွှတ်မှုအသစ်ကို ဝန်ခံပြီး
လက်ခံပါ (၁ ယော ၁ း ၉)။ ဝုံး! ယခုအချိန်ကာလ၌ ဘဝ၏ရည်ရွယ်
ထားရှိသည့်အတိုင်း အသက်ရှင်ပါ။ ချစ်မြတ်နိုးရသူကို ကိုးကွယ်ခြင်းနှင့်
အခြားသူများအတွက် လုံး၀စွန့်လွှတ်အနစ်နာခံခြင်းကို ခံယူပါ။ ဘုရား
သခင်သည် ထိုအရာကို ရရှိထားပြီး မော်လီကျူးအားလုံးကို ထိန်းချုပ်
ထားသည်ဟူသော အာမခံချက်တွင် သက်သောင့်သက်သာ အနားယူ
လိုက်ပါ။ ယခုဤအရာသည် လွတ်လပ်မှု ဖြစ်သည်။

ယုံကြည်ခြင်းအားဖြင့် ဖြောင့်မတ်ခြင်း တရားတည်းဟူ သော ဧဝံဂေလိတရားဆိုသည်မှာ ခရစ်ယာန်တို့သည် နေစဉ် သူတို့ကိုယ်သူတို့ အပြစ်ရှိပြီး၊ အပြစ်ရှိဆဲ ဖြစ်သော် လည်း၊ ခရစ်တော်၌၊ ဘုရားသခင့် မျက်မှောက်၌၊ သူတို့ကို ဘုရားသခင် လက်ခံ၍ ဖြောင့်မတ်သည်ဟု ဆိုလိုသည်။ ထို့ကြောင့် ကျွန်ုပ်တို့ ယုံကြည်သည်ထက် ပို၍ကျွန်ုပ်တို့၏ မတရား မှုကများနေသည်ဟု ဆိုနိုင်ပါသည်။ သို့သော် ကျွန်ုပ်တို့သည် ခရစ်တော်၌ ယုံကြည်ခြင်း နှင့်မျှော်လင့် ခြင်းရှိသည်ထက် – တစ်ချိန်တည်းတွင် ပို၍ချစ်မြတ်နိုး ခြင်းကို ခံရသည်။ ဤင်းက ပုဂ္ဂိုလ်ရေး တိုးတက်မှုအတွက် အခြေခံကျသော ပြောင်းလဲမှု အသစ်တစ်ခုကို ဖန်တီးပေး သည်။ ဆိုလိုသည်မှာ သင်သည် သင်၏အားနည်းချက် များနှင့်အပြစ်များကို များများမြင်လေလေ၊ ပိုမိုအဖိုးတန် ခြင်း၊ ပြောင်းလဲခြင်း၊ အံ့ဖွယ်ဘုရားသခင်၏ ကျေးဇူးတော် သည် သင့်အား ပိုမိုထင်ရှားလေလေ ဖြစ်သည်။ သို့သော် အခြားတစ်ဖက်တွင်မူ၊သင်သည် ခရစ်တော်၌ ဘုရားသခင် ၏ ကျေးဇူးတော်နှင့်လက်ခံမှုကို ပို၍ရရှိလေလေ၊သင့်ငြင်း ဆန်မှုနှင့် ခုခံကာကွယ်မှုများကို သင်စွန့်လွှတ်ပြီး သင့်အ ပြစ်၏ အတိုင်းအတာနှင့် အကျင့်စရိုက်များကို ပို၍ဝန်ခံ နိုင်လေလေ ဖြစ်သည်။[11]

---

[11] Timothy Keller, *Paul's Letter to the Galatians: Living in Line with the Truth of the Gospel*. Redeemer Presbyterian Church. 2003, p2

အရင်းအမြစ်များ

ကျွန်ုပ်တို့အနေဖြင့် သင့်အတွက် ဘလော့ဂ်များ၊ ပေါ့သ်ကတ်စ် များ၊ စာရေးဆရာများနှင့် စာအုပ်များစသည်ဖြင့် အံ့သြဖွယ်ကောင်း သော ရင်းမြစ်များစာရင်းကို ပြုစုပြီးပြီ။ သင်၏ကျေးဇူးတော် လမ်းပေါ် တွင် ဘုရားသခင်နှင့် သင်၏ဆက်ဆံရေးကို ပိုမို၍တည်ဆောက်နိုင်ရန် အသုံးချပါ။

ထုတ်ဝေ(၀)သော စာအုပ်များ

Brown, Steve. *A Scandalous Freedom.* Howard Books. 2004.

------------------ . *Three Free Sins: God's Not Mad at You.*

Howard Books. 2012.

---------------- . *What was I Thinking?: Things I've Learned Since I Knew It All.* Howard Books. Annotated Edition. 2006.

Campbell, James. *Broken.* PIP Printing. 2014.

Fitzpatrick, Elyse. *Because He Loves Me.* Crossway. 2010.

Forde, Gerhard. *On Being A Theologian Of The Cross.* Wm. B. Ecrdmans Publishing Company. 1997.

--------------- . *Justification By Faith: A Matter Of Life and Death.* Wipf & Stock Publishing. Reprint Edition. 2012.

Havner, Vance, *Jesus Only.* F.H. Revell Company. 1969.

Holocomb, Justin. *On The Grace of God.* Crossway. First Edition. 2003.

Horton, Michael. *The Gospel Driven Life.* Baker Books. Reprint Edition. 2012.

……………….. . *The Christian Faith: Systematic Theology for Pilgrims on the Way.* Zondervan. 2011.

……………….. . *Putting Amazing Back into Grace: Embracing the Heart of the Gospel.* Baker books. 2011.

Keller, Timoty. *Paul's Letter to the Galatians: Living in Line with the Truth of the Gospel.* Redeemer Presbyterian Church. 2003.

.... *The Prodigal God. Riverhead Trade.* Reprint Edition. 2011.

.... *Waling with God Through Pain and Surffering.* Dutton Adult. 2013.

.... *The Reason for God: Belief in an Age of Skepticism.* Riverhead Trade. Reprint Edition. 2009.

.... *The Freedom Of Self-Forgetfuness: The Path to true Christian Joy.* 10Publishing. 2012.

.... *Every Good Endeavor: Connecting Your Work to God's Work.* Duton Adult. 2012.

Manning, Brennan. *Ragamuffin Gospel.* Multnomah Books. 2005.

.... *Abb's Child: The Cry of the Heart for Intimate Belonging.* NavPress. 2002.

.... *Ruthless Trust: The Ragamuffin's Path to God.*

Harper-Collins. 2009.

Piper, John. *Don't Waste Your Lift.* Crossway. First Edition. 2003.

.... *Desiring God: Meditations of a Christian Hedonist.* The Doubleday Religious Publishing Group. 2011.

Platt, David. Radical: *Taking Back Your Faith from the American Dream*. Multnomah Books. 2010.

Tehividjian, Tllian. *Jesus + Nothing = Everything.* Crossway. 2011.

.... (Blogpost) *The Gospel Coalition.* November 11, 2010, "Suffering Does Not Rob You Of Joy – Idolatry Does"

Tripp, Paul. *What Did You Expect: Redeeming the Realities of Marriage.* Crossway. 2012.

.... *Dangerous Calling: Confronting the Unique Challenges of Pastoral Ministry.* Crowssway. 2012.

.... Zahl, Paul. *Grace In Practice: A Theology of Everydai Life.* Wm. B. Eerdmans Publishing Company. 2007.

ဘလောဂ်များ -

Beliefs Of The Heart　http://beliefsoftheheart.com/

Christ Community Church – Scotty Smith – "Heavenward"

http://www.christcommunity.org/NewsResources/Blogs/tabid/93/articleType/AuthorView/authorID/332/scotty777.aspx

DASHHOUSE　http://dashhouse.com/

Dear Ephesus   http://dearephesus.com/

Desiring God   http://www.desiringgod.org/

Dropping Keys   http://dropping-keys.webs.com/

Energion Publications   http://energion.com/discuss/   and

http://jody.energion.com/

J.D.Greer   http://www.jdgreear.com/my_weblong/2014/04/

chosen-to-suffer.html

Jen Wilken   http://jerwilkin.blogspot.com/

Key Life Ministries   http://www.keylife.org/

Kim M Crandall   http://kimmcrandall.com/

Liberate   http://liberate.org/

MockingBird   http://www.mbird.com/

Practical Theology For Women http://

www.theologyforwomen.org/

The Heidelblog   http://heidelblog.net/

World Prayr   http://worldprayrblog.org

ပေါ့သ်ဂတ်စ်နှင့် အော်ဒီယို မက်ဆက်ချ် ဂက်ဆိုဒ်များ

Desiring God   http://www.desiringgod.org/

Key Life Ministries   http://www.keylife.org/

Learn Out Loud   (Timothy Keller)
    http://www.learnoutloud.com/Podcast-
    Directory/Religion-and-Spirituality/Christian-
    Living/Timothy-Keller-Podcast/47658

Let My People Think, Just Thinking   (Ravi Zacharias)

http://www.rzim.org/pdcasts/

Liberate   http://www.mbird.com/

Paul Tripp   http://paultripp.com/

Ransomed Heart Ministries (John Eldredge)

http://www.ransomedheart.com/podcast

Revive Our Hearts (Nancy DeMoss)

http://www.reviveourhearts.com/radio

The Alternative With Dr. Tony Evans

    http://www.oneplace.com/ministries/the-

    alternative/subscribe/

The Briefing (Albert Mohler)

http://www.albertmohler.com/category/the-briefing/

The Heidelblog http://heidelblog.net/

Voddie Baucham

http://www.gracefamilybaptist.net/sermons/

White House Inn   http://www.whitehorseinn.org/

World Prayr Podcast – aptly names SWEEETTTTTT Perf
      Grace. Where we bring you a collection of
      Pastons from around the web. You might really
      enjoy our Grace For The Moment which are short
      3 to 9 minite podcasts every Monday and Friday.

စာရေးဆရာများ၏ နာမည်များ

    Alcorn, Randy

    Black, David Alan

    Brown, Steve

    Capon, Robert

    Fitzpatrick, Elyse

    Forde, Gerhard

    Galli, Mark

    Horton, Michael

    Machen, James Greshem

Manning, Brennan

Neufeld, Henry

Tchividjian, Tullian

Thompson, Jessica

Tripp, Paul

Yancey, Phillip

ကျွန်ုပ်တို့၏ ထုတ်ဝေသူ၊ Energion Publications၊ ပုံနှိပ်ထုတ် ဝေမှု အများစုကို ကျွန်ုပ်တို့ အကြံပြုပါသည်။ ထို့ကြောင့် ကျွန်ုပ်တို့သည် သူတို့နှင့်ကောင်းသော ဆက်ဆံရေးရှိခဲ့သည်။ သူတို့သည် သင့်အား မှန် ကန်သော လမ်းကြောင်းဖြင့် လမ်းပြရန် ပျော်ရွှင်စေလိမ့်မည်ဖြစ်သော ကြောင့် သူတို့ကို ဆက်သွယ်ပါ။

နိဂုံးစကား

World Prayr မှ ဤစာအုပ်ဖြင့် သင့်အား ကောင်းချီးပေးပါသည်။ သင်၏ မေးခွန်းများစွာကို ဖြေကြားပေးနိုင်မည်ဟု ကျွန်ုပ်တို့ မျှော်လင့်ပါ သည်။ ကမ္ဘာ့ဆုတောင်းအဖွဲ့သည် "ပျက်စီးနေသော ကမ္ဘာကို ပြန်လည် ချိတ်ဆက်ရန်" ဖြစ်သည်။ ကျွန်ုပ်တို့သည် ဆုတောင်းခြင်း၊ ဘုရားသခင် ၏ နှုတ်ကပတ်တော်ကို ကမ်းလှမ်းခြင်းနှင့် အခြားသူများအား အွန်လိုင်း မှ အကြံဉာဏ်များပေးခြင်းဖြင့် ကူညီပေးသည်။ အခြားသာသနာ လုပ် ငန်းများနှင့် ဒေသန္တရအသင်းတော်တစ်ခုသို့ ချိတ်ဆက်ရန် လိုအပ်သူ များအား ကူညီခြင်းဖြင့်လည်း ကျွန်ုပ်တို့ ပါဝင်လုပ်ဆောင်သည်။

ကျွန်ုပ်တို့၏ ၀က်ဘ်ဆိုဒ်မှတစ်ဆင့် ဘုရားသခင့်နိုင်ငံတော်တည် ဆောက်ရန် World Prayr သည် လူမှုမီဒီယာ၊ ဒေသန္တရအသင်းတော် များနှင့် ကမ္ဘာလုံးဆိုင်ရာ သာသနာများမှတစ်ဆင့် မည်သို့အလုပ်လုပ် သည်ကို ပိုမိုရှာဖွေပါ။

http://worldprayr.org/

ကျွန်ုပ်တို့တွင် ဘုရားသခင်၏ အံ့ဖွယ်အစေခံများအဖွဲ့တစ်ဖွဲ့ရှိ သည်။ ဤအဖွဲ့သည် အခြားသူများကို ခရစ်တော်၌ ဆုတောင်းရန်နှင့် အားပေးကူညီခြင်းဖြင့် နည်းအမျိုးမျိုး ကြိုးစားသည်။ ကျွန်ုပ်တို့သည် သင်တို့ကို ဤအံ့သြဖွယ် အဖွဲ့အစည်း၏အစိတ်အပိုင်းတစ်ခု ဖြစ်လာရန် မျှော်လင့်ပါ သည်။ ကမ္ဘာတစ်၀ှမ်းရှိ အခြားသူများကို အမှုတော်ဆောင် ရန် ကျွန်ုပ်တို့ မိသားစုနှင့် ပူးပေါင်းလိုပါက ကျွန်ုပ်တို့၏ "Serve Beside Us" စာမျက်နှာတွင် ဖြည့်စွက်ပါ။

http://worldprayr.org/servebesideus

သင်အနေဖြင့် ဆုတောင်းခံချက် သို့မဟုတ် တစ်ယောက် ယောက်နှင့်စကားပြောရန် လိုအပ်မှု ရှိနိုင်သည်။ ကျွန်ုပ်တို့၏ ပြန်လည်

ပေါင်း စည်းရေးအဖွဲ့မှတဆင့် လုပ်ဆောင်ဖို့ရန် စောင့်ကြိုနေပါသည်။ needhelp@worldprayr.org တွင်ဆက်သွယ်ပါ။ သင့်အား ဆုတောင်း ရန် စောင့်ဆိုင်းနေသူနှင့် သင့်အား ကူညီပေးရန် စောင့်နေသော အခြား သူများနှင့် အဆက်အသွယ်လုပ်ရန် သင့်ကို စောင့်ကြိုနေသူ တစ်ဦးဦး ရှိသည်။

ညှိသည်များနှင့်အသင်းဖော်များ ပါဝင်သောကမ္ဘာတစ်ဂွမ်းမှ စာ ရေးဆရာများကို ခေါ်ဆောင်လာသည့်အတွက် သင့်အား ကျွန်ုပ်တို့၏ ဘလော့ဂ်မှတစ်ဆင့် အားပေးလိမ့်မည်ဟူသောအချက်ကို ကျွန်ုပ်တို့ အာမခံပါသည်။

http://worldprayrblog.org/

ကျွန်ုပ်တို့၏ တည်ထောင်သူများနှင့် အခြားသင်းအုပ်ဆရာများ နှင့် သာသနာ့ခေါင်းဆောင်များက သူတို့၏အတွေးများကို မျှဝေသည့် ကျွန်ုပ်တို့၏ ပေါ့ဒ်ဂတ်စ် (podcasts)များကို စစ်ဆေးပါ။ တနင်္လာနေ့နှင့် သောကြာနေ့များတွင် ထုတ်လွှင့်သော *Grace for the Moment Podcast* အစီအစဉ်ကို သင်တို့ အမှန်တကယ် ပျော်မွေ့နိုင်ပါသည်။ ဤသည်ကား ဘုရားသခင်နှုတ်ကပတ် တော်၏ ကျမ်းစာ၏အကြောင်း အရာများအပေါ် အမြန်ဆုံးတွေးခေါ်ခြင်း ဖြစ်သည်။ တစ်ခုစီသည် ကိုးမိနစ်ထက် မပိုပါ။ အများစုသည် ငါးမိနစ်ထက် မလျှော့ပါ။ သို့တိုင် အောင်၊ တစ်ခုစီတိုင်းသည် တန်ခိုးပါပြီး၊ ကျေးဇူးတရား၏အာဘော် သတင်းစကားများ ဖြစ်သည်။

http://www.worldprayr.org/GraceThatsTight/

သင်၏ လူမှုမီဒီယာအကောင့်များ၌ follow လုပ်နိုင်ပြီး၊ လက်ခံ ခြင်းဖြင့် သင်၏ကျေးဇူးတော် လမ်းခရီး၌နေ့စဉ်အားပေးမှု ရရှိနိုင်ပါ သည်။

twitter - https://twitter.com/WorldPrayr

Facebook - https://www.facebook.com/worldprayrinc

Googe+   -

      http://plus.google.com/u/0/b/1183539

      23097000741532/+World

      prayrOrg2009 / posts

Pinterest - http; // www.pinterest.com/faithfactr/

YouTube - https://www.youtube.com/worldprayr

လက်ရှိတွင် အလုပ်လုပ်ခြင်းဖြင့် မကြာမီလာတော့မည်!

    Kohl နှင့်ခရစ်ယာန်စာအုပ်ဆိုင် ပေါင်းစပ်၍ ဈေးဝယ်နိုင်မည်ကို စဉ်းစားကြည့်ပါ။ ထို့နောက် ထိုကဲ့သို့သော စတိုးဆိုင်တွင် ဝယ်ယူနိုင်ရုံ သာမက သင်ဝယ်ယူသောအခါ အမြတ်၏ ၁၀၀% ကို မည်သူအားပေး လိုကြောင်း မေးမြန်းခြင်းခံရသည်။ ယခု၍အရာက အခြေခံကျသော အယူအဆလား။ အဘယ်ကြောင့်ဆိုသော် ထိုသို့သော အခြားစတိုး ဆိုင်မရှိပါ။ အွန်လိုင်းမဟုတ်ပါ။ World Prayr သည် ဈေးဝယ်ခြင်း ဆိုင်ရာ အယူအဆသစ် FaithFactr ကို ဖြန့်ချိရန် လုပ်ဆောင်နေသည်။ ၎င်း၏ ခိုင်မာသော ဆိုင် - ပြီးတော့ - လှူဒါန်းခြင်းမက်ဆေ့ချ်ကို FaithFactr က ဘုရားသခင်၏ နိုင်ငံတော် တည်ဆောက်ရန် ၎င်းတို့၏ မစ်ရှင်အတွက် အသင်းတော်များနှင့် သာသနာများကို ကူညီဖို့ အစွမ်း ထက် ကိရိယာတစ်ခုဖြစ်လိမ့်မည်ဟူသောအချက် ပါဝင်ပတ်သက်သူ အားလုံး၏ မျှော်လင့်ချက် ဖြစ်ပါ တယ်။

    http://faithfactr.com/

ကျွန်ုပ်တို့လည်း အလုပ်လုပ်နေကြပြီ။

World Prayr သည် EvanTell ပန်ကြီးဌာန (http://www. evantell.org) နှင့် Deep Blue Marketing (http://deepbuemar keting.com) နှင့်အတူ တစ်မျိုးတည်းသော အက်ပလီကေးရှင်း တစ်ခု တည်ဆောက်ရန် လုပ်ဆောင်နေသည်။ တစ်စုံတစ်ဦးကို ဇံဂေလိ တရားပေးရုံသာမက ယဉ်ကျေးမှု အမျိုးမျိုးတွင်ပါ ဝင်သူများနှင့် စကား ပြောဆိုရန် သင့်အားအထောက်အကူပြုမည့် အက်ပလီကေးရှင်းတစ်ခု သင့်လက်ချောင်းထိပ်နားတွင် ရှိသည်ဆိုပါစို့။

တစ်စုံတစ်ဦးနှင့်အတူ ကျေးဇူးတော်၌ မည်သို့လျှောက်လှမ်း ရမည်ဆိုသည့် မေးခွန်းများကို လည်း ဖြေဆိုနိုင်ခြင်းကို စိတ်ကူးကြည့်ပါ။ အခြားသူများလည်း သူတို့အတွက် ဆုတောင်းပေးနိုင်ရန် သင်၏ ဆု တောင်းချက်ကို မှတ်တမ်းတင်ပြီး စာရင်းပြုစုနိုင်ခြင်းကိုလည်း စဉ်းစား ကြည့်ပါ။ ဤသို့ ထူးခြားသော app တစ်ခုလို အသံမျိုးလား။ ဤသို့သော ကြီးမားသော စီမံကိန်းလို အသံများ လား။ ဆက်ပြီးနားထောင်ကြည့်ပါ!

For enquiries please contact to:

Harvest Mission Center
2028, Botayza Street, 20 Ward,
Hlaing Thayar Township
Yangon, Myanmar
Email: khamthawn13@gmail.com
Telephone - 0095-9421077584

www.ingramcontent.com/pod-product-compliance
Lightning Source LLC
Chambersburg PA
CBHW021222090426
42740CB00006B/340